민주주의에 반대한다

AGAINST
DEMOCRACY

민주주의에 반대한다

AGAINST
DEMOCRACY

제이슨 브레넌 지음 · 홍권희 옮김

아라크네

일러두기

1 본 도서의 서문은 원문의 2016년판 서문과 2017년 페이퍼백판의 서문을 합한 것으로, 출간 당시 상황에 관한 설명 일부가 생략되었음을 밝힙니다.

2 본문의 글자 기울임은 원문의 이탤릭체 표기에 따른 것입니다.

3 원문의 각주는 본문 아래쪽에, 옮긴이의 주석은 본문의 괄호 안에 삽입되었습니다.

4 원문의 각주 중 본문에서 출처를 확인할 수 있는 경우 이를 일부 생략하였으며, 구체적인 출처는 참고 문헌에서 확인할 수 있습니다.

5 인명 및 지명 등은 국립국어원 외래어표기법을 따릅니다.

나는 대부분의 철학적 민주주의 이론이 당혹스럽다. 철학자와 정치 이론가들은 민주주의를 옹호하는 상징적인 주장에 큰 감명을 받은 것 같다. 그들은 실제 민주주의와는 거의 닮지 않은, 민주주의적 과정에 관한 매우 이상적인 설명을 만들어 냈다. 이런 생각들은 뚜렷한 동기조차 없어 보인다. 정치는 시가 아니며, 그런 이상적인 조건에서는 민주주의자보다 무정부주의자가 되고 싶을 것이다.

이후 나는 철학적 민주주의 이론에 불만이 있을수록 민주주의를 더욱 연구해야 한다고 생각하게 됐다. 민주주의 이론에는 악마의 옹호자devil's advocate(다수가 동의하는 의견에 반대하면서 더 깊이 있는 토론을 끌어내는 사람. −옮긴이) 역할을 할 사람이 필요하다. 내가 그 역할을 맡게 되어 기쁘긴 하지만, 내가 정말 악마를 옹호하고 철학자와 정치 이론가들이 천사를 옹호하는지는 의문이다.

나의 동료 중에서도 많은 이들이 정치에 대해 다소 낭만적인 견해를 갖고 있다. 즉 정치는 우리를 하나로 모으고, 교육하고, 문명화하고, 시민 친구를 만들어 준다는 것이다. 하지만 나는 정치가 그 반대의 역할을 한다고 생각한다. 정치는 우리를 갈라놓고, 모욕하고, 타락시키고, 시민의 적으로 만든다.

『민주주의에 반대한다Against Democracy』는 2011년『투표 윤리론The Ethics of Voting』, 2014년『강제 투표 찬반론Compulsory Voting: For and Against』에 이은 3부작의 마지막 책이다. 앞선 두 책에서 다루었던 주제를 이어 가고 있지만, 가장 야심 찬 주장을 담았다.『강제 투표 찬반론』에서는 강제 투표가 정당하지 않다고 이야기했다.『투표 윤리론』에서는 시민의 미덕을 행사하는 최선의 방법은 정치 밖에 있으며, 대부분의 시민은 투표권이 있어도 투표를 자제해야 할 도덕적 의무가 있다고 주장했다.『민주주의에 반대한다』는 거기에서 더 나아갔다. 이 책에서의 추론이 실패해도 앞선 두 책의 주장까지 실패한 것은 아니다. 그런데 만약 이 책의 내용이 받아들여진다면, 나는 어떤 사람에게는 투표할 권리를 주지 말든가 다른 사람보다 약한 투표권을 줘야 한다고 주장할 것이다.

이 책의 핵심 주제 중 하나를 집필할 수 있게 제안해 준 롭 템피오Rob Tempio 프린스턴대학 출판부 편집장에게 감사를 전한다. 정치는 해롭고, 우리는 인격을 지키기 위해 정치에 개입하는 일을 최소화해야 한다는 것이 바로 그것이었다. (롭이 이 의견에 동의하는지는 모르겠다.) 두 번째 핵심 주제를 연구할 수 있게 제안한 제프리 브레넌Geoffrey Brennan(1944~2022, 호주 출신 철학자로 호주국립대학 사회과학연구소RSSS 소장, 미국 노스캐롤라이나대학 철학 교수, 듀크대학 정치학 교수를 지냈다. 공공선택론으로 1986년 노벨경제학상을 수상한 제임스 M. 뷰캐넌 James M. Buchanan과 폭넓은 공동 연구를 했고 공저를 냈다. ―옮긴이)에게도 감사하다. 그것은 유권자의 무능이 만연한 상황에서는 에피스토크라시epistocracy가 민주주의보다 우월하다는 주장이었다. 몇 년 전, 제프리는『투표 윤리론』을 읽고 "만약 유권자들이 그렇게 잘못됐다면, 우리는 왜 민주주의를 참아야 하는가?"라고 물었다. 그 질문에 답하려고 썼던 글이 지금의 연구로 이어졌다. (제프리 역시 내 의견에 동의하는지는 모르겠지만, 그는 내가 이 논쟁거리를 탐구해야 한다고 생각했다.)

그리고 이 책에서 언급하지 않은 논쟁거리가 한 가지 더 있다. 민주주의를 옹호하고 에피스토크라시에 반대하는 이들의 보편적인 주장 중 하나는 에피스토크라시가 공공이성자유주의public reason liberalism와 양립할 수 없다는 것이다. 나는 두 가지 이유로 이 책에서 그러한 논쟁을 언급하지 않기로 했다. 첫째, 공공이성 프로젝트에 깊은 회의감을 가지고 있지만 책 절반을 이 토론에 할애하고 싶지는 않았다. 둘째, 내가 이미 주장했듯이 에피스토크라시와 공공이성자유주의는 사실 양립할 수 있다.

『민주주의에 반대한다』는 미국, 캐나다, 영국, 독일, 아일랜드, 프랑스, 스웨덴, 노르웨이, 스위스, 네덜란드, 그 밖에 여러 나라 언론의 주목을 받았다. 지금까지 12개 국가에서 번역, 출간되었다.

『민주주의에 반대한다』는 도널드 트럼프Donald Trump나 영국의 브렉시트Brexit(유럽연합 탈퇴. ─옮긴이)를 의식하고 쓴 것은 아니지만, 둘 다 나의 우려를 잘 보여 주는 사례다. 민주주의에 대한 나의 비판은 오랜 기간에 걸쳐 형성된 체계적이고 경험적인 트렌드에 바탕을 두고 있다. 70여 년 전, 우리는 유권자가 얼마나 알고 있는지 측정하기 시작했다. 당시 결과는 우울했고, 지금의 결과도 우울하다. 측정해 온 기간 내내 다수를 차지하는 평균의 유권자들은 기본적인 정치 정보를 잘못 알고 있거나 아예 무지했다. 진보적인 사회과학 지식도 잘 알지 못했다. 잘못된 정보와 무지는 뜻하지 않은 결과를 불러온다. 잘 알았다면 찬성하지 않을 정책과 후보를 지지하게 되는 것이다. 결국 우리는 차선책이나 상당히 나쁜 정치적 결과를 얻기도 한다. 내가 이 책의 제4장과 제5장에서 주장하는 것처럼, 민주주의와 동등한 투표권은 본질적인 가치가 없다. 우리는 다른 형태의 통치를 실험해야 한다. 1인 1표의 투표로 이루어진 정부가 다른 형태의 정부보다 더 좋은 결과를 낳는다는 것이 경험으로 증명됐을 때만 그렇게 하는 것이 정의롭다.

나는 민주주의에 비판적이지만, 민주주의의 팬이기도 하다. 2016년에 출간한 『자유에 관한 옥스퍼드핸드북Oxford Handbook of Freedom』에 실린 「민주주의와 자유」에서 나는 민주주의가 여러 의미 있는 결과에 긍정적인 영향을 미쳤고, 이것은 단순한 상관관계가 아니라 인과관계로 보인다고 주장했다. 민주주의는 비민주적 체제보다 자유를 더 잘 보호하며 더 부유한 경향이 있다. 현재 세계에서 가장 살기 좋은 곳은 대체로 민주적이다. 그러나 우리는 민주주의가 체계적인 결함을 지녔다는 것을 알기 때문에 다른 대안을 연구하고 실험하는 일에 열려 있어야 한다.

『민주주의에 반대한다』에서 나는 대다수의 사람이 아주 못마땅하게 여기는 대안인 에피스토크라시를 실험하는 것을 옹호한다. 에피스토크라시 형태의 정부는 공화주의 대의 정부의 정상적인 특징을 대부분 유지한다. 정치권력은 소수의 손에 집중되기보다 널리 퍼진다. 힘은 분산되고, 견제와 균형이 존재한다. 그러나 법적으로 에피스토크라시는 정치권력을 균등하게 분배하지 않는다. 법에 따라 지식을 갖춘 유능한 시민은 상대적으로 덜 유능하고 지식이 부족한 시민보다 약간 더 많은 정치적 힘을 가진다.

제1장에서는 세 가지의 유권자 행동 모형을 소개한다. 호빗hobbit은 낮은 관심과 낮은 수준의 정치 참여도를 가진, 정보가 부족한 시민이다. 호빗은 보통 불안정하거나 약한 이념을 지니고 있다. 반면에 훌리건hooligan은 정치에 관심이 크고 정치 성향 또한 뚜렷한, 정보가 많은 시민이다. 훌

리건은 확증 편향이나 집단 간 편향 등의 인지 편향에 시달린다. 그들에게 정치는 대체로 팀 스포츠와 같다. (드류 스톤브레이커Drew Stonebraker가 '홀리건'이라는 이름을 제안했다.) 벌컨vulcan은 이상적인 유형이다. 자신의 신념에 대한 부적절한 충성심이 없고 완벽하게 이성적이며, 정보가 풍부한 사상가다.

제2장에서는 거의 모든 시민이 호빗과 홀리건에 속한다고 주장한다. 미국의 일반적인 비투표자는 호빗, 투표자는 홀리건이다. 그런데 많은 민주주의 철학 이론은 시민이 벌컨처럼 행동할 것이라고 가정한다. 철학자들은 시민을 정치에 참여하게 하면 호빗에서 벌컨으로 변화시킬 수 있으리라 예상하거나 그렇게 되기를 바란다. 하지만 내가 제3장에서 주장하는 것은, 정치 참여는 호빗을 홀리건으로 바꾸고 홀리건을 더 나쁜 홀리건으로 만드는 경향이 있다는 것이다. 민주주의는 호빗과 홀리건의 규칙이다.

그렇다면 에피스토크라시는 벌컨의 규칙일까? 그것은 확실히 아니다. 내가 벌컨을 고안해 낸 것은 벌컨이 통치해야 한다거나 에피스토크라시가 홀리건과 호빗을 상대로 벌컨에게 힘을 실어 주어야 한다고 말하기 위해서가 아니다. 벌컨은 아주 소수에 불과하다.

게다가 정보가 풍부한 유권자와 정보가 부족한 유권자를 구별하는 건 비교적 쉽지만, 대규모로 인지 편향 검사를 하는 건 어렵다. 불가능하다는 말은 아니다. 실제로 한 사람이 얼마나 많은 지식을 가졌는지 검사하는 동시에 편향된 방식으로 자료를 해석하지는 않는지 시험해 볼 수 있다. 예를 들어, 제2장에서 논의한 댄 카한Dan Kahan의 인지 편향에 관한 연구가 있다. 우리는 정보가 풍부한 벌컨과 정보가 부족한 홀리건을 구별하기 위해 그의 질문들을 사용할 수 있다.

하지만 내가 말하고자 하는 것은 그렇게 야심 차지 않다. 현실적인 에피스토크라시는 훌리건이 지휘하겠지만, 그것은 민주주의에서의 훌리건 집단보다 나을 것이다. 내가 제안하는 것 중 하나는 '모의 신탁神託에 의한 정부'라고 부르는 것으로, 훌리건과 호빗 유권자를 이용하여 벌컨이 무엇을 원하는지 추정한다.

기자들은 내게 어떤 나라도 단기간에 에피스토크라시를 시행할 가능성이 거의 없는데 이 책의 실질적인 효과는 어떤 것이냐고 묻는다. 우리는 현재 무엇을 할 수 있을까? 브라이언 캐플런Bryan Caplan은 전국적인 '유권자 실력 검증voter achievement test'을 제안했다. 매년(또는 선거 전) 정부는 기본적인 정치 정보와 사회과학 문제를 다루는 임의의 시험을 제공한다. 시험을 치르는 시민은 상금을 받는다. 90~100퍼센트를 맞히면 1,000달러, 80~89퍼센트를 맞히면 500달러, 70~79퍼센트를 맞히면 100달러, 그 이하는 0달러다. 정부는 정치교육에 돈을 쓰는 대신 이런 일을 할 수 있다. 정치교육은 효과가 없으므로 교과과정에서 빼도 부작용은 없다. (정치교육이 효과적이지 않은 이유는 제2장에서 설명된다. 바로 합리적 무지rational ignorance(특정한 정보를 얻는 비용이 정보에 따른 기대 수익보다 클 경우 정보를 포기하고 무지한 상태를 유지하려는 경향. 80쪽 참조. -옮긴이) 때문이다. 대부분의 시민은 학교에서 배우는 정치 정보를 기억할 만한 동기가 없다.) 이 제안은 미국 헌법에 위배되지 않는다. 캐플런의 표현대로, 그것은 "민주주의를 더 잘 작동하게 만드는 값싸고 무해한 방법"이다.

또 다른 제안은 시민 문화를 바꾸는 것이다. 나는 2009년 『투표 오염 Polluting the Polls』 출간 후 '투표에 참여하라! 모든 투표는 중요하다!'라는 주문은 위험하다고 주장해 왔다. 시민의 투표는 대부분 어떤 도움도 되지 않는다. 모든 사람에게 투표를 하라고 하는 것은 모든 사람에게 쓰레기를 버리라고 하는 것과 같다.

『민주주의에 반대한다』는 2016년 8월 말에 출간됐다. 이 책에 대한 수십 차례의 공개 강연에서 내가 '에피스토크라시에 대한 인구통계학적 반대'라고 명명한 부분이 청중들을 매우 불편하게 했다는 것을 알고 있다. 이것은 출판 이후 누군가 제기한 이의가 아니라, 내가 제8장에서 이미 논의한 바 있고 청중들에게도 자주 설명하는 부분이다. 인구통계학적 반대는 다음과 같다.

대부분 에피스토크라시 체제는 지식이 부족한 시민보다 지식이 풍부한 시민에게 더 큰 정치적 힘을 부여한다. 그러나 기본적인 정치 지식 조사를 통해 정치 지식은 모든 인구통계 집단의 구성원들에게 동등하게 공유되지 않는다는 점을 발견했다. 혜택받은 일부 인구 집단은 혜택받지 못한 집단보다 더 많은 정치 지식을 갖고 있다. 특히 백인은 흑인보다, 부자는 가난한 사람보다, 취업자는 실업자보다, 남자는 여자보다 더 많이 아는 경향이 있다.* 따라서 에피스토크라시 체제의 유권자는 민주주의 체제의 유권자보다 피부가 희고, 더 부유하고, 더 쉽게 고용되고, 더 남성적일 것이다.

이것만으로 인구통계학적 반대가 완성되는 것은 아니다. 두 가지 요소가 더 필요하다. 그중 하나는 에피스토크라시가 어떤 결과를 불러오든지 불평등한 인구통계학적 대표성을 초래할 수 있다는 점이다. 그것은 불공평하고 부당해 보인다. 두 번째는 좀 더 골치 아픈 것인데, 에피스토크라시

---

* 예를 들어, 1996년에 발표한 델리 카르피Delli Carpini와 키터Keeter의 주장에서 이러한 경향을 확인할 수 있다.

가 인구학적 차이를 드러내면서 몹시 나쁜 결과를 낳을 수 있다는 점이다. 특히 혜택받은 사람에게는 도움을 주고 불이익을 받은 사람에게는 해를 끼칠 수 있다.

나는 인구통계학적 반대에 대해 제8장에서 언급한 내용보다 더 철저하고 실질적인 답변을 실은 논문을 발표했다. 여기서 관련 이야기를 다시 해본다.

유명 대학의 한 학생이 나에게 인구통계학적 반대에 관해 이렇게 물었다. "기득권 없는 집단의 몇몇 구성원이 투표한다면, 정부가 그들의 이익에 적절하게 대응하지 않을까요? 만약 그들이 투표하지 못한다면, 정부는 그들의 이익을 무시하지 않을까요?"

나는 이렇게 대답했다. "내가 마법의 지팡이를 가지고 있다고 상상해 봐요. 내가 손을 흔들면 지팡이가 유도합니다. 예컨대 모든 흑인이 투표하게 유도하는 겁니다. 그러나 그들은 모두 힐러리 클린턴Hillary Clinton보다는 도널드 트럼프를, 민주당보다는 공화당에 표를 던집니다. 지팡이는 항상 흑인들이 도널드 트럼프와 비슷한 사람 또는 복지국가의 축소, 교육 지원금의 감소, 그리고 마약과의 전쟁 확대처럼 여러분이 싫어하는 정책을 지지하는 후보에게 투표하도록 만들 겁니다. 당신은 내가 마술 지팡이를 흔들어 주길 바라나요?"

학생은 "아니요, 당연히 아닙니다"라고 말했다. 지금까지 그 질문을 받았던 모든 사람이 "아니요, 물론 아닙니다"라고 말했다. 질문했던 사람들이 내 의견에 동의한 것이다. 투표 자체가 중요한 게 아니라, 어떻게 투표하는지가 중요하다. 한 집단의 구성원들이 투표할 때 만약 잘못된 정보를 알고 있다면, 그들은 스스로 돕는 것이 아니라 자기 집단의 발에 총을 쏘는 것일 수도 있다. 실제로 질문을 했던 학생(그리고 다른 사람들도)은 도널드 트럼프가 그를 지지하는 주요 인구 집단인 시골의 백인들에게 특별히 좋지 않다는 것에 동의하기까지 했다.

이른바 순진한 민주주의 이론Naïve Theory of Democracy은 만약 당신이(그리고 당신과 같은 사람들이) 투표한다면, 정부는 어떻게 투표하든 상관없이 당신의 객관적인 이익을 지지할 것이라고 여긴다. 이 이론에 따르면 당신은 자기 얼굴에 총을 쏘기 위해 투표할 수 있지만, 투표했기 때문에 정부는 당신을 도울 것이다. 하지만 이론에 대한 실증적 뒷받침은 거의 없다. 지난 6개월 동안, 나는 그것을 정말로 믿는 청중은 소수에 불과하다는 것을 알게 됐다.

『민주주의에 반대한다』는 민주주의의 대안으로 에피스토크라시에 초점을 맞추고 있지만, 그것이 유일한 대안이라고 확신하지는 않는다. 더 깊이 있는 나의 견해는, 민주주의가 근본적으로 정의롭지 않기 때문에 더 나은 대안을 찾아야 한다는 것이다. 철학자 벤 손더스Ben Saunders와 알렉스 게레로Alex Guerrero는 추첨과 더불어 권력을 무작위로 분배하는 로토크라시lottocracy를 옹호했다. 이것의 특정 버전이 민주주의보다 더 똑똑하고 공정하다는 이유에서였다. 경제학자 로빈 핸슨Robin Hanson과 법경제학 교수 마이클 아브라모비치Michael Abramowicz는 정책 선택을 위해 전문적인 베팅betting 시장을 이용해야 한다고 주장한다. 그들이 선호하는 형태의 정부를 '퓨타키futarchy(로빈 핸슨이 제안한 정부 형태로, 선출된 공무원들이 정부 복지의 척도를 정의하고 예측 시장prediction markets이 재정적 인센티브를 사용해 가장 긍정적 효과를 낼 정책을 결정한다. -옮긴이)' 또는 '프리딕토크라시predictocracy(마이클 아브라모비치의 저서 『프리딕토크라시』(2008)에서는 의회나 기업 등이 예측 시장을 통해 더 좋은 결정에 이르는 방식을 탐구한다. -옮긴이)'라고 부른다. 베팅 시장은 전문가나 일반인을 대상으로 한 여론조사보다 예측 정확도가 높으며, 이러한 시장을 활용해 정책을 선택하는 방법도 있다. 법률 이론가 일리야 소민Ilya Somin은 더 많은 분권화된 정부와 더 많은 '발 투표foot-voting(발로 하는 투표로, 자발적 참여나 철수 등 물리적 이동을 통해 개인의 선호를 나타내는 것. -옮긴이)'를 시행해야 한다고 이야기한다. 만약 사람들이 어떤 정치체제에서 또 다른 정치체제로 쉽게 이동할 수 있다면 사람들은 정보를 얻어서 현명하게 살 곳을 선택하고자 하는 강한 동기가 생길 것이고, 정부 지도자들은 더 나은 정책을 만들기 위해 노력할 것이다. 나는 공식적으로 이 아이디어 가운데 어떤 것에 관해서도 입장을 밝히지 않았지만, 각각의 아이디어 중에서도 특히 퓨타키에 끌린다.

민주주의는 도구일 뿐, 그 이상의 무엇도 아니다. 만약 더 좋은 도구를 찾는다면, 그것을 자유롭게 사용해야 한다. 실제로 내가 이 책의 제6장에서 주장하는 것처럼, 우리는 더 좋은 도구를 사용해야 할 의무가 있다. 정의는 정의다. 나쁜 결정은 단순히 정치적 운명에 의해서만 이루어지는 것이 아니다. 정치적 결정은 큰 도박이다. 누가 감히 그런 결정을 무능하게 내릴 수 있겠는가?

당신은 호빗인가,
훌리건인가?

훌리건인 줄 모르는 훌리건

"한국 정치에 대해 할 말이 많다는 당신. 당신은 호빗인가, 아니면 훌리건인가?"

불쑥 이런 뚱딴지같은 질문을 받으면 뭐라고 대답할 수 있을까.

호빗이라면 소설과 영화로 나온 〈반지의 제왕〉에 등장하는 소인족이 아닌가. 평균 신장이 1미터를 겨우 넘긴다고 했고, 땅굴집에 산다고 했던 것 같다. 식탐은 좀 있어도 물욕은 거의 없고, 그저 평범하고 평화롭게 살아가는 종족이란다.

훌리건이라면 훨씬 익숙하다. 원래는 불량배라는 의미였다. 이 단어가 유행한 것은 영국 축구장이었다. 유럽 축구를 실시간으로 보기 이전에도 국내 신문에 자주 등장했다. 1960년대 이후 축구장에서 양편 응원단이 패싸움 같은 폭력 다툼을 벌이곤 했는데, 이것이 점차 조직화하고 과격화해 난동으로 번지며 훌리건의 이름을 날렸다. 이들은 축구 경기의 승패를 따지지 않고 무조건 싸우는 기질이 있다. 더 무서운 건 남미의 훌리건이라고 한다. 경기 후 사람이 죽어 나가는 일도 드물지 않고 심판이나 축구 선수가 살해당한 일도 있었다. 심지어 1969년 엘살바도르와 온두라스는 평소 쌓인 갈등이 축구 경기를 계기로 폭발해 100시간 동안 '축구 전쟁'을 벌인 사례가 있다.

극단적인 경우는 빼더라도, 호빗이건 훌리건이건 딱히 고를 만한 게 없어 보인다. 둘 다 당신과는 거리가 멀어 보인다. 그러자 질문자가 선택권을 늘려 준다.

"그러면 당신은 벌컨인가?"

벌컨은 영화 〈스타트렉〉 출신이다. 먼 옛날 아레타라는 고대 종족이 벌컨 행성에 식민지를 건설했는데, 바로 그 벌컨 행성이 고향인 종족이다. 핵전쟁으로 행성이 쑥밭이 돼 멸망할 뻔했으나 극적으로 평화를 뿌리내린다. 철학자 수락이 '우리는 모든 감정을 버리고 이성에 따라 살아가야 한다'고 주장한 데 따라 반전주의 벌컨들이 호전적 벌컨을 몰아낸 결과다. 뾰족한 귀와 치켜 올라간 눈썹에 바가지 머리를 한 벌컨은 논리와 이성, 정신 수양을 중시한다. 기술도 뛰어나고 육체 기능도 인간보다 우수하다. 약점도 있겠지만 진지하고 능력 있는 존재다.

정치에 대한 유권자의 자세나 태도 및 이해 정도를 호빗, 훌리건, 벌컨으로 구분해 보는 시도는 이 책의 저자 제이슨 브레넌의 작품이다. 그는 유권자를 정치에 무관심하고 무지한 호빗, 정치의 광적인 팬인 훌리건, 그리고 정치에 관심을 갖되 편향과 비합리를 피하는 벌컨으로 나눠 분석한다. 이어 그는 "대다수 사람은 벌컨보다 훌리건에 가깝다. 강한 이념이 없는 호빗조차도 잠재적인 벌컨이라기보다는 잠재적인 훌리건이나 훌리건 후보에 가깝다"고 지적한다.

정치에 적극적으로 참여하면 더 연구하고 더 많이 알게 되지 않을까. 그래서 호빗이나 훌리건에 속하는 유권자가 벌컨으로 진화하지 않을까. 브레넌은 이 책에서 '전혀 아니다'라고 논리적인 설명에 나선다. 그는 "대부분의 정치 참여"는 "사람들을 고귀하게 하고 교육하기보다, 타락하게 하고 바보처럼 보이게 할 가능성이 더 크다"고 주장한다. 정치적 관여가 호빗을 벌컨으로 바꾸기보다는 훌리건으로 만들 가능성이 더 크며, 훌리건을 벌컨으로 바꾸는 것보다 훨씬 더 나쁜 훌리건으로 만들 가능성이 크다는 것이다.

이 책이 출간 1년 후쯤 국내에 소개되면서 '유권자를 호빗, 훌리건, 벌컨으로 나눠 볼 수 있다'는 대목만이 유난히 강조된 느낌이다. 수년 전부터 국내에서 총선이나 대선을 치른 뒤에 잘못된 선거 양태를 분석하는 여러 매체의 칼럼, 좌담, 분석 기사 등에는 '호빗과 훌리건'이라는 어휘가 자주 등장했다.

브레넌의 연구는 몇 문장의 지적 유희가 아니라 훨씬 방대한 지식과 지혜를 포함하고 있다. 그것도 아주 친절하게, 쉬운 용어와 사례로 설명한다 (이해하기 어려운 정치철학 부분도 있다). 오해를 낳을 수 있는 부분적인 소비를 막기 위해서도 이 책의 한글 번역본 출간이 필요했다.

'내 편'이면 비판 없이 수용하는 유권자

브레넌의 주 관심사는 유권자의 유형 분석이 아니다. 브레넌의 문제 제기는 유권자의 행태가 제대로 알고 제대로 투표하는 일과는 거리가 멀다

는 것이고, 근본적인 처방으로 민주주의의 기둥이라고 여겨져 온 보통선
거에 대한 개편을 주장하려는 것이다.

우선 브레넌은 대부분의 유권자가 선거가 있는 해에도 지역구 국회의원
후보가 누군지도 모르거나 주요한 어떤 정책을 어떤 대통령 정부에서 추
진했는지 가려내지 못한다는 등의 언급으로 유권자의 무지를 질타한다.
선거 능력 시험을 치른다면 점수가 형편없을 것이다. 대부분의 유권자는
정보도 적고 의견도 적다. 호빗과 훌리건의 중간쯤에 있어 스스로 무당파
로 생각하면서도 거의 항상 같은 정당에 투표한다. 훌리건은 기존의 견해
를 뒷받침하는 증거만 골라서 받아들이는 확증 편향에 빠져 있기 일쑤다.
개별 정치인이나 정당의 정책을 구별하기보다는 정치적 부족주의에 빠져
자신이 지지하는 어느 한쪽의 정책 패키지를 비판 없이 받아들인다.

브레넌이 제시하는 사례는 미국 것이다. 자칭 '정치 해설 고단자'가 많
이 사는 한국은 얼마나 다를지 의문이다. 유권자 행태 통계 자료가 많은
미국과 달리 한국에서는 그런 통계가 별로 없고 그만큼 관련 연구도 드
물다.

김성연 등의 정치학자들의 연구가 현실 이해의 실마리를 제공한다.* 이
들은 2000년 이전 선거는 정당 지지와 지역 구도가 결정적인 역할을 했지
만 이후에는 경제 등 정책 이슈의 영향이 커졌다고 보고, 정책 이슈가 어
떻게 유권자의 선택에 영향을 미치는지를 분석했다. 한국갤럽이 2012년
1,000명의 성인 남녀를 대상으로 실시한 면접 설문 조사 결과를 분석했

---

*   정치학자 김성연·김형국·이상신의 논문 「한국 유권자들은 후보자들의 정책을 어떻게 판단하는
    가?」(『한국정치연구』 제21집 제3호, 2012) 참조.

는데, 설문은 전미선거연구의 그것과 유사하다. 연구자들은 응답자를 이념 성향에 따라 분류하고 박근혜, 문재인, 안철수 등 후보자의 정책 입장에 대해 △후보자 소속 정당의 정책 입장에 대한 인식 △자신의 정책 입장 △후보자에 대한 선호 등에 따라 어떻게 달라지는지를 살펴봤다.

상세한 분석 과정은 빼고 결과만 소개하면 '응답자들은 자기가 좋아하는 후보는 자신과 비슷한 입장을 가지고 있는 반면 싫어하는 후보자는 자신과 반대 입장을 가지고 있다고 판단하는 경향이 있다'는 것이다. 실제와 관계없이 그렇다고 인식한다.

연구자들은 "대부분의 선거에서 유권자들이 후보자들의 정책 입장에 대해 가지고 있는 정보는 파편적이고, 불완전하며, 제한적"이라고 지적한다. 연구자들은 이 연구를 통해 한국 유권자들은 미국 등 각국 유권자와 마찬가지로 △자기가 좋아하는 후보는 자신과 비슷한 정책적 입장을 가지고 있다고 믿는 반면, 싫어하는 후보는 자신과 반대되는 입장을 가지고 있다고 믿으며 △어느 후보자건 자신들의 정책 입장과 비슷할 것이라고 보며 △후보자들의 정책 입장을 판단할 때, 이들의 소속 정당의 정책 입장에 의존하고 △이러한 경향들은 상호 독립적이며 동시에 유권자들의 판단에 영향을 미친다는 점을 드러낸다.

"앞으로 필터 버블 더 짙어진다"

브레넌은 유권자 다수가 정치에 관심은 많지만 정치 관련 지식수준은 높지 않다고 지적한다. 여기에는 외부 요인도 영향을 미치겠지만 유권자의 탓도 크다. 미디어의 이용 행태가 그런 경향을 가속화한다는 것이다.

미국만의 이야기가 아니다. 한국은 어떤가. 시장조사 전문 기업 트렌드모니터가 2021년에 수행한 조사를 보자. 조사 보고서의 제목이 말해 준다. 「정치 이슈에서 두드러지는 '필터 버블', 정치적 견해가 다른 정보와 뉴스, 사람은 외면」이다.

우선 필터 버블filter bubble의 의미를 다시 짚어 보자. 필터 버블은 개인화 알고리즘에 의해 생기는 정보 편식 현상을 말한다. 미국 시민 단체 무브온Move on의 이사장 엘리 프레이저Eli Pariser가 저서 『필터 버블The Filter Bubble: what the inteet is hiding from you』*에서 처음 언급한 용어다. 미디어학자 시바 바이디야나단Siva Vaidhyanathan은 저서 『안티소셜 미디어Antisocial Media』**에서 "사용자들이 자신이 원하는 것을 구글과 페이스북에 말하면 이 회사들이 사용자에게 그런 것들을 더 많이 제공하는 식으로 보상을 내려 준다"면서 "결과적으로 시야를 좁게 하고 재강화된 신념의 반향실echo chamber을 만들어 내게 된다"고 지적했다.

미디어 사용자를 둘러싼 수많은 개인화 알고리즘은 사용자에게 직간접적 영향을 미친다. 과거 데이터를 기반으로 사용자가 좋아할 만하거나 필요로 할 만한 콘텐츠를 추천한다. 사용자로서는 편리함을 얻는다. 이런 과정에서 사용자는 수많은 정보 중에서 알고리즘이 선별한 제한적인 주제에 관한 제한적인 정보만 접하게 되고, 결국 시야가 점점 좁아져 견해가 편협해지는 버블에 갇힌다. 인터넷을 사용할수록 정치적 이념이 한쪽으로 편향된다. 이는 사회 구성원 간 정치적 대립을 심화하고 사회적 합의 도출에 커다란 걸림돌이 된다.

---

*   국내에서는 『생각 조종자들』(알키, 2011)이라는 제목으로 출간되었다.

**   국내에서는 『페이스북은 어떻게 우리를 단절시키고 민주주의를 훼손하는가』(아라크네, 2020)라는 제목으로 출간되었다.

2021년 전국 성인 남녀 1,000명을 대상으로 한 트렌드모니터의 인식 조사에서 응답자의 64퍼센트는 평소 정치 이슈에 관심을 갖고 있다고 응답했다. 그러나 이런 관심에 비해 정치와 관련한 지식수준은 낮게 평가됐다. 10명 중 3명(29.8%)만이 자신의 정치 분야 지식수준을 높게 평가했다. 스스로 '낮다'고 평가한 응답(25.0%)은 이보다 약간 적었지만 큰 차이는 아니었다. 이런 사람들이 정치에 관한 토론이나 논쟁을 하면 감정싸움으로 치닫기 쉽다.

사람들이 스스로 한계를 알고 개선 노력을 하면 달라질 수 있다. 하지만 현실은 그렇지 않다. 균형을 잡으려는 노력은 많지 않다. 자신이 지지하는 정치 성향과 다르거나 반대되는 정보나 뉴스를 일부러 찾아보는 사람은 4명 중 1명(25.8%)에 불과했다. 일부러 찾아보기보다는 우연히 접해서 본 적이 있는 정도(53.0%)였는데, 그나마 다행이다. 특히 40~50대 중장년층(40대 23.6%, 50대 20.4%)과 지지하는 정당이 없는 사람들(21.2%)은 반대되는 정치적 견해를 이해해 보려는 태도가 더 약한 편이었다. '나와 반대되는 정치적 견해를 다룬 정보와 뉴스를 거의 본 적이 없다'고 말하는 사람(12.6%)도 적지 않았다.

사람들은 자신과 반대되는 정치적 견해를 가진 상대를 만나면 어떻게 반응할까. 우선 온라인상에서 반대되는 정치적 의견을 봤을 때는 되도록 논쟁을 피하고 상대방의 의견을 들어 주거나(28.0%), 가볍게 의견을 드러내는(25.8%) 경우가 많아 보였다. 상대방과 말을 섞는 자리를 피하거나(11.4%), 처음부터 교류를 차단(4.5%)하는 경우도 적지 않았다. 적극적으로 상대방 의견의 문제를 언급하면서 논쟁(8.1%)하는 사람은 10명 중 1명이 채 안 됐다. 오프라인에서는 논쟁을 피하려는 태도가 더욱 강했다. 그저 상대방의 의견을 들어 주거나(31.8%), 다른 의견을 가볍게 드러내는 (27.2%) 정도로 대응하고 만다는 것이다.

이런 연구 결과는 새삼스러운 게 아니다. 특히 온라인상에서 자신의 정치 성향과 일치하는 콘텐츠의 소비 경향이 짙어지면서 이러한 태도가 더 심해진다는 지적이 나온 지 이미 오래다. 트렌드모니터의 조사에서도 유튜브 이용자의 47.8퍼센트가 자주 보는 방송 콘텐츠의 정치 성향이 자신의 정치 성향과 유사하다고 응답했다. 그렇지 않다는 응답은 21.3퍼센트에 그쳤다. 흥미롭게도 '지지하는 정당이 있다'는 응답자는 이런 태도가 더 강했다. 균형을 맞추기 위해 자신과 정치 성향이 다른 유튜브 콘텐츠를 찾아보는 사람의 비율은 27.4퍼센트에 불과했다. 또 페이스북 이용자의 56퍼센트가 현재 관계를 맺고 있는 친구들과 정치 성향이 유사하다고 응답했다. 유튜브 구독 콘텐츠나 페이스북 친구와의 정치 성향 일치 경향은 2020년보다 2021년에 더 강해졌다. 필터 버블 현상이 완연하고, 더 짙어져 왔고, 앞으로 더 짙어질 가능성이 크다는 의미로 해석된다.

전준영 등의 연구자들은 정치 성향이 다른 몇 개의 미디어가 제공하는 기사와 콘텐츠의 헤드라인을 분류하고 모형을 통해 개인 계정이 정치적으로 편향돼 가는 과정을 관찰한 결과, 편향이 점점 증가하는 것으로 확인됐다고 밝히고 있다.* 연구자들은 "사용자가 제공받는 검색 결과에 필터 버블의 영향이 점차 커지는 것을 수치로 보여 줬다"고 주장한다. 국내 매체들도 다양한 보도를 통해 필터 버블의 문제점을 지적해 왔다.

---

*   가천대학교 컴퓨터공학과 및 IT융합공학과 소속 전준영·황소윤·윤영미의 논문 「개인화 알고리즘으로 필터 버블이 형성되는 과정에 대한 검증」(『멀티미디어학회 논문지』 제21권 제3호, 2018) 참조.

브레넌의 시각으로 본 한국 정치

브레넌의 분석에 따르면 최근 더 뜨거워져 가는 정치 열풍은 건전한 시민 정치를 끌어내기보다는 훌리건 양성 학원이 될 것 같다. 한국 정치는 2000년 이전에도 죽고 사는 것과 맞먹는 중요한 이슈로 취급됐지만, 지난 20여 년 동안 더 심해졌다. 그 결과 중 하나가 분열이다. 이제 20대 절반이 지지 정당이 다른 사람과는 연애도 결혼도 힘들다고 한다.* 국민의 40퍼센트는 정치 성향 다르면 밥도 먹기 싫다고 말할 정도다.** 2022년 말에 전국 유권자 1,005명을 대상으로 한 여론조사에서도 우리 사회에서 가장 문제가 되는 갈등으로 이념 갈등(32.1%)이 계층(17.9%), 노사(14.6%), 남녀(10.6%), 세대(8.5%) 갈등보다 많이 꼽혔다.*** 이런 갈등은 대부분 훌리건의 난투극이거나 거친 말싸움일 뿐, 벌컨의 진지한 논쟁이 아니다. 이념갈등은 많아도 "제대로 된 이념대결이 없다는 것"이 문제라고 주장하는 신진욱은 "정적끼리 이념공방이나 하는 것"은 진짜 이념대결이 아니라고 지적한다.**** 그는 "이념갈등은 2000년대 내내 심화되어 왔다. 국내 19개 중앙일간지에 '이념갈등'을 다룬 기사가 1990년대에 총 186건에 불과했는데 2000년부터 2020년까지 2,210건에 달했다"고 했다. 이들 기사가 담고

---

* 홍영림, 「20대 절반 "지지정당 다른 사람과는 연애도 결혼도 힘들어"」(『조선일보』, 2023. 1. 3.) 기사 참조.

** 임민혁, 「국민 40%가 "정치성향 다르면 밥도 먹기 싫다"」(『조선일보』, 2023. 1. 3.) 기사 참조.

*** 김세희, 「[DT·갤럽 여론조사] 국민 32.1% "이념 갈등이 가장 큰 문제"」(『디지털타임스』, 2022. 12. 21.) 기사 참조.

**** 신진욱 교수의 칼럼 「[세상읽기] 격화되는 이념갈등, 어떻게 볼 것인가」(『한겨레』, 2021. 3. 3.) 참조.

있는 이념갈등 중에 그가 말하는 것처럼 제대로 된 이념갈등은 거의 없을 것이다.

이런 가운데 치러진 2022년 대통령 선거에서 유권자들은 당파를 따라 줄서기sorting를 하고 적대적 진영으로 갈라지는 양상을 보였다. 줄서기란 자신이 지지하는 정당이라면 무조건 표를 준다는 의미다. 정치학자 김정은 역대 대통령 선거의 선거 동원도(상위 두 정당의 득표수 합이 전체 투표수에서 차지하는 비율)와 선거 경합도(상위 두 정당의 득표율 격차의 반전 값)를 비교했다.* 그 결과 2022년 대선의 선거 경합도가 0.007로 1위였다. 1963년 박정희 후보와 윤보선 후보 간 선거 때 0.014를 2위로 밀어낸 것이다. 선거 동원도는 0.955로 역대 2위였다. 2012년 박근혜 후보와 문재인 후보 간 선거 때의 0.996에만 약간 밀렸을 뿐이다. 선거판에서 뿜어져 나오는 불길이 너무 거세다.

이렇게 뜨거워진 대통령 선거는 한국 유권자를 갈라놓았다. 김정은 2012년과 2022년에 실시한 대선 패널조사 결과를 비교했다. 우선 유권자를 본인의 이념 성향 인식에 따라 0~4를 진보, 5를 중도, 6~10을 보수로 범주화한다. 범주마다 보수의 비율에서 진보의 비율을 뺀 수치가 양이면 보수 정당과 유권자 사이의 당파 정렬partisan sorting, 음이면 진보 정당과 유권자 사이의 당파 정렬 수준을 보여 주는 것으로 해석한다. 분석 결과가 현실감이 있다.

유권자의 당파 정렬을 확인하기 위해 세 가지를 분석했다. 그중 이념 정

---

*   김정 교수의 리포트 「[EAI 대선 패널 조사] ⑨ 이념, 정책, 감정의 유권자 당파 정렬: 한국 민주주의는 파괴적 양극화의 함정에 빠지는가?」(「EAI」, 2022. 10.) 참조.

렬을 보면 진보는 2012년 -70.6퍼센트포인트에서 2022년 -74.1퍼센트포인트로, 보수는 58.3퍼센트포인트에서 63.3퍼센트포인트로 각각 절댓값이 더 커졌다. 진보와 보수 모두 더 강하게 이념에 따라 투표했다는 의미로 풀이할 수 있다. 중도만 -9.8퍼센트포인트에서 -3.6퍼센트포인트로 작아졌다. 정책 정렬은 대북 정책 비교를 통해 알아봤는데, 온건한 비둘기파는 2012년 -14.6퍼센트포인트에서 -49.6퍼센트포인트, 매파는 37.7퍼센트포인트에서 63.3퍼센트포인트로 양측 모두 더 뚜렷한 정렬 양상을 보였다. 끝으로 감정에 따른 정렬은 진보 정당에 호감이 높은 측은 2012년 -29.2에서 2022년 -54.7로, 보수 정당에 호감이 높은 측은 55.8에서 58.9로 역시 정렬이 더 뚜렷해졌다.

세 가지 분석을 종합해 보면 10년 사이에 유권자의 당파 정렬이 더 심해졌다는 것을 알 수 있다. 쏠림 현상이 뚜렷해졌다는 말로 풀이할 수 있겠다. 진보와 보수 정당이 각각 사력을 다해 지지자들을 끌어모은 셈이지만, 김정은 이를 두고 "한국 민주주의의 질적 퇴행을 초래할 정당 경쟁의 기능부전을 강하게 암시하고 있다"고 풀이한다. 우리 주변의 정치 환경이 유권자를 훌리건이 되게 다그치고 있는 셈이다.

이와 별도로 무라트 소머Murat Somer 등의 연구자들은 2021년 한국의 당파 정렬 수준은 OECD 회원국 중위값인 2.07보다 높아 분열이 심한 수준이라고 분석했다. 이는 38개국 중 11위인데 민주국가로는 6위에 해당할 정도로 높은 편이다. 연구자들은 이를 토대로 "2022년 대통령 선거 결과는 한국의 정당 정치가 파괴적 양극화pernicious polarization의 길로 들어서고 있다는 일종의 경고장에 해당하는 것으로 보인다"고 진단했다.*

"에피스토크라시도 대안의 하나"

그렇다면 실버 불렛silver bullet(특효약)은 있는가. 이렇게 다양한 문제를 조용히 정리해 줄 은색 탄환은 있을 수 없다. 브레넌이 조심스럽게 제안하는 것은 우리가 민주주의의 토대 중 하나로 당연하게 여기고 있는 보통 선거 제도를 되돌아보자는 것이다. 바로 1인 1표 방식을 허물어야 한다는 주장이다. 아울러 많은 시민이 민주주의 체제에서 꼭 필요하다고 믿는 대중의 정치 참여가 시민을 타락하게 하므로, 가급적 정치에 참여하는 사람 숫자를 줄여야 한다고 그는 주장한다. 무지한 대중의 '나쁜 투표'가 다른 시민을 위험에 빠뜨리기 때문이다. 대중의 무지가 민주주의의 정당성을 훼손한다고 보기 때문이다. 대단히 도발적인 주장들이다.

브레넌이 민주주의 자체를 거부하는 것은 아니다. 민주주의에 비판적이지만 민주주의의 팬이기도 하다. 하지만 그는 한 잡지와의 인터뷰에서 "과거에 민주주의 국가가 어느 정도 권위주의화되었고, 더 많은 국가에서 민주주의가 후퇴하는 추세가 나타나면서 강력한 지도자나 관료들이 운영하는 권위주의 국가로 나아가는 경향도 보인다"고 경고한 바 있다. 또한 "사람들은 기회만 있다면 나치나 스탈린에 동조했을 순응주의 겁쟁이들이며, 민주주의나 자유주의에 깊이 헌신하는 이들은 거의 없다"고 우려했다. 기후변화, 핵 확산 같은 세계적인 위기 속에서 민주주의는 깨지기 쉽다는 걱정이다. 어쨌든 그는 민주주의를 당장 포기하고 다른 체제로 가자고 주장하지는 않는다. 체제에 관한 정치 실험은 제안해 봤자 의미가 없고, 누

---

*　무라트 소머·제니퍼 L. 맥코이Jennifer L. McCoy·러셀 E. 루크Russell E. Luke의 「악성 양극화, 독재화, 그리고 반대 전략Pernicious Polarization, Autocratization and Opposition Strategies」(『데모크라타이제이션Democratization』, 2021) 참조.

군가가 실질적으로 채택할 수도 없는 일이다.

그가 학술 논문이 아니라 대중을 상대로 한 책에서 1인 1표 방식을 바꾸자는 주장을 펼 수 있는 것은 정치체제를 인류의 이상이나 목표가 아니라 도구, 수단으로 인식하기 때문이다. 더 좋은 도구를 찾을 수 있다면 그것으로 바꿔 사용할 수 있어야 한다는 것이다. 아니, 사용할 의무가 있다는 것이다.

그는 에피스토크라시를 민주주의의 대안으로 제시한다. 지식인에 의한 통치다. 지식과 정보를 많이 가진 시민에 의한 통치다. 에피스토크라시에는 여러 유형이 있을 수 있다. 시민 누구나 1표를 행사할 수 있게 하고 지식에 따라 추가로 표를 더 주는 방식도 있고, 선거 능력 시험을 치러 일정 점수 이상을 얻는 시민만 투표권을 행사하는 방식도 있다. 모든 선거, 예컨대 국민 대다수가 큰 관심을 갖는 대통령 선거나 국회의원 선거도 그런 방식으로 치르자는 것은 아니다. 에피스토크라시를 반영하는 평의회 제도를 도입하는 등으로 시험해 볼 수 있다는 것이 브레넌의 현실적인 제안이다.

그렇다고 해서 에피스토크라시가 벌컨에 의한 지배는 아니라고 말한다. 현실적으로 벌컨의 숫자가 너무 적기 때문이기도 하다. 에피스토크라시 역시 현재의 민주주의처럼 훌리건이 지배하는 체제라고 그는 짐작한다. 역사적 사례가 없으니 그로서도 짐작만 할 뿐이다.

실제로 운용 가능한지 여부는 차치하고, 에피스토크라시라는 새로운 정치체제가 성과 측면에서 민주주의를 능가할 수도 있다는 도전적인 주장에 많은 사람이 귀를 기울인다. 그가 지적하는 민주주의의 문제점, 약점, 보완할 점에 대부분 동의하기 때문일 것이다. 브레넌도 이 책에서 "에피스토크라시가 민주주의의 유일한 대안이 아니다"라면서 "민주주의가 근본적으로 정의롭지 못하기 때문에 더 나은 기능을 하는 대안을 찾자고 주장하는 것일 뿐"이라고 강조한다.

민주주의 이슈 다작多作의 융합학자

브레넌은 1979년생으로 미국 오하이오주 클리블랜드의 연구 중심 사립대학 케이스웨스턴리저브대학교와 주립 뉴햄프셔대학교에서 정치학, 철학, 경제학을 전공했다. 2007년 애리조나대학교에서 데이비드 슈미츠David Schmidtz 교수의 지도로 철학 박사 학위를 받았으며, 브라운대학교의 연구원과 철학과 조교수를 지냈다.

현재 조지타운대학교 맥도너 경영대학원 로버트 J. & 엘리자베스 플래너건 패밀리Robert J. & Elizabeth Flanagan Family 석좌교수로 전략, 경제, 윤리, 공공정책 강의를 하고 있다. 이 학교의 시장·윤리연구소 소장과 철학과 교수도 겸하고 있다.

또한 템플턴재단이 지원하는 210만 달러(약 25억 원) 규모의 〈시장, 사회적 기업, 효율적 이타주의Markets, Social Entrepreneurship, and Effective Altruism〉 프로젝트를 총괄하고 있으며, 계간지 『퍼블릭 어페어즈 쿼털리 Public Affairs Quarterly』의 편집 주간을 맡고 있다.

사회과학과 인문학 분야의 종합 또는 융합적 학문의 길을 걷는다는 점이 특이하다. 이 책에서 그가 정치철학이나 경제학 관련 사례를 들고 관련 학자들의 연구 결과에 자유롭게 자신의 견해를 밝히며 이야기를 쉽게 풀어 나갈 수 있었던 배경일 것이다. 그와 정치철학적 견해를 같이하지 않더라도 이 책을 통해 현대 정치학 또는 정치철학의 최신 연구 경향을 브리

핑받을 수 있다. 이것만으로도 읽어 볼 만한 책이다.

브레넌은 18권의 책을 저술했다. 주요한 것으로 『민주주의Democracy: A Guided Tour』(2023), 『토론 민주주의Debating Democracy』(공저, 2021), 『부자가 되려는 것이 괜찮은 이유Why It's OK to Want to Be Rich』(2020), 『상아탑의 균열Cracks in the Ivory Tower』(2019), 『한계 없는 시장Markets without Limits』(공저, 2015), 『강제 투표 찬반론』(2014), 『왜 자본주의가 아닌가?Why Not Capitalism?』(2014), 『자유주의, 모두가 알고 싶어 하는 것Libertarianism: What Everyone Needs to Know』(2012)*, 『투표 윤리론』(2011), 『자유의 역사A Brief History of Liberty』(공저, 2010) 등이 있다. 책은 독일어, 프랑스어, 중국어, 일본어 등 여러 언어로 번역됐다.

그의 책 가운데 가장 많이 인용된 것이 『민주주의에 반대한다』이다.

2023년 6월
홍권희

---

*   국내에서는 『자유주의 – 당신이 알아야 할 105개 질문』(해냄, 2023)이라는 제목으로 출간되었다.

정치 양극화 시대에
민주주의의 대안은 무엇일까?

조화순, 연세대학교 정치외교학과 교수

무엇이 민주주의를 위기에 빠뜨렸나

다수결에 기초한 민주주의 제도는 인류의 공동체적 삶을 위한 가장 이상적인 정치체제일까? 2021년 1월 미국 국회의사당에 난입해 대통령 당선 인준 절차를 막고 나선 트럼프 지지자들에게서 엿볼 수 있듯이 정치는 극단의 양극화를 양산하고, 유권자들을 타락시키고 있다. 양극화된 정치, 포퓰리즘, 기성 정치에 대한 대중의 불만과 더불어 극단적 진영 논리와 혐오 정치는 권위주의 국가에서만 나타나는 것은 아니다. 군사 쿠데타나 부정선거로 얼룩지는 민주주의의 타락에 대한 걱정을 넘어, 오랜 민주주의 전통을 가진 미국과 유럽과 같은 선진 국가에서도 민주주의의 위기가 나타나고 있다. 그렇다면 21세기에 이르기까지 인류가 설계해 온 민주주의 제도는 여전히 유용하고, 민주적 가치와 정당성에 대해 널리 공유된 가치관은 올바른 것일까?

이런 질문에 대해 도전적으로 접근하고 있는 흥미로운 책이 한국에 번역되어 소개된다니 반가운 일이다. 제이슨 브레넌의 『민주주의에 반대한다』는 민주주의를 대체 불가한 것으로 보는 시각에서 한발 물러나 민주주의란 무엇인가에서부터, 사람들은 민주주의에 무엇을 기대하고, 실제 민주주의는 사람들에게 어떤 결과를 선물했는지, 어떤 상황이 민주주의를 위기에 빠트렸는지 등을 생각하게 한다.

책에 의하면 현재의 민주주의는 과대평가되었고 시민에게 더 공정한 결과를 가져다주지 않는다. 저자는 참여 행위 자체가 중요한 것은 아니며, 나쁜 참여는 오히려 해롭다고 주장한다. 많은 사람이 믿고 있듯이 민주주의 제도를 통해 우리는 동등한 정치권력을 가지고 있는 것이 아니다. 브레넌의 논점은 유권자가 정치에 대해 합리적인 지식에 기초해서 결정을 내린다는 가정의 비판에서 시작한다. 유권자는 대체로 무지한 호빗이거나 편향된 신념에 의해 정치 정보를 소비하는 훌리건이다. 즉 유권자는 정치에 대해 자세히 알고 투표하는 것이 아니라 대체로 무지하고, 비합리적이며, 편향적이다. 유권자의 대부분이 호빗이거나 훌리건인 사회에서 정치참여는 비합리적이고, 공공선이 아니라 공공악을 향한 도화선이 될 수 있다. 번역서의 출간이 반가운 이유도 지금의 한국 정치 또한 이 책에서 우려하는 민주주의의 병리적 현상에서 자유롭지 않기 때문이다.

실제로 다수에 의한 결정이 공공선이 아닌 경우가 많고, 정치에 참여하는 유권자의 자질도 오늘날 민주주의의 위기와 관련이 깊다. 참과 거짓을 가려내기 어려운 정보들은 이미 반향실에 갇힌 시민에게 자기 신념을 강화하는 재료로 소비된다. 진실과 거짓 정보를 분별하는 능력이 천차만별인 대중이 인터넷이라는 한 공간 안에 모이면서 인터넷 메신저와 소셜 미디어가 가짜 정보의 진원지이자 정치 양극화의 도화선으로 전락했다. 더 많은 참여의 기회와 권리가 주어졌지만 정치 현실은 많은 시민에게 실망과 혐오를 가져다주고 정치에 무관심한 호빗으로 만든다. 이런 점에서 저자는 우리 시대가 당면하고 있는 문제의식을 정면으로 마주하고 다수결에 기초한 민주주의 제도에 도전한다.

『민주주의에 반대한다』는 민주주의에 대한 비판에 그치는 것이 아니라 논리적인 근거를 통해 논쟁의 시작이 될 수 있는 대안을 제시하고 있다는 점에서 더욱 눈길을 끈다. 민주주의에 대한 저자의 관점은 다분히 실용적인데, 그에 의하면 민주주의는 도구일 뿐이다. 그렇기 때문에 우리가 더 좋은 도구를 찾을 수 있다면, 우리는 그것을 자유롭게 사용해야 한다. 저자의 제안은 지식인에 의한 통치 즉 '에피스토크라시'다. 에피스토크라시에서는 보통선거를 기본권으로 하는 민주주의와 달리 더 적은 수의 사람이 정치에 참여한다. 지식이 풍부한, 자격을 갖춘 시민은 무지한 시민보다 더 큰 정치적 힘을 지니고 많은 표를 행사한다. 에피스토크라시는 참정권 제한제, 선거권 추첨제, 가중 투표제/모의 신탁에 의한 정부 등 다양한 형태로 가능하다. 그의 야심 찬 제안은 많은 비판과 반대의 목소리에 직면하겠지만, 우리가 공공선을 달성할 방법적 대안을 모색하는 초기자료로 손색이 없다.

또한 저자는 민주주의에 대한 문제를 제기하기 위해 밀, 슘페터, 더 거슬러 올라가서는 플라톤의 논의에 기대어 이론적 정교화를 꾀하면서도 경제학, 경영학, 정치학 등 다양한 현대 연구를 인용하면서 고전과 현대의 중요한 이론적 논쟁을 연결하고 있다. 특히 많은 정치학 연구가 주로 실증적 차원에서 민주주의에서 나타나고 있는 소수의 문제를 어떻게 해결할 것인지에 집중하고 있는데, 저자는 이 책을 통해 민주주의 이외의 선택지에 대해 이론적 검토와 개념화를 시도함으로써 기존 연구의 간극을 메우고 있다.

배제되는 사람에 대한 고민 필요

비판적으로 생각해 보아야 할 지점도 분명히 존재한다. 저자의 민주주의 비판은 주로 선거에 집중하고 있는데, 민주주의의 건강성은 선거에 의해서만 결정되는 것은 아니다. 민주주의는 견제와 균형, 법에 의한 지배, 다원성에 대한 존중, 시민권 보장 등 각 국가의 제도적 장치가 잘 작동함으로써 달성될 수 있는 것이다. 정치 참여나 민주주의적 숙고가 오히려 사람들을 더 비합리적이고 선입관에 기초한 결정을 하게 한다는 그의 주장도 학계의 연구 결과와는 대조적이다.

아울러 지식인이 더 큰 정치적 힘을 부여받는다는 구상에서 배제되는 사람들은 어떤 이들인지 고민해 보아야 할 필요가 있다. 현존해 왔던 소수에 의한 통치 체제들은 결국 사회적 약자들을 배제했음을 역사를 통해 알 수 있다. 지식이 풍부하고 자격을 갖춘 시민 역시 이전의 지식이나 믿음에 기초해 정보를 찾고 해석하는 경향성을 감소시킬 수 있을지, 정치 참여를 위한 '자질'은 어떠한 기준으로 판단할 것인지, 이러한 구상이 가져올 결과가 현재의 민주주의보다 나은 성과라는 것을 어떻게 판별할지도 고민이다. 이런 의미에서 저자의 주장은 실제 사례와 논쟁을 통해 보완되어야 할 필요가 있다.

『민주주의에 반대한다』의 번역서가 정치 혐오와 민주주의 위기 속에서 방황하고 있는 한국 정치에 소개되어 무엇보다 고무적이다. '호빗을 훌리건으로, 훌리건을 더 나쁜 훌리건으로 만드는' 현대 민주주의의 고질적인 문제는 한국 사회에서 자주 관찰되고 있다. 한국 정치에서 지금까지 이룩해 온 성과들을 딛고 성숙한 사회로 나아가기 위해 필요한 것은 어쩌면 상상력의 빈곤을 탈피하는 것일 수 있다. 저자의 안내에 따라 민주주의 이외의 대안, 에피스토크라시에서 발견할 수 있는 통찰은 한국 정치발전의 중요한 시발점이 될 것이다.

차례

서문...5

옮긴이의 글...15

추천의 글...30

제1장 호빗과 홀리건...36

제2장 무지하고, 비합리적이며, 잘못된 정보를 가진 민족주의자...68

제3장 정치 참여는 타락시킨다...115

제4장 정치는 당신이나 나에게 힘을 주지 않는다...143

제5장 정치는 시가 아니다...196

제6장 유능한 정부에 대한 권리...236

제7장 민주주의는 유능한가?...279

제8장 지식인의 통치...325

제9장 시민의 적...363

참고 문헌...384

호빗과
훌리건

AGAINST DEMOCRACY

미국의 혁명가이자 대통령이었던 존 애덤스John Adams(1735~1826, 미국 초대 부통령과 2대 대통령을 지냈다. -옮긴이)는 이렇게 말했다. "나는 내 아들들이 수학과 철학을 자유롭게 공부할 수 있도록 정치와 전쟁을 공부해야 한다. 내 아들들은 그들의 아이들에게 그림, 시, 음악, 건축, 조각, 태피스트리, 도자기 등을 공부할 권리를 주기 위해 수학과 철학, 지리, 자연사, 해군 건축, 항해, 상업, 농업을 공부해야 한다."* 애덤스는 정치적 동물이었지만 미래 세대가 더 수준 높은 생명체로 진화하기를 바랐다.

이 책은 우리가 그 희망을 실현하기 위해 노력해야 하는 이유를 설명한다.

정치 참여는 우리를 고귀하게 만들까, 타락시킬까?
밀 대 슘페터

19세기의 위대한 경제학자이자 도덕철학자 존 스튜어트 밀John Stuart Mill은 어떤 형태든 최선의 결과를 도출하는 정부를 도입해야 한다고 주장

---

* 1780년 5월 12일 존 애덤스가 아내 애비게일 애덤스Abigail Adams에게 보낸 편지 내용이다.

했다. 밀은 모든 결과를 검토하라고 충고했다. 우리는 군주제, 과두제, 귀족제, 대의원제, 혹은 또 다른 형태의 정부를 갖는 게 최선인지를 따져 봐야 한다. 그때 자유주의적 권리 존중이나 경제 성장 촉진처럼 눈에 보이는 것에만 초점을 맞추어서는 안 된다. 다양한 형태의 정부가 시민들에게 지적으로, 도덕적으로 어떤 영향을 미치는지도 검토해야 한다. 어떤 정부는 우리를 멍청하고 수동적으로 만들 수 있고, 또 다른 정부는 우리를 날카롭고 능동적으로 만들 수 있다.

밀은 사람들을 정치에 참여시키는 일이 그들을 더 똑똑하게 하고, 공동선에 더 관심을 기울이게 하고, 더 나은 교육을 받게 하고, 더 고귀하게 만들 것으로 기대했다. 그는 공장 노동자가 정치에 관해 생각하게 되는 것이 물고기가 바다 밖에도 세상이 있다는 사실을 발견하는 것과 같기를 바랐다. 밀은 정치에 관여하는 것이 우리의 마음을 굳건히 하는 동시에 누그러뜨리기를 희망했으며, 눈앞의 이익 너머를 바라보면서 장기적이고 넓은 관점을 고를 수 있기를 바랐다.

밀은 과학적인 사상가였다. 그가 글을 썼을 당시에는 대의 정부가 들어선 나라가 몇 없었다. 그 몇 나라도 참정권을 제한했고, 대표성도 없는 소수의 엘리트만 투표할 수 있었다. 밀의 시대에 정치 참여는 대부분 교육받은 신사의 일이었다. 밀은 자신의 주장을 뒷받침하는 데 필요한 증거를 충분히 확보하지 못했다. 기껏해야 합당해 보이긴 하지만 검증되지 않은 가설뿐이었다.

그것은 150년도 더 전의 일이다. 이제 시험의 결과가 나왔다. 나는 그 결과가 대체로 부정적이라고 생각한다. 밀도 동의할 것이다. 대부분의 정치 참여는 우리를 교육하거나 고귀하게 만드는 데 실패할 뿐만 아니라 모욕하고 타락시키는 경향이 있다. 진실은 경제학자 조지프 슘페터Joseph

Schumpeter의 다음과 같은 불평에 더 가깝다. "일반적인 시민은 정치 분야에 들어오자마자 정신적 수행 능력이 낮은 수준으로 떨어진다. 자기가 정말 관심 있는 범위 내에서 어린애 같은 방식으로 논쟁하고 분석한다. 다시 원시인이 되는 것이다."

밀의 가설이 틀리고 슘페터가 맞는다면, 우리는 어려운 질문을 꺼내야 한다. 우리는 얼마나 많은 사람이 정치에 참여하기를 진심으로 원하는가? 얼마나 많은 사람이 참여하도록 허용해야 하는가?

민주정치 쇠락의 긍정적인 측면

민주주의와 시민 참여에 관해 쓴 많은 책에서 '참여율이 떨어지고 있다'고 불평한다. 이 책들은 1800년대 후반, 미국 유권자의 70~80퍼센트가 주요 선거에서 투표했다는 것에 주목한다. 그런데 지금은 대통령 선거에 최대 60퍼센트, 중간 선거·주 선거·지방 선거에 최대 40퍼센트의 유권자를 끌어모은다고 한다. 미국의 민주주의는 그 어느 때보다 포용적이며, 점점 더 많은 사람을 정치 협상 테이블에 초대하고 있다. 그러나 초대장에 회신하는 사람은 더 적어졌다. 책들은 '시민들이 자치 정부의 책무를 심각하게 받아들이지 않고 있다'고 지적한다.

나의 견해는 다르다. 정치 참여가 감소하는 것은 좋은 시작이며, 우리는 여전히 갈 길이 멀다. 우리는 '더 참여'하는 것이 아니라 '더 적게 참여'하기를 바라야 한다. 사람들의 관심사에서 정치가 차지하는 부분이 아주 작아야 이상적이다. 보통 사람들은 그림, 시, 음악, 건축, 조각상, 태피스트리, 도자기, 또는 축구, 자동차경주, 트랙터 끌기, 연예인 가십, 외식으로 하루를 채울 것이다. 대부분의 사람이 정치를 전혀 걱정하지 않는 것이야 말로 이상적이다.*

반면, 일부 정치 이론가들은 정치가 삶의 더 많은 측면으로 스며들기를 바란다. 그들은 더 많은 정치적 숙의political deliberation를 원한다. 정치가 우리를 고귀하게 만든다고 생각하며, 민주주의는 사람이 자신의 상황을 통제할 수 있게 힘을 실어 주는 하나의 방법이라고 여긴다. 몇몇 '시민 휴머니스트'는 민주주의 자체를 선한 삶, 또는 적어도 더 높은 소명쯤으로 여긴다.

어느 쪽이 진실에 더 가까운지는 인간은 무엇인가, 민주적 참여가 우리에게 어떤 영향을 미치는가, 그리고 대중적 정치 참여가 어떤 문제를 해결하거나 만들어 내는가에 달렸다.

세 종류의 민주 시민

우리는 밀처럼 정치가 우리에게 무엇을 하는지 추측할 필요가 없다. 심리학자, 사회학자, 경제학자, 정치학자들은 사람들이 정치에 대해 어떻게 생각하고, 반응하고, 결정하는지 60년 넘게 연구해 왔다. 그들은 사람들이 무엇을 알고, 무엇을 모르고, 무엇을 믿고, 얼마큼 강하게 믿으며, 무엇이 마음을 바꾸게 하는지 조사했다. 얼마나 의견이 많은지, 사람들은 어떻게 그리고 왜 연합하는지, 그리고 무엇 때문에 행동하거나 참여하는지 살펴봤다. 나는 다음 장에서 이 연구를 더 자세히 검토할 예정이지만, 먼

---

*   사람들이 완벽하게 정의롭다면 정치를 배제한 채 협력적인 무정부 상태로 살 것이라는 주장에 대해서는 『강제 투표 찬반론』에서 다루었다.

저 여기에 결과를 요약한다.

사람마다 정치적 의견의 강도가 다르다. 어떤 사람은 종교적 열정을 품은 것처럼 자신의 의견을 고수하고, 어떤 사람은 그보다 약하게 의견을 내세운다. 또 어떤 사람은 몇 년 동안 같은 이념을 유지하고, 다른 어떤 사람은 순식간에 생각을 바꾼다.

사람마다 견해의 일관성이 다르다. 어떤 사람은 통일되고 일관된 의견을 가지고 있지만, 어떤 사람은 일관성 없이 모순된 믿음을 가지고 있다.

사람마다 얼마나 많은 의견이 있는지도 다르다. 어떤 사람은 모든 것에 대해 의견이 있고, 어떤 사람은 거의 의견이 없다.

사람마다 신념을 뒷받침하는 데 얼마나 많은 정보나 증거를 지녔는지 역시 다르다. 몇몇 사람은 자신의 의견과 관련된 사회과학 지식이 풍부하다. 하지만 어떤 사람은 그냥 뉴스를 통해 정보를 얻는다. 또 다른 사람은 정치에 관해 거의 아무것도 모른다. 의견이 있어도 그것을 뒷받침하는 증거는 거의 혹은 전혀 없다.

사람마다 자신과 의견이 다른 이들을 어떻게 생각하고 그들에게 어떻게 반응하는지도 다르다. 어떤 사람은 정치적 반대편을 악마처럼 보고, 또 다른 사람은 반대 의견을 그저 실수라고 생각한다. 어떤 사람은 반대편 중에서도 일부는 합리적이라 믿고, 다른 어떤 사람은 반대편 모두를 바보로 여긴다.

사람마다 얼마나, 어떤 방식으로 참여하는지도 다르다. 어떤 사람은 다른 이들이 연예인의 연애 이야기에 집착하듯이 정치에 집착한다. 또 어떤 사람은 투표하고, 자원봉사를 하고, 선거운동을 하고, 기부까지 한다. 다른 어떤 사람은 무엇도 참여한 적이 없고, 앞으로도 하지 않을 것이다. 국가가 정치적 권리를 회수해도 눈치채지 못하거나 신경조차 쓰지 않을 것이다.

이러한 각각의 특징은 시민들을 다양한 스펙트럼에 속하게 한다. 그러나 우리는 이 책의 목적을 위해 문제를 단순화할 수 있다. 여기서 우리가 관심을 가질 민주 시민은 크게 세 가지 유형으로 분류된다. 나는 이들을 호빗, 훌리건, 벌컨이라고 이름 붙일 것이다.

- 호빗은 대부분 정치에 무관심하고 무지하다. 그들은 여러 정치 사안에 관한 강력하고 확고한 의견이 부족하다. 의견이 전혀 없을 때도 있다. 사회과학적인 지식도 거의 없다. 그래서 현재 일어나고 있는 사건들에 대해 잘 모르고, 이러한 사건들을 평가하고 이해하는 데 필요한 사회과학 이론과 자료도 알지 못한다. 호빗은 정치 사안과 관련된 대략적인 세계사 및 국내 역사 지식만을 가지고 있다. 정치에 대해 많은 생각을 하지 않고 일상생활을 해 나가는 것을 좋아한다. 미국의 일반적인 비투표자는 호빗이다.
- 훌리건은 정치의 광적인 팬이다. 그들은 강경하며 대체로 확고한 세계관을 가지고 있다. 자신의 신념을 주장할 수는 있지만, 다른 견해를 가진 사람이 만족할 만한 방법으로 대안적인 관점을 설명하지는 못한다. 훌리건은 편향된 방식으로 정치 정보를 소비한다. 자신의 정치적 의견을 확실하게 증명해 주는 정보를 찾고, 자신의 의견과 모순되거나 확증해 주지 않는 증거는 무시하고 거부한다. 그들은 사회과학을 어느 정도 신뢰하지만, 자료를 선별해서 자신의 견해를 뒷받침하는 연구만 배우려는 경향이 있다. 자기 자신과 자신이 알고 있는 것을 과신한다. 정치적 의견이 정체성의 일부를 형성하며, 자신이 속한 정치적 팀의 일원이라는 사실을 자랑스럽게 여긴다. 종교인이 자신의 종

교를 믿는 일이 자아상에 큰 영향을 끼치는 것처럼 그들은 민주당이나 공화당, 노동당이나 보수당, 사회민주당이나 기독교민주당에 속하는 것이 자아상에 중요하다. 훌리건은 대안적 세계관을 가진 사람을 어리석고, 사악하고, 이기적이고, 깊이 잘못되었다고 생각하면서 자신과 의견이 다른 이들을 경멸한다. 꾸준히 투표하는 대부분의 유권자, 적극적인 정치 참여자, 활동가, 등록된 정당원, 그리고 정치인들은 훌리건이다.

• 벌컨은 정치를 과학적이고 이성적으로 생각한다. 그들의 의견은 사회과학과 철학에 강력한 기반을 두고 있다. 벌컨은 자기 자신에 관해 잘 알고 있으며, 증거가 허용하는 경우에만 자신감을 가진다. 그들은 반대 의견 또한 그 견해를 가진 사람이 만족할 만한 방식으로 설명할 수 있다. 정치에 관심이 있으면서도 편향되고 비합리적인 것을 적극적으로 피하려고 하기에 냉정하다. 자신과 의견이 같지 않은 사람을 멍청하거나, 사악하거나, 이기적이라고 생각하지 않는다.

이와 같은 분류는 이상형 또는 개념적 원형이다. 어떤 사람은 다른 누구보다 이 설명에 잘 들어맞는다. 하지만 아무도 진정한 벌컨이 될 수 없다. 모든 사람은 약간씩이라도 편견이 있기 때문이다. 안타깝게도 많은 사람이 호빗과 훌리건에 꽤 잘 들어맞는다. 대부분의 미국인은 호빗 또는 훌리건이거나 그 사이의 스펙트럼 어딘가에 속한다.

내가 사람들의 의견이 극단적인지 혹은 온건한지에 따라 유형을 정의하지 않는다는 것에 주목하길 바란다. 훌리건은 극단주의자가 아니고, 벌컨은 온건주의자가 아니다. 어쩌면 일부 마르크스주의적 급진주의자나 자유지상주의적 무정부주의자는 벌컨일 것이고, 온건파 대부분은 호빗이나 훌리건일 것이다.

좀 더 보편적으로 설명하자면, 나는 사람들이 어떤 이념을 옹호하는지에 따라 유형을 정의하지 않았다. 예를 들어, 자유지상주의에 동조하는 사람들을 떠올려 보자. 그들 일부는 호빗이다. 이 호빗들은 자유지상주의적인 성향이 강하다. 그러나 그들은 정치에 대해 별로 생각하지 않고 신경 쓰지도 않으며, 대부분 자유지상주의자라고 자칭하지 않는다. 자유지상주의자에 속하는 대다수는 훌리건이다. 그들에게 *자유지상주의자*가 되는 것은 자아상에서 중요한 부분을 차지한다. 그들의 페이스북 아바타는 검은색과 금색의 무정부주의자 깃발이며, 그들은 다른 자유주의자와만 데이트하고, 이단 숭배의 경제학자 머리 로스바드Murray Rothbard나 소설가 아인 랜드Ayn Rand만 읽는다. 마지막으로, 몇몇 자유주의자는 벌컨이다.

밀은 '시민들을 정치에 참여시키는 것이 그들을 계몽할 것'이라는 가설을 세웠다. 그가 정치적 숙의와 대의 정부 참여로 호빗을 벌컨으로 변화시키기를 희망했다고 추측해 볼 수 있겠다. 반면 슘페터는 참여가 사람들을 망쳐 놓는다고 생각했다. 말하자면 호빗을 훌리건으로 바꾸는 경향이 있다는 것이다.

다음 장에서 나는 정치적 자유와 참여가 긍정적인 영향을 준다고 이야기하는 광범위한 주장들을 검토하고 논박한다. 나는 정치적 자유와 참여는 전반적으로 해롭다고 생각한다. 우리는 대부분 호빗이거나 훌리건이고, 대다수 호빗은 잠재적인 훌리건이다. 우리가 정치에 관여하지 않는다면, 우리는 더 잘 살게 될 것이다.

민주적 승리주의에 반대한다

민주주의의 가치와 정당성, 그리고 광범위한 민주적 참여에 관해 널리 알려진 견해들이 있다. 이러한 견해는 자유민주주의 국가에 사는 다양한 비전문가를 비롯해 분석적 정치철학자와 정치 이론가에게도 인기가 있다. 하지만 경험을 중시하는 경제학자와 정치학자, 그리고 역시나 경험을 중시하는 철학자와 이론가에게는 인기가 덜하다.

민주주의와 광범위한 정치적 참여가 가치 있을 수 있는 모든 가능성을 생각해 보자.

> 인식론적/도구적epistemic/instrumental 이유: 아마도 민주주의와 광범위한 정치 참여는 (적어도 다른 대안에 비해) 정의롭고 효율적이거나 안정적인 결과로 이어지는 경향이 있으므로 좋을 것이다.
>
> 도덕적aretaic 이유: 아마도 민주주의와 광범위한 정치 참여는 시민을 교육하고 계몽하고 고귀하게 만드는 경향이 있으므로 좋을 것이다.
>
> 근본적intrinsic 이유: 아마도 민주주의와 광범위한 정치 참여는 그 자체로 더할 나위 없이 좋을 것이다.

나는 민주주의와 광범위한 정치 참여가 정의에 의해 요구되며, 정당하고, 위의 세 가지 이유 모두에서 가치 있다고 여기는 관점을 민주적 승리주의democratic triumphalism라고 부른다. 승리주의의 슬로건은 '민주주의를 위한 만세 삼창!'일 것이다. 승리주의에 따르면, 민주주의는 유일무이하게 정당한 사회 조직의 형태를 하고 있다. 사람들은 정치권력의 동등한 공유에 관한 기본 권리를 가진다. 참여는 좋은 것이다. 우리에게 힘을 주고, 우리가 원하는 것을 얻을 수 있게 하고, 우리를 더 나은 사람으로 만들어 주기도 한다. 정치 활동은 형제애와 동료 의식을 낳기도 한다.

이 책은 승리주의를 공격한다. 민주주의는 세 번의 환호 중 적어도 두 번은 받을 자격이 없다. 어쩌면 마지막 환호도 받을 자격이 없을지 모른다. 나는 다음과 같이 주장한다.

- 정치 참여는 대부분의 사람에게 가치가 없다. 그것은 우리에게 거의 도움이 되지 않는다. 대신 바보처럼 만들고 타락시킨다. 그것은 우리를 서로 미워할 이유가 있는 시민의 적으로 만든다.
- 시민은 투표하거나 공직에 출마할 수 있는 기본적인 권리가 없다. 정치권력은, 심지어 투표권에 포함된 작은 권력조차도 정당해야 한다. 투표권은 다른 시민의 자유 즉 언론, 종교, 결사의 자유와는 다르다.
- 민주주의는 유일무이하거나 근본적으로 정당한 형태의 정부가 아니다. 물론 애초에 근본적으로 불공정한 형태의 정부도 있다. 어쨌든 민주주의에서 모든 시민에게 자동으로 한 표의 자격을 주는, 제한 없이 평등한 보통선거권은 여러 면에서 도덕적으로 옳지 않다. 문제는 (내가 길게 주장하겠지만) 보통선거가 대다수 유권자에게 무지하고 비합리적인 방법으로 정치적 결정을 하도록 부추기고, 이러한 무지하고 비합리적인 결정을 무고한 사람들에게 강요한다는 점이다. 제한 없는 보편적 참정권이 정당화되는 이유는 단지 더 나은 체제를 만들어 낼 수 없기 때문이다.

일반적으로 현재 가장 살기 좋은 곳은 독재 정권이나 일당 정부, 과두정치, 또는 진짜 군주제 국가가 아니라 자유민주주의 국가들이다. 그러나 이것은 민주주의가 이상적이거나 가장 실현 가능한 체제라는 의미는 아니다. 민주주의가 실현할 수 있는 제도 중 제일 좋은 것이라 해도, 우리는 더 적은 참여로 민주주의를 개선할 수 있다. 전반적으로, 민주주의 정부는 그동안 우리가 시도했던 대안들보다 더 나은 성과를 얻어 왔다. 하지만 우리가 아직 시도하지 않은 체제 중 훨씬 더 나은 게 있을지도 모른다. 이 책에서 더 나은 대안이 있다고 설득하려는 것은 아니다. 다만 조건부 주장을 하려고 한다. 만약 더 나은 기능을 하는 대안이 있다면, 우리는 그것을 받아들여야 한다는 것이다. 일부 독자에게는 약한 소리처럼 들릴 수도 있다. 그런데도 현재 민주주의 이론의 지형에서 이러한 주장은 나를 급진적으로 만든다. 대부분의 일반 독자와 현대 정치철학자들은 이 주장 자체를 거부한다. 그들은 민주주의가 아닌 대안이 더 잘 작동하는 것으로 밝혀져도 여전히 민주주의를 고수해야만 한다고 믿는다.

정치적 자유는 다른 자유와 다르다

북미와 서유럽 사람들은 대부분 어느 정당에 투표하는지와 관계없이 일종의 철학적 자유주의philosophic liberalism를 수용한다. 철학적 자유주의는 각 개인이 정의에 기초한 존엄성을 지녔으며, 개인에게 광범위한 권리와 자유를 부여한다는 견해다. 이러한 개인의 권리와 자유는 더 큰 사회적 이익을 위해 작게 취급되거나 쉽게 무시될 수 없다. 이것은 비장의 카드와 같다. 다른 사람이 우리를 이용하거나, 방해하거나, 해치지 못하게 하기 때문이다. 심지어 그렇게 하는 것이 많은 사람에게 좋은 결과를 가져다줄 때조차 말이다. 현대 미국의 담론에서는 중도 좌파를 리버럴liberal이라는 단어로 부르기도 하는데, 정치철학에서 리버럴은 자유를 정치적 기본 가치로 생각하는 사람을 지칭한다.

밀의 발자취를 따르는 자유주의자들은 사람들이 자기 자신만을 해친다면 나쁜 선택도 허용해야 한다고 주장한다. 자세한 설명을 위해 이지라는 이름의 경솔한 남자가 있다고 가정해 보겠다. 그는 미혼이고, 자녀가 없으며, 20대다. 이지는 너무 많이 먹고, 아주 적게 운동하고, 매우 많은 돈을 쓴다. 이지의 행동이 아무리 형편없어도, 그는 자신 외에 누구도 해치지 않는다. 그러니 그가 생각하는 대로 살게 내버려 둔다. 이지의 선택은 나쁘지만, 우리는 그의 선택을 막을 권리가 없다.

이지가 그렇게 먹다가 심장마비에 걸릴 권리가 있는 것처럼, 많은 사람은 민주주의도 스스로 경제 위기에 빠질 권리가 있다고 생각한다. 민주주의가 나쁘거나, 경솔하거나, 비합리적인 결정을 내리는 것은 마치 이지가 나쁘거나, 경솔하거나, 비합리적인 결정을 내릴 때와 같다.

사실 이 비유는 실패다. 유권자는 개인과 다르다. 유권자는 개별적인 목표, 행동 및 지적 자격을 가진 개인의 집합이다. 모든 사람이 동일한 정책을 옹호하는 통일된 기구가 아니다. 대신, 어떤 사람은 자신의 결정을 다른 사람에게 강요한다. 대부분의 유권자가 어리석게 행동한다면, 그들은 자기 자신만을 다치게 하는 것이 아니다. 그들은 지식이 풍부한 이성적인 유권자, 소수 유권자, 투표에서 기권한 시민, 미래 세대, 어린이, 이민자, 그리고 투표할 수는 없지만 민주적 결정에 영향을 받거나 피해를 보는 외국인들에게 상처를 입힌다. 정치적 의사 결정은 개인이 아닌 모두를 위한 선택이다. 다수가 변덕스러운 결정을 내리면 다른 사람들도 위험을 감수해야 한다.

따라서 민주적이든 아니든, 정치적 의사 결정은 개인의 의사 결정보다 더 큰 정당화의 부담을 안고 있다. 기본적인 자유주의 권리의 정당성을 확보하기 위해서는 개인이 자기 자신을 해치는 일을 왜 허용해야 하는지 설명할 수 있어야 한다. 그것은 어려운 일이다. 심지어 오늘날에도 일부 철학자들은 개인이 나쁜 선택을 해서 다른 사람을 해치지 않아도, 우리는 개인의 나쁜 선택을 막아야 한다고 믿는다. 민주주의를 정당화하기 위해서는 더 큰 노력이 필요하다. 어째서 일부의 사람들이 다른 사람들에게 나쁜 결정을 함께 부담시키는 권리를 가져야 하는지 설명해야 한다. 책의 후반부에서 이야기하겠지만, 민주주의를 정당화하려면 무능한 결정을 무고한 사람들에게 강요하는 것이 과연 올바른 일인지 설명할 필요가 있다.

나는 이 책에서 정치적 자유political liberties라는 용어를 투표권, 그리고 정치권력이 있는 자리에 출마하고 그 직책을 수행할 수 있는 권리만을 포함하는 것으로 제한하여 사용하고자 한다. 어떤 사람들은 정치적 발언, 집회, 정당 결성의 권리를 모두 포함하여 이 단어를 더 넓게 사용하는 것을 선호한다. 하지만 나는 언론의 자유와 집회·결사의 자유 같은 것은 시민적 자유civil liberties로 분류하겠다. 예를 들어, 나처럼 정치 참여에 관한 책을 쓸 권리는 정치적 자유가 아닌 시민적 자유로 분류한다.

나는 이것이 개념 해석이 아닌, 규정이 되기를 원한다. 사실 어떻게 분류하든지 실질적으로 바뀌는 것은 없다. 다만 내가 투표권과 공직 출마권에 관심을 두는 이유는, 이것이 시민적 또는 경제적 자유라고 부르는 것과 달리 다른 사람에 대한 권력을 행사하거나 획득할 수 있는 권리이기 때문이다. 언론의 자유에 대한 권리는 보통 우리 자신에게만 권한을 주지만, 투표에 대한 권리는 우리가 개인이 아닌 집단으로 다른 사람에게 힘을 행사할 수 있는 권한을 준다.*

민주주의 평가 방법: 도구주의와 절차주의

망치를 가치 있게 하는 것이 무엇이냐고 물을 때, 우리는 망치가 기능적으로 실용성이 있는지 묻는 것이다. 망치는 못을 박는 용도로 만들어졌고, 좋은 망치는 그 용도에 맞게 쓰인다. 망치는 주로 도구적인 가치가 있다.

그림을 가치 있게 하는 것이 무엇이냐고 물을 때, 우리는 보통 그림의 상징적인 가치에 주목한다. 그 그림이 숭고한지, 다양한 느낌이나 생각을 불러일으키는지 묻는다. 그림은 어떻게 그려졌고 누가 제작했는지에 따라 더 높게 평가되기도 한다.

인간을 가치 있게 하는 것이 무엇이냐고 물을 때, 우리는 종종 인간 그 자체가 가치 있다고 말할 것이다. 물론 사람도 도구로서 가치를 가질 수 있다. 예를 들어, 커피를 만들어 주는 사람은 커피라는 목적을 이루어 주는 도구인 셈이다. 하지만 사람은 본질적인 가치도 가지고 있다. 사람에게는 값으로 매겨지지 않는 존엄성이 있다.

민주주의는 어떠한가? 대부분의 정치철학자는 민주주의에 도구적인 가치가 있다는 것에 동의한다. 도구로서의 기능은 꽤 잘 작동하며 비교적 공정한 결과를 만들어 낸다. 그래서 망치처럼 민주주의도 가치가 있다고 생각하는 것이다.

한편, 대부분의 철학자는 우리가 그림이나 사람의 가치를 따지는 방식으로 민주주의의 가치를 따져야 한다고 생각한다. 그들은 민주주의가 모든 사람이 동등한 가치를 지녔다는 관념을 독특하게 표현한다고 이야기

---

* 물론, 때때로 언론에 대한 권리가 다른 사람에게 힘을 행사할 수 있는 권한을 주기도 한다. 일부 철학자들은 혐오 발언 같은 것을 보면 언론의 자유에 한계가 있을지도 모른다고 의문을 제기한다. 하지만 여기서는 이 질문에 대해 어떤 입장도 취하지 않을 것이다.

한다. 민주주의의 결과는 그것을 만든 사람과 과정 때문에 정당화된다고 주장하며, 민주주의 역시 그 자체로 가치가 있다고 여긴다. 일부 철학자들은 민주주의를 근본적으로 정당한 의사 결정 절차라고 생각한다. 그리고 몇몇 철학자는 민주주의가 결정한 모든 것은 단지 민주주의가 결정했다는 이유만으로 정당화된다고 주장하기까지 한다. 그들은 민주주의가 무엇을 하는지 판단하기 위한 독립적인 절차의 기준이 있다는 것을 인정하지 않는다.

이와 반대로 나는 민주주의의 가치가 순전히 도구적이라고 주장할 것이다. 다른 정치체제보다 민주주의를 선호하는 유일한 이유는 정의로운 결과를 내는 데 더 효과적이기 때문이다. 민주주의는 망치에 지나지 않는다. 더 좋은 망치를 찾을 수 있다면, 우리는 그것을 사용해야 한다. 이 책의 뒷부분에서 나는 민주주의보다 더 좋은 망치를 만들 수 있을지도 모른다는 몇 가지 증거를 제시할 것이다. (그러나 만들기 전까지는 확실하게 알 수 없을 것이다.)

정치에 대한 근본적인 질문 중 하나는 누가 권력을 잡아야 하는가다. 군주제, 귀족제, 민주주의, 그 밖의 다른 체제들을 서로 구별하는 것은 첫째로 권력을 분배하는 방법이다. 군주제는 한 사람의 손에 정치권력을 부여하는 반면, 민주주의는 모든 시민에게 동등한 정치권력을 부여한다.

그러나 누가 권력을 잡아야 하는가 하는 질문에 서로 다른 답이 있는 것처럼, 이 질문에 답하기 위해 어떤 기준을 사용해야 하는가에 관해서도 서로 다른 견해가 있다. 두 가지 기본적인 견해는 절차주의proceduralism와 도구주의instrumentalism다. 절차주의는 권력을 분배하는 몇 가지 방법은 본질적으로 정당하거나 부당하며, 그 자체로 좋거나 나쁘다고 주장한다. 도구주의는 정부의 절차 독립적인 정당한 목적을 촉진하는 방식으로 권력을 분배해야 한다고 주장한다.

절차주의는 권력을 분배하거나 결정을 내리는 방식이 본질적으로 좋거나 정당하거나 합법적이라는 명제다. 절차주의자는 일부 의사 결정 제도가 근본적으로 정당하지 않다고 주장할 수 있다. 예를 들어, 철학자 토마스 크리스티아누Thomas Christiano와 데이비드 에스틀룬드David Estlund는 둘 다 절차주의자다. 크리스티아누는 민주주의가 본질적으로 정의롭다고 생각한다. 에스틀룬드는 민주주의가 본질적으로 정의롭다고 주장하지 않지만, 군주제와 신정神政 같은 체제는 본질적으로 부당하다고 생각한다.

가장 급진적인 절차주의인 순수 절차주의에서는 의사 결정 제도의 결과를 평가하는 독립적 도덕 기준은 없다고 한다. 예를 들어, 정치 이론가 위르겐 하버마스Jürgen Habermas는 매우 이상적인 숙의 과정을 통해 결정을 내리는 동안에는 그 어떤 결정도 정당하다고 주장한다. 또 다른 정치 이론가 이니고 곤살레스 리코이Iñigo González-Ricoy는 (나를 비판하는 논문에서) 이렇게 말했다. "민주주의 사회에서 투표권이 해롭고, 부당하고, 비도덕적으로 행사되는 것을 막기 위해 절차 독립적인 도덕 기준을 언급할 수는 없다. 투표는 시민이 해롭고, 부당하고, 비도덕적인 것에 동의하지 않을 때만 요구되는 장치이기 때문이다."

곤살레스 리코이가 얼마나 강하게 주장했는지 살펴보면, 그는 사람들이 해롭거나 부당하게 여겨지는 것에는 동의하지 않는다고 했다. 따라서 민주주의가 무엇을 하는지 판단하는 독립적인 정의 기준을 언급할 필요가 없다고 결론짓는다. 순수 절차주의자들은 객관적이며 도덕적인 진실이 있다고 믿지만, 이러한 진실은 우리가 내리는 정치적 결정의 내용이 아니라 그 방법에만 관심을 둔다.

순수 절차주의에는 깊이 받아들이기 어려운 함의가 있다. 예를 들어,

시민들이 아이들을 성폭행하는 것을 허용해야 하는지에 관한 논쟁이 벌어졌다고 가정해 보자. 다수가 이상적인 숙의 절차를 따른 후, 어른이 원하는 아이를 폭행할 수 있게 허용할지 투표한다고 해 보자. 이와 더불어 아이들을 폭행하는 것을 경찰이 막지 못하도록 하는 투표도 진행한다. 이 경우 민주주의에 대한 순수 절차주의자는 아동 성폭력이 실제로 허용된다고 말해야 할 것이다. 이런 이유 때문에 나는 순수 절차주의가 터무니없다고 여기며, 이 책에서는 조금도 고려하지 않을 생각이다. 이미 여러 정치철학자들이 순수 절차주의를 옹호하는 주장을 지속해서 비판해 왔다. 이러한 비판이 순수 절차주의에 큰 타격을 주었으리라 생각한다.*

순수 절차주의는 불가능하지만, 부분적 절차주의는 가능할 수도 있다. 책의 뒷부분에서 절차주의와 도구주의를 혼합한 민주주의에 관한 몇 가지 옹호론을 검토할 예정이다.

절차주의와 대조적으로, 권력 분배에 관한 도구주의는 일부 정치적 질문에 절차와 상관없는 독립적인 정답이 있다고 주장한다. 그리고 권력 분배나 의사 결정 방법을 정당화하는 것은 그것이 부분적으로나마 정답을 선택하는 경향이 있기 때문이라고 주장한다. 예를 들어, 형법에서는 한 법률가가 국가를 대표하고 또 다른 법률가가 피고를 대표하는 대립 구조를 갖는다. 피고인의 유죄 여부에 대해서는 독립적인 진실이 있다. 이 진실은 배심원단의 지시로 결정되는 것이 아니다. 오히려 배심원들은 진실이 무엇인지 찾아내야 한다. 이러한 배심재판과 대립 구조를 옹호하는 사람들은

---

* 다양한 종류의 순수 절차주의에 대한 좀 더 포괄적인 요약과 비판은 에스틀룬드의 주장을 참고해 볼 수 있다. 에스틀룬드는 가장 그럴듯한 순수 절차주의도 민주주의가 본질적으로 공정하다는 주장만 한다는 점을 지적한다. 에스틀룬드에 따르면, 동전을 던지거나 주사위를 굴려서 결정하는 것 또한 공정하다. 따라서 순수 절차주의자에게는 민주주의를 옹호할 수 있는 특별한 근거가 없다.

이것이 다른 어떤 체계보다 진실을 더 잘 추적한다고 믿는다.

가장 급진적인 형태의 도구주의는 순수 도구주의다. 순수 도구주의는 정치권력을 분배하는 어떤 방법도 근본적으로 정당하거나 부당하지 않다고 여긴다. 순수 도구주의자에 따르면 정부의 정당한 목적이 무엇이며, 어떤 종류의 정책을 시행해야 하고, 어떤 결과를 낳아야 하는지와 관계없는 독립적인 진실이 있다. 우리에게는 이 독립적인 진실을 가장 확실하게 추적하는 정부가 필요하다. 진실을 잘 추적할 수 있다면 어떤 형태의 정부든, 혹은 정부의 형태가 아예 없다고 해도 상관없다.

따라서 순수 도구주의자는 민주주의가 진실을 가장 잘 추적한다면, 즉 민주적 의사 결정이 다른 대안들보다 좋은 결정으로 이어질 가능성이 크다면 우리는 민주주의를 활용해야 한다고 말할 것이다. 하지만 더 좋은 대안이 있다면, 그것을 활용해야 한다. 순수 도구주의자는 베티 이모를 여왕으로 만드는 것이 가장 정의로운 결과로 이어진다면, 그렇게 하라고 말할 것이다. 스물네 살에서 서른일곱 살 사이의 흑인 여성에게만 공직을 맡기는 것이 가장 정의로운 결과로 이어진다면, 역시 그렇게 할 것이다. 호수에서 낯선 여인들이 검을 나누어 주는 방식으로 왕을 뽑는 것이 가장 정의로운 결과를 낳는다면, 그 또한 그렇게 할 것이다. 벽에 적힌 정책에 다트를 던지는 것이 가장 효과적이라면, 이 역시 마찬가지다.

일부는 절차주의적이고 일부는 도구주의적인 혼합된 관점을 옹호할 수도 있다. 예를 들어, 에스틀룬드는 민주주의의 대안 중에서 군주제와 같은 것은 본질적으로 부당하기 때문에 절차주의적 관점에서 전적으로 배제되어야 한다고 생각한다. 그러나 그는 절차적 고려만으로 정치체제를 선택하는 것은 충분하지 않다고 여긴다. 그로 인해 무정부 상태, 추첨을 통한 결정, 민주주의와 같은 몇 가지 허용 가능한 선택을 남겨 준다. 그는 다른 두 가지 대신 정의가 요구하는 진실에 도달할 가능성이 더 높은 민주주의를 활용해야 한다고 생각한다. 에스틀룬드가 보기에 절차주의적 고려는 소수의 패배자를 배제하고, 도구주의적 고려는 남아 있는 경쟁자 중에서 최종 승자를 뽑는다.

내가 민주주의를 망치라고 부르는 것은, 민주주의는 목적을 위한 수단일 뿐 그 자체가 목적이 아니라는 의미다. 나는 민주주의가 근본적으로 정의롭지 않다고 주장할 것이다. 민주주의는 절차주의적인 이유만으로 정당화될 수 없다. 민주주의가 가진 모든 가치는 순전히 도구적이다.* (나는 어떤 형태의 정부가 근본적으로 부당한지 정확히 알지 못한다. 그것은 나의 주장에 중요하지 않으므로 나는 어떠한 입장도 취하지 않는다.)

민주주의와 에피스토크라시 중 더 좋은 망치는 무엇인가?

풍부한 경험적 연구는 정치 지식을 측정한 거의 모든 시도에서 현대 민주주의 국가 시민들의 정치 지식 평균이 낮다는 것을 보여 주었다. 그것이 얼마나 낮은지는 제2장에서(그리고 제3장과 제7장에서 조금 더) 논의할 것이다.

수천 년 전, 플라톤Plato은 민주적인 유권자들이 너무 멍청하고 비합리적이며 무지해서 통치하기 어려울 것이라고 걱정했다. 그는 가장 좋은 형

---

* 여기에서의 대조는 결과론과 의무론 사이의 대조와는 다르다. 결과론적 도덕 이론은 옳고 그름을 만드는 것은 행동의 결과라고 주장한다. 의무론적 도덕 이론은 옳고 그름은 행동의 결과로 결정되는 것이 아니라고 주장한다. 어떤 행동은 본질적으로 옳거나 그르다. 민주주의에 관한 도구주의자는 결과론이나 의무론 둘 다 받아들일 수 있다. 도구주의자는 민주주의가 본질적으로 정의롭지 않다는 주장에만 전념한다.

태의 정부는 고귀하고 현명한 철학자 왕이 통치하는 것이라고 주장하는 것 같았다. (학자들은 플라톤이 진지하게 이러한 주장을 한 것인지 논쟁한다.) 현대의 정치철학자들은 플라톤을 인식론자*epistocrat*라고 부를 것이다.* 에피스토크라시는 지식인에 의한 통치를 의미한다. 더 구체적으로 말하자면 정치체제는 역량, 기술, 그리고 그 기술에 따라 행동하는 선의에 의해 공식적으로 분배되는 정치권력의 정도만큼 에피스토크라시적이다.

아리스토텔레스*Aristotle*는 철학자 왕에 의한 통치가 최선이겠지만, 우리는 결코 철학자 왕을 가질 수 없을 것이라고 플라톤에게 대답했다. 실제 사람들은 그 역할을 감당할 만큼 현명하거나 선량하지 않고, 플라톤과 달리 우리는 사람들을 현명하거나 선량해지도록 안정적으로 훈련할 수도 없다.

아리스토텔레스가 옳다. 누군가를 철학자 왕으로 발전시키는 것은 가망 없는 일이다. 현실적으로도 한 사람이 통치를 하는 것은 너무 어렵다. 게다가 더 나쁜 상황은 만약 우리가 재량권을 가진 철학자 왕의 권력을 공직에 부여하면, 자신의 목적을 위해 권력을 남용할 사람들을 끌어들일 수도 있다는 점이다.

에피스토크라시는 철학자 왕이나 후견인 계급에 희망을 걸지 않는다. 에피스토크라시에는 다음과 같은 여러 방식이 있다.

> *참정권 제한제restricted suffrage*: 시민들은 (어떤 과정을 통해) 유능하거나 충분한 지식이 있다고 판단되는 경우에만 선거권과 피선거권을 얻을 수 있다. 현대 민주주의와 유사한 대의 정부 및 제도를 지녔지만, 모든 사람에게 투표권을 부여하지는 않는다. 민주주의에서만큼은 아니

---

* 2003년에 에스틀룬드가 '에피스토크랏'이라고 부르기 시작했다.

지만, 그래도 투표권이 많이 주어지는 편이다.

복수 투표제plural voting: 민주주의에서처럼 모든 시민에게 투표권이 있다. 그런데 (약간의 법적 절차를 통해) 더 유능하거나 더 나은 정보를 보유한 것으로 여겨지는 일부 시민은 투표권을 추가로 얻게 된다. 밀은 복수 투표 체제를 옹호했으며, 모든 사람을 정치에 참여시키는 것이 그들을 고귀하게 한다고 생각했다. 하지만 그는 수많은 시민이 투표에서 현명한 선택을 하기에는 무능하며 충분한 교육을 받지 못할 것이라고 걱정했다. 그래서 교육 수준이 높은 사람에게 더 많은 표를 주는 것을 지지했다.

선거권 추첨제enfranchisement lottery: 선거 주기는 정상적으로 운영되지만, 기본적으로 어떤 시민에게도 투표권이 없다. 선거 직전이 되면 무작위 추첨을 통해 수천 명의 시민이 예비 유권자로 선택된다. 이러한 예비 유권자가 되기 위해서는 다른 시민과의 숙의 토론회 같은 특정한 역량 강화 훈련에 참여해야 한다.*

에피스토크라시 거부권epistocratic veto: 모든 법률은 민주적 기구를 통해 민주적 절차를 거쳐 통과돼야 한다. 그러나 회원 자격이 제한된 에피스토크라시 기구가 민주주의적 기구에 의해 통과된 법규에 거부권을 행사할 수 있다.

가중 투표제/모의 신탁에 의한 정부weighted voting/government by simulated oracle: 모든 시민이 투표할 수 있지만, 이와 동시에 기본적인 정치 지식에 관한 시험을 치러야 한다. 인종, 소득, 성별, 그리고 또 다른 인구통계학적 요인의 영향을 체계적으로 통제한 상태에서 유권자

---

* 이에 대한 자세한 설명은 2014년 로페스-게라Lopez-Guerra의 견해 참고.

의 객관적인 정치 지식에 따라 투표에 가중치가 부여된다.

최근 플라톤이 되살아났다. 정치철학 분야에서 민주주의가 차지하고 있는 왕좌를 향한 주요 도전자로 에피스토크라시가 다시 등장한 것이다. 에피스토크라시를 수용하는 정치철학자는 소수에 불과하지만, 민주주의가 적절한 방어를 하기 위해서는 에피스토크라시보다 우월하다는 것을 보여 주어야 한다. 하지만 대부분의 정치철학자들은 그것이 쉽지 않다는 것을 알고 있다.

이 책에서 나는 민주주의와 에피스토크라시 사이의 선택이 중요하다고 주장한다. 그것은 궁극적으로 어떤 체계가 현실에서 더 적절하게 수행될 것인가에 달려 있다. 아직 민주주의보다 에피스토크라시를 선호할 만한 증거가 충분하지 않지만, 나는 에피스토크라시가 민주주의를 능가할 것이라고 믿는 몇 가지 이유를 제시할 것이다. 가장 유망한 형태의 에피스토크라시가 시도된 적이 없기 때문에 우리는 추측할 수밖에 없다. 나는 에피스토크라시가 민주주의보다 우월하다고 강하게 주장하려는 것이 아니다. 그보다 약한 주장을 옹호한다. 먼저 어떤 형태의 에피스토크라시가 현실적인 결함이 있더라도 민주주의보다 더 나은 성과를 낸다면, 우리는 민주주의 대신 에피스토크라시를 시행해야 한다는 것이다. 실제로 일부 실현 가능한 형태의 에피스토크라시가 민주주의를 능가하리라 추정할 수 있는 좋은 근거도 있다. 결국 민주주의와 에피스토크라시가 동등하게 잘 수행된다면, 우리는 두 체계 중 어느 것이든 정당하게 사례로 제시할 수 있을 것이다.

에피스토크라시 지지자는 많은 사람에게 권위주의자라는 인상을 준다. 똑똑한 사람이 단지 더 잘 알기 때문에 다른 사람을 지배할 권리를 가져야 한다고 주장하는 듯하기 때문이다. 이와 관련해 에스틀룬드는 에피스토크라시 옹호론은 일반적으로 진리, 지식, 권위의 세 가지 교리에 달려 있다고 한다.

진리truth 교리: (최소한 일부의) 정치적 질문에 대한 올바른 답이 있다.

지식knowledge 교리: 일부 시민은 다른 사람보다 이러한 진리를 더 많이 알거나 더 신뢰할 만하게 진리를 알아낼 수 있다.

권위authority 교리: 일부 시민이 더 큰 지식이나 신뢰성을 가질 때, 그들보다 더 적은 지식을 가진 사람에 대한 정치적 권위를 부여하는 것을 정당화한다.

에스틀룬드는 진리와 지식의 교리는 받아들이고, 권위의 교리는 거부해야 한다고 주장한다. 권위 교리는 그가 이름 붙인 '전문가 또는 보스의 오류expert/boss fallacy'를 범한다. 전문가가 되면 다른 사람에 대한 권력을 쥐기에 충분한 이유가 된다고 생각할 때 전문가 또는 보스의 오류를 저지르게 된다. 그러나 에스틀룬드는 우월한 지식을 보유했다고 해서 다른 사람보다 더 큰 힘은 물론이고, 그 어떤 힘을 갖는 것도 정당화할 수 없다고 지적한다. 우리는 항상 전문가들에게 "당신이 더 잘 알 수도 있지만, 그렇다고 해서 누가 당신을 내 보스로 만들었나요?"라고 말할 수 있다. 예를 들어, 영양사인 나의 처제는 내가 무엇을 먹어야 하는지 나보다 더 잘 알고 있지만, 그렇다고 해서 내게 식단을 주며 따르라고 강요할 수는 없다. 유명 피트니스 트레이너 숀 T는 복근 만드는 방법을 나보다 더 잘 알고 있지만, 그렇다고 해서 그가 나에게 버피 운동을 강요할 수 있다는 의미는 아니다.

나는 권위 교리가 잘못됐다는 에스틀룬드의 의견에 동의한다. 그러나 제6장에서 주장하는 것처럼, 에피스토크라시는 권위 교리에 의존하지 않는다. 오히려 반권위 교리와 가까운 것에 바탕을 두고 있다.

반권위antiauthority 교리: 일부 시민이 도덕적으로 비합리적이거나 무지하거나, 혹은 정치에 대해 무능할 때 그들이 다른 사람에게 정치적 권위를 행사하지 못하게 하는 것을 정당화한다. 또 무고한 사람들을 보호하기 위해 그들이 권력을 잡는 것을 금지하거나 이미 가지고 있는 권력을 줄이는 것을 정당화한다.

에스틀룬드가 에피스토크라시 지지자에게 권위 교리를 부여하는 바람에 에피스토크라시는 의도치 않게 실제보다 더 어려워 보인다. 에피스토크라시 지지자는 전문가가 보스가 되어야 한다고 주장할 필요가 없다. 무능하거나 비합리적인 사람이 보스가 되어 다른 사람에게 강요해서는 안 된다는 의견만 제안하면 된다. 민주적 의사 결정은 어떤 경우에 무능하기 때문에 권위나 정당성이 부족하다고 주장하면 된다. 이러한 주장은 무엇이 정치권력을 정당화하는지를 열어 둔다.

정치적 불평등에 대한 임의적 근거와 비임의적 근거

모든 사람이 동등한 정치권력을 지녀야 한다는 사실은 의심의 여지가 없으며 협상 대상이 될 수도 없는 공공의 진리라고 여기는 이들이 많다. 불평등한 정치권력은 불공정의 표시인 것이다.

그들의 말은 일리가 있다. 문명사에서도 대부분 정치권력은 도덕적으로 자의적이고 혐오스럽고 사악한 이유 때문에 불평등하게 분배됐다. 하지만 우리는 발전했고, 과거의 실수가 무엇이었는지 깨달았다. 단지 백인, 개신교, 남성이라는 이유로 권력을 부여해서는 안 된다는 것을 알게 됐다. 단지 흑인, 가톨릭교도, 아일랜드인, 유대인, 여성이라는 이유로 혹은 그들이 집을 소유하지 않았거나 그들의 부모가 거리 청소부였기 때문에 정치권력을 갖는 것을 금지해서는 안 된다. 정복자의 증손자라고 해서 통치할 권리가 생기는 것은 아니다. 과거에 정치권력의 불평등은 거의 항상 부당했다. 당시 민주주의를 향한 움직임은 대개 올바른 방향으로 나아가는 한 걸음이었다.

그렇지만 과거의 정치적 불평등이 부당했다고 해서 정치적 불평등 자체가 근본적으로 부당하다는 것은 아니다. 과거에 비록 잘못된 이유로 사람들의 정치권력을 배제했다고 하더라도, 일부 사람의 손에 정치권력을 쥐여 주지 않거나 더 적게 부여하는 데는 충분한 이유가 있었을지 모른다.

반면에 시민이 무신론자, 동성애자 또는 최하층민인 달리트Dalit(전통적인 카스트Caste 제도에서의 불가촉천민. -옮긴이)이기 때문에 운전을 못 하게 해서는 안 된다. 하지만 이것이 운전할 수 있는 법적 권리에 대한 모든 제한이 부당하다는 뜻은 아니다. 다른 사람을 아주 위험하게 만드는 무능한 운전자라든가 하는 이유처럼 누군가 운전하는 것을 금지하는 데는 *정당한* 이유가 있을 수 있다.

정치적 권리도 마찬가지다. 여러 국가가 흑인 또는 여성이거나 땅을 소유하지 않았다는 등의 잘못된 이유로 시민을 권력에서 배제하곤 했다. 이것은 부당한 일이다. 하지만 일부 시민의 정치권력을 제한하거나 줄여야 하는 마땅한 이유가 있을 가능성도 있다.* 무능한 일부 시민은 다른 사람들에게 너무 많은 위험을 지운다. 우리 중 몇몇은 그들의 무능으로부터 보호받을 권리가 있다.

'정치에 반대한다'는 건 더 작은 정부를 의미하지 않는다

어느 순간, 나는 이 책의 제목을 정치에 반대한다*Against Politics*로 할까 생각했다. 그런데 이 제목은 내가 쓴 다른 책들에 비추어 봤을 때 오해의 소지가 생길 수 있다. 나의 주장은 이렇다. 첫째, 정치 참여는 우리의 지적이고 도덕적인 성격을 개선하기보다는 타락시키는 경향이 있다. 둘째, 정치 참여와 정치적 자유는 매우 중요하지도 않고 근본적인 가치도 없다. 셋째, 민주주의를 어떤 형태의 에피스토크라시로 대체한다면 우리는 아마도 실질적으로 더 정당한 정치적 결과를 낳을 것이다.

나는 정부의 범위, 즉 정치적 감독 및 규제의 대상이 되는 문제의 개수를 축소해야 한다고 주장하는 것이 아니다. 최근 법률 이론가 일리야 소민 같은 몇몇 연구자들이 정치적 무지로 인한 해악을 제한하는 가장 좋은 방법은 더 제한된 정부를 시행하는 것이라고 주장했다.** 그가 옳을 수도 있고 틀릴 수도 있다. 하지만 나는 이 질문에 관한 답을 알지 못한다.

나는 대부분의 사람이 정치에 서툴고 정치는 우리에게 해롭다고 생각하지만, 정부가 덜(또는 더) 해야 한다고 주장하지는 않는다. 대신 더 적은

---

*   엄밀하게 말하면, 잘못된 이유로 사람들을 배제한 것보다 잘못된 이유로 사람들을 포함한 것이 문제일 수 있다. 어쩌면 흑인의 투표권을 박탈해야 한다는 믿음보다 백인에게 자격이 있다고 여기는 믿음이 문제다.

** 소민의 2013년 문헌.

수의 사람만이 정치에 참여해야 한다고 주장한다. 당신이 사회민주주의자라면, 사회적 에피스토크라시 지지자가 되는 것을 고려해 보라고 제안하고 싶다. 만약 당신이 민주사회주의자라면, 에피스토크라시적 사회주의자가 되는 것을 고려해 보라고 제안하겠다. 당신이 보수적인 공화주의자라면, 보수적인 에피스토크라시 지지자가 되는 것을 고려해야 한다. 또한 당신이 자유지상주의적 무정부주의 자본주의자이거나 좌파 노동조합주의적 무정부주의자라면, 무정부주의가 훨씬 더 나을지라도 에피스토크라시가 현재의 민주주의보다 개선 가능성이 있다고 생각하기를 바란다.

철학자들은 '이상적인' 정치 이론과 '비이상적인' 정치 이론을 구별하는 것을 좋아한다. 이상적 이론은 모든 사람이 완벽한 도덕성과 완벽한 정의감을 지녔다면 어떤 제도가 가장 좋을지 묻는다. 비이상적 이론은 현실적으로 사람들이 선량한 행동을 하는 이유의 일부는 제도 덕분이라는 점을 고려해서, 어떤 제도가 가장 적합한지를 묻는다. 그리고 이 책에서는 비이상적인 이론을 다룬다. 나는 완벽하게 정의로운 사회가 어떤 모습일지 알아내려는 게 아니다. 오히려 현실 세계에 도덕적 결함과 악덕이 만연하고 정의에 대한 사람들의 의지가 약하다는 점을 감안할 때, 우리는 정치 참여와 권력에 관해 어떻게 생각해야 하는지 묻고 있다.

책의 개요

제2장 「무지하고, 비합리적이며, 잘못된 정보를 가진 민족주의자」에서는 유권자 행동에 대한 연구 문헌을 검토한다. 대부분의 민주 시민과 유권자는 무지하고, 비합리적이고, 잘못된 정보를 가진 민족주의자들이다. 나

는 보통의 정치적 지식수준이 얼마나 낮은지, 유권자가 기초 경제학이나 정치학의 주요 문제에 관해 어떻게 체계적인 실수를 하며, 얼마나 편향적이고 비합리적인지를 설명한다. 나는 시민 대다수가 호빗이고, 나머지는 대부분 훌리건이라는 증거를 제시한다.

제3장 「정치 참여는 타락시킨다」에서는 정치 참여가 우리를 더 좋게 만들기는커녕 더욱 나쁘게 만드는 경향이 있다고 주장한다. 많은 민주주의자는 숙의 민주주의deliberative democracy, 즉 시민이 조직적인 방식으로 정치에 관해 자주 숙의하는 과정이 대부분의 병폐를 치유할 것으로 생각한다. 하지만 나는 반대로 숙의가 우리를 무력하게 하고 타락시키는 경향이 있다고 생각한다. 숙의는 우리를 더 낫게 하지 못한다. 게다가 경험적 증거는 사람들이 깨달은 것보다 훨씬 치명적이다. 이에 대해, 많은 숙의 민주주의자는 시민이 올바로 숙의하지 못한다는 사실을 보여 주는 모든 것에 불평한다. 이런 반응은 숙의가 우리를 무력하게 하고 타락시킨다는 불만으로부터 민주주의를 보호해 주지 않는다.

제4장 「정치는 당신이나 나에게 힘을 주지 않는다」에서는 정치 참여와 투표권이 어떤 식으로든 힘을 주기 때문에 우리에게 긍정적인 영향을 끼친다고 하는 일련의 주장들을 공격한다. 내가 보기에는 이 주장 중 어느 것도 타당하지 않다. 민주주의는 개인이 아닌 집단에 힘을 실어 준다. 존 롤스John Rawls의 뒤를 따르는 정치철학자들 사이에서 인기 있는 주장의 하나는 동등한 선거권과 피선거권이 정의감과 함께 훌륭한 삶을 위한 능력 실현에 필요하다는 것이다. 나는 롤스를 따르는 사람들이 필요로 하는 일을 이 추론이 하지 못한다는 것을 보여 준다.

제5장 「정치는 시가 아니다」에서는 민주주의, 평등한 투표권, 참여가 표현하거나 상징하는 것 때문에 옳다고 하는 다양한 주장을 비판한다. 이러

한 주장들은 참여에 표현의 가치가 있고, 평등한 투표권을 주는 일은 적절한 존중을 나타내며, 민주주의는 사람들에게 자긍심을 느끼게 한다고 한다. 나는 이런 종류의 상징적이고 존중에 기반한 주장은 실패한다고 생각한다. 그들은 대체로 민주적 권리가 우리에게 실질적인 가치가 있다는 것을 보여 주지 못한다. 이 주장들은 에피스토크라시보다 민주주의를 선택해야 하는 좋은 근거를 제공하지 않는다.

제5장 끝부분에서 나는 에피스토크라시보다 민주주의를 더 선호할 만한 절차주의적 근거가 없다는 것을 확실히 밝혔다. 절차주의적 논거로 민주주의를 옹호하는 수천 권의 책과 논문이 있지만, 나는 일일이 대응하지 않는다. 대신 절차주의자들의 핵심 주장을 꺾기 위해 노력한다.

제6장 「유능한 정부에 대한 권리」에서는 내가 역량 원칙*competence principle*이라고 부르는 것을 옹호한다. 이 원칙은 중대한 이해관계가 걸린 정치적 결정이 무능하거나 불성실한 의사 결정 기구에 의해 이루어지면, 부당하고 불법적이며 권위가 결여되었다고 추정한다는 것이다. 제2장과 제3장에서 살펴본 경험적 증거에 비추어 보면, 민주주의는 선거 이후에는 역량 원칙을 자주 위반하지 않는다. 하지만 선거 중에는 조직적으로 역량 원칙을 위반하는 것으로 보인다. (민주 정부의 모든 사람이 무능하게 행동하는 것은 아니지만, 유권자들은 그렇게 행동한다.) 그렇다면 민주주의보다 에피스토크라시를 선호할 만한 추정 근거가 있다고 여겨진다.

제7장 「민주주의는 유능한가?」에서는 민주주의자들의 반응을 살펴본다. 다양한 수학적 정리에 기초하여, 일부 민주주의 이론가들은 많은 유권자가 무지하더라도 민주적 유권자들은 집단 조직으로서 역량 결정을 내리는 경향이 있다고 주장한다. 나는 이 수학적 정리 중 어느 것도 민주주의 옹호에 성공하지 못한다고 생각한다. 이 정리들이 현실 민주주의에

적용되지 않기 때문이다.

경험적 사고를 중시하는 또 다른 민주주의 이론가들은 단순히 유권자가 원하거나 투표하는 일을 하는 것이 민주주의의 기능은 아니라고 주장한다. 나도 여기에 동의한다. 민주 정부는 유권자가 무능하더라도 광범위한 문제에 대해 상당히 유능한 결정을 내리는 경향이 있다. 유권자가 멋대로 할 수 없게 하는 '매개 요인mediating factors'이 많다.

나는 큰 이권이 걸린 정부 결정에는 모두 역량 원칙을 적용해야 한다고 설명한다. 선거 후에 정부 인사가 종종 유능하게 행동한다 해도, 유권자는 대부분의 선거에서 무능하게 행동할 수 있다. 그렇다면 딜레마가 생긴다. 선거에는 여전히 중대한 이해관계가 걸려 있으므로, 역량 원칙에 따르면 민주주의보다 에피스토크라시를 선호해야 한다. 아니면 선거에 중대한 이해관계가 걸려 있지 않아야 한다. 이 경우 역량 원칙에 따라 에피스토크라시나 민주주의는 별 차이가 없을 것이다. 그러나 민주주의를 위한 절차주의자들의 훌륭한 주장이 없다는 점을 고려할 때, 우리는 어떤 것이든 더 잘 작동하는 체제를 선호해야 한다.

제8장 「지식인의 통치」에서는 에피스토크라시의 예시를 다양하게 설명한다. 여러 가지 에피스토크라시의 잠재적 이익과 위험성을 논의하고, 남아 있는 일부 반대론에 대응한다.

제9장 「시민의 적」은 짤막한 후기다. 정치에서 유감스러운 점은 우리를 서로 적으로 만든다는 것이다. 단지 우리가 편파적이고, 부족주의적이며, 의견이 다르다는 이유로 다른 사람을 싫어하는 경향이 문제인 것은 아니다. 오히려 문제는 따로 있다. 첫째, 정치가 우리를 진짜 적대적 관계에 놓이게 한다는 것이다. 둘째, 동료 시민 대부분이 무능한 방법으로 정치적 결정을 하기 때문에 그것에 분개할 이유가 있다는 것이다. 이 모든 것을

고려해서, 나는 우리가 시민사회의 범위를 넓히고 정치의 영역은 축소하기를 바란다. 우리가 애덤스의 희망을 실현하려고 노력해야 하는 이유는, 단지 이상적으로 정치가 필요하지 않기 때문만은 아니다. 그보다 주요한 이유는 정치가 우리에게 서로를 미워할 수 있는 진정한 근거를 제공하기 때문이다.

제2장

무지하고, 비합리적이며, 잘못된 정보를 가진 민족주의자

AGAINST DEMOCRACY

보통 사람은 안전하다고 확신할 때만 길을 건넌다. 길의 좌우를 살펴보며, 이성적인 방법으로 거리가 안전한지 확인한다. 맥도날드 배달 트럭이 자신에게 돌진하는 듯한 모습을 맞닥뜨리면, 함부로 착시라고 생각하지 못한다. 상황 판단이 잘못되면 죽으니까.

  이제 이와 같은 사람이 투표를 한다고 가정해 보자. 만약 그 사람이 음모론에 빠져들거나 명백한 착오를 저지른다면 어떻게 될까? 뭐, 별것 없다. 개인의 투표가 어떤 차이를 만들 가능성은 거의 없다. 최악의 후보를 지지하는 사람과 최고의 후보를 지지하는 사람의 투표는 같은 결과를 낳는다. 기권도 마찬가지다. 많은 정보를 가진 유권자와 정보가 거의 없거나 잘못된 정보를 가진 유권자의 투표도 모두 같은 결과를 낳는다. 심사숙고 끝에 신중하게 결정한 투표와 환각제를 복용한 후의 투표 역시 같은 결과를 마주한다.

  문제는 그 결과가 우리 각자에게 돌아간다는 것이다. 사람들은 일반적으로 거리교통에 대해 잘 알고, 이성적이다. 비합리적인 행동은 처벌받기 때문이다. 보험 보상책임 조정관 출신인 나는 사람들이 완벽하지 않다는 것을 잘 안다.* 곧 깨닫게 되겠지만, 사람들은 정치에 대해 무지하고 비합리적인 경향이 있다. 아마도 투표에 있어서 지식과 합리성은 득이 되지 않는 반면, 무지와 비합리성은 처벌받지 않기 때문일 것이다.

유권자인 우리가 정치에 서툴거나 환상과 망상에 빠지거나 증거를 무시한다면, 사람들은 죽는다. 불필요한 전쟁을 하고 빈곤을 지속시키는 나쁜 정책을 시행한다. 약물을 과도하게 규제하거나 탄소 오염을 과소하게 규제한다. 문제는 유권자인 우리가 정치에 관해 정보를 얻거나 이성적으로 선택하지 않는다는 것이다. 각각의 사람은 자기만의 동기에 따라 결정한다.

제2장은 정치적 무지 현상을 논의하는 것으로 시작한다. 유권자 대부분을 포함해 대다수 미국인이 얼마나 조금 알고 있는지 살펴보고, 왜 많이 알지 못하는지 탐구할 것이다. 그다음 정치심리학 분야의 개요를 말하겠다. 정치심리학은 사람들이 정치 정보를 어떻게 처리하는지 연구한다. 사람들은 대개 매우 편향적이며 비합리적인 방법으로 정치 정보를 처리하는 것으로 밝혀졌다.

제1장에서 나는 많은 미국인이 호빗이나 홀리건이라고 주장했다. 무지와 무관심은 호빗의 특징이고, 편견과 열정은 홀리건의 특징이다. 제2장의 끝에서 나는 미국인들이 호빗과 홀리건 사이에서 대략 절반씩 나뉘어 있다고 추정하는 것이 타당한 이유를 설명하겠다.

시민이 모르는 것

정치에 관해 어떤 사람들은 많이 알고, 대부분은 아무것도 모르며, 많은 사람이 아는 것은 아무것도 모르는 것만 못하다.

---

* 물론, 사람들이 완벽하지 않은 일부 이유는 보험을 들었기 때문이다. 경제학자 고든 털럭 Gordon Tullock의 농담처럼 자동차를 위한 최적의 안전장치, 즉 사고를 줄이기 위한 최선의 장치는 모든 차량의 운전대에 6인치짜리 못을 박는 것이다.

당신은 이미 어떤 일화나 개인적인 경험을 바탕으로 유권자가 많이 알지 못한다고 믿고 있을지도 모른다. 하지만 만약 그런 통계를 못 봤다면, 유권자를 너무 믿거나 개인적인 경험이 오해를 불러올 가능성이 있다. 정보가 없는 유권자에 대해 생각해 보라고 하면, 아마도 가장 무지한 지인과 친척들을 떠올릴 것이다. 이 책을 읽는 걸 보면 당신은 적어도 학사 학위 쯤은 가지고 있거나 곧 생길 것으로 짐작된다. 당신이 하위권 대학에 다녔다고 해도, 당신의 동기들은 나라의 지적 엘리트다. 당신, 당신의 친구, 당신의 친척, 그리고 당신의 지인들은 아마도 당신의 나라에서 가장 많은 정보를 가진 상위 10퍼센트의 사람일 것이다.

1940년대와 1950년대에 컬럼비아대학과 미시간대학의 연구원들은 일반 시민이 정치에 대해 아는 것과 모르는 것을 목록으로 만들었다. 결과는 우울했다.

정치학자 필립 컨버스Philip Converse는 "내가 알고 있는 현대 유권자의 정치 정보 분포에 관한 두 가지 간단한 진실은 평균이 낮고 분산은 크다는 것"이라고 요약한다. 『민주주의와 정치적 무지Democracy and Political Ignorance』의 저자인 소민은 "대다수 유권자의 무지함의 깊이는 연구에 익숙하지 않은 많은 연구자에게 충격적"이라고 말한다. 유권자의 지식수준에 관한 경험적 연구 문헌을 광범위하게 검토한 소민은 유권자의 최소 35퍼센트가 '전혀 모름' 상태라고 결론짓는다. (모든 사람이 투표를 하는 것은 아니며, 투표하지 않기로 작정한 사람들은 투표하기로 선택한 사람들보다 아는 게 적은 경향이 있으므로 나는 '유권자'라는 점을 강조한다.) 정치학자 래리 바텔스Larry Bartels는 "미국 유권자의 정치적 무지는 현대 정치의 특징 가운데 가장 문서화가 잘된 것 중 하나"라고 말한다. 정치 이론가 제프리 프리드먼Jeffrey Friedman은 "대중은 학자와 저널리스트가 알고 있는 것보다 훨씬 더 무지하다"고 말한다. 정치학자 존 페레존John Ferejohn은 "여론과 민주주의를 공부하는 학생을 가장 놀라게 하는 건 대다수 사람의 정치 정보 부족"이라고 동의한다.

나는 유권자가 아는 것이 얼마나 적은지에 관한 책을 쓸 수도 있다. 하지만 다른 사람들이 이미 썼기에, 몇 가지 예만 제시한다.

- 선거 기간 동안, 대부분의 시민은 자신의 지역구 국회의원 후보를 식별하지 못한다.*
- 시민들은 보통 어느 당이 다수당인지 모른다.**
- 2004년 대통령 선거 직전, 의회는 메디케어Medicare에 처방약 혜택을 추가했다. 이는 린든 존슨Lyndon Johnson 대통령이 빈곤과의 전쟁을 시작한 이래 최대 규모의 새로운 재정 지원 프로그램으로 막대한 연방 예산이 투입되었다. 하지만 미국 시민의 70퍼센트가량은 이 사실을 몰랐다.***
- 2010년 중간선거 당시, 문제 자산 구제 프로그램의 제정은 버락 오바마Barack Obama가 아닌 조지 W. 부시George W. Bush 정부 때였다는 것을 아는 유권자는 34퍼센트에 불과했다. 연방 예산에서 가장 큰 재량 지출 분야가 국방이라는 것을 아는 유권자는 39퍼센트였다.****
- 미국인들은 해외 원조에 매우 많은 돈이 쓰인다고 생각한다. 그래서 많은 사람이 해외 원조를 줄이면 재정 적자를 크게 줄일 수 있다고 오

---

* 하딘Hardin의 1990년 문헌 참고.
** 소민의 2013년 문헌 참고.
*** 소민의 2004년 문헌 참고.
**** 소민의 2013년 문헌 참고.

해한다.*

- 1964년, 소수의 시민만 소련이 북대서양조약기구NATO의 회원국이 아니라는 것을 알았다.** (나토는 소련에 대항하기 위해 만들어진 동맹이다.) 이것은 미국이 소련과 (핵)전쟁을 할 뻔했던 쿠바 미사일 위기 직후의 상황이다.
- 미국인의 73퍼센트는 냉전이 무엇인지 이해하지 못한다.***
- 대부분의 미국인은 사회보장에 얼마나 많은 돈이 쓰이는지, 연방 예산에서 얼마나 많은 부분을 차지하는지조차 모른다.****
- 미국인의 40퍼센트는 미국이 제2차 세계대전에서 누구와 싸웠는지 모른다.*****
- 2000년 미국 대통령 선거 당시 미국인의 절반 이상은 앨 고어Al Gore가 부시보다 더 진보적이라는 건 알고 있었지만, 진보적이라는 단어가 무엇을 의미하는지는 이해하지 못한 듯했다. 미국인의 57퍼센트는 고어가 부시보다 높은 수준의 지출을 계획하고 있다는 건 알았지만, 낙태권과 복지 프로그램을 더 지지하고 흑인 지원 확대를 주장하고 환경 규제를 한층 찬성한다는 걸 아는 사람은 절반에 훨씬 못 미쳤다. 오직 37퍼센트만이 1990년대에 가난한 사람들에 대한 연방 정부의

---

* 「미국인들이 큰 수학 문제에 걸려 넘어지다Americans Stumble on Math of Big Issues」(월스트리트저널Wall Street Journal, 2012. 1. 7.) 참고.
** 페이지Page·샤피로Shapiro의 1992년 문헌 참고.
*** 「뉴스위크가 미국인들을 대상으로 미국인이 되는 것에 대한 지식을 조사한 결과; 38퍼센트가 실패Newsweek Polls Americans on Their Knowledge of Being American: 38 Percent Failed」(피알뉴스와이어PR Newswire, 2015. 12. 31.) 참고.
**** 소민의 2013년 문헌 참고.
***** 「퀴즈 풀기: 우리가 모르는 것Take the Quiz: What We Don't Know」(뉴스위크Newsweek, 2015. 12. 31.) 참고.

지출이 증가하고 범죄가 감소했다는 것을 알고 있었다.* 이러한 질문에 대한 미국인들의 답변은 동전 던지기보다도 성적이 나빴다. 선거가 있던 다른 해에도 비슷한 결과가 적용된다.**

이것은 일부의 사례다. 나는 유권자의 무지에 관해 수백 쪽에 걸쳐 쓸 수 있지만, 다른 사람들이 이미 길게 언급했다. 요컨대 일반적으로 유권자들은 현재의 대통령이 누구라는 것 이상은 잘 모른다.

하지만 무지한 유권자보다 더 나쁜 것은 투표할 자격이 있지만 기권을 선택한 시민들이다. 퓨리서치센터Pew Research Center는 "투표 등록을 하지 않은 사람들은 12개의 질문 중 평균 4.9개를 맞혔고, 유권자는 7.2개를 맞혔다. 비유권자의 22퍼센트만이 공화당이 하원을 장악하고 있다는 것을 안다"고 요약했다.*** 2008년에 미트 롬니Mitt Romney가 낙태 허용 반대파라는 것을 알았던 비유권자는 3분의 1도 되지 않았다. 오직 41퍼센트만이 롬니가 동성 결혼을 반대한다는 것을 알았다. 퓨리서치센터의 '뉴스 IQ'라는 정치 퀴즈 문항에서 유권자는 비유권자보다 10~25퍼센트포인트 더 높은 점수를 받았다.

실제 상황은 수치보다 더 나쁘다. 퓨리서치센터 여론조사나 전미선거연구American National Election Studies(ANES, 미국 국민을 대상으로 한 투표, 여론, 정치 참여 등에 관한 조사로, 대통령 선거 전후에 실시되며 미국 정치학 연구 자료로 활용된다. -옮긴이) 등에서 실시한 유권자의 지식에 관한 간단한 조사는 미국인들이 얼마나

---

*   소민의 2013년 문헌 참고.
**   예를 들어, 알타우스Althaus의 2003년 문헌 참고.
*** 「2012년 선거운동에 관해 유권자가 아는 것What Voters Know about Campaign 2012」(퓨리서치센터, 2015. 12. 31.) 참고.

많이 알고 있는지 과장하는 경향이 있다.

설문 조사에서 유권자의 지식수준이 과장되는 이유 중 하나는, 조사 문항이 보통 객관식의 형태를 띤다는 점이다. 답을 몰라도 찍을 수 있는 것이다. 운이 좋은 일부 시민은 지식이 풍부한 것으로 표시된다. 유권자 1만 명을 대상으로 12개의 질문을 한다고 해 보자. 각 질문에는 세 가지 선택지가 있다. 이제 평균적인 미국인이 12개 중 4개를 맞힌다고 가정하자. 보통 4개의 정답을 알고 있을 수도 있지만, 되는대로 추측해서 찍은 것과 구별할 수 없다.

대부분의 설문 조사와 연구가 유권자의 지식수준을 과대평가하는 또 다른 이유는, 시민에게 세부 사항이나 수치를 분명히 밝히도록 요구하지 않는다는 점이다. 국방보다 사회보장에 더 많은 돈을 쓴다는 걸 아는 시민은 박식한 사람으로 간주되지만, 그들은 대개 구체적으로 얼마나 더 많은 돈을 쓰는지는 알지 못한다. 2013년에 경제가 성장했다는 것을 아는 시민은 설문 조사에서 지식이 있는 것으로 여겨지지만, 경제가 얼마나 성장했는지까지 알고 있는지는 확인하지 않는다.

예를 들어, 2000년에 대부분의 미국인은 빌 클린턴Bill Clinton 정부에서 연방 적자가 감소했다는 것을 알았지만(실제로 흑자가 있었다), 얼마나 감소했는지는 알지 못했다.* 또 2000년에 고어가 부시보다 진보적이라는 것을 알았지만, 그가 얼마나 더 진보적인지는 알지 못했다. (심지어 정치적으로 진보적이라는 것이 무슨 의미인지 모르는 것 같다.) 1992년에 조지 H. W. 부시George H. W. Bush 정부에서 실업률이 증가했다는 것을 알고 있었지만, 실제 수치의 5퍼센트포인트 이내로 실업률을 추정하지는 못했다. 실업률이

---

*   소민의 2013년 문헌 참고.

얼마인지 묻는 질문에 대다수는 실제보다 두 배 높은 수치를 댔다.* 유권자들이 수치를 모르면, 대처 수단을 잘 적용하지 못하고 우선순위를 잘못 정할 가능성이 크다.

마지막으로, 연구와 설문 조사가 유권자의 지식을 과장하는 가장 심각한 이유는 *쉬운* 질문을 한다는 점이다. 시민들이 쉽게 확인할 수 있는 사실을 알고 있는지 조사한다. 목록을 주고 현재의 대통령을 골라내게 하고, 하원을 장악하고 있는 정당을 묻고, 실업률이 상승하고 있는지 하락하고 있는지 답하라고 한다. 5학년 사회 과목 시험에서 볼 수 있는 문제들이다. 몇 분 안에 구글에서 이 모든 질문에 대한 답을 찾을 수 있다. 그런데도 미국의 대다수 유권자는 대답을 못하겠지만, 전문적인 사회과학 지식이 필요한 질문이 아니다.

쉬운 질문의 정답을 안다고 해서 정치에 관해 잘 안다고 할 수는 없다. 잘 아는 시민이 되려면 후보들의 정책 기준, 후보자가 의회에서 어떻게 투표할 것인지, 어떤 정책을 지지할 가능성이 있는지, 이러한 투표가 얼마나 중요할지, 당선 후에는 얼마큼의 영향력을 행사할지 등에 관한 지식이 있어야 한다.

하지만 이것만으로는 충분하지 않다. 누구에게 투표할지 판단하기 위해서는 후보자가 무엇을 지지하며, 과거에 무엇을 했고, 앞으로는 무엇을 하려고 하는지 이상의 것을 알아야 한다. 정보에 밝은 유권자는 후보자가 선호하는 정책이 유권자가 원하는 결과를 부추기거나 방해하는 경향이 있는지 평가할 수 있어야 한다. 예를 들어, 스미스와 콜버트라는 후보가 있다고 가정해 보자. 둘 다 경제 발전을 추구하지만, 나는 스미스 후보

---

* 소민의 2013년 문헌 참고.

가 자유무역을 선호하고 콜버트 후보가 보호주의를 선호한다는 것을 알고 있다. 이때 내가 자유무역과 보호무역주의 중에서 어느 쪽이 경제를 개선할 가능성이 큰지 알지 못한다면 합리적으로 선택할 수 없다. 그것을 알기 위해서는 경제를 알아야 한다.

이번에는 프리드먼과 윌슨이라는 후보가 있다고 해 보자. 두 후보 모두 도심의 범죄 감소를 원하지만, 프리드먼이 마약과의 전쟁을 끝내야 한다고 주장하는 반면 윌슨은 절반으로 줄여야 한다고 말한다. 둘 중 누구에게 투표할지 알기 위해서는 범죄학, 암시장의 경제와 사회학, 그리고 금주법의 역사에 대해 알아야 한다.

중요한 사회과학 지식을 가진 유권자는 거의 없다. 이와 관련해서 경제학자 브라이언 캐플런은 『합리적인 유권자의 신화The Myth of the Rational Voter』라는 책에서 "유권자들이 모르는 것이 대학 도서관을 가득 채울 것"이라고 했다. 캐플런은 자기 말을 문자 그대로 받아들이라고 한다. 가장 가까운 대학 도서관으로 가서 역사책을 집어 들면, 유권자들은 기본적으로 책의 내용을 아무것도 모른다. 실제로 미국인의 4분의 1 이상은 미국이 독립 전쟁에서 어느 나라와 싸웠는지 모른다.* 이제 경제학책을 살펴보자. 미국인들은 이에 대해서도 아는 것이 많지 않다. 1776년 애덤 스미스Adam Smith는 『국부론The Wealth of Nations』을 출간했는데, 이 책에서 널리 퍼져 있던 '중상주의mercantilism'라는 경제 이념을 반박했다. 하지만 240년이 지난 지금, 전형적인 미국 유권자들은 중상주의를 어느 정도 받아들인다.**

---

* 「미국인 4명 중 1명은 우리가 독립을 위해 누구와 싸웠는지 모른다1 in 4 Americans Don't Know Who We Fought for Independence」(NBC뉴욕NBC New York, 2016. 1. 1.) 참고.

** 캐플런의 『합리적인 유권자의 신화』(2007) 참고.

이제 정치학 책을 보자. 미국인들은 책에 무슨 내용이 담겼는지 모른다. 대부분 정부의 세 기관은 무엇이며, 이들 기관이 무엇을 할 수 있는 힘을 가졌는지 알지 못한다.* 소민은 이렇게 말한다.

> 미국 정치를 전문으로 다루는 정치학자들의 표본 집단과 비교했을 때 대중은 대통령과 의회의 연방 예산 조정, 연방준비제도가 경제에 미치는 영향, 공립학교에 대한 주 정부 및 지방 정부의 영향 등을 대체로 과소평가한다.**

시민들은 누가 무엇을 통제하는지 모르기 때문에 종종 무의미한 정책 차이에 투표한다.

다음으로, 미국 헌법을 꺼내 보자. 미국인들은 헌법을 존중하지만, 헌법이 무엇을 말하고 있는지 모른다. 미국인의 30퍼센트 미만만이 권리장전의 수정헌법 제1조에 열거된 권리 중 두 개 이상을 말할 수 있다. 카를 마르크스Karl Marx의 공산주의 슬로건인 '각자 능력에 따라, 각자 필요에 따라'가 미국 헌법에 없다는 것을 아는 사람은 3분의 1도 되지 않는다.***

당신은 "유권자가 정치 전문가가 될 필요는 없다. 나쁜 놈들이 현직에서 일하고 있을 때 내쫓을 수 있을 만큼만 알면 된다"고 반박할 수 있다. 하지만 나쁜 놈들이 나쁜 일을 하는지 알려면 엄청난 양의 사회과학 지식이 필요하다. 유권자들은 현직에 있는 나쁜 놈들이 누구인지, 그들이 무엇을

---

* 2006년 7월 21일부터 27일까지 조그비 애널리틱스Zogby Analytics에서 실시한 여론조사 결과 참고.
** 소민의 2013년 문헌 발췌.
*** 소민의 2013년 문헌 참고.

했는지, 또 무엇을 할 수 있었는지, 그들이 한 짓 때문에 무슨 일이 벌어졌는지, 그리고 새로운 입후보자들이 현직의 나쁜 놈들보다 나을 가능성이 있는지 알아야 한다.

사실 유권자는 대체로 이런 지식이 부족하다. 유권자는 보통 누가 권력을 잡았으며, 권력을 잡은 사람들이 무슨 힘을 가졌는지 거의 혹은 전혀 모른다.* 현직의 권력자들이 어떤 영향을 미치고, 책임을 어떻게 떠넘기는지 알지 못한다.** 상황이 나아졌는지 더 나빠졌는지조차 모를 때도 많다. 예를 들어, 1970년대와 1980년대에 걸친 미국의 큰 골칫거리 중 하나는 범죄 문제였다. 이때의 범죄율은 클린턴 정부 아래에서 극적으로 감소했지만, 대부분의 미국인은 알지 못했다. 2012년 선거 기간에 대다수 미국인은 경제가 1년 전보다 위축된 것이 아니라 성장했다는 것을 몰랐다.***

여기서 가장 놀라운 것은 정치적 무지가 매우 안정적이라는 점이다. 오늘날에는 정치 정보를 저렴하고 손쉽게 이용할 수 있다. 하지만 농담처럼 "내 주머니에는 인간에게 알려진 모든 정보에 접근할 수 있는 장치가 있다. 나는 고양이 사진을 보거나 모르는 사람과 논쟁할 때 그것을 사용한다"고 말한다. 1940년에는 25세 이상의 백인 중 30퍼센트 미만이 고등학교 졸업장을 가지고 있었고, 지금은 80퍼센트 이상이 가지고 있다. 미국인들은 적어도 서류상으로는 그 어느 때보다 교육을 잘 받고 있으며, 정치 정보를 얻는 일도 어렵지 않다. 그런데도 40년 전만큼이나 정치에 관해 무지하다.****

---

*   캐플런 등의 2013년 문헌 참고.
**   캐플런 등의 2013년 문헌, 헬리Healy·말홀트라Malholtra의 2010년 문헌 참고.
***   소민의 2013년 문헌 참고.
**** 소민의 2013년 문헌 참고.

유권자는 바보가 아니라 신경을 안 쓸 뿐

경제학자들은 유권자의 무지가 그다지 큰 수수께끼는 아니라고 생각한다. 그것은 기본적인 미시경제학으로 설명된다.

정보를 얻는 데는 비용이 든다. 시간과 노력도 필요하다. 특정한 정보를 획득하는 데 드는 예상 비용이 정보를 통해 얻을 수 있는 이익을 초과한다면, 사람들은 보통 그 정보를 얻으려고 애쓰지 않는다. 경제학자들은 이 현상을 합리적 무지라고 부른다.

합리적 무지를 설명하기 위해 다음 사례를 예로 들어 보려고 한다. 도시 어딘가에 100만 달러가 매장되어 있다고 가정하자. 이 돈을 찾을 수 있는 설명서는 레오 톨스토이Leo Tolstoy가 쓴 1,200쪽 분량의 『전쟁과 평화War and Peace』 본문에 삽입되어 있다. 당신은 아마도 『전쟁과 평화』를 읽고 100만 달러를 찾을 것이다.

하지만 하버드대학 도서관에 있는 1,700만 권이 넘는 책 중 한 권의 본문에 설명서가 숨겨져 있다고 가정해 보자.* 마찬가지로 설명서에는 100만 달러의 가치가 있지만, 그것을 찾느라 얼마나 걸릴지 모를 시간을 허비할 만한 가치는 없다. 운이 좋아서 설명서를 바로 찾을 수도 있지만, 보통은 평생 책을 읽느라 시간을 다 보낼 것이다. 설명서를 찾지 못할 가능성이 훨씬 크다.

정보에 밝은 유권자가 되는 것은 100만 달러를 찾기 위해 하버드대 도

---

* 하버드도서관 홈페이지 〈사서에게 물어보기Ask a Librarian〉에 문의(2016. 1. 1. 기준).

서관의 모든 책을 읽으려는 것과 약간 비슷하다. 그 과정에서 많이 배우겠지만, 정보를 얻는다고 해서 성과가 따라오는 것은 아니다.

다른 가정을 해 보자. 어떤 억만장자가 당신이 미시경제학 입문 과목에서 A 학점을 받으면 10억 달러를 준다고 한다. 아마 당신은 기꺼이 A 학점을 받기 위해 노력할 것이다. 하지만 억만장자가 "만약 당신이 미시경제학 입문, 미국 정부론 입문, 미국 역사학, 1학년을 위한 헌법 과목에서 모두 A 학점을 받고 ANES 시민 시험에서 28점 이상을 받는다면 10억 달러를 받을 수 있는 6,000만분의 1의 기회를 주겠다"고 말한다. 당신이 전형적인 미국인이라면 아마 이 제안을 신경 쓰지 않을 것이다. 그 과목들을 공부하지 않는 것이 더 합리적인 선택으로 여겨지기 때문이다.

투표는 동수일 때만 차이를 만든다. 그렇지 않은 상태에서는 누가 어떻게 투표하든, 투표를 하건 말건 전혀 중요하지 않다.* 그러나 한 사람이 동수를 깨는 일이 벌어질 확률은 거의 없다.** 일부 경제학자와 정치학자는 당신이 동점 상황에서 표를 던지는 것보다 파워볼Powerball(미국에서 판매되는 로또 복권 중 하나. -옮긴이)에서 몇 번 연속으로 당첨될 가능성이 더 크다고 추정한다.*** 한 명의 유권자가 대선에서 동점을 깰 확률이 100만분의 1에 달

---

* 투표가 정치인의 권한에 영향을 미칠 수 있다고 주장하는 사람도 있지만, 정치학자들은 그런 권한의 존재에 회의적이다(매키Mackie의 2009년 문헌 참고). 알렉스 게레로는 2010년 연구 문헌에서 개인의 투표가 국회의원이 지닌 규범적 권한의 종류를 바꿀 가능성이 있다고 주장한다. 하지만 문제는 여전히 개인의 표가 중요하다는 것을 보여 주지 않는다는 점이다. 만약 게레로가 국회의원의 규범적 권한이 변하는 임계값이나 투표수가 있다고 생각한다 해도, 동수를 깨는 것과 마찬가지로 개개인의 투표가 임계값을 통과할 확률은 거의 없다. 개별 투표의 가치는 매우 작은 것으로 여겨져야 한다. 반면에 게레로가 규범적 권한이 조금씩 변한다고 믿는다면, 한계이익이 한계비용을 초과한다는 것을 보여 주어야 한다. 하지만 그렇게 하지 않았기 때문에 투표의 합리성에 대한 게레로의 옹호는 실패한다.

** 제프리 브레넌·로마스키Lomasky의 2003년 문헌 참고.

*** 제프리 브레넌·로마스키의 2003년 문헌, 랜스버그Landsburg의 2004년 문헌 참고.

할 수 있다는 것이 가장 낙관적인 추정 결과다. 그마저도 그 유권자가 스윙 스테이트swing state(경합 주. 미국 중서부 등 정치적 성향이 뚜렷하지 않아 표심이 고정되지 않은 지역. -옮긴이)에 거주하면서 주요 정당에 투표하는 경우에만 가능하다.* 그렇지 않으면 가장 낙관적인 추정을 전제해도 개인의 투표는 무의미하다. 자신의 표가 결정적인 역할을 하게 될 확률을 정확히 계산할 수 있는 시민은 거의 없다. 시민들은 직관적으로 자신의 표가 어떤 차이도 만들 수 없다는 것을 알고 있다.

시민 개개인은 정부에 관한 힘이 거의 없고, 개인의 투표는 기대 가치가 거의 없다. 시민들은 정치 지식을 얻는 일에 투자하지 않는다. 왜냐하면 그 지식은 이익이 되지 않기 때문이다. 시민들의 정치적 선호가 이타적이든 이기적이든 상관없이, 정치를 잘 알기 위해 시간을 쓸 가치가 없다.

어떤 시민은 다른 사람보다 훨씬 더 많이 안다

무지는 획일적이지 않다. 컨버스가 말했듯이 지식의 평균값은 낮아도 분산은 크다. 대부분의 유권자는 무지하지만, 어떤 사람은 지식이 풍부하고 어떤 사람은 무지한 것보다 못하다.

ANES는 자격을 갖춘 유권자를 대상으로 기본적인 정치 정보를 조사한다. 후보자가 누구이며, 무엇을 대표하는지 묻는다. 유권자들이 아는 것에는 엄청난 차이가 있다. 정치학자 스콧 알타우스Scott Althaus는 그 결과를 다음과 같이 요약한다.

---

* 겔만Gelman·실버Silver·에들린Edlin의 2012년 문헌 참고.

이러한 질문에 대한 정답 수를 합산하고 응답자를 지식 사분위수로 나누면 분산이 얼마나 큰지 알 수 있다. 지식수준이 가장 높은 사람들은 18개의 질문 중에서 평균 15.6개의 정답을 맞혔고, 지식수준이 가장 낮은 사람들은 평균 2.5개의 정답을 맞혔다.*

이 정치 지식 시험에서 상위 25퍼센트의 유권자는 정보를 잘 알고, 그 다음 25퍼센트는 정보를 잘못 알며, 나머지 25퍼센트는 아무것도 모르고, 하위 25퍼센트는 조직적으로 잘못 알고 있다.

ANES는 시민에게 기본 정치 지식에 관한 객관식 시험을 제시한다. 위에서 보았듯이, 대중의 답변은 우연보다 더 나쁘다. 2000년 미국 대통령 선거에서 고어가 부시보다 낙태권과 복지 정책을 더 지지하고, 흑인에 대한 지원 확대를 주장하고, 환경 규제를 더 찬성한다는 것을 알고 있는 미국인은 절반이 안 됐다. 이것이 무슨 뜻인가. 당신이 〈누가 백만장자가 되고 싶은가?Who Wants to Be a Millionaire〉(1998년부터 2014년까지 방송된 영국의 TV 프로그램으로 영화 〈슬럼독 밀리어네어〉에 등장했던 퀴즈쇼이기도 하다. -옮긴이)에 출연했다고 상상해 보자. 진행자가 100만 달러짜리 질문을 던진다. "2000년에 낙태권을 더 지지했던 사람은 앨 고어인가요, 조지 부시인가요?" 당신이 정답을 모르면, 주최 측은 동전을 던지거나 2000년의 미국 유권자에게 무작위로 전화를 걸 수 있는 선택권을 준다. 이때 당신은 동전을 던져야만 한다. 그것이 더 믿을 만하다.

어떤 것에 관해 대중 전체가 조직적으로 잘못 알고 있지만, 가장 낮은

---

* 알타우스의 2003년 문헌 발췌.

지식 사분위수의 사람들은 극히 잘못 알고 있다. 1992년 ANES 조사에서 유권자에게 민주당과 공화당 중 어느 정당이 더 보수적인지 골라 보라고 했다. 가장 낮은 지식 사분위수의 사람 중 12퍼센트만이 그걸 맞혔다. 두 주요 정당 후보인 부시(현직 대통령)와 클린턴의 상대적인 이념 체계의 위치를 구분해 달라는 요청에는 17.9퍼센트만이 성공했다. 또한 17.1퍼센트만이 누가 낙태 합법화에 더 찬성하는지를 가려낼 수 있었다. 어느 후보가 정부 서비스와 복지 정책을 더 확장하려고 하는지 알아 본 것은 9.7퍼센트에 불과했다.* 이러한 수치는 우연한 선택보다 더 나쁘다. 반면에, 지식 사분위수의 최상위에 속한 유권자 중 90퍼센트 이상이 답을 맞혔다.**

정치 지식과 경제 이해력은 모든 인구통계학적 집단에 고르게 분포되어 있지 않다. 정치 지식은 대학 학위 취득과 아주 긍정적인 상관관계가 있고, 고등학교 졸업 이하의 학력과는 부정적인 상관관계가 있다. 소득 상위 절반에 속하는 것과 긍정적인 상관관계가 있으며, 하위 절반에 속하는 것과는 부정적인 상관관계가 있다. 소득 상위 4분의 1에 속하는 것과 매우 긍정적인 상관관계가 있으며, 하위 4분의 1에 속하는 것과는 매우 부정적인 상관관계가 있다. 미국 서부 거주와 긍정적인 상관관계가 있으며, 남부 거주와는 부정적인 상관관계가 있다. 공화당원이거나 공화당 지지자와 긍정적 상관관계가 있지만, 민주당원이거나 무소속 성향과는 부정적인 상관관계가 있다. 35세에서 54세 사이의 나이와는 긍정적인 상관관계가 있지만, 다른 나이대와는 부정적인 상관관계가 있다. 또한 흑인과 부정적인 상

---

*   알타우스의 2003년 문헌 발췌.

**   알타우스의 2003년 문헌 발췌.

관관계를 보이며, 여성과는 더욱더 부정적인 상관관계를 보였다.* 제8장에서 살펴보겠지만, 에피스토크라시에 대한 주요 반대론 중 하나는 정치 지식이 인구통계학적 집단들 사이에 불균등하게 퍼져 있다는 사실이다.

정보가 정책 선호를 바꾼다

정치적 무지가 정책 선호에 영향을 미치지 않는다고 가정해 보자. 잘 아는 사람이나 잘못 알고 있는 사람이 모두 같은 정치적 견해를 가지고 있다면, 무지나 잘못된 정보는 문제가 되지 않을 것이다. 하지만 이미 정보는 중요한 것으로 밝혀졌다. 사람들이 옹호하는 정책은 그들이 아는 것에 달려 있다.

정치학자 마틴 길렌스Martin Gilens는 정보가 풍부한 민주당원은 정보가 부족한 민주당원과 체계적으로 다른 정책 선호도를 갖는다고 지적한다. 고소득의 민주당원은 높은 수준의 정치 지식을 지닌 반면, 가난한 민주당원은 무지하거나 잘못된 정보를 지닌 경향이 있다. 가난한 민주당원은 2003년 이라크 침공을 더 강하게 찬성했다. 그들은 애국법, 시민의 자유 침해, 고문, 보호주의, 낙태권 및 산아제한 규제 등을 더 강력하게 지지했다. 또한 동성애자에게 덜 관대하고, 동성애자의 권리는 더 반대한다.** 정보가 풍부한 민주당원은 이와 반대의 선호도를 보인다. 이라크 침공과 고

---

* 알타우스의 2003년 문헌, 델리 카르피니·키터의 1996년 문헌 참고. 예를 들어 어느 정당이 더 보수적이었는지에 대해 전체 흑인 중 40퍼센트 미만이 확인할 수 있는 반면, 백인은 대다수가 확인할 수 있다. 1988년 조사에서는 고소득 남성 노인이 저소득 흑인 여성보다 3배 높은 평균 점수를 받았다.

** 길렌스의 2012년 문헌 참고.

문에 반대하고 자유무역, 시민의 자유, 동성애자의 권리, 낙태권과 산아제한에 대한 접근을 지지하는 경향이 있다.

알타우스는 ANES 자료를 사용해서, 잘 알고 있는 시민과 잘못 알고 있는 시민의 정책 선호도가 체계적으로 다르다는 것을 발견했다.* 알타우스는 인종, 소득, 성별 같은 인구통계학적 요인의 영향을 제거한 후에도 정보가 부족한 사람과 풍부한 사람이 체계적으로 다른 선호도를 가졌음을 보여 준다. 사람들은 더 많은 정보를 얻을수록 정부 개입과 경제통제를 전반적으로 덜 선호한다. (그렇다고 해서 그들이 자유주의자가 되는 것은 아니다.) 자유무역에 더 찬성하고 보호무역에 덜 찬성한다. 낙태권을 더 찬성하며, 재정 적자와 부채를 상쇄하기 위해 증세 정책을 활용하는 것을 선호한다. 범죄에 대한 가혹한 처벌을 선호하지 않으며, 다른 형태의 개입을 선호하지만 군사 정책에는 덜 강경하다. 소수집단 우대 정책을 더 많이 받아들인다. 공립학교에서 기도하는 것을 덜 지지하며, 헬스케어 문제에 대한 시장경제적 해결책을 더 지지한다. 법적으로는 덜 도덕적이어서 정부가 사람들에게 도덕성을 강요하는 것을 원하지 않는다. 이와 대조적으로 정보가 부족한 사람들은 보호무역주의, 낙태 제한, 범죄에 대한 가혹한 처벌, 재정 적자 해소에 관한 무대응 등을 지지할 뿐만 아니라 정부의 개입을 더 강경하게 원한다.

왜 모든 사람이 무지하지 않을까?

---

*   알타우스의 2003년 문헌, 캐플런의 2007년 문헌 참고. 알타우스와 캐플런 둘 다 인구통계학적 요인의 영향을 정확하게 파악하고 있다.

우리가 합리적 무지 이론을 이해하면, 정치적 무지가 더는 이상해 보이지 않는다. 물론 사람들은 무지하다. 민주주의 체제는 사람들이 무지하도록 장려한다(더 정확히 말하면, 사람들이 정보를 얻을 수 있게 하는 데 실패한다). 그렇다면 왜 어떤 사람들은 잘 알고 있는지 설명이 필요하다.

합리적 무지 이론은 정치 정보를 배우는 데 드는 예상 비용이 그 정보를 소유함으로써 얻을 수 있는 기대 이익을 초과하기 때문에 대부분의 사람이 정치에 무지하다고 이야기한다. 뒤집어 말하면 기대되는 이익이 예상 비용을 초과한다면 정치에 대해 배울 수 있다는 것이다. 그러나 정보에 기초한 투표는 정보 없는 투표만큼이나 쓸모없다. 그래서 일부 사람들이 왜 정치 정보를 얻는지 설명하려면 다른 동기에 주목해야 한다. 합리적 무지 이론은 사람들이 절대 정치 정보를 얻지 못할 것이라고 주장하지 않는다. 다만 대부분의 사람은 투표를 목적으로 정보를 얻지는 않을 것이라고 암시한다.

더 많이 듣고 덜 잊어버리기: 교육받은 사람은 교육받지 않은 사람보다 더 많이 안다. 대다수 사람이 학교에서 배운 것 대부분을 잊어버리지만, 교육을 더 받을수록 더 많은 지식을 보유하게 된다. 만약 학교에서 배우는 것의 25퍼센트만 기억한다고 해도, 학사 학위를 가진 사람은 고등학교 졸업장만 가진 사람보다 더 많이 알 것이다.

알아야 할 도덕적 의무에 대한 믿음: 대부분 사람은 투표를 해야 하는 도덕적 의무가 있다고 믿거나, 적어도 설문 조사에서 그런 믿음을 가지고 있다고 답변한다.* 어떤 사람은 그냥 투표하는 것이 아니라 *정보를 바탕으로* 투표해야 한다고 믿는다. 또 어떤 사람은 이런 이유 때문에 실제로 정

---

* 매키의 2009년 문헌 참고.

보를 얻게 되는데, 그 수가 얼마나 많은지는 말하기 어렵다.

소속 및 사회 계층: 이상한 사람이 되고 싶은 이들은 거의 없다. 대부분 어떤 집단에 속하기를 원하고, 집단에서 존중받기를 원한다. 사람들은 때때로 어울리기 위해 지식을 익힌다. 다양한 집단과 어울리기 위해 풋볼, 자동차, 연예인, 또는 패션에 대해 알아야 할 수도 있다. 이것은 정치 지식에도 적용된다. 어떤 집단과 어울리는지에 따라 정치 지식이 필요할 수 있다.

교육받은 사람은 다른 교육받은 사람과 이웃해 살고, 교제하고, 친구가 되고, 결혼한다. 반면에 교육받지 않은 사람을 피하는 경향이 있다.* 교육받은 사람들은 서로에게 특정한 기대를 한다. 대학 교육을 받은 사람은 윌리엄 셰익스피어William Shakespeare의 작품을 읽은 적도, 교향곡 연주회를 관람한 적도, 축구보다 자동차경주를 더 좋아한 적도 없다는 사실을 인정하는 일을 부끄러워할 것이다. 또 한 가지 추세는, 교육받은 사람은 다른 교육받은 사람이 정치에 뒤처지지 않기를 기대한다는 것이다.

사람들은 때때로 어울리기 위해 지식을 익히지만, 이어서 지식을 즐기는 법을 배운다. 사람들과 어울리기 위해 맥주를 마시기 시작한 대학생은 시간이 지나면서 자신만의 맥주 취향이 생기기도 한다. 패션에 관해 배우기 시작한 또 다른 사람은 시간이 지나면서 자신만의 패션 취향이 생길 수도 있다. 이처럼 어떤 사람은 정치 지식에 관한 취향을 갖게 될지도 모른다.

정치적 괴짜: 어떤 사람들은 단지 *재미있다*는 이유만으로 지식을 습득한다. 그들은 세상이 어떻게 돌아가는지 이해하고, 새로운 지식을 얻는

---

* 머리의 2012년 문헌 참고.

일을 즐긴다. 알지 못했던 것을 알아내는 일에 기쁨을 느낀다.

나는 가끔 수학, 물리학 또는 물리지리학의 잘 알려지지 않은 주제에 관한 백과사전 글을 읽는다. 대단한 목적이 있는 것은 아니다. 단지 아주 재미있기 때문이다. 나는 괴짜이며, 덕후이고, 정보광이다.

많은 사람이 정치적 괴짜들이다. 누군가 정치를 흥미롭게 여긴다는 것은 그 사람이 정치를 매우 잘 알고 있다는 가장 강력한 예측 지표인 셈이다. 그들은 단지 정치 정보를 소비하는 일을 즐긴다.* 2000년 ANES의 정치 지식 시험에서, 정치에 높은 관심이 있는 사람들은 낮은 지식수준을 가진 사람들보다 약 11개의 문제를 더 맞혔다. 반면, 대학원 학위가 있는 사람들은 중학교를 중퇴한 사람들보다 약 8개의 문제를 더 맞혔다. 정치에 관심을 두는 것이 석사 학위가 있는 것보다 기본적인 정치 지식에 더 큰 영향을 미친다.

앞에서 언급한 세 가지 동기는 사실을 올바르게 이해하기 위해 약하게 훈련한다는 문제가 있다. 어떤 사람은 동료들과 어울리기 위해 정치 정보를 얻으려고 한다. 그들은 동료와 친구들이 생각하는 대로 믿으려는 경향이 있다. 또 어떤 사람은 흥미롭다는 이유로 정치 정보를 얻으려고 한다. 여기서 만약 잘못된 견해가 더 흥미롭게 여겨진다면 문제가 될 수 있다.

정치적 비합리성

벌컨이 정치에 대한 믿음을 어떻게 형성하는지 상상해 보자. 벌컨은 완

---

* 　소민의 2013년 문헌 참고.

벽하게 이성적이다. 무지한 벌컨은 자신이 무지하다는 것을 안다. 따라서 정치적 쟁점에 대해 스스로 완전히 인식하지 못한다고 여긴다. 만약 그들이 더 배우기로 결심한다면, 신뢰할 수 있는 정보를 찾을 것이다. 그리고 가장 유용한 증거에 따라 믿을 것이다. 벌컨은 찬성뿐만 아니라 반대의 증거도 살펴보며, 증거에 따라 마음을 움직인다. 실수를 피하고자 동료들과 상의하고, 의견 차이를 심각하게 고민하며, 비판을 기꺼이 받아들인다. "내 실수를 지적하고 바로잡아 감사합니다!" 그들은 증거가 확실한 경우에만 강한 믿음을 가질 것이다.

진정한 벌컨은 인지적 편견이 없다. 인지적 편견은 이성적 사고를 벗어나는 체계적인 양식이다. 편견은 우리 뇌 속의 소프트웨어에 생긴 오류와 같다. 이 오류는 우리가 정보와 증거를 가지고 판단하려고 할 때 믿음을 방해하고, 생각을 간섭하고, 행동을 막는다.

방대하고 다양한 연구를 바탕으로 한 정치심리학에서 확실한 합의에 이른 내용은 시민 대부분이 냉정하고 이성적인 방식보다는 매우 편향적이며 당파적인 동시에 동기부여되는 방식으로 정치 지식을 처리한다는 것이다. 대다수 사람은 벌컨보다 훌리건에 가깝다. 강한 이념이 없는 호빗조차도 잠재적인 벌컨이라기보다는 잠재적인 훌리건이나 훌리건 후보에 가깝다. (그들은 의견을 형성할 만큼 정치에 신경 쓰지 않지만, 만약 정치에 관심을 두었다면 편향된 의견을 형성했을 것이다.)

정치심리학자인 밀턴 로지Milton Lodge와 찰스 태버Charles Taber는 현존하는 연구를 이렇게 요약한다. "사람들은 예측 가능하고 음흉한 방법으로 새로운 정보를 처리하도록 이끄는 태도와 신념에서 벗어나기가 매우 어렵다. 이것을 증명하는 신뢰할 만한 강력한 증거가 있다." 정치심리학자 레오니 허디Leonie Huddy, 데이비드 시어스David Sears, 잭 레비Jack Levy는 이렇게 요약한다. "정치적 의사 결정은 종종 새로운 정보에 대한 신중한 고려보다 습관적인 사고와 일관성을 중시하는 편견으로 가득 차 있다."

사람들은 정치에 참여할 때 나쁜 인식론적 행동을 하는 경향이 있다. 정치에 관해 토론하거나 참여할 때 심한 편견을 보인다. 이것은 인간의 두 뇌가 진실 추구보다 논쟁에서 이기고 연대를 형성하도록 설계되었기 때문일 것이다. 심리학자 조너선 하이트Jonathan Haidt가 관찰한 것은 이렇다.

> 추론은 진실을 추구하기 위한 것이 아니다. 추론은 논쟁에서 승리하기 위해 고안되었다. 그래서 심리학자 휴고 메르시에Hugo Mercier와 댄 스페르버Dan Sperber는 추론이 발달한 이유에 관한 이론을 '논증적 추리 이론The Argumentative Theory of Reasoning'이라고 부른다. 그들은 이렇게 말한다. "증거를 검토해 보면 추론이 합리적 믿음과 합리적 결정을 신뢰성 있게 전달하는 데 상당히 부족하다는 것을 알 수 있다. 심지어 추론은 다양한 경우에서 합리적인 행동에 불리할 수 있다. 추론은 나쁜 결과로 이어질 수도 있는데, 이는 인간이 추론을 잘못하기 때문이 아니다. 오히려 자신의 믿음이나 행동을 정당화하기 위해 체계적으로 노력하기 때문이다."*

벌컨은 증거에 대한 추론에 따라 진정한 믿음을 얻고 거짓된 믿음을 거부할 가능성이 크다. 그러나 실제 사람들에게 추론은 인식적으로 위험할 수 있다. 우리는 동기부여된 추론에 참여한다. 즉, 좋은 감정을 극대화하고 나쁜 감정을 최소화하는 믿음에 도달하려고 노력한다. 우리는 다른 것

---

*   조너선 하이트는 「도덕의 새로운 과학The New Science of Morality」(엣지Edge, 2016. 1. 2.)에서 그가 지지하는 메르시에와 스페르버의 연구를 요약하고 있다.

과 반대되는 어떤 것을 믿고 싶어 하고, 우리의 뇌는 우리가 갖고 싶어 하는 믿음에 집중하는 경향이 있다.

심리학자 드루 웨스턴Drew Westen은 동기부여 추론에 관해서 최근 가장 유명한 실험을 진행했다. 웨스턴의 실험 대상자는 충성스러운 공화당원과 민주당원이었다. 피실험자들에게는 유명인의 진술과 함께 그 유명인을 위선적으로 보이게 하는 정보를 제공했다. 그다음 피실험자들에게 '면책 설명'을 제시했다. (실험에서는 월터 크롱카이트Walter Cronkite가 '은퇴 후 다시는 텔레비전 일을 하지 않을 것'이라고 말하는 장면에 이어 그가 은퇴 후 다시 일하는 영상을 보여 줬고, 그것은 특혜라는 설명을 덧붙였다.) 이 실험에서는 유명인들이 공화당원 또는 민주당원이라는 것을 알아볼 수 있었다. 공화당원인 피실험자들은 유명한 민주당원들이 모순됐다는 것에 강하게 동의했지만, 공화당원이 모순됐다는 것에는 약하게 동의했다. 마찬가지로 민주당원인 피실험자들도 선호하는 정당원의 면책 설명을 흔쾌히 받아들였지만, 다른 정당원의 설명은 받아들이지 않았다. 기능적 자기 공명 기록법 Functional magnetic resonance imaging(fMRI, 두뇌가 활동할 때 혈류의 산소 수준 신호를 반복 측정하여 뇌가 기능적으로 활성화된 정도를 측정하는 방법. -옮긴이)은 피실험자의 쾌락 중추가 다른 정당원을 비난할 때 활성화되는 동시에 자신의 정당원에 대한 증거를 부정할 때도 활성화되는 것을 보여 주었다.

정치적 부족주의

정치에서(그리고 다른 곳에서도) 우리는 '집단 내/집단 외 편향' 또는 '집단 간 편향'으로 고통받는다. 집단 내/집단 외 편향을 가장 부정적으로 설명하자면 부족주의적이라는 의미다. 우리는 편향적으로 집단을 형성하고, 그 집단과 자신을 강하게 동일시한다. 우리는 근거도 없이 다른 집단에 대한 적대감을 키우는 경향이 있다. 우리 편은 훌륭하고 정의로우며, 상대편은 나쁘고 멍청하고 부당하다고 가정한다. 우리 편의 죄는 대체로 용서하는 반면, 상대편에 관해서는 사소한 실수만 용서한다. 우리 편을 향한 헌신은 진실이나 도덕에 대한 헌신을 능가할 수 있다.*

예를 들어, 심리학자 헨리 타즈펠Henry Tajfel은 무작위로 실험 집단을 나눴다. 그다음 피실험자들에게 집단 구성원끼리 사소한 특성을 공유한다고 거짓말을 했다. 이어서 피실험자들이 자신의 집단과 다른 집단의 구성원을 어떻게 대하는지 살펴봤다. 그는 피실험자들이 자기 집단의 구성원에게는 강한 편애를 보이고 다른 집단의 구성원은 불신한다는 것을 거듭 확인했다.

당신은 집단 간 편향과 동기부여 추론이 어떻게 작동하는지를 다룬 영상을 유튜브나 심야 텔레비전 프로그램에서 본 적이 있을 것이다. 예를 들어, 인터뷰 진행자가 누군가에게 민주당원인지 공화당원인지 묻는다. 그 사람이 민주당원이라고 대답하면, 인터뷰 진행자는 "오바마가 시행한 X 정책을 어떻게 생각하나요? 부시가 시행한 Y 정책은 또 어떻게 생각하나요?"라고 질문한다. 전형적인 민주당원은 X가 얼마나 대단한지, 그리고 Y가 얼마나 나빴는지 아주 길게 이야기할 것이다. 이어서 인터뷰 진행자가 속임수였다고 밝힌다. 사실 오바마가 Y 정책을 시행하고, 부시가 X 정책을 시행했다. 피실험자는 화를 내고, 모든 것을 부인하고, 발을 동동 구르며 떠날 것이다.

---

* 하이트의 2012년 문헌, 웨스턴 등의 2006년 문헌, 웨스턴의 2008년 문헌 참고.

정치심리학자 제프리 코헨Geoffrey Cohen은 당파성이 사람들의 정책 판단에 어떤 영향을 미치는지 파악하기 위해 이런 속임수 기법을 사용해서 많은 과학적 연구를 했다. 동료 정치심리학자 데니스 총Dennis Chong은 코헨의 연구를 이렇게 요약한다.

> 실험은 참가자들에게 사회복지 정책 두 가지를 제시했다. 두 정책은 대조적이다. 하나는 관대하고, 다른 하나는 엄격하다. 사람들은 자신의 이념적 가치와 일치하는 정책을 선호했다. 그러나 정책에 민주당 혹은 공화당이라는 꼬리표가 달리면 진보적인 참가자는 관대함이나 엄격함과는 상관없이 민주당이 내세운 정책을 선호했고, 보수적인 참가자 역시 구체적인 내용과는 상관없이 공화당이 내세운 정책을 선호했다.*

이런 연구가 사람들이 반드시 비합리적이라는 것을 증명하지는 않는다. 만약 내가 하버드 경제학과 학생들이 똑똑하다고 생각하는 와중에 그 학과에서 특정 정책을 지지한다는 것을 알게 되면, 나는 합리적으로 그 의견에 따를지도 모른다. 예를 들어, 경제학자 안드레이 슐라이퍼Andrei Schleifer가 행동 재정학에 대한 나의 의견에 동의하지 않는다고 해 보자. 나는 이것이 내가 틀렸다고 볼 수 있는 강력한 추정 증거라고 생각한다. 그럼에도 불구하고 우리가 정보를 처리하는 방식의 당파적 편향에 관한 연구를 바탕으로 헤아려 봤을 때, 사람들은 가장 합리적인 방법보다는 자기가 속한 집단에 충실한 방법으로 정보를 처리하는 듯하다.**

---

* 총의 2013년 문헌 발췌.
** 예를 들어 태버·영Young의 2013년 문헌, 로지·태버의 2013년 문헌 참고.

앞서 논의했듯이, 많은 사람이 정치 정보를 얻는 이유는 정치에 관심이 있기 때문이다. 소민은 "어떤 사람들은 정치적 팬"이라고 재밌게 비유했다. 스포츠 팬은 하나의 팀을 응원하는 것을 즐긴다. 그들은 선수의 이력, 통계, 확률, 그리고 스포츠 관련 사실들을 배운다. 정보를 얻는 것이 팀의 승리에 도움이 되어서가 아니라, 경기를 더욱 재밌게 즐길 수 있기 때문이다. 그러나 스포츠 팬은 편향된 방식으로 정보를 평가한다. 그들은 "자신이 응원하는 팀을 좋게 보이게 하고 상대편을 나쁘게 보이게 하는 증거를 과장하는 반면, 자기 팀을 깎아내리는 증거는 과소평가하는" 경향이 있다.*

이런 일은 정치에서도 벌어진다. 사람들은 자신이 민주당이나 공화당, 노동당이나 보수당이라는 팀에 속했다고 생각하는 경향이 있다. 그들은 자기 팀을 응원하면서 싫어하는 경쟁 팀에 대항할 수 있는 정보를 구한다. 민주당 유권자와 공화당 유권자의 경쟁이 때때로 레드삭스 팬과 양키스 팬의 경쟁처럼 보인다면, 심리학적 관점에서 실제로 매우 그렇게 보이기 때문이다.

많은 유권자가 특정 정당을 지지하지 않는다고 이의를 제기할 사람도 있을 것이다. 하지만 일련의 연구 결과에 따르면, 자칭 무당파라고 주장하는 유권자 대부분은 사실 특정 정당을 지지한다. 그들은 하나의 팀에 비밀스럽게 속해 있으며 항상 같은 당에 투표한다.**

정치학자 다이애나 무츠Diana Mutz는 정치적 '팬덤fandom'이 사람들의 투표 참여를 부추긴다는 놀라운 증거를 발견했다. 정치에 가장 적극적인 사

---

* 소민의 2013년 문헌 인용.

** 노엘Noel의 2010년 문헌 참고.

람들은 강한 훌리건의 특성을 보인다. 정치적으로 활동적인 시민은 대개 강한 의견을 가졌지만, 다른 의견을 가진 사람과는 좀처럼 대화하지 않으며, 상반된 견해에 숨은 근거를 해석하지 못한다. 상반된 관점에 노출되면 자신의 정치적 열정을 줄이는 경향이 있다. 반대되는 견해를 가진 사람들과의 숙의는 정치에 관한 상반된 감정을 공존하게 하고 냉담하게 만들며, 정치 참여의 가능성을 낮추기도 한다. 무츠는 상반된 관점에 노출되거나 반대하는 사람들과 대화하는 것을 '교차편집식 정치적 노출cross-cutting political exposure'이라고 말한다. 이것은 개인의 투표 가능성을 크게 줄이고, 참여하는 정치 활동의 수를 감소시키며, 어떻게 투표할지 결정하는 데 많은 시간을 소비하게 만든다. 이와 대조적으로 정치에 적극적으로 참여하는 시민은 숙의에 많이 관여하지 않으며, 교차편집식 정치 토론을 별로 하지 않는 경향이 있다.* 가장 많이 참여하는 사람은 에코 챔버echo chamber(반향실, 에코 효과를 만들어 내는 방. -옮긴이)에서 가장 긴 시간을 보내는 이들이다.

부족주의tribalism의 영향 한 가지를 확인하고 싶다면, 서로 아무 관련 없는 정치적 쟁점들에 관한 신념이 어떻게 함께 뭉쳐지는지 생각해 보면 된다. 총기 규제, 지구온난화, 이슬람 국가인 이라크와 시리아를 다루는 방법, 여성을 위한 의무적 유급 출산휴가, 최저임금, 동성 결혼, 공동 핵심교육과정, 그리고 국기 소각 등의 쟁점이 있다. 만약 이 중 하나에 관한 당신

---

* 무츠의 2006년 문헌 참고. 더 많은 사람이 자발적으로 연합할수록 교차편집식 토론에 참여하지 않는다. 그렇다면 인구통계학적으로 어떤 이들이 교차편집식 정치 대화에서 가장 교전하게 될까? 백인이 아닌, 가난하며, 교육받지 못한 이들일 것이다. 백인이고, 부자이며, 교육받은 이들은 다른 사람과의 상호작용을 더 잘 통제하기 때문이다. 사람들은 보통 교차편집식 정치 토론을 즐기지 않는다. 합의를 즐긴다. 그래서 자신의 삶을 아주 잘 통제하는 사람들은 교차편집식 대화에 참여하지 않는다.

의 입장을 안다면, 나는 높은 확률로 다른 모든 문제에 관한 당신의 입장이 무엇인지 예측할 수 있다.

생각해 보면 좀 이상하다. 그 문제들은 논리적으로 어떤 연관성도 없다. 낙태권에 대한 찬반 논쟁과 총기 규제는 거의 관련 없는 일이다. 그러나 당신이 낙태권에 찬성한다면, 아마도 틀림없이 총기 규제에 찬성할 것이다. 만약 낙태권에 반대한다면, 총기 규제 또한 반대할 것이다. 최저임금 인상에 찬성한다면, 지구온난화를 주요한 위협으로 믿고 이를 막기 위해 정부가 개입할 필요가 있다고 생각할 것이다. 그런데 당신이 최저임금 인상에 반대한다면, 지구온난화는 진짜가 아니거나 인간에 의해 초래된 것이 아니거나 혹은 그냥 별거 아니라고 믿을 것이다. 따라서 정부는 지구온난화에 관해 아무것도 하지 말아야 한다고 생각할 것이다. 하나의 정당과 그 정당의 지지자들은 이러한 문제에 관해 한 세트로 보이는 신념들을 선택했다. 다른 정당과 그 지지자들 또한 반대의 신념들을 선택했다. 이 신념들은 독자적인 것이라서 논리적인 근거가 없다. 그러므로 부족주의로 설명하는 것이 적절해 보인다. 부족이 해법을 결정했고, 사람들은 신념을 받아들이면서 부족에 대한 충성을 표현한다.

한 민주당원이 사람들의 신념이 하나로 모이는 이유가 있다는 의견에 찬성하지 않는다고 상상해 보자. 즉, 민주당원들의 신념은 논리적인 연관성이 없어도 모두 진실이라는 것이다. 민주당원들은 그저 진실에 도달하는 데 유별나게 능한 사람들일 뿐이다. 그래서 특정한 신념을 공유하는 경향이 있다.

그렇다면 공화당원들은 왜 상반되는 신념을 가지고 있을까? 만약 이례적으로 민주당원이 진실 발견에 능숙하다고 해 보자. 그것은 민주당원들의 신념이 논리적 연관성 없이 하나로 모이는 현상을 설명할 수 있지만,

공화당원(또는 비민주당원)이 상반되는 신념에 모이는 현상을 설명할 수는 없다. 그 대신에 우리는 공화당원이 주어진 문제에 대해 무작위로 서로 다른 신념을 가질 것으로 예상한다. 민주당원의 신념은 서로 긍정적인 상관관계가 있지 않을까 기대하지만, 공화당원의 신념은 긍정적인 상관관계가 거의 혹은 전혀 없으리라고 추측한다. 민주당원의 신념은 무리를 형성하고, 공화당원의 신념은 그렇지 않다고 예상할 것이다. 사람들의 신념이 하나로 모이는 데는 이유가 없다고 생각하는 민주당원이라면, 민주당원은 이례적으로 진실 발견에 능숙하고 공화당원은 이례적으로 잘못된 신념을 형성하는 경향이 있다고 대답할지도 모르겠다. (반성하지 않는 훌리건인 나의 동료 몇몇은 웃으며 '맞아, 바로 그거야'라고 말할 것이다.)

이것이 사실일 가능성도 있다. 하지만 증거는 그 반대를 나타낸다. 만약 한 정당의 유권자가 많은 정보를 가지고 있고, 다른 정당의 유권자는 적은 정보를 가지고 있다고 가정해 보자. 이것이 사실이라면 앞에서 언급한 가상 민주당원의 주장을 뒷받침해 줄 수 있다. 하지만 보통은 공화당원이 민주당원보다 약간 더 많은 정보가 있으며, 그나마도 차이가 미미하다.

이와 관련해, 앞서 살펴봤던 정보가 우리의 정책 선호도에 미치는 영향에 관한 연구를 떠올려 보자. 알타우스와 여러 학자는 인구통계학적 변수의 영향을 수정하더라도, 정보가 부족한 유권자와 많은 유권자는 체계적으로 다른 정치적 선호도를 가졌다는 것을 보여 주었다. 우리는 이 연구를 이용해서 민주당원이 (논리적으로 무관한) 신념들을 하나의 덩어리로 받아들이고, 공화당원이 그에 상반되는 신념의 뭉치를 수용하는 이유에 관한 가설을 검증할 수 있다. 한 정당은 진실을 추적하는 데 유난히 능숙하고, 다른 정당은 진실을 피하는 데 놀라울 정도로 능숙하다는 가설 말이다. 그러나 알타우스는 정보가 민주당원이나 공화당원의 신념을 하나로 모은다는 것을 확인하지 못했다. 오히려 깨어 있는 대중은 어떤 문제에 관해서는 민주당원에 동의하고, 다른 어떤 문제에 관해서는 공화당에 동의하며, 또 다른 문제에 관해서는 민중당원과 공화당원의 입장 어디에도 동의하지 않는다.*

정치 분야 인지적 편견의 다른 사례들

우리는 정치에 관해 명확하게 추론하는 능력을 방해하는 광범위한 인지적 편견으로 고통받는다.

확증 편향 및 불일치 편향confirmation bias and disconfirmation bias: 우리는 기존의 견해를 뒷받침하는 증거는 인정하고, 부정하는 증거는 거부하거나 무시하는 경향이 있다.** 현재의 의견에 유리한 증거를 찾아서 비판 없이 받아들이고, 해치는 증거는 무시하거나 거부하거나 지겹다고 느끼며 의심한다. 우리의 견해를 지지하는 사람은 무고하다고 여기지만, 비판적인 사람은 무시한다. 우리는 진실보다 영역을 지키는 것에 더 관심이 있다. 사실, 많은 정당원이 편파적이다. 그들이 틀렸다는 증거를 제시하면, 훨씬 강경하게 대응하며 자신들이 옳았다고 더욱더 강하게 믿는다.***

확증 편향은 우리가 뉴스와 정보를 어떻게 소비하는지 말해 준다. 대부

---

* 알타우스의 2003년 문헌 참고.
** 로드Lord·로스Ross·레퍼Lepper의 1979년 문헌, 태버·로지의 2006년 문헌 참고.
*** 나이핸Nyhan·라이플러Reifler의 2010년 문헌, 블록Bullock의 2006년 문헌, 어맨다 마콧 Amanda Marcotte의 「새로운 연구에 따르면, 어떤 것도 백신 접종 거부자의 마음을 바꿀 수 없다According to a New Study, Nothing Can Change an Anti-Vaxxer's Mind」(슬레이트 매거진 Slate Magazine, 2016. 1. 2.) 참고.

분의 사람은 기존의 견해를 뒷받침하는 뉴스만 읽는다. 좌파 자유주의자는 『뉴욕타임스』를 읽고, 보수주의자는 폭스 뉴스에 몰려든다.

법학 교수 댄 카한은 최근 정치가 얼마나 타락할 수 있는지를 보여 주는 기발한 실험을 했다.* 그는 '사람들이 사회과학적인 문제에 잘못된 결론을 내리는 것은 증거를 이해할 만큼 똑똑하지 않기 때문인가, 아니면 증거를 적절하게 처리하지 못할 만큼 편향되었기 때문인가?'라는 질문의 답을 찾고자 했다.

카한은 1,000명의 피실험자를 모집해서 기초 수학 적성검사를 한 다음 정치적 견해를 조사했다. 그러고 나서 몇 가지 과학적인 문제를 추론하게 했다. 첫 번째 문제는 정치 중립적이었다. 카한은 피부 크림이 발진에 미치는 영향을 실험하는 가상의 연구를 묘사했다. 피실험자들은 가상의 연구라는 점을 이해했고, '만약 연구가 사실이라면, 이 데이터는 어떤 결론을 뒷받침하는가?'라는 질문을 받았다. 카한은 의도적으로 계산을 까다롭게 만들었다. 수학 적성 점수가 높은 피실험자만 정답을 맞힌 것은 예상할 수 있는 일이었다. 진보주의자와 보수주의자 모두 똑같이 잘했다.

여기서 카한은 사람들의 정치적 충성심이 증거 추론 능력에 어떻게 영향을 미치는지 판단할 수 있는 기준을 얻었다. 그는 문제를 바꿨다. 피부 크림을 총기 규제로 고친 것이다. 카한은 두 가지 종류의 증거 자료를 제시했다. 하나는 권총 소지를 금지하는 일이 범죄를 줄이는 데 실패했다는 결론을 뒷받침한다. 다른 하나는 반대로 권총 소지 금지가 범죄를 줄이는 데 성공했다는 결론을 뒷받침한다. 문제는 피부 크림 때와 똑같았다. 그러므로 첫 번째 문제의 정답을 맞힌 사람은 두 번째 문제의 정답도 맞힐 수

---

* 카한 등의 2013년 문헌.

있어야 한다.

하지만 사람들은 이 가상의 자료가 총기 규제에 관한 자신들의 신념을 뒷받침한다고 결론 내렸다. 보수주의자들은 자료가 권총 소지 허용이 범죄를 감소시킨다는 것을 보여 준다고 믿었고, 진보주의자들은 같은 자료를 보고 권총 소지 허용이 범죄를 줄이는 데 실패한다는 것을 증명한다고 믿었다. 카한은 진보주의자 절반에게는 그들의 신념을 지지하는 증거를, 나머지 절반에게는 그 신념을 해치는 증거 자료를 제공했다. 그런데 두 집단의 진보주의자들 모두 가상의 자료가 그들의 신념을 뒷받침한다고 결론지었다. 심지어 권총이 범죄를 줄인다는 것을 암시한 자료를 제공받은 진보주의자들조차 압도적으로 총기가 범죄를 감소시키지 못한다는 판단을 내렸다. 카한은 마찬가지로 보수주의자 절반에게는 그들의 신념을 지지하는 증거를, 나머지 절반에게는 그 신념을 해치는 증거 자료를 제공했다. 이번에도 두 집단의 보수주의자들은 자료가 그들의 신념을 뒷받침한다고 결론지었다. 심지어 권총이 범죄를 줄이는 데 실패했다는 것을 암시한 자료를 제공받은 보수주의자들조차 압도적으로 총기가 범죄를 줄이는 데 성공했다는 판단을 내렸다. 더 실망스러운 사실은 수학 적성 점수가 높을수록 더욱더 편향적이었다는 점이다.

가용성 편향*availability bias*: 몇 년 전, 언론 매체들은 미국인들이 납치 관련 기사를 좋아한다는 사실을 파악했다. 곧 미국에서 벌어진 어린이 유괴 사건이 빠짐없이 보도되기 시작했다. 계속되는 텔레비전 보도 때문에 대부분의 미국인은 유괴가 유행처럼 번지고 있다고 믿었다. 소프트 록 밴드 트레인Train은 〈모두를 천사라고 부르지Calling All Angels〉라는 제목의 곡에서 '아이들이 사라지지 않도록 안에서 놀아야' 한다고 노래하기도 했다. 그러나 실제로는 오히려 유괴 사건이 감소하고 있었다. 미국에서는 1년에

약 100명의 아이가 낯선 사람들에게 유괴된다. 아이들은 사실 1960년대 보다 지금 더 안전하다. 이것은 부모들이 공포에 사로잡혀 아이들을 밖에 나가 놀지 못하게 했기 때문만은 아니다.

여기서 문제는 우리가 확률을 추정하는 데 서툴다는 것이다. 'X라는 사건이 얼마나 자주 발생하는가?'라는 질문을 받으면, 우리는 인지적 지름 길을 이용한다. 만약 X와 관련된 사례가 쉽게 떠오른다면, 우리는 X가 일반화된 일이라고 여긴다. 하지만 사례가 쉽게 떠오르지 않는다면, 우리는 X가 흔하지 않은 일이라고 여긴다.

심리학자 아모스 트버스키Amos Tversky와 대니얼 카너먼Daniel Kahneman은 이 현상을 '가용성 편향' 또는 '가용성 휴리스틱availability heuristic'이라고 부른다. 비행기 추락 사고, 상어의 공격, 테러, 전염병처럼 생생하게 각인되는 사건은 쉽게 떠오르기 때문에 실제보다 훨씬 흔하게 발생한다고 생각한다. 하지만 독감이나 폐렴으로 인한 죽음처럼 기억에 강렬하게 남지 않는 사건은 쉽게 떠오르지 않기 때문에 흔치 않은 일이라고 잘못 생각한다.

정치에서 가용성 편향은 위험하다. 그것은 우리의 관심과 돈을 잘못된 것에 집중하게 한다.

지난 50년 동안 미국에서 테러로 사망한 사람은 약 3,500명에 불과하다는 점을 생각해 보자. 9·11 테러로 300억 달러의 철거 비용, 재산 피해, 기업 손실이 발생했다. 우리는 이러한 인명 및 재정의 손실을 '테러와의 전쟁'과 비교할 수 있다. 지금까지 테러와의 전쟁에서 6,000명 이상의 미군, 2,000명 이상의 용병, 그리고 아프가니스탄·파키스탄·이라크의 무고한 민간인 10만 명(또는 20만 명) 이상이 목숨을 잃었다. 브라운대학의 왓슨 연구소는 테러와의 전쟁에 들어간 실질 비용을 3조~4조 달러로 추산했다. 정치학자 존 뮬러John Mueller와 토목공학자 마크 스튜어트Mark Stewart는 국토안보부가 이 비용에 정당성을 부여하기 위해서는 매년 약 1,700건의 심각한 테러를 예방해야 한다고 말했다. 물론 현실은 그렇지 않다. 테러와의 전쟁은 비용편익분석cost-benefit analysis(목표에 가장 효과적인 대안을 찾기 위해 각 대안의 비용과 편익을 비교하고 분석하는 기법. -옮긴이)에서 살아남지 못한다. 그러나 확률 추정에 서툰 미국인 중에는 국토안보부를 폐지해야 한다는 사람이 거의 없다.

정서적 전염 및 사전 태도 효과affective contagion and prior attitude effect: 나는 벌컨이 냉정하다고 특징지었다. 일부 정치 이론가들은 이에 반발할지도 모른다. 그들은 열정이 정치에서 긍정적으로 작용한다고 생각하거나, 서구 정치철학은 오랫동안 감정에 대한 편견을 가지고 있었다고 불평할 수도 있다.* 그러나 실제로 열정이 우리의 생각을 타락시킨다는 것을 보여 주는 심리적 증거가 있다. 사람들이 어떤 문제를 강하게 인식하면, 그에 대한 주장을 양극화하거나 편향된 방식으로 평가할 가능성이 더 커진다. 더욱이 문제를 감정적으로(슬프고, 화가 나고, 즐거워하는 등) 받아들인다면, 정치에 관해 생각하는 능력이 훼손된다.** 정치 정보를 어떻게 평가하고 어떤 결론을 내릴지는 기분에 따라 달라진다. 실험은 감정이 증거를 무시하거나 회피하게 만들고 정치적 신념을 합리화한다는 것을 보여 준다. 그것은 편파적이고 동기부여된 사고로 이어진다.

프레이밍 효과framing effect: 사람들이 정보를 평가하는 방법은 정보가 어떻게 제공되는지에 따라 크게 달라진다. 심리학자들은 이것을 프레이밍

---

*   크라우제Krause의 2013년 문헌 참고.
**   에릭센Erisen·로지·태버의 2014년 문헌, 태버·로지의 2006년 문헌 참고.

효과라고 부른다.

다음 두 가지 질문을 생각해 보자.*

1. 600명의 목숨을 앗아 갈 것으로 예상되는 질병이 있다. 당국이 사용할 수 있는 대응 프로그램은 두 가지다. A 프로그램은 정확히 200명을 구할 것이다. B 프로그램은 600명 모두를 구할 확률이 3분의 1이고, 아무도 구하지 못할 확률이 3분의 2다. A와 B 중 어떤 프로그램이 더 나은가?

2. 600명의 목숨을 앗아 갈 것으로 예상되는 질병이 있다. 당국이 사용할 수 있는 대응 프로그램은 두 가지다. 알파 프로그램을 채택하면 정확히 400명이 죽을 것이다. 베타 프로그램을 채택하면 아무도 죽지 않을 확률이 3분의 1이고, 모두가 죽을 확률이 3분의 2다. 알파와 베타 중 어떤 프로그램이 더 나은가?

자세히 보면 1과 2의 질문이 같다는 걸 알 수 있다. 두 문제는 완전히 똑같은 상황과 확률을 다르게 묘사한다. 질문 1은 사람을 구하는 것에 초점을 맞췄고, 질문 2는 사람이 죽는 것에 초점을 맞췄다. 완벽하게 이성적인 사람인 벌컨은 이것을 알아차리고 두 질문에 같은 대답을 할 것이다. 하지만 미국인들은 벌컨이 아니다. 질문 1에서는 A 프로그램을 선호하고, 질문 2에서는 베타 프로그램을 선호한다. 하지만 질문 2의 베타 프로그램은 질문 1의 B 프로그램과 똑같은 것으로, 설명만 다를 뿐이다.

---

* 카너먼의 2003년 문헌에서 가져왔다.

사실, 프레이밍 효과는 지속적이고 광범위하다.* 어떻게 질문하는지에 따라 사람들의 의견 형성에 큰 영향을 미친다. 여론조사원, 뉴스캐스터, 심리 전문가, 정치인, 숙의 포럼의 진행자 혹은 투표용지에 국민투표 질문을 작성하는 사람처럼 심리학을 잘 아는 이들은 프레이밍 효과를 이용해서 유권자의 선택을 유도할 수 있다.

동료의 압박 및 권위peer pressure and authority: 다른 사람의 증언은 중요하다. 나는 호주 땅에 발을 디디기 훨씬 전부터 호주가 존재한다고 믿었다. '호주가 존재한다'고 하는 다른 사람들의 신뢰할 만한 증언이 있었기 때문이다. 그래서 종종 서로의 말을 듣는 것은 이치에 맞다. 벌컨은 다른 사람의 말에 귀를 기울인다.

그렇지만 우리는 다수의 의견(또는 우리가 참여하고 싶은 집단의 의견)에 순응한다. 그것이 비합리적일 때조차 그렇다. 이에 관한 가장 유명한 사례는 아마도 애쉬 실험일 것이다. 솔로몬 애쉬Solomon Asch의 실험에서, 같은 길이의 줄 두 개와 다른 길이의 줄 한 개를 8~10명의 학생에게 보여 줬다. 그다음 어떤 줄이 서로 일치하는지 찾아보게 했다. 실제로는 한 사람만이 피실험자고 나머지는 협력자들이었다. 실험이 진행되면서 협력자 모두 정답이 아닌 줄을 선택하기 시작한다.

애쉬는 피실험자가 어떻게 반응할지 알고자 했다. 만약 9명의 학생 모두 길이가 다른 A 줄과 B 줄을 같다고 하면, 피실험자는 자신의 믿음을 유지할까 집단에 동의할까? 애쉬는 피실험자의 약 25퍼센트는 자신의 판단을 유지하고, 약 37퍼센트는 집단에 완전히 동의하며, 나머지는 때로는 순응하고 때로는 그러지 않는다는 것을 발견했다. 비공개 서면으로 응답

---

* 전체적인 개요와 이것이 민주주의에 미치는 영향에 대한 논의는 켈리Kelly의 2012년 문헌 참고.

한 대조군의 오류 가능성은 5분의 1에 불과했다. 이 실험 결과들은 잘 재현됐다.

오랫동안 연구자들은 다수 의견에 순응한 사람들이 거짓말을 한 것은 아닌지 궁금해했다. 집단에 동의하는 척한 것일까, 아니면 집단적으로 똑같다고 말했기 때문에 실제로 그렇게 믿었을까. 연구자들은 최근 기능적 자기 공명 기록법을 이용한 실험을 반복했다. 뇌를 관찰해서 피실험자가 집단에 순응하기 위해 판단을 내리는지, 혹은 실제로 인식이 변화하는지 알아낼 수 있다.* 그 결과는 많은 피실험자가 집단에 순응하기 위해 실제로 세상을 다르게 본다는 것을 알게 됐다. 동료의 압박은 의지뿐만 아니라 시력까지 왜곡시킬 수 있다.**

이 연구 결과는 섬뜩하다. 사람들은 단지 동료의 압박만으로 면전에서 간단한 증거를 부인할 수(혹은 실제로 세상을 다르게 볼 수) 있다. 정치적 신념을 형성할 때 그 효과는 훨씬 더 강할 수밖에 없다.

---

*   번스Berns 등의 2005년 문헌 참고. 피실험자들에게 컴퓨터 화면에 있는 두 물체가 서로 다른 것인지, 아니면 회전하는 동일한 물체인지 결정하는 과제가 주어졌다. 기준 오차율은 평균 13.8퍼센트였다. 집단적으로 잘못된 정보를 가졌을 때의 오차율은 41퍼센트였고, 컴퓨터에 의해 잘못된 정보가 주어졌을 때의 오차율은 32퍼센트였다. 왜 집단의 답을 따랐는지 물었을 때, 82.8퍼센트가 몇몇 실험에서 자신이 옳다고 확신한 것을 집단 또한 옳다고 여겼기 때문이라고 답했다. 58.6퍼센트는 어떤 실험에서는 확신할 수 없었지만, 결국 집단의 의견에 따르기로 결정했다. 그리고 3.4퍼센트는 자신이 옳다고 확신했음에도 불구하고 집단을 따르기로 결정했다. 이때 외부 정보는 지각 작업을 관리하는 뇌의 후두부와 정수리 부분의 활동을 감소시키는 것으로 나타났다. 저자들은 "사회적 순응의 영향이 후두엽과 두정엽에서만 감지됐다는 것이 인상적"이었다고 언급하면서 "전두엽에서의 변화가 없다는 것은 적어도 지각에 기반을 둔 행동이라는 점을 시사한다"고 했다.

**   왜곡 없이 진실을 추적할 수 있다면 진화적으로 큰 이점일 것이다. 하지만 "함께 잘 지내는 것"에도 진화적 이점이 있을 것이다.

정치적 비합리성이 합리적인 이유

정치심리학은 우리가 벌컨이 되고 싶어 하지 않는다는 것을 보여 준다. 하지만 우리는 노력으로 인지적 편견을 극복할 수 있다. 그런데 문제는 정치에 대한 인지적 편견을 극복할 동기가 약하다는 것이다. 대부분의 사람이 정치에 무지한 채 있는 것이 도구적으로 합리적이듯이, 대부분의 사람이 자신의 편견에 빠져드는 것도 도구적으로 합리적이다. 캐플런의 말로 표현하면 사람들은 합리적으로 비합리적rationally irrational이다.

인식론적으로 비합리적인 사람이 도구적으로 합리적일 때, 그 사람은 합리적으로 비합리적이다. 도구적 합리성은 목적에 맞는 행동을 하는 것이다. 인식론적 합리성은 가장 유용한 증거에 대한 과학적 평가로 진실을 찾고 오류를 피하는 것을 목표로 신념을 형성한다. 하지만 때로는 인식론적으로 비합리적인 방식으로 신념을 형성하는 게 유용할 수 있다. 즉, 도구적으로 합리적일 수 있다는 뜻이다. 예를 들어, 어떤 사람이 중세 유럽이나 현재의 사우디아라비아 같은 원리주의적인 신정 군주제와 비슷한 체제에서 살았다고 가정해 보자. 신정정치의 요구에 자기 신념을 맞추는 것이 가장 이익일 것이다. 비록 신념을 뒷받침하는 증거가 없더라도 말이다.

일상생활에서 우리는 인식론적으로 비합리적이라는 이유로 고통받는 경향이 있다. 만약 당신이 교제를 할 때 외모가 전부라고 생각한다면, 당신은 줄줄이 나쁜 관계를 맺게 될 것이다. 투기적 저가주를 사는 것이 돈 버는 열쇠라는 믿음에 빠진 사람은 손해를 볼 것이다. 폐렴을 기도로 치료할 수 있다고 믿는 크리스천 사이언스Christian Science(미국의 종교 단체 중 하나로, 신앙으로 병을 고칠 수 있다는 정신 요법을 주장한다. -옮긴이) 신봉자는 자신의 아이들이 죽는 걸 지켜보게 될지도 모른다. 그래서 우리는 현실을 통해 이런 것을 좀 더 이성적으로 생각하는 법을 배우기도 한다.

불행하게도 우리 개개인의 정치적 영향력은 너무 낮다. 그래서 우리는 편견과 비합리적인 정치적 신념에 빠져들 수 있다. 편견을 극복하는 데는 시간과 노력이 필요하다. 그러나 대부분의 시민은 합리적인 행동으로 덕을 보지 못하기 때문에 정치에 관해 합리적으로 생각하려고 노력하지 않는다.

마르크스주의 경제 이론이 거짓이라고 상상해 보자. 마르크스주의자인 후보를 뽑는 일은 재앙이 될 것이다. 경제는 파괴되고 죽음과 고통을 불러올 것이다. 이제 마크라는 사람이 인식론적으로 비합리적인 이유를 바탕으로 마르크스주의를 믿는다고 가정해 보자. 마르크스주의를 믿을 만한 근거는 없지만, 마크가 가진 편견과 성향에 부합한다. 심지어 마크는 마르크스주의자가 되는 것을 약간 즐긴다. 마르크스주의자가 되는 것에 5달러 정도의 가치를 매기고 있다. 마크는 마르크스주의자가 되는 일에 5달러 이상의 비용이 들기 시작할 때만 자신의 편견을 극복하고 마음을 바꾸려 할 것이다. 이제 마크에게 투표할 기회가 생겼다고 가정해 보자. 형편없는 마르크스주의자 후보와 괜찮은 보통의 민주당 후보에게 투표할 수 있다. 마르크스주의자가 이기면 마크에게는 재앙이겠지만, 마크가 마르크스주의자에게 투표하는 건 재앙이 아니다. 마크의 투표는 별로 중요하지 않기 때문이다. 마크가 민주당 후보에게 투표했을 때 기대할 수 있는 가치가 매우 작은 것처럼, 마르크스주의자에게 투표했을 때 예상할 수 있는 부정적인 결과도 매우 작다. 마크는 계속해서 마르크스주의자에게 투표해도 좋을 것이다.

문제는 마크에게 돌아가는 결과가 우리 모두에게 해당된다는 것이다.

우리 중 합리적인 방식으로 정치 정보를 처리할 만한 동기를 지닌 사람은 거의 없다.

유권자는 좋은 의도를 약간은 지니고 있다

정치학자들은 다양한 방법을 활용해서 유권자의 행동에 관한 수많은 경험적 연구를 수행했다. 그중 압도적으로 많은 수의 정치학자가 유권자들이 이기적으로 투표하지 않는다고 결론지었다.* 유권자들은 국가주의적이며 사회성이 강한 편이다. 즉, 그들은 자신의 이익보다는 국익에 부합한다고 여겨지는 것에 투표하는 경향이 있다.

이것이 놀랍게 느껴질 수도 있다. 일상생활에서 사람은 대부분 이기적이다. 그러므로 만약 유권자가 이타적이라면 설명이 필요하다. 다행히 우리 앞에 설명이 있다. 앞서 말했듯이 개인의 투표는 중요하지 않다. 이기적이지만 이성적인 사람들은 이기적으로 투표하지 않을 것이다. 이기적으로 투표하는 비용이 투표로 얻을 수 있는 기대 이익을 초과하기 때문에 아예 투표하지 않는 것이다. 예를 들어, 어떤 대통령 후보가 당선되면 나에게 1,000만 달러를 주기로 약속했다고 가정해 보자. 그가 승리하는 것은 나에게 1,000만 달러의 가치가 있지만, 내가 그에게 투표하는 것은 한 푼의 가치도 없다. 투표보다는 집에서 칵테일을 마시며 내 관심사를 파고드는

---

*	총, 펑크Funk, 가르시아-모네Garcia-Monet, 밀러Miller, 무츠, 몬닥Mondak, 페더슨Feddersen, 게일마드Gailmard, 산드로니Sandroni, 제프리 브레넌, 로마스키, 그린Green, 샤피로, 마르쿠스Markus, 코노버Conover, 펠드먼Feldman, 나이트Knight, 킨더Kinder, 키위트Kiewiet, 허디Huddy, 존스Jones, 차드Chard, 로드벡Rhodebeck, 폰차Ponza, 시어스Sears, 캐플런, 홀브룩Holbrook, 개런드Garand, 맨스브리지Mansbridge, 시트린Citrin, 러우Lau, 헨슬러Hensler, 스피어Speer 등.

게 낫다.

다른 시민들도 마찬가지다. 굳이 귀찮음을 무릅쓰고 투표한다면 의무감이나 소속감을 나타내거나, 이념을 표현하거나, 특정한 정치 집단에 대한 헌신을 보여 주는 일이 될 것이다. 우리의 투표는 전혀 중요하지 않기 때문에, 이기적으로 투표하는 대신 이타적인 투표를 하는 데는 추가 비용이 들지 않는다.

유권자는 보통 자신의 편협한 사리사욕보다 공동의 이익을 추구하지만, 실제로 그렇게 하는 데 성공하는 것은 아니다. 유권자는 투표할 때 정책 선호도와 결과 선호도를 갖고 있다.

> 정책 선호도policy preference: 상속세 인상, 정부 지출 삭감, 관세 인상, 아프가니스탄 전쟁 확대 등 후보들이 지지해 주기를 바라는 일련의 정책과 법들.
> 결과 선호도outcome preference: 국민 모두를 위해 경제를 발전시키고, 범죄를 줄이고, 경제적 평등을 실현하고, 테러 위험을 감소시키는 것처럼 후보들이 만들어 내기를 원하는 결과들.

유권자가 국가주의적이며 사회성이 강하다는 주장은 결과 선호도에 관한 것이다. 유권자는 선출된 공직자들이 편협한 사리사욕이나 전 세계의 공동 이익보다 조국의 이익을 위해 봉사하기를 원한다. 그렇다고 해서 유권자가 좋은 정책 선호도를 가질 만큼 충분히 알고 있다는 의미는 아니다. 우리는 때때로 정책이 우리가 선호하는 결과로 나아가리라고 잘못된 믿음을 품지만, 실제로는 원하는 결과를 저해할 수 있다. 예를 들어, 2008년에 공화당원들은 세금을 깎고 정부 지출을 줄이는 것이 경제 성장을 자극하리라고 진심으로 믿었다. 반대로 민주당원들은 세금과 지출을 늘리는 것이 경제 성장을 자극하리라고 진심으로 믿었다. 둘 다 맞을 수는 없는 일이다.

호빗과 훌리건

제1장에서 나는 대중이 호빗과 훌리건으로 나뉜다고 주장했다. 다시 짚어 보면, 호빗은 정보가 적고 정치에 크게 신경 쓰지 않는다. 훌리건은 정보가 더 많고 정치에 대한 의견이 강하지만, 정치 정보를 평가하고 처리하는 방식이 편향돼 있다.

이번 장에서 정치학과 정치심리학의 여러 연구 결과를 살펴보았다. 이런 내용이다.

- 압도적인 다수의 사람은 정치에 관한 기본 지식이 부족하며, 많은 사람이 잘못된 정보를 가지고 있다.
- 어떤 사람들은 다른 사람들보다 더 다양한 지식을 가졌으며, 지식은 관심과 밀접한 관계가 있다. 즉, 사람들은 흥미롭다고 생각하기 때문에 정치 지식을 습득한다.
- 대부분의 사람은 정치 정보를 편향된 방식, 즉 그들의 이념을 강화하는 방식으로 처리한다.
- 정치에 가장 적극적인 사람들은 상반된 관점을 지닌 사람들과 거의 대화하지 않는 진정한 신봉자들이며, 자신들의 의견에 동의하지 않는 이유를 명확히 설명할 수 없다.

이러한 사실만으로도 미국인들을 호빗과 훌리건으로 거의 절반씩 나눌 수 있다. 사람은 대부분 편파적이며 비합리적이다. 또한 미국인의 절반 이상이 정치에 관해 아무것도 모르거나 거의 모르고, 나머지 절반은 어느 정도 안다. 이제 사람들의 이념적 선호의 강도만 알면 실체를 파악할 수 있다.

정치적 견해에 관한 유명한 연구 중 하나에서, 컨버스는 다음과 같은 것을 발견했다.

> 광범위한 정치적 중요성을 지닌 특정 문제에서 대중은 두 집단 중 하나로 분할될 수 있다. 첫 번째 집단은 진실한 의견을 가지고 있으며, 그것을 끈질기게 고수하는 시민들이다. 규모가 훨씬 큰 두 번째 집단은 문제에 무관심하다. 압박받으면 무지를 노골적으로 고백하거나, 당황 혹은 잘못된 의무감으로 즉석에서 진실하지 않은 태도를 꾸며 낸다. 컨버스는 많은 대중이 "상당 기간 엘리트 사이에서 격렬한 정치적 논쟁을 불러온 문제들에 관해서도 의미 있는 신념을 가지고 있지 않다"고 결론지었다.*

그렇다고 해서 소수의 사람만 의견을 가지고 있다는 것은 아니다. 그보다는 연속성이 있다는 말이 더 적합하다. 풍부한 정보를 지닌 시민은 강한 의견을 많이 가지는 경향이 있다. 정보가 부족한 시민은 의견이 더 적고 더 약한 경향이 있다. 보통의 시민은 그 중간쯤에 있다. 후속 연구가 이

---

* 킨더의 2006년 문헌에서 인용.

것을 확인해 준다.*

오늘날 미국에서는 자신을 특정 정당의 지지자로 여기는 사람의 수가 점점 줄고 있다. 2016년 1월의 갤럽 여론조사에 따르면, 무려 42퍼센트의 미국인이 공화당원도 민주당원도 아닌 정치적 무당파인 것으로 나타났다. 이는 기록적인 수치다. 지난 40년 동안 자신을 무당파로 여기는 시민은 점점 늘어났다. 그러나 추가 연구에 따르면, 자신을 무당파로 분류하는 대다수 사람은 약하게나마 특정 정당을 지지하고 있다.** 스스로는 무당파라고 여기지만, 거의 항상 같은 정당에 투표한다. 그들은 호빗과 훌리건의 중간쯤에 있다. 이들을 포함하여 무당파로 기운 사람과 진정한 무당파 모두 정치에 덜 참여하고, 특정 정당을 강하게 지지하는 사람들보다 투표 참여율이 낮으며 아는 것도 적다.***

결론

민주주의는 모든 사람에게 동등한 기본적 정치권력을 부여한다. 하지만 이것은 참으로 작은 힘이다. 비중이 워낙 작아서 시민은 자신의 권력을 책임감 있게 사용할 만한 동기가 거의 없다.

투표와 대기오염은 많은 공통점이 있다. 내가 일하는 워싱턴 DC는 미국에서 스모그가 가장 심한 도시 중 하나다. 이 지역에는 중공업 사업장

---

* 제닝스Jennings의 1992년 문헌, 컨버스·피어스Pierce의 1996년 문헌, 젤러Zaller의 1992년 문헌 참고.
** 노엘의 2010년 문헌, 키스Keith 등의 1992년 문헌 참고.
*** 소민의 2013년 문헌 참고.

이 거의 없으니 대부분의 스모그는 자동차 배기관에서 나온다. 워싱턴 DC의 교통 체증은 악명이 높다. 운전자들이 집단적으로 오염을 일으키기 때문에 개개인의 노력만으로는 변화를 가져올 수 없다. 만약 내가 유일한 운전자라면, 터보차저가 달린 스포츠 세단을 마음껏 운전하면서도 두드러지는 오염을 유발하지 않을 것이다. 모든 운전자가 마찬가지일 것이다. 우리가 얼마나 오염시키는지는 큰 차이를 만들지만, *개개인이 얼마나 오염시키는지는 실질적인 차이를 만들지 않는다.* 그래서 각각의 개인은 오염 유발을 멈출 만한 동기가 거의 없다.

민주주의도 매우 비슷하다. 민주주의는 유권자가 무지하고 비합리적인 채로 있기를 부추긴다. 그래서 유권자는 여전히 무지하고 비합리적이다. 그러므로 질문해야 한다. 우리는 어떻게 해야 할까?

일부 정치 이론가와 정치 과학자는 사람들이 말하게 해야 한다고 생각한다. 만약 사람들이 말한다면, 그들은 무지와 비합리성을 극복할 수 있을 것이다. 하지만 제3장에서 나는 그것이 상황을 더 나쁘게 만드는 경향이 있다고 주장할 것이다. 또 다른 이들은 걱정할 필요가 없다고 이야기한다. 왜냐하면 민주주의에서는 대부분의 유권자가 호빗과 훌리건이면서도 벌컨인 것처럼 행동하기 때문이다. 하지만 제7장에서 나는 이 또한 크게 틀렸다고 주장할 것이다.

만약 그들이 틀렸다면, 우리는 이렇게 물을 필요가 있다. 대기오염을 통제하기 위해 배기가스를 규제하듯이, 투표 오염을 통제하기 위해 투표를 규제해야 할까?

제3장

정치 참여는
타락시킨다

AGAINST DEMOCRACY

제2장에서 살펴보았듯이 밀이 사람들 대부분이 역사, 사회과학, 정치에 관해 제대로 알지 못한다고 걱정한 것은 정확했다. 그는 자기 시대의 전형적인 영국인들을 호빗이라고 생각했다. 나는 호빗이 되어도 아무런 문제가 없다고 생각하지만, 밀은 엘리트주의자이며 완벽주의자였다.* 그는 영국의 호빗들을 벌컨으로 바꾸고 싶어 했다. 밀은 시민들이 정치에 참여하면 더 넓은 시각을 갖고, 서로 더 공감하고, 공동의 이익에도 더 강한 관심을 보일 것으로 기대했다. 그는 정치 참여가 시민의 비판적 사고 능력을 향상하고 지식을 증대하기를 바랐다.

이러한 이유로 밀은 내가 교육 주장education argument이라고 부르는 것을 발전시켰다.** 교육 주장의 가장 광범위하고 일반적인 형태는 다음과 같다.

1. 시민 활동과 정치 활동은 시민이 타인의 이익을 폭넓은 시각으로 보고, 공동선을 증진하는 방법을 모색할 것을 요구한다. 이를 위해 도덕적, 철학적, 사회과학적 쟁점에 참여해야 하며 장기적인 사고력이

있어야 한다.

2. 만일 그렇다면, 시민 활동과 정치 활동은 시민의 덕목을 향상하고 더 나은 정보를 제공하는 경향이 있다.

3. 따라서 시민 활동과 정치 활동은 시민의 덕목을 향상하고 더 나은 정보를 제공하는 경향이 있다.

교육 주장은 인기가 있다. 19세기 역사학자이자 『미국 민주주의Democracy in America』의 저자인 알렉시 드 토크빌Alexis de Tocqueville도 많은 의구심을 가졌지만, 결국 그것을 발전시켰다. 그 밖에도 많은 현대 정치 이론가가 교육 주장의 일부를 받아들였다.* 대부분의 이론가는 우리를 계몽하거나 교육할 것이라고 여겨지는 특정한 형태의 참여를 명시해서 전제를 더 정확하고 엄격하게 만들려고 노력했다.

교육 주장은 그럴듯하게 들린다. 하지만 그 주장의 타당성 여부는 사람들에게 달렸다. 정치 참여는 사람들을 발전시킬 수 있지만, 그렇지 않을 수도 있다. 정치 참여가 사람들을 더 악화시킬 수도 있는 것이다.

이 장에서 나는 대부분의 정치 참여가 사람들을 고귀하게 하고 교육하기보다, 타락하게 하고 바보처럼 보이게 할 가능성이 더 크다고 주장한다. 정치 참여는 호빗을 벌컨이 아닌 훌리건으로 만들 가능성이 더 크다. 또한 훌리건을 벌컨으로 바꾸기보다 훨씬 더 나쁜 훌리건으로 만들 가능성이 크다. 교육 주장을 옹호하는 많은 이들이 이 점에 동의하지만, 이것은 정치 활동과 토론을 구조화하는 올바른 방법을 찾을 필요가 있다는 것을 보여 준다며 반박한다. 이에 대해 나는 원칙적으로 사람들을 교육하고 계

---

*   대거Dagger의 1997년 문헌.

몽하는 방식으로 시민 활동과 정치 활동을 구성할 수는 있지만, 동료들이 옹호하는 대부분의 활동은 실패하는 듯하다고 주장할 것이다.

교육 주장은 사실에 달려 있다

교육 주장은 철학자와 이론가에게 인기가 있지만, 실제로 철학적인 주장은 아니다. 우리는 개념 분석, 직관적 이해, 도덕적 가치 탐구, 또는 정치 이론의 역사를 읽고 논의 전개 과정을 살피는 것만으로는 교육 주장이 옳은지 판단할 수 없다.

교육 주장은 사회과학적인 주장이다. 참여가 바람직한 결과를 낳기 때문에 가치 있다고 말한다. 실제로 그러한 결과를 만들어 내는지는 사회과학적 방법으로 실험해 볼 수 있다. 그러므로 교육 주장을 내세우려면 증거를 제시해야 한다. 증거가 없다면, 우리는 그 주장이 타당한지 아닌지 모른다.

교육 주장을 아주 너그럽게 해석하면, 논란의 여지는 있지만 옳은 경험적 주장을 한다. 참여가 사람들을 더 배우게 하고 더 합리적으로 만든다는 것이다. 다만 논란의 여지가 있는 낙관적 주장에 기반하기 때문에, 참여의 긍정적인 영향을 입증해야 하는 부담이 있다. 규정화된 사회과학 조사를 통과할 수 있을 만큼 충분한 증거를 제시해야 한다. 많이 참여할수록 타인의 이익을 폭넓은 시각으로 보고, 공동선을 증진할 방법을 찾고, 장기적인 사고를 하며, 도덕적·철학적·과학적 쟁점과 씨름하게 된다는 강력한 경험적 증거가 필요하다.

이상적으로 말하면, 교육 주장을 내세우는 사람은 어떤 형태의 참여가 시민을 고상하게 하고 교육해 주는지 구체적으로 제시해야 한다. 그리고 어떤 방식으로 그렇게 하는지 설명해야 하며, 마지막으로 충분한 경험적 증거를 제공해야 한다. 그렇지 않다면, 즉 설득력 있는 증거가 없다면 우리는 교육 주장을 받아들여서는 안 된다.

참여가 우리에게 미치는 영향을 측정하는 방법을 몰라서 밀이 옳은지 그른지 알 수 없다고 가정해 보자. 그렇다면 우리는 교육 주장을 받아들여서는 안 된다. 적절한 근거 없이 팔레오 다이어트paleo diet(구석기인 식단을 뜻하는 말로, 구석기인이 먹었을 법한 방식으로 가공되지 않은 자연 그대로의 음식을 섭취하는 것. -옮긴이)가 우리를 더 건강하게 만든다고 받아들여서는 안 되듯이, 적절한 증거 없이 정치 참여가 무지와 해악을 치유한다고 받아들이지 말아야 한다.

단순한 참여는 지식을 향상하지 않는다

단순히 사람들이 투표하게 하는 것만으로 더 배우게 할 수 있을까?

제2장에서 보았듯이, 투표를 선택한 시민은 투표를 안 하기로 작정한 시민보다 더 많은 정보를 얻는다.* 그러나 이것은 참여가 사람들에게 더 많은 정보를 제공한다는 사실을 보여 주기에 충분하지 않다. 제2장은 정치에 더 관심 있는 사람이 더 많은 정보를 얻고 더 많은 참여를 할 가능성이 크다는 것을 나타냈다. 그 증거는 유권자가 투표를 하기 때문에 많이

---

* 델리 카르피니·키터의 1996년 문헌, 캐플런의 1997년 문헌, 버치의 2009년 문헌, 마케러스 Mackerras·맥앨리스터McAllister의 1999년 문헌, 맥앨리스터의 1986년 문헌, 셀브Selb·라챗 Lachat의 2007년 문헌.

아는 것이 아니라, 정치를 좋아하기 때문에 더 많이 투표하고 더 많이 알게 된다는 것을 암시한다. 교육 주장을 뒷받침하기 위해서는 정치 참여가 우리를 더 많이 배우게 한다는 증거가 필요하다.

이 문제를 비슷한 다른 문제와 비교해 보자. 대학의 철학과에서는 철학을 배우면 더 똑똑해지기 때문에 철학을 전공해야 한다고 사람들을 설득하려고 한다. 실제로 철학 전공자들은 똑똑한 편이다. GRE(미국의 대학원 입학 자격시험. -옮긴이) 총점이 가장 높고 LSAT(미국 법학 대학원 입학시험. -옮긴이), MCAT(미국 의과대학 입학 자격시험. -옮긴이), GMAT(미국 경영 대학원 입학시험. -옮긴이)에서도 가장 좋은 점수를 받는다.* 그러나 이러한 시험 결과가 철학이 누군가를 더 똑똑하게 만든다는 증거가 되지는 않는다. 학생이 전공을 선택하는 것이지, 전공이 학생을 선택하는 것이 아니기 때문이다. 학생들은 흥미롭거나 잘하는 것을 전공하는 경향이 있다. 따라서 철학을 전공으로 선택한 학생들은 이미 논리, 수학, 비판적 추론 등에서 뛰어나므로 시험에서 우수한 성적을 내는 것이 가능할 수 있다. 철학 전공자들이 높은 점수를 받는 현상을 심리학 용어로 설명해 보자면 이렇다. 철학이 당신을 똑똑하게 만드는 치료 효과treatment effect에서 비롯된 것인지, 똑똑한 사람이 철학을 전공하는 경향을 나타낸다고 볼 수 있는 선택 효과selection effect에서 비롯된 것인지 정해지지 않은 상태다.

사실, 우리는 이미 선택 효과를 입증하는 강력한 증거를 가지고 있다. 철학을 전공할 생각이 있다고 말하는 고등학생들은 물리학을 제외한 다른 전공에 끌리는 학생들보다 SAT(미국 대학수능시험. -옮긴이) 평균 점수가 더 높다.** 하지만 선택 효과 위에 치료 효과가 더해질 수도 있다. 이미 똑똑

---

* 「표준화된 시험에 탁월한 철학과 학생들Philosophy Students Excel on Standardized Tests」, (www.pages.drexel.edu 2016. 1. 4. 접속).

한 학생이 철학을 공부하면서 훨씬 더 똑똑해질 수 있기 때문이다.

실제로 철학을 공부하면 더 똑똑해지는지 실험해 볼 수도 있다. 수많은 학부생을 대상으로 기본 점수를 수집하고 다른 과목들을 전공하도록 강요한 다음, 전공이 최종 점수에 어떤 영향을 미치는지 살펴보면 된다. 그러나 이 실험은 대학의 제도 검토위원회를 통과하지 못할 것이다.

그런데 다행스럽게도 정부는 대학의 제도 검토위원회의 윤리 기준에 얽매이지 않는다. 일부 정부는 시민에게 투표를 강요하는데, 이를 통해 투표가 시민에게 더 풍부한 지식을 얻게 하는 원인이 되는지 실험할 수 있다.

검사 결과는 음성이다. 정치학자 사라 버치Sarah Birch는 자신의 책 『전체 참여Full Participation』에서 강제 투표가 유권자의 지식 향상에 끼치는 영향을 연구한 거의 모든 논문을 검토했다. 결론은 그렇지 않다는 것이었다. 버치는 또한 강제 투표가 정치인과 접촉하는 개인 성향, 문제 해결을 위해 다른 사람들과 함께 일하는 성향, 선거운동에 참여하는 성향 등에 큰 영향을 미치지 않는다고 결론 내렸다. 이와 관련해서 정치학자 애너벨 레버 Annabelle Lever는 최근 강제 투표에 관한 경험적 연구를 검토한 결과 "정치 지식이나 관심 또는 선거 결과에 눈에 띄는 영향을 미치지 않았다"고 결론지었다.

간단히 정리하면, 시민이 투표를 시작하는 것만으로 정치에 더 큰 관심이 생기거나 더 많은 것을 배우게 되지는 않는다. 이런 참여에는 교육적인 이점이 없다. 그렇다고 도덕적으로 유익하다는 증거도 없다.

** 「대학 전공별 IQ 추정치IQ Estimates by College Major」(www.statisticbrain.com 2016. 1. 4. 접속).

숙의 민주주의

교육 주장 옹호자들은 이러한 결과에 당황하지 않을 것이다. 그들은 교육과 계몽을 위해서는 투표만으로 충분하지 않다고 말할 것이다. 우리에게는 대화가 필요하다. 바로 숙의 민주주의가 필요하다는 뜻이다.

숙의 민주주의는 사람들이 모여 생각을 드러내고, 논쟁하고, 찬반을 따지고, 경청하고, 열린 마음으로 서로 비평하는 다양한 형태의 민주주의를 말한다. 대부분의 숙의 민주주의자는 시민들이 냉정하고 과학적인 방식으로 서로 논쟁하고, 그 결과 무엇을 해야 할지 합의에 도달하는 이상적인 상황을 옹호한다. 숙의 민주주의자는 민주주의가 인종, 성별 정체성, 종교, 사회경제적 지위에 따른 모든 계층의 사람을 포괄해야 한다고 믿는다.

엘렌 란데모어Hélène Landemore는 "숙의는 아이디어와 정보의 범위를 확대하고, 나쁜 논쟁과 좋은 논쟁을 걸러 내며, 더 낫거나 더 합리적인 해결책에 관한 합의를 끌어낸다"고 말한다. 버나드 마넹Bernard Manin, 엘리 스타인Elly Stein, 제인 맨스브리지Jane Mansbridge는 민주적 숙의는 훈련과 교육의 과정이라고 주장한다. 조슈아 코헨Joshua Cohen은 "타인을 설득하기 위한 근거를 발전시키기 위해 숙의 절차가 요구된다"고 주장한다. 코헨은 또 이상적인 숙의 과정은 "공익에 기여하는 방식으로 시민의 정체성과 이익을 형성"할 것으로 기대할 수 있다고 말한다. 존 엘스터Jon Elster는 민주적 숙의에서 공공의 이익에 호소하며 제안을 드러낼 필요가 있다고 이야기한다. 진심으로 공공의 이익에 관심을 가지지 않는다면(단지 립서비스가 아니라) 자신의 제안을 옹호하기 어려울 것이라고 한다. 에이미 구트만Amy Gutmann과 데니스 톰슨Dennis Thompson은 합의 도출에 실패하더라도, 숙의는 시민들이 서로를 더 존중하도록 만든다고 주장한다.

숙의 민주주의자들은 사람들이 정치에 관해 단지 이야기하기만을 원하는 것이 아니다. 서로 숙의하기를 원한다. 숙의는 질서정연하고 합리적인 과정이다. 숙의 민주주의자들이 지지하는 정치적 숙의 과정은 까다롭고 이상적이다. 예를 들어, 하버마스Harbermas는 다음 규칙을 준수해야 한다고 말했다.

- 발표자는 일관성이 있어야 하며, 모순되지 않아야 한다.
- 발표자는 비슷한 사례를 비슷하게 다뤄야 한다.
- 발표자는 용어와 언어를 일관되게 사용하여 모두 같은 것을 언급하고 있는지 확인해야 한다. (소통에 방해되는 방법으로 정의를 모호하게 하거나 바꿔서는 안 된다.)
- 발표자는 진실해야 하며, 자신이 믿는 것만 주장해야 한다.
- 발표자는 어떤 주제를 토론에 붙이는 이유를 제시해야 한다.
- 말할 수 있는 모든 사람이 토론에 참여할 수 있어야 한다.
- 발표자가 진실하다면 어떤 주제든 토론할 수 있어야 하고, 선호하는 것을 주장할 수 있어야 하며, 필요한 것을 요구할 수 있어야 한다.
- 누구도 다른 발표자를 강요하거나 조종해서는 안 된다.

코헨도 비슷한 규칙을 주장한다. 숙의 참가자는 모두 동등한 목소리를 가져야 한다는 것이다. 모든 사람이 자기 생각의 이유를 제시해야 하며, 숙의 과정에서 언급된 근거만으로 결과를 결정해야 한다. 모두가 합의에 도달해야 하며, 그렇지 않으면 투표로 결정해야 한다.*

---

*   코헨의 2009년 문헌. 나는 여기서 코헨의 절차주의를 무시한다. 순수한 절차주의는 논란의 여지가 있고, 교육 주장과 양립하지 않는 것처럼 보일 수 있기 때문이다.

숙의가 제공하는 것은 우리의 심리에 좌우된다

숙의가 우리를 교육하고 계몽할 것이라는 주장은 직관적인 호소력이 있다. 벌컨이 어떻게 숙의할지 상상해 보자. 벌컨은 완벽하게 과학적으로 생각한다. 그들은 증거에 따라 믿음을 분배한다. 그리고 자신의 믿음에 대한 새로운 찬반양론의 증거를 찾는다. 벌컨은 자기 믿음에 대한 충성심이 없다. 새로운 증거가 믿음에 대한 지지를 멈추면, 벌컨은 그 믿음을 쉽게 표기한다.

이제 호빗이 어떻게 숙의할지 상상해 보자. 만약 호빗이 완벽하게 합리적이라면 말이다. 호빗은 정보가 부족하다. 합리적이지만 무지하다면, 숙의는 호빗을 벌컨으로 바꿔 놓을 수 있다. 호빗들은 아마 각각 약간의 정보를 가지고 있을 것이다. 그것을 서로 공유한다면 엄청난 양의 지식을 얻을 수 있다.

이제 완벽하게 합리적인 호빗과 벌컨을 합치면 어떤 일이 일어날지 상상해 보자. 벌컨은 자신이 호빗보다 더 많이 안다는 것을 알고, 호빗은 자신이 벌컨보다 더 적게 알고 있다는 것을 안다. 그러나 벌컨은 자신에게 없는 정보가 호빗에게 있을 수도 있다는 것을 인정한다. 또한 호빗도 좋은 생각, 의견, 그리고 비판을 가지고 있을 수 있다는 것을 인식한다. 호빗도 자기 자신에 대해 잘 알고 있다. 이상적으로 합리적인 호빗과 벌컨이 함께 숙고하면, 모든 사람이 더 잘 살게 될 것이다.

이것이 많은 숙의 민주주의자가 염두에 두고 있는 담론 모형이다. 사람들이 성실하고 합리적이며 자기 견해의 이유를 제시하고 모든 목소리를 적절히 존중한다면, 숙의는 당연히 사람들을 교육할 것이다. 만약 하버마스나 코헨의 규칙을 따른다면, 사람들은 벌컨처럼 숙의할 것이다. 당연히 숙의는 그들을 교육하고 계몽할 것이다.

그러나 철학자 마이클 휴머Michael Huemer가 언급했듯이, 숙의 민주주의는 환상처럼 보인다. "숙의 민주주의에 대한 철학적 묘사에서 눈에 띄는 점이 하나 있다면, 이러한 묘사가 현실과 얼마나 동떨어져 있나 하는 것이다. 코헨이 파악한 숙의 민주주의의 네 가지 특징 중 실제 사회와 일치하는 것은 몇 가지인가?"* 휴머는 하나도 없다고 생각한다.

하버마스와 코헨은 시민이 자기 견해의 이유를 제시해야 한다고 말한다. 그들은 숙의 중 제시된 이유를 바탕으로 무엇을 할지 결정해야 한다고 믿는다. 그들은 최선의 의견이 승리해야 한다고 주장한다. 그러나 실제 민주주의와 숙의에서는 정책 제안의 이유를 진술할 필요가 없다. 사람들은 어떤 이유도 제시하지 않고 정책 제안을 진행시킨다. 실제로 사람들은 종종 '더 나은 주장의 힘'보다 화려한 언변, 카리스마, 그리고 잘생긴 외모에 흔들린다.**

대신 우리가 훌리건의 토론을 존중할 때 그들이 어떻게 숙의할지 생각해 보자. 훌리건은 토론을 지배하려고 할 것이다. 의견 충돌이 생기면 서로를 무시하고, 조롱하고, 묵살할 것이다. 그들은 서로를 모욕할 것이다. 아니면 작은 소리로 모욕적인 말을 중얼거릴 것이다. 훌리건은 자기 견해의 이유를 제시하거나 다른 사람의 근거를 받아들이는 일을 모두 제대로 하지 못할 것이다. 심지어 그렇게 해야 할 때조차 말이다. 그들은 기꺼이

---

*   휴머의 2013년 문헌.

**   베르그렌Berggren·요르달Jordahl·푸트바라Poutvaara의 2010년 문헌.

서로를 조종하고, 혼란스럽게 하기 위해 기만적인 말을 하고, 필요하다면 거짓말도 서슴지 않을 것이다. 반대의 증거 앞에서 훌리건은 그저 고집을 부리며 화를 낼 것이다. 훌리건이 숙의할 때 '더 나은 주장의 힘'은 무력하다. 중요한 것은 화려한 언변, 성적 매력, 그리고 팀을 홍보하는 일이다. 훌리건이 숙의하면, 그들은 더 나빠진다.

제2장에서 논의했듯이, 정치심리학은 우리 대부분이 벌컨보다 훌리건에 더 가깝다는 것을 보여 준다. 우리는 다음과 같은 여러 가지 편견에 시달린다.

확증 편향confirmation bias: 우리는 기존 견해를 뒷받침하는 증거를 받아들이는 경향이 있다.

비확증 편향disconfirmation bias: 우리는 기존 견해를 입증하지 못하는 증거를 거부하거나 무시하는 경향이 있다.

동기부여 추론motivated reasoning: 우리는 자기가 믿는 것을 선호하며, 위안이 되거나 기쁘게 생각하는 신념에 다가가고 유지하려는 경향이 있다.

집단 간 편향intergroup bias: 우리는 연합하며 집단을 형성하는 경향이 있다. 다른 집단의 구성원을 악마처럼 여기는 반면, 자기 집단의 구성원에게는 매우 관대하고 자비롭다. 자기가 속한 집단의 생각에 동의하며, 다른 집단의 생각에는 반대한다.

가용성 편향availability bias: 우리가 어떤 것을 쉽게 떠올릴수록, 그것이 흔하다고 생각한다. 쉽게 떠올릴 수 있는 사건일수록, 그 결과가 중요할 것이라고 가정한다. 그래서 우리는 통계적 추론에 서툴다.

사전 태도 효과prior attitude effect: 우리가 어떤 문제에 강한 관심을 가질 때, 그에 관한 논쟁을 양극화하여 평가한다.

동료의 압박 및 권위peer pressure and authority: 사람들은 인지된 권위, 사회적 압력, 그리고 합의에 의해 비합리적으로 영향을 받는 경향이 있다.

정치심리학에 널리 퍼진 이러한 편견을 감안해 보면, 현실의 정치적 숙의는 우리를 고귀하게 하고 계몽하기보다는 쉽게 타락시키고 바보처럼 보이게 할 수 있다. 숙의는 합리적인 방법으로 새로운 아이디어와 정보에 직면할 수 있는 기회를 제공한다. 그러나 이것은 대학가의 사교 모임이 학생들에게 금주의 미덕을 연습하고 기를 수 있는 기회를 제공하는 것과 비슷한 모양새다.

숙의 민주주의에 관한 실증 연구

민주적 숙의가 실제로 어떻게 진행되는지, 그리고 사람들에게 어떤 영향을 미치는지에 관한 많은 경험적 연구가 있다. 그 결과는 숙의 민주주의와 교육 주장의 의욕을 꺾는다.

정치학자 탈리 멘델버그Tali Mendelberg는 민주적 숙의에 관한 모든 실증연구를 포괄 조사한 결과 "숙의 이론가들이 기대하는 이익의 경험적 증거"는 "얇거나 존재하지 않는 수준"이라고 말한다.* 멘델버그는 조사 결과를 다음과 같이 설명했다.

---

* 멘델버그의 2002년 문헌 인용.

- 숙의는 때때로 사회적 딜레마에서 개인 간의 협력을 촉진하지만, 집단 간의 협력을 저해한다. 사람들이 자신을 어떤 집단의 구성원으로 동일시할 때, 숙의는 상황을 더 좋게 하기보다 나쁘게 만드는 경향이 있다. (현실 세계에서는 사람들이 정치 집단의 구성원으로 자신을 동일시하는 경향이 있다.)
- 집단의 크기가 다를 때, 숙의는 갈등을 중재하기보다 악화시키는 경향이 있다. (현실적으로 정치 집단의 크기가 다른 경우가 많다.)
- 숙의는 다른 사람들의 관심사를 더 잘 인식하게 만드는 경향이 있다. 또 다른 경험적 연구는 그럼에도 불구하고, 토론 없이 단순하게 선호도를 진술하는 것이 토론을 하고 선호도를 진술하는 것만큼 효과적이라는 사실을 보여 준다. 이 경우에는 숙의가 도움이 되지 않는다.
- 지위 추구가 논의의 많은 부분을 주도한다. 사람들은 사실에 관해 논쟁하는 대신, 다른 사람에 대한 영향력을 얻고 권력을 획득하기 위해 노력한다.
- 이념적 소수자들의 영향력은 불균형하다. 이러한 영향력의 상당 부분은 집단의 '사회적 매력social appeal'에서 원인을 찾을 수 있다.
- 높은 지위의 사람은 더 많이 말하고, 한층 정확하면서도 신뢰할 수 있는 사람으로 인식되며, 더욱 큰 영향력을 지닌다. 이것은 실제로 더 많이 알고 있는지와는 관계없다.
- 숙의 과정에서 사람들은 편파적이며 교묘하게 조종하는 투의 언어를 사용한다. 예를 들어 자기편은 근본적으로 선하게(약간 악한 모습이 보여도 우발적인 것처럼), 상대편은 근본적으로 악하게(약간 선한 모습이 보여도 우발적인 것처럼) 보이도록 구체적인 언어와 추상적 언어 사이에서 왔다 갔다 한다. 만약 내가 나의 친구에 관해 '친절하다'라고 표현했다

고 해 보자. 이런 식의 추상적인 언어는 내 친구가 한결같이 친절한 행동을 할 것이라는 암시를 준다. 하지만 내가 나의 적에 관해 '옥스팜 Oxfam(1942년 영국 옥스퍼드에서 시작된 국제구호개발기구. -옮긴이)에 약간의 돈을 기부했다'고 말한다고 해 보자. 이런 식의 구체적인 언어는 이 행동이 그 사람의 성격과 일치하는지, 다시 기대할 수 있는 일인지 의문을 남긴다.

- 심지어 사회자가 논쟁적인 문제를 논의하고 부추길 때도 집단은 갈등을 피하면서 서로 용인할 수 있는 신념과 태도에 집중하는 경향이 있다.
- 토론자가 일반적인 정보나 신념을 언급했음에도 똑똑하고 권위 있어 보이는 경향이 있다. 그로 인해 토론자의 영향력이 높아진다. 멘델버그는 이처럼 '공공 문제에 관한 대부분의 숙의'에서 집단 토론은 지적 편견을 '중화'하기보다 '증폭'하는 경향이 있다고 결론짓는다.
- 숙의는 '객관적 진실의 문제'에 효과적이다. 인구조사국 웹사이트에서 정보를 찾듯이 쉽게 확인할 수 있는 사실과 통계에 관한 토론을 할 때 매우 적합하다. 하지만 도덕, 정의, 또는 그것을 평가하기 위한 사회과학 이론에 관한 토론에서는 실패할 가능성이 크다.

멘델버그는 동기부여 추론의 중요한 증거를 설명한다. 평판이 좋지 않은 듯한 숙의자는 숙의가 시작되기 전에 더 많은 연구를 하고 적극적으로 귀 기울일 준비를 하는 경향이 있다. 그런데도 자기 의견을 뒷받침하는 증거를 찾으면서 반대의 증거는 대강 넘겨 버린다. 단지 자기편 대다수를 납득시킬 방법을 찾고 싶어서 경청할 준비를 하는 것이다. 대조적으로, 다수의 위치에 있는 숙의자들은 들을 준비도 되어 있지 않고 숙제도 미리 하지 않는다. 사형 제도 찬성파와 반대파가 모두 사형의 억제 효과에 관한 새로운 조사 결과를 제시하면서 각자 자신들의 견해에 유리하게 해석하는 것을 보여 주는 연구도 있었다.

멘델버그는 동기부여 추론의 여러 가지 사례를 조사한 후, 다음과 같이 결론짓는다.

> 사전 감정을 강화하기 위해 합리적인 주장을 활용하는 것은 숙의적 기대에 상당한 도전을 제기하는 광범위한 현상이다. 동기부여 추론은 숙의 이론이 중요하게 여기는 동기, 즉 열린 마음과 공평하고 공정한 사람이 되고자 하는 동기를 방해하는 큰 힘을 지녔다. 숙의자가 사전에 가지고 있던 감정과 태도를 지지하는 모든 것을 장밋빛 유리를 통해 바라보고, 그와 반대되는 모든 것을 어두운 유리를 통해 바라본다면 진실과 정의를 추구하기 어렵다.*

간단히 말해서, 사람들은 벌컨이 아니라 훌리건처럼 숙의하는 경향이 있다.

멘델버그는 조사를 이렇게 마무리한다.

> 집단이 토론에 참여할 때 우리는 그들이 공감을 불러일으키고, 편협한 이기심을 줄이고, 힘없는 사람에게도 동등한 기회를 제공하고, 열린 마음으로 토론에 접근하고, 사회적 압력이나 권력 등이 아닌 적절하고 타당한 근거에 의해 영향받으리라고 기대할 수 없다.**

---

*   멘델버그의 2002년 문헌 발췌.

**   멘델버그의 2002년 문헌 발췌.

경험적 문헌에 대한 멘델버그의 견해는 예사롭지 않다. 숙의 민주주의를 지지하는 사람들의 연구를 포함해 현존하는 정치 문헌에 대한 검토에서도 비슷한 결과를 발견한다.* 예를 들면 다음과 같다.

- 숙의는 사람들을 좀 더 온건한 이념 쪽으로 이동시키기보다 한층 극단적인 이념 쪽으로 움직이게 하는 경향이 있다. 법률 이론가 캐스 선스타인Cass Sunstein은 이것을 '집단 양극화의 법칙law of group polarization'이라고 부른다.
- 포르노법처럼 민감한 문제에 관한 숙의는 흔히 '과잉 흥분'과 '감정 표출'로 이어진다. 토론 당사자들은 서로에게 야유를 보내고 식식거리며 도덕적 비상사태인 것처럼 행동한다.**
- 실제 숙의에서 어떤 집단은 다른 집단보다 더 큰 목소리를 내고, 지도자들은 종종 성차별적이거나 인종차별적인 방식으로 선택된다.***
- 숙의는 종종 숙의자의 견해와 일치하지 않는 입장을 선택하게 한다. 즉 '나중에 후회하는' 입장을 고르게 할 때가 있다.****
- 숙의는 흔히 숙의자에게 올바른 입장이 있기는 한지 의심하게 만든다. 이것은 도덕적 또는 정치적 회의주의 또는 허무주의를 초래한다.*****
- 숙의는 종종 시민을 정치에 무관심하고 아무것도 모르는 상태로 만

---

*   예를 들어 란데모어의 2012년 문헌, 핀콕Pincock의 2012년 문헌.

**   다운스Downs의 1989년 문헌.

***   엘즈워스Ellsworth의 1989년 문헌, 코헨의 1982년 문헌, 마스든Marsden의 1987년 문헌.

**** 리페Ryfe의 2005년 문헌.

***** 리페의 2005년 문헌.

들어서 참여하거나 행동하는 것을 방해한다. 반대 관점에 노출되면 정치에 대한 관심이 줄어들면서 시민 참여도가 낮아지는 경향이 있다.*

- 숙의 과정에서 시민은 빈번하게 자신의 선호도를 바꾸고 합의에 도달한다. 이것은 강력하고 특수한 이해관계에 의해 교묘하게 조종되기 때문이다.**

- 시민들은 논란의 여지가 있는 주제를 의도적으로 회피하려는 성향 때문에 종종 합의에 이르기도 한다. 심지어 그러한 주제와 직면하도록 설계된 숙의 포럼에서조차 합의가 이루어지기도 한다.***

- 공적 숙의는 합의를 끌어내기보다 집단의 분열과 의견 불일치를 불러올 수 있다.**** 나중에는 폭력으로까지 이어질 수 있다.*****

- 시민은 숙의적 추론 방식에 관여하지 않는 것을 선호하며, 숙의가 오래 지속되는 것을 좋아하지 않는다.****** 시민은 숙의를 싫어한다.

전반적으로, 숙의에 관한 경험적 연구 문헌은 숙의 민주주의자에게 좋지 않아 보인다. 대부분의 연구는 실제 숙의가 숙의 민주주의자들이 원하는 결과를 제공하지 못한다는 사실을 발견했다. 현실은 종종 반대의 결과를 가져온다. 이러한 결과는 교육 주장을 약화하는 경향이 있다. 표면적으로 경험적 증거는 사람들이 너무 훌리건 같아서 제대로 숙의할 수 없다

---

*   무츠의 2006년 문헌 참고.

**   스토크스Stokes의 1998년 문헌 참고.

***   히빙Hibbing·타이스-모스Theiss-Morse의 2002년 문헌.

**** 히빙·타이스-모스의 2002년 문헌 참고.

***** 무츠의 2006년 문헌.

****** 소민 2013년 문헌.

는 것과 숙의가 사람들을 더 훌리건처럼 만든다는 것을 보여 주는 듯하다.

일부 숙의 민주주의자는 대중 투표를 '숙의 투표'로 대체하거나 최소한 보완하기를 주장한다. 숙의적 여론조사를 위해 1,000명의 시민을 한자리에 모아서 특정 주제에 관해 숙의한다고 예를 들어 보자. 여론조사 주최 측에서는 숙의 집단을 국가 전체의 인구통계적 특성과 비슷하게 구성하기 위해 노력했지만, 시민은 무작위로 선정된다. 주최 측은 숙의자들에게 뉴스 기사, 사회과학 논문, 다양한 측면의 철학적 주장 등의 관련 정보를 제공한다. 진행자는 참가자들이 적절하게 숙의하도록 돕는다. 사람들이 주어진 주제에 몰두할 수 있게 하고, 누구도 대화를 지배하지 못하도록 하기 위해 노력한다. 이렇게 관리된 숙의가 실험실뿐만 아니라 현실에서도 가능하다는 증거가 있다.

그러나 이러한 실험을 실제 의사 결정에 적용한다면, 숙의적 여론조사는 남용될 여지가 크다. 잘 관리된 숙의적 여론조사를 진행하는 것과 숙의적 여론조사로 실제 정책을 선택하는 것은 전혀 별개의 일이다. 현실 세계에서는 정치인 등이 자신의 입장에 유리하도록 의제를 통제하고 토론의 틀을 짜거나, 자기편에 이로운 정보를 배포하고 상대편을 벙어리처럼 보이게 만드는 방법 등을 모색할 것이다. 제2장에서 살펴본 것처럼, 어떻게 질문하고 어떤 토론 방식을 사용하는지에 따라 사람들의 입장을 쉽게 바꾸게 할 수 있다.

정치학 교수들은 여러 입장의 자료를 선택하지만, 여전히 자기 관점을 강하게 뒷받침하는 자료를 우선하고 자기 의견에 유리한 방식으로 가르치는 경향이 있다. 심지어 공정해지기를 원할 때조차 그렇다. 상대편에게 공정해지는 것이 어렵기 때문이다. 이런 상황은 중요한 일이 걸려 있지 않을 때 일어난다. 그런데 법을 정할 때처럼 숙의가 실제로 중요할 때는 어떤 일이 일어날까?

숙의적 여론조사 연구는 가능성을 보여 준다. 숙의적 여론조사를 통해 대중 참여와 대중 민주주의의 많은 문제를 극복할 수 있을 것이다. 그러나 숙의적 여론조사를 옹호하는 사람들은 아직 그것이 우리가 가진 문제의 해결책이라는 충분한 증거를 확보하지 못했다. 또한 정치 참여가 우리를 타락시키는 경향이 있다는 나의 논지를 반박할 만한 사례도 가지고 있지 않다.

결국, 민주주의와 에피스토크라시 중에 골라야 한다면 나는 도구주의자의 관점으로 선택할 것이다. 만약 숙의적 여론조사를 채택한 민주주의(어떻게 남용되고, 어떤 결점이 있든지)가 최상의 형태를 갖춘 에피스토크라시(어떻게 남용되고, 어떤 결점이 있든지)보다 더 나은 결과를 이끌어 낸다면, 나는 숙의적 여론조사를 채택한 민주주의를 옹호할 것이다. 반대 결과가 나온다면, 나는 에피스토크라시를 옹호할 것이다. 서론에서 이야기했고 다음 장에서도 더 논의하겠지만, 우리는 무엇이 효과적인지 확실히 알 수 있는 증거가 없다. 그러나 숙의 민주주의에 관한 지금까지의 연구 결과는 희망적이지 않다.

중립적인 결과가 부정적인 이유

앞서 살펴보았듯이 숙의가 종종 우리를 바보처럼 보이게 하거나 타락시키며, 편견을 악화하고 더 큰 갈등으로 이끈다는 충분한 경험적 증거가 있다. 그러나 논쟁을 위해 이 증거들이 존재하지 않는다고 가정해 보자. 대신 우리가 지닌 모든 것은 중립적인 결과다. 즉 경험적 정치학자들은 숙의가 교육하고 계몽한다는 논제를 계속해서 시험하려고 노력했지만, 그렇다는 증거를 찾지 못했다고 해 보자. 이런 경우 숙의는 무의미하고 효과도 없지만, 적어도 해롭지는 않다고 결론짓고 싶을 것이다.

연구자들은 종종 이런 식으로 연구 결과를 발표한다. 긍정적인 결과를 찾지는 못했지만, 적어도 부정적으로 평가하지는 않는다고 말한다. 결과는 중립적이다.

반대로 나는 중립적인 결과는 보통 부정적인 결과라고 생각한다. 함께 숙의해도 교육하거나 계몽하지 못한다면, 실제로는 숙의 결과 더 *나빠진다*는 의미다. 만약 내가 옳다면, 숙의 민주주의에 관한 기존의 경험적 연구는 다른 철학자, 정치 이론가, 정치 과학자 등이 깨달은 것보다 훨씬 더 나쁘다.

당신이 믿는 것이 합리적인지 아닌지는 손에 넣을 수 있는 증거에 따라 달라진다. 아이가 역사, 지질학, 생물학, 물리학, 우주론 등을 배우지 않고 세상으로부터 분리되어 보호받는 생활을 했다고 상상해 보자. 아이는 젊은 지구 창조론자인 부모의 말에 따라 우주는 6,000살이고 모든 동물은 6,000년 전에 창조되었다고 믿는다. 이런 아이가 역사, 지질학, 생물학, 물리학, 우주론 수업을 16년간 받는다. 그 과정에서 DNA 염기 서열 분석, 그레고어 멘델Gregor Mendel의 완두콩 실험 재현, 화석 처리 등을 하게 된다. 그러나 16년간의 집중적인 공부 후에도 세계는 6,000살이며 모든 동물이 현재 모습 그대로 창조되었다고 계속해서 믿는다고 해 보자.

인식론적 관점에서 보면, 아이는 더 *나빠졌다*. 진화를 확인하고 젊은 지구 창조론young Earth creationism(통상적으로 알려진 지구 나이 46억 년보다 '젊은 지구'를 주장하는 창조론으로, 성경에 따라 하나님이 6일 동안 세상을 창조했고 지구의 나이는 6,000년에서 1만 년 사이라고 믿는다. -옮긴이)을 부정하는 압도적인 양의 증거를 마주했으므로 생각이 바뀌었어야 했다. *하지만 그러지 않았다.* 16년간의 공부 끝에, 믿는 것과 믿어야 할 것의 차이가 벌어졌다. 지금의 믿음은 수업을 들은 적 없고 실험을 한 적 없는 16년 전보다 정당성이 떨어진다. 인식론적 의무를 위반한 것이다. 인식론 집계표에 더 많은 잘못이 추가됐다. 새로운 증거를 얻은 후 인지적으로 더 불량해졌다. 그렇다면 수업을 듣는 일이 인식론적 상황에 중립적인 영향을 미쳤다고 기록하는 것은 잘못이다. 실제로는 더 나빠졌다.

이제 숙의 중에 무슨 일이 일어나는지 생각해 보자. 어떤 쟁점에 관해 똑똑하고 박식한 다른 사람들의 의견이 자신과 다르다는 것을 알게 되면, 자기 신념에 대한 확신을 줄여야 할지 의문이 생길 수 있다.* 만약 새로운 정보와 증거를 만난다면, 그에 따라 신념을 수정해야 한다. 대부분의 시민은 제대로 운영되거나 작동되지 않는 숙의에서도 새로운 주장과 정보를 접한다. 이러한 주장과 정보는 신념을 수정하게 하거나 자신감을 떨어지게 할 수 있다. 시민은 다른 시민의 증언이 얼마나 전문적이고 합리적이며 신뢰할 수 있는지 따져 보고, 그에 따라 자기 신념을 수정해야 한다. 만약 시민이 적절하게 자기 신념을 수정하지 않는다면, 인식론적 상황은 악화된다. 숙의가 시민을 더 불량하게 만든 것이다.

이처럼 숙의가 시민의 신념이나 신념에 대한 신뢰도에 아무런 영향을 미치지 않을 때, 우리는 인식론적 관점에서 숙의가 그들을 더 악화시켰다고 해석해야 한다. 대학 교육을 받은 젊은 지구 창조론자가 교육받지 않은 젊은 지구 창조론자보다 인식론적으로 열등하듯이, 숙의 후에 자신의 신념이나 신념의 정도를 수정하지 않는 사람은 (일반적으로) 숙의 전보다 인

---

* 펠드먼의 2006년 문헌, 엘가Elga의 2007년 문헌.

식론적으로 열등하다.

이와 같은 주장은 숙의 후 도덕적 지위에도 적용된다고 볼 수 있다. 숙의 민주주의자는 적절한 숙의 규칙이 도덕적이라고 생각한다. 따라서 시민에게는 숙의 민주주의 규칙을 준수해야 할 도덕적 의무가 있다고 믿는다. 숙의 민주주의자의 관점에서 보면, 시민은 적절하게 숙의할 의무가 있다. 그러므로 시민 대부분이 제대로 숙의하지 못한다는 것을 발견하면, 시민이 했어야 할 일과 실제로 한 일 사이의 격차가 더 벌어졌다고 결론지어야 한다. 시민은 생애 도덕 집계표에 잘못을 추가한 것이다. 숙의한 결과 시민들은 도덕적 관점에서 이전보다 더 불완전해졌다.

"사람들은 옳은 방법으로만 숙의하지 않는다"

무츠는 이렇게 말했다. "다양한 기준을 충족한 정치적 대화가 유익한 결과를 낳을 수 있는 *잠재력*을 지녔다고 주장하는 것과 현실의 정치적 대화가 시민에게 의미 있는 이익을 창출한다고 주장하는 것은 완전히 별개의 문제다." 실제 사람들은 (시청 회의에서든 연구실에서든) 일반적으로 적절한 숙의를 위해 하버마스나 코헨의 규칙을 따르지 않는다. 숙의는 대체로 의도된 결과를 만들어 내지 않는다.

숙의에 관한 경험적 연구는 보통 부정적인 결과를 가져온다. 그 때문에 대부분의 숙의 민주주의자가 환멸을 느끼고 숙의 민주주의자가 되기를 포기할 것으로 추측할 수 있다. 대부분의 숙의 민주주의자는 확실한 증거가 있을 때만 신중하게, 또는 유보적으로 숙의를 지지할 것이라고 예상할 수 있을 것이다.*

하지만 반대로 숙의 민주주의자는 경험적 결과에 당황하지 않는 경향이 있다. (무엇보다 경험적 사고를 하는 숙의 민주주의자는 철학자나 이론가보다 훨씬 더 잘 행동한다.) 그들은 숙의의 이점이 적절한 시기에 드러날 것이라고 믿는다. 훌리건이 아닌 벌컨처럼 숙의할 수 있게 하는 방법을 곧 발견하리라 생각한다. 숙의가 예상대로 작동한다는 것을 보여 주는 증거가 희박하고 상황을 악화시킬 수 있는 위험에도 불구하고, 많은 이론가는 현실 세계에서 숙의의 기회를 줄이기보다 더 많이 만들고 싶어 한다고 멘델버그는 지적한다.

많은 정치 이론가는 우리에게 적절한 숙의가 필요하다고 말한다. 경험적 연구는 숙의 민주주의의 이점을 왜곡하거나 부정하지 않는다. 다만 연구에서 나타나듯이, 숙의 민주주의자들이 말하는 올바른 방법으로 숙의하지 않는 것이 문제다.** 랜드모어는 이러한 연구가 "다른 사람과의 진정한 숙의"를 만들어 내는 "최적의 조건을 설정"하는 방법을 찾아야 한다는 것을 보여 준다고 주장한다. 멘델버그도 숙의에 대한 적절한 경험적 연구를 통해 '숙의가 성공할 수 있는 조건을 만들기를 기대할 수 있다'고 했다.

숙의 민주주의자는 이런 연구 결과가 자신의 견해를 엉터리로 만드는 것은 아니라고 주장할 수 있다. 사람들이 제대로 숙의하지 않았기 때문이다. 결국 논리학 입문을 들은 사람이라면 누구나 알 수 있듯이 이 두 가지 주장은 양립할 수 있다.

A. 만약 사람들이 적절하게 숙의한다면, 숙의는 사람들을 교육하고 품

---

*   예를 들어, 구딘Goodin의 2006년 문헌 참고.

**   무츠 역시 2008년의 문헌에서 이에 관해 불평한다.

위 있게 만드는 경향이 있을 것이다.

B. 사람들은 제대로 숙의하지 않고, 부적절한 숙의는 사람들을 교육하거나 품위 있게 만들지 못한다. 사실, 부적절한 숙의는 사람들을 바보처럼 보이게 하고 편견을 악화시킨다.

앞서 논의한 증거는 B를 입증한다. 하지만 B를 입증한다고 해서 A가 틀렸다는 것은 아니다. 'P가 아니며 Q가 아닌 것'의 증거 때문에 'P라면 Q다'라는 진술이 오류가 되지 않는다는 뜻이다. 따라서 경험적 연구는 적절한 숙의가 교육하고 고상하게 하는 데 실패한다는 것을 보여 주지는 않는다. 숙의 민주주의자는 만약 사람들이 예컨대 하버마스의 적절한 담론 규칙을 따른다면, 숙의는 확실한 교육적·유산적 이익을 제공할 것이라고 계속 주장할 수 있다. 증거는 단지 사람들이 그러한 규칙들을 따르지 않는다는 것을 보여 줄 뿐이다.

이런 대응은 적절하다. 그래도 숙의 민주주의자들은 안심해서는 안 된다. 그 이유를 알아보기 위해, 여기서 토론을 패러디해 보자.

시그마 알파 엡실론은 '젊은 남성들에게 필요한 리더십, 학문, 봉사, 사회적 경험을 제공하기 위해 노력한다'. 이 프래터니티fraternity(미국 대학교의 남학생 사교 모임을 말하며, 줄여서 '프랫frat'이라고 부른다. 주로 그리스 알파벳으로 이름을 짓는다. ─옮긴이)의 지부는 '사회에서 모범을 보일 수 있도록 회원들을 신사로 만들기 위해 노력한다'고 밝혔다. 시그마 누는 회원들을 '사랑의 삶을 믿고, 명예의 길을 걷고, 진리의 빛 속에서 봉사하는 기사'라고 표현한다. 베타 세타 파이는 '원칙에 입각한 삶을 위해 원칙주의자를 양성'하고자 한다. 파이 델타 세타는 '높은 수준의 도덕성'을 포함하여 설립 이래 조금도 변하지 않은 세 개의 기둥 위에 세워졌다.

프랫은 고상한 이상을 바탕으로 한다. 평범한 사람을 비범한 사람으로 변화시키고 개개인이 지닌 최고의 것을 끌어내려고 노력한다. 대부분 도덕심, 학문, 그리고 봉사에 대한 헌신을 함양하기 위해 광범위한 교육 프로그램을 운영한다. 대학의 프랫은 남자를 더 나은 남자로 만들려고 한다. 그래서 교육적 기능과 도덕적 기능을 모두 제공하고자 한다.

하지만 현실은 이러한 이상에 훨씬 못 미치기 일쑤다. 대학의 프랫은 술 취한 여자를 노리는 술 취한 남자로 가득 차 있다. 프랫 회원들은 캠퍼스에서 성폭력을 저지르는 대표적인 남자들이다. 프랫에 가입한 남학생은 그렇지 않은 남학생보다 술을 더 많이, 더 자주 마신다.* 또한 학업 부정에 관여할 가능성이 더 크다.** 물론 모든 프랫이 똑같지는 않다.

비평가가 대학 프랫의 음주, 맹세의 남용, 여성에 대한 성적 착취, 동성애 혐오, 학업 성적 부진에 대해 불평하는 것을 상상해 보자. 그리고 시그마 알파 엡실론의 사무총장이 이렇게 대답한다고 가정해 보자.

> 물론, 대부분의 실제 프랫은 남성을 고귀하게 만드는 대신 타락시키는 경향이 있다. 하지만 회원들이 올바르게 행동하고 올바른 방식으로 프랫을 경험한다면, 프랫은 남학생들을 교육하고 고귀하게 만들 것이다. 프랫은 최고의 도덕 기준을 지키며 명예롭게 사는 진정한 신사로 발전할 수 있는 좋은 기회를 제공한다. 남자들이 이 기회를 제대로 활용하지 못하는 것이 안타깝다. 나는 우리가 가능한 한 그들에게 계속해서 기회를 제공하는 것이 중요하다고 생각한다. 또한, 올바른 방식으로 프

---

* 크레이머Kremer·레비Levy의 2008년 문헌.
** 매캐이브McCabe·트레비노Trevino의 1997년 문헌.

랫을 경험하도록 유도하는 방법을 계속 연구하는 것도 중요하다. 사실 지금도 회원들의 행동에 좀 더 제한을 두려고 노력하는 중이다. 회원들로부터 더 나은 행동을 끌어내는 방법을 적극적으로 연구하고 있다.

회원들이 적절하게 행동한다면 프랫이 이들을 고귀하게 하고 교육할 것이라는 말은 아마도 옳을 것이다. 원칙적으로 꾸준히 좋은 결과를 내는 프랫을 만드는 방법이 있어야 한다는 말도 옳다. 그런 운영 방식이 발견되면 모든 남성이 함께하길 바란다는 주장도 옳다.

그런데 사무총장은 비판을 심각하게 받아들이지 못하고 있다. 비평가들도 프랫이 이상적으로는 교육하고 고귀하게 할 수 있다는 것을 부인하지 않는다. 하지만 그렇게 하지 않고, 망치고 타락시킨다고 불평하는 것이다. 프랫은 득보다 실이 많다. 이론적으로는 프랫이 잘 기능할 수 있는 방법을 찾았지만, 지금 당장 어떻게 해야 하는지 모르며 현재의 연구도 별 전망은 없다.

숙의 민주주의자들은 이런 실수를 피하고 싶어 한다. 그들이 "실제 숙의는 사람을 망치지만, 적절한 숙의는 인격과 지식을 향상할 것"이라고 말한다면, 그것은 "실제 프랫은 남자를 망치지만, 적절한 프랫은 인격과 학업을 향상한다"고 말하는 것과 크게 다르지 않다.

정치는 교육적이거나 도덕적인 기능을 할 수 있다. 하지만 갱단에 가입하거나, 마약을 주사하거나, 고등학교를 중퇴하는 것 등 많은 일이 그런 기능을 할 수 있다. 전반적으로 정치 참여에 대한 교육 주장은 프랫 참여에 대한 교육 주장과 비슷하거나 더 나빠 보인다. 가장 일반적인 형태의 정치 참여는 우리를 고상하게 하기보다는 타락시킬 가능성이 크다. 어쩌면 미래에는 정치학자가 실제로 대부분의 사람을 고귀하게 만들고 대규모로 실행할 수 있는 참여 형태를 발견할지도 모른다. 마찬가지로 언젠가 어떤 개혁가가 프랫이 더 잘 작동하도록 만드는 방법을 발견할 수 있을지 모른다. 아직 그날은 오지 않았지만.

결론: 정치에 반대한다

때로는 무지하고 무관심한 채로 있는 것이 사람의 인식론적 성격에 더 맞는다. 때때로 사람들은 편향적이고 타락한 방식으로 정보를 수집한다. 어쩌면 이런 기질은 내내 실재했을지도 모르지만, 드러나지 않는 편이 더 낫다.

우리는 점점 더 많은 시민이 정치에 참여하고, 정치를 생각하는 데 시간을 쓰고, 정치 뉴스를 보고, 정치적 숙의에 참여하도록 장려하는 것에 반대하는 강력한 추정적 근거를 갖고 있다. 만약 정치 참여가 교화보다는 타락시키는 경향이 있다면, 이것은 반대 사유에 해당한다. 그러나 광범위한 참여가 더 중요한 어떤 것을 만들어 내거나, 참여 자체가 일종의 목적이 된다면 추정은 무의미해질 것이다. 이런 취지의 주장을 살펴보자.

제4장

정치는
당신이나 나에게
힘을 주지 않는다

AGAINST DEMOCRACY

사람은 몇 년에 한 번 새 주인 선택이 허용되니
노예나 다름없다.

_허버트 스펜서Herbert Spencer,
『국가를 무시할 권리The Right to Ignore the State』

정치 참여는 우리의 도덕적이고 인식론적인 성격에 부정한 영향을 미치
는 경향이 있지만, 어쩌면 이보다 큰 다른 이점을 제공할 수도 있다. 이건
악마와의 거래지만, 아마도 우리는 그것을 받아들여야 할 것이다.

대학 시절 나의 하우스메이트는 자신이 마녀이며 기묘한 방식으로 날씨
를 바꿀 수 있는 힘을 가졌다고 진심으로 믿었다. 가짜 주문을 걸면서 분
명 힘을 느꼈을 것이다. 그 느낌은 진짜였겠지만, 믿음은 환상이었다.

민주주의에서 유권자에게 비슷한 일이 일어날까 봐 걱정이다. 많은 일
반인과 이론가들은 정치적 자유와 참여가 어떤 식으로든 힘을 주기 때문
에, 우리 개개인에게 좋다고 믿는다. 참정권 지지자이자 페미니스트 인도
자인 엘리자베스 케이디 스탠튼Elizabeth Cady Stanton은 "참정권은 단순히
자기 자신을 통치하는 권리다. 모든 인간은 이 권리를 가지고 세상에 태어
난다"고 주장했다. 좀 더 최근에는 철학자 마이클 촐비Michael Cholbi가 투

표권이 자기결정권에 필수적이라고 주장했는데, 자기결정권이란 "자신의 존재 조건을 형성할 권리"를 의미한다.

이 장에서, 나는 다양한 철학자와 일반 사상가의 지적대로 정치적 자유를 가지고 정치에 참여하는 일이 개인에게 힘을 실어 줄 수 있는 다섯 가지 방법을 살펴볼 것이다.

동의consent: 당신의 정치적 자유와 참여는 당신이 정부에 동의하는 것을 허락한다.

이익interests: 당신의 정치적 자유와 참여는 정부가 당신의 이익에 반응하게 만든다.

자율성autonomy: 당신의 정치적 자유와 참여는 당신에게 더 많은 자율성을 준다.

비지배nondomination: 당신의 정치적 자유와 참여는 다른 사람들이 당신을 지배하는 것을 막는다.

도덕적 발전moral development: 당신의 정치적 자유와 참여는 당신이 올바른 삶의 감각과 정의감을 위한 능력을 기르는 데 필수적이다.

반면에 나는 당신의 정치적 자유와 참여가 당신이 정부에 동의하는 것을 허락하지 않고, 당신의 이익을 증진하지 않으며, 어떤 의미에서도 당신의 자율성을 증가시키지 않고, 지배로부터 당신을 보호하지 않으며, 당신이 자유롭고 평등한 사람으로 도덕적 발전을 하는 데 기여하지 않는다고 주장한다. 예외적인 상황을 제외하면, 당신은 투표권을 갖거나 공직에 출마하거나 정치에 참여하는 것보다 길에서 5달러 지폐를 발견할 때 더 큰 힘을 얻는다. 스탠튼과 출비는 틀렸다. 여성 참정권론자들이 여성에게 투표권을 주는 데 성공했을 때, 그들은 집단으로서의 여성에게 권한을 부여했다. 하지만 대부분의 경우, 정치적 지위를 얻은 소수를 제외한 여성 개개인에게 권한을 부여하지는 않았다.

다섯 가지 주장은 두 가지 목적으로 사용된다. 첫째, 많은 민주주의 이론가는 이 주장들이 대부분의 시민에게 민주적 참여가 가치 있다는 것을 보여 준다고 생각한다. 둘째, 많은 민주주의 이론가는 이 주장들을 정의의 문제로 받아들이며, 시민 대다수가 무능하더라도 투표권과 출마권을 부여해야 하는 이유를 설명할 수 있다고 생각한다. 즉, 시민이 투표권에 아주 큰 관심을 갖기 때문에 무능한 결정을 동료 시민에게도 강요할 가치가 있다는 것이다. 예를 들어, 정치적 권리가 어떤 식으로든 개인의 자율에 필수적이라면 무능한 의사 결정을 막으려는 에피스토크라시 체제보다 보편적 참정권을 주는 민주주의를 선호하는 이유가 될 수 있다.

따라서 '민주주의가 우리에게 힘을 실어 준다'는 주장 중 하나는 민주적 참여가 좋다는 사실을 보여 주기 위한 것이고, 또 하나는 모든 사람에게 동등한 정치적 권리를 주지 못하는 일이 부당하다는 사실을 보여 주기 위한 것이다. 하지만 정치적 권리는 어떤 의미에서도 우리에게 힘을 실어 주지 않는다는 나의 주장이 옳다면, 이것으로 나는 두 가지 목표를 달성한다. 첫째, 우리가 정치에 참여하는 정도를 최소화해야 한다는 나의 논지에 대한 일련의 반대 의견을 제거한다. 둘째, 에피스토크라시에 대한 일련의 반대 의견을 제거한다.

여기서 나의 초점은 민주주의가 개인에게 힘을 주지 못한다는 점을 설명하는 것이다. 만약 내가 옳다면, 그래서 당신이 에피스토크라시 체제에서 투표할 권리를 잃는다면, 에피스토크라시는 어떤 흥미로운 방법으로도 개인인 당신의 힘을 약화하지 않을 것이다. 그러나 다음 두 질문의 차이점에 주목해 보자.

- 당신의 정치적 자유가 당신에게 힘을 주는가?
- 큰 집단의 사람들이 정치적 자유를 가질 때, 이러한 자유가 모든 집단에 힘을 실어 주는가?

이것은 별개의 질문이다. 두 번째 질문에 대한 답이 '예'라도 첫 번째 질문에 대한 답은 '아니요'일 수 있다. 민주주의가 개인에게 힘을 실어 주지 않아도, 민주주의는 특정한 방식으로 집단에 힘을 실어 준다. 결국, 다수가 상당한 힘을 갖는다. 여성 참정권론자 수잔 앤서니Susan B. Anthony는 "여성들이여, 우리는 투표권이 없는 탄원인처럼 달을 향해 짖는 개가 될 수도 있다!"고 말했다.* 앤서니는 여성 집단의 많은 구성원이 투표권을 가질 때, 집단으로서 여성들이 단순 탄원인 이상이 된다는 것을 옳게 표현했을지도 모른다. 하지만 투표권이 있음에도 불구하고 여성 개개인을 비롯하여 다른 개인들은 여전히 탄원인으로 남아 있다고 나는 주장할 것이다.

자유주의와 정치적 권리

이 장에서 나는 민주적 권리와 정치 참여가 시민 개개인에게 어떤 의미 있는 방식으로 힘을 실어 주는지 묻는다. 질문이 무엇인지 확실히 하는 것이 중요하다.

---

* 하퍼Harper의 1898년 문헌에서 인용.

민주주의와 자유주의적 자유liberal freedom 사이에는 밀접한 관계가 있는 듯하다. 사실 민주주의 국가들은 비민주적인 국가들보다 시민적·경제적 자유를 더 잘 보호하는 경향이 있고, 자유주의 국가들은 더 민주적인 경향이 있다. 한 국가가 자유롭고 개방적인 선거를 하는 범위와 시민권을 보호하는 범위 사이에는 밀접하고 긍정적인 상관관계가 있다. 국가가 자유롭고 개방적인 선거를 하는 범위와 경제적 자유를 보호하는 범위 사이에는 약하지만 여전히 긍정적인 상관관계가 있다. 나는 이러한 연관성에 이의를 제기하지 않으며, 다른 연구에서 그런 상관관계가 존재한다는 것을 보여 주었다.

　자유주의적 자유와 민주주의는 개념적 차원에서 연결되어 있지 않다. 정치체제는 자유주의적이지만 비민주적이거나, 민주적이지만 비자유주의적일 수 있다. 현실 세계에는 비민주적이지만 자유주의적인 국가와 비자유주의적인 민주주의 사례가 많다. 그럼에도 불구하고, 현재의 민주주의 국가들은 덜 민주적인 국가들보다 더 자유주의적인 경향이 있다. 왜 그렇게 되었는지는 논쟁의 여지가 있다. 어떤 사람들은 단지 양의 상관관계라고 생각한다. 아마도 자유주의 정치를 낳는 경향이 있는 배경 조건은 민주적인 정치 구조를 낳는 경향이 있을 것이다. 어떤 사람들은 인과관계가 있다고 생각한다. 아마도 자유주의는 민주주의를 유발하고 민주주의는 자유주의를 유발하거나, 서로 상호 보완관계에 있을 것이다.

　하지만 이 장에서 나는 민주주의와 자유 사이의 연관성이 그보다 더 깊은지 묻는다. 대부분의 일반적인 미국인을 포함해서 많은 사람은 민주주의가 자유를 촉진하는 유용한 도구 이상이라고 주장한다. 그들은 민주주의 정치는 그 자체로 중요한 자유이며, 민주주의가 자유에 필수적이라고 믿는다. 또한 투표하고, 공직에 출마하고, 참여할 권리가 바로 자유를 의미한다고 믿는다.

에피스토크라시는 원칙적으로 자유주의적인 자유를 완전히 실현할 수 있다. (실제로 이후의 장에서 내가 에피스토크라시 실험을 지지하는 한 가지 이유는, 에피스토크라시가 민주주의보다 자유주의적인 자유를 더 잘 보호하고 촉진할 것으로 생각하기 때문이다.) 하지만 민주주의와 에피스토크라시 사이에 이러한 깊은 연관성이 있다면, 에피스토크라시는 항상 일부 시민에게 중요한 자유의 상실을 의미할 것이다. 그렇지만 이 장에서 내가 주장하듯이, 투표하거나 공직에 출마할 동등한 권리가 개인의 자유나 자율성을 위해 중요하다고 생각할 이유는 거의 없다.

동의 주장

민주주의가 우리에게 힘을 실어 준다는 생각에 찬성하는 가장 약한 주장을 먼저 공격해 보겠다. 5학년 때 나의 사회 선생님은 민주주의는 피지배자의 동의에 기초한다고 말했다. 그 후 매년, 사회나 역사 과목 선생님들은 똑같은 말을 했다. 이후 대학에서 정치철학 수업을 들었고, 그들이 틀렸다는 것을 알게 됐다. 민주주의에 찬성하거나 반대하는 철학자 모두 민주주의가 피지배자의 동의에 기초한다는 주장을 철저히 부인했다. 사실, 철학자들은 현대 민주주의가 세워지기도 전에 이 주장이 틀렸음을 드러냈다. 그럼에도 불구하고 일반 독자들은 동의 주장consent argument이 잘 먹히지 않는 이유를 모를 수 있다. 더 도전적인 논쟁으로 넘어가기 전에 이 좀비를 다시 한번 죽여야 할 시점이다.

동의 주장은 정치적 자유를 갖고 정치에 참여하는 것이 가치 있다고 여긴다. 그래서 정부에 동의를 표현할 수 있고, 정부와 합의된 관계를 맺을 수 있다는 것이다. 이러한 주장은 다음과 같다.

1. 민주주의는 국민의 동의에 기초한다.
2. 시민은 투표권이나 공직 출마권 없이 정부에 동의할 수 없다.
3. 투표권이나 공직에 출마할 권리가 있고, 그 권리를 행사하는 시민은 정부에 동의할 수 있다.
4. 국민 개개인이 동의하는 정치체제 아래 사는 것은 가치 있는 일이다.
5. 그러므로 선거권·피선거권과 함께 정치 참여는 국민 개개인에게 가치가 있다.

하지만 이 추론의 문제는 절대다수의 사람들에게 정부와 그 법률과의 관계가 합의되지 않았으며, 합의될 수도 없다는 것이다.

그 이유를 알기 위해, 진정한 합의 관계를 맺거나 거래를 하기 위해 무엇이 필요한지 생각해 보자. 최근 나는 펜더Fender(세계적인 전기악기 브랜드. -옮긴이)의 아메리칸 디럭스 텔레캐스터 기타를 사는 것에 동의했다. 다음은 모두 사실이다.

A. 나는 동의를 드러내는 행동을 했다. 즉, 나는 판매자에게 기타를 주문했다. 그 결과 돈을 잃었지만 텔레캐스터를 얻었다. 만약 내가 동의를 드러내는 행동을 하지 않았다면 이 일은 일어나지 않았을 것이다.
B. 나는 그 행동을 강요받지 않았다. 그 행동을 피할 수 있는 합리적인 방법도 있었다.
C. 내가 "그 가격에 펜더 텔레캐스터 사는 것을 거절한다!"라고 분명히

말했다면, 교환은 일어나지 않았을 것이다.

D. 판매자는 나에게 기타를 보내지 않는 한 돈을 가져갈 수 없다. 어쩔 수 없이 끝까지 거래를 지켜야만 했다.

이 조건 중 무엇 하나라도 충족하지 못했다면, 합의된 거래가 아니었을 것이다. 위의 A~D를 아래의 a~d 조건 중 하나로 대체해 보자.

a. 내가 주문한 적이 없는데도 판매자가 기타를 보내고 돈을 가져간다.

b. 판매자는 기타를 사지 않으면 죽인다며 내 머리에 총을 겨눈다.

c. 나는 판매자에게 텔레캐스터를 원하지 않는다고 말하지만, 어쨌든 그는 나에게 보낸다.

d. 판매자는 내 돈을 가져가지만, 기타를 계속 갖고 있다.

만약 조건 A~D 가운데 어떤 것이라도 조건 a~d로 대체했다면, 거래는 합의되지 않았다. a나 b의 조건이라면 절도다. c에서 판매자는 동의 없이 내게 선물을 주었다. 판매자가 청구서를 보내도 나는 기타값을 내기로 동의한 적이 없으므로 돈을 줄 필요가 없다. d에서 판매자는 사기를 저지르거나, 적어도 거래의 목적을 달성하지 못한다. 나는 판매자에게 돈을 주는 것에 동의하지 않았고, 기타를 받는 경우에만 돈을 주는 것에 동의했다.

당신이 개별 유권자로 후보, 정책, 또는 정치적 결과에 투표할 때는 A~D와 a~d 조건 중에 어느 것에 더 가까운가? 그리고 선거운동, 기부, 매체 편집자에게 편지쓰기 등을 통해 정치에 참여할 때는 A~D와 a~d 중 어느 쪽에 더 가까운가?

A~D의 항목을 a~d의 해당 항목으로 대체하면, 더는 합의된 관계가 아

니다.

이제 a에서처럼 만약 당신이 투표하거나 참여하지 않았는데 정부가 규칙, 규제, 제한, 혜택, 그리고 세금을 부과한다고 생각해 보자. 특별한 경우가 아니라면 투표를 어떻게 하건, 어떤 정책을 지지하건 상관없이 같은 결과가 발생할 것이다. 예를 들어, 나는 2008년에 특정 후보에게 투표했다. 하지만 내가 기권하거나 다른 후보에게 투표했어도, 어차피 같은 후보가 이겼을 것이다. 이것은 내가 텔레캐스터를 주문하고 판매자가 기타를 보내는 합의된 거래와는 다르다. 오히려 비합리적 거래에 가깝다. 내가 주문했든 안 했든, 그리고 무엇을 주문했든 판매자는 내게 기타를 팔기로 작정한 것이다.

b에서처럼 정부는 당신이 무엇을 하든 규칙을 따르도록 강요하고, 저항하면 벌금을 물리거나 투옥하거나 때리거나 심지어 죽일 것이다. 당신에게는 정부의 통제에서 벗어날 수 있는 합리적인 방법이 없다. 정부는 사람이 살 만한 모든 땅을 통제하기 때문에 우리가 정부의 지배에서 벗어날 수 있는 합당한 방법이 없다. 남극으로 이사를 갈 수도 없다. 세계 각국 정부는 당신이 남극에 사는 것을 금지한다. 기껏해야 이민을 위한 재정적 수단과 법적 허가를 가진 소수의 사람만이 자신을 통치할 정부를 *선택*할 수 있다.

당신을 통치할 정부를 선택하는 것도 진정한 동의를 의미하지는 않는다. 한 무리의 남자들이 한 여자에게 "우리 중 한 명과 결혼해야 한다. 그렇지 않으면 죽는다. 우리는 네가 누구와 결혼할지 선택하게 해 줄 것이다"라고 말한다고 상상해 보자. 여자가 남편을 고르는 것은 결혼에 대한 동의가 아니다. 여자에게는 진정한 선택권이 없다.*

---

* 정치적 정당성에 대한 동의론의 추가 반박은 휴머의 2013년 문헌, 웰먼Wellman·시몬스 Simmons의 2005년 문헌 참고.

c에서처럼 당신이 적극적으로 반대하면, 정부는 규칙을 부과할 것이다. 당신이 마리화나를 피운다고 가정하자. 당신은 마리화나 처벌법과 마리화나를 소지했다는 이유로 감옥에 보내는 것에 반대한다. 하지만 정부는 당신을 마리화나 소지죄로 감옥에 보낼 것이다. "아니요"라는 말이 "아니요"를 의미하는 합의된 거래가 아니다. 정부에게 당신의 "아니요"는 "네"를 의미한다.

정부는 투표를 통해 많은 사람이 반대하면 때때로 양보하겠지만, 보통은 당신의 반대에 반응하지 않을 것이다. 이는 실제 동의가 수반되는 상황에서 일어나는 일과는 다르다. 기타 판매자가 "대다수의 미국인이 하지 말라고 말하지 않는 한, 나는 당신의 의사를 무시하고 텔레캐스터를 사게 할 것이다"라고 하는 것을 상상해 보자. 우리는 그것을 합의된 거래로 여기지 않을 것이다. 또는 어떤 사람이 나에게 "대다수의 미국인이 결혼하지 말라고 말하지 않는 한, 나는 너에게 결혼을 강요할 것이다"라고 말한다면, 누구도 나의 강제 결혼을 합의된 결혼으로 여기지 않을 것이다.

마지막으로 d에서처럼 정부는 역할은 제대로 하지 않으면서 당신에게 규칙을 지킬 것을 요구하고 세금을 내도록 강요할 것이다. 예를 들어, 정부가 적절한 교육을 제공하거나 당신을 보호하는 데 실패해도 여전히 세금을 내고 규칙을 준수하도록 강요할 것이다. 휴머가 지적했듯이, 미국 대법원은 정부가 개별 시민을 보호할 의무가 없다고 거듭 판결했다. 만약 당신 집에 침입자가 있다는 것을 알리기 위해 경찰에 전화를 했는데, 경찰은 도와줄 사람을 보내지 않고 침입자는 당신을 계속 폭행한다고 가정해 보자. 이러한 상황에서도 정부는 여전히 당신에게 보호 서비스에 대한 세금을 요구한다.*

일반인과 정치인은 투표가 동의를 나타낸다고 말하는 경향이 있다. 정치철학자들은 이것을 바보 같다고 여긴다. 크리스토퍼 웰먼Christopher Wellman은 그런 생각을 비웃는다.

> 시민이 투표했으니 법에 구속받게 된다고 말하는 것은… 어떤 사람이 납치범의 칼에 찔리느니 총에 맞는 것이 낫겠다고 말했다고 해서 총에 맞는 것에 동의했다고 하는 것과 같다! …납치된 사람이 어떻게 대응하든(납치범의 질문에 대답하지 않더라도) 살해되듯이, 시민도 어떻게 투표하든(투표하지 않더라도) 강압적인 법을 적용받는다.**

우리 개개인과 정부와의 관계는 진정한 합의 관계에서 볼 수 있는 모든 정상적인 특징이 부족하다. 동의의 일부 특성이 부족한 것이 아니다.

호주와 볼리비아와 같은 일부 국가의 시민은 투표를 강요받거나 투표하지 않으면 처벌받는다. 투표하지 않은 호주인은 20달러의 벌금을 낸다. 소송을 제기했다가 패소하면 50달러를 내야 한다.*** 재범자는 더 많은 벌금을 낸다. 투표하지 않은 볼리비아인은 90일 동안 공직 취업, 은행거래, 여권 발급이 금지된다.**** 볼리비아는 투표하지 않은 시민의 출국권을 포함한 시민 자유권을 박탈한다. 브라질에서 투표하지 않은 유권자는 국가의 교육 지원을 받을 수 없다. 따라서 투표를 의무화하는 국가에서는 투표가 훨씬 더 비합의적이다.

---

* 휴머의 2013년 문헌. 휴머는 대법원이 정부가 개별 시민에 대한 의무는 없고 대중에게만 의무가 있다고 판결한 세 가지 사례를 인용한다.
** 웰먼의 2005년 문헌 발췌.
*** 「호주 내 투표: 자주 묻는 질문Voting within Australia: Frequently Asked Questions」(호주선거관리위원회, 2013) 참고.
**** 버치의 2009년 문헌.

투표와 정치 참여가 정부나 법률과의 관계를 합의로 만들기 위해서는 우리의 관계가 먼저 근본적으로 달라져야 한다. 그것은 우리가 좋아하는 식당이나 친구들과의 관계와 더 비슷해야 할 것이다.

공직 출마권에 진정한 동의가 따라야 한다는 점은 좋은 소식이다. 어떤 민주주의도 시민에게 정치적 직책(군인이나 배심원은 제외)을 맡으라고 강요하지 않는다. 당신이 원할 때만 직책을 맡을 수 있다. 물론, 정치적 직책을 얻는 일은 매우 어렵다. 그렇다고 해서 합의 없이 이루어지지는 않는다.

정부와 우리의 관계는 합의적이지 않지만, 나는 정부가 부당하고 불법적이거나 권한이 부족하다고 강력히 주장하지 않는다. 나는 정부에 동의할 수 없으므로 무정부주의자가 돼야 한다고 제안하는 게 아니다. 민주주의는 피지배자의 동의에 의존하지 않으며, 에피스토크라시도 마찬가지다. 나는 정치 참여가 동의할 수 있게 해 주기 때문에 어떤 식으로든 가치가 있다거나 정당하다고 보는 견해를 공격하는 것이다.

동의 대 사전 동의

앞서 동의 주장에 대한 표준적인 반대 의견을 나열했다. 이러한 반대를 모두 극복할 수 있다고 해도 또 다른 우려가 있다.

제2장에서 논의했듯이, 대다수 시민이 정치에 무지하거나 잘못 알고 있다는 증거는 압도적으로 많다. 대부분의 시민은 누가 권력을 쥐고 있는지, 그 사람들이 무엇을 했는지, 도전자들이 무엇을 하고 싶은지 같은 기본적인 정치적 사실을 거의 모른다. 정치인이 제안한 정책을 평가하는 데 필요한 사회과학 지식을 가진 시민은 매우 적지만, 어쨌든 대부분은 광범위한

사회과학적인 신념에 동의한다. 만약 그렇다면, 투표와 참여에 대한 또 다른 우려가 생긴다. 그것이 *사전 동의*informed consent(생명윤리의 법리로 의사가 환자를 치료하기 전 관련 사실을 정확하게 알리고 동의를 구해야 하는 것을 말한다. −옮긴이)를 보여주는 것이 아니라는 점이다.

의사에게 정기검진을 받는다고 가정해 보자. 의사가 당신의 귀에 어떤 장치를 찔러 넣고 이렇게 말한다. "아, 구버리아증에 걸렸어요. 다지 연골을 제거하지 않으면 당신은 죽을 겁니다. 즉시 절차에 동의하시죠." 당신은 동의했는가?

의료윤리학의 일치된 견해는 '아니요, 동의하지 않았습니다'이다. "동의한다"고 했으면 무슨 일에 휘말리게 될지 전혀 알 수 없다. 맷 즈월린스키Matt Zwolinski는 "의료윤리학자들 사이에서는 환자가 단순히 '동의한다'고 말하는 것 이상을 해야 치료를 도덕적으로 승인할 수 있다는 사실이 진리다. 사람들은 자신이 무엇을 선택했고, 다양한 선택에 무엇이 수반되는지 알아야 한다"고 말한다.* 요컨대, 진정한 동의는 정보에 입각한 사전 동의다.

대표적인 두 명의 생명윤리학자 루스 페이든Ruth Faden과 톰 비첨Tom Beauchamp은 사전 동의에는 다음 요건이 필요하다고 말한다.

> *공개*disclosure: 의사는 환자가 시술 여부를 자율적으로 선택할 수 있도록 충분한 정보를 제공해야 한다.
> *이해*understanding: 환자는 충분한 정보에 접근할 수 있어야 할 뿐만 아니라 그 정보를 이해해야 한다.

---

* 맷 즈월린스키, 「의료 대 민주적 동의Medical vs. Democratic Consent」(블리딩 하트 리버테어리언즈Bleeding Heart Libertarians, 2011. 6. 1.)

능력*capacity*: 그러므로 환자는 해당 정보를 이해할 수 있는 능력이 있어야 한다.

자발성*voluntariness*: 환자는 결정을 내리도록 강요 또는 조종당하거나 뇌물을 받아서는 안 된다.

중요한 결정이 내려질 때마다, 즉 의사가 해를 끼칠 위험이 있는 절차를 권고할 때마다 사전 동의가 필요하다. 의사는 환자가 사전 동의했다는 것을 입증하지 못하면 절차를 진행할 수 없다.

정부의 결정은 종종 사전 동의가 필요한 의료 분야의 결정과 비슷해 보인다. 대개 정부의 결정은 중요한 이해관계가 걸려 있고, 침해적이며, 큰 해악의 위험을 안고 있다. 정부는 단순히 국민이 부르는 국가 같은 것이나 결정하는 게 아니다. 그 대신 누가 어디서 일할 수 있는지, 누가 돈을 벌고 누가 벌 수 없는지, 누가 어떤 물건을 살 수 있는지, 누가 결혼할 수 있는지, 전쟁에 나갈지 말지, 건강보험 가입을 강요할지 말지 등을 결정한다. 정부는 기본적인 자유, 삶과 죽음, 평화와 전쟁의 문제를 결정한다. 따라서 우리가 동의에 신경 쓴다면, 우리는 시민이 동의뿐만 아니라 정보에 입각한 사전 동의도 표현하기를 바라야 한다.

투표를 하는 대부분의 시민은 앞서 나열된 사전 동의 요건을 충족하지 못한다. 정치인은 모든 정보를 공개하지 않는다. 실제로 종종 의제의 일부를 숨기거나 공개를 금지하고, 시민이 관련 정보에 접근하는 것을 막으려고 노력한다. 그래서 민주주의는 때때로 공개 조건을 위반한다.

둘째로, 앞 장에서 길게 논의했듯이 시민이 동의해야 할 정보가 공개돼도 대다수 시민은 이를 확보하거나 이해하지 못한다. 중위 투표자는 무지하고 비투표자는 무지보다 더 나쁘다. 많은 시민이 틀렸다. 그들은 아무것도 모르는 것보다 더 모른다. 시민은 기초적이고 쉽게 확인할 수 있는 사실(예를 들어, 연방 예산의 규모 또는 현재 국회의원이 누구인지)에 관해 잘못 알고 있거나 무지할 뿐만 아니라, 그러한 사실을 평가할 때 필요한 사회과학에 대한 기본적인 이해조차 부족하다. 이처럼 민주주의는 체계적으로 사전 동의의 이해 조건을 위반한다.

셋째로, 시민은 이해력이 부족하며 많은 사람이 이해력을 얻을 수 있을지도 확실하지 않다. 예를 들어, 아이큐가 110 이상인 사람만 대학 1학년생의 경제 원론을 이해할 수 있다는 것이 밝혀질지도 모른다. 하지만 보통은 기초 경제학을 이해하지 못하면 대통령 후보들을 평가하기 어렵다. 그러므로 민주주의는 체계적으로 능력 조건을 위반할 수 있다.

넷째로, 정치인은 일상적으로 유권자를 조종한다. 예를 들어, 오바마 대통령은 의료보험 개혁 법안인 부담적정보험법Affordable Care Act의 지지를 유도하면서 "보험이 마음에 들면 계속 유지할 수 있다"고 대중에게 반복적으로 거짓말을 했다. 2012년 대선 선거운동 기간에 공화당은 맥락을 벗어난 채 "당신은 그것을 구축하지 않았다"(2012년 7월 오바마 대통령은 정부가 구축한 공공 기반 시설의 중요성을 언급하며 "누군가는 도로와 교량에 투자했다. 당신이 사업을 하고 있다면, 당신은 그것을 구축하지 않았다You didn't build that. 다른 누군가가 그렇게 만들었다"고 말했다. 공화당에서는 이 부분을 문제 삼았고, 오바마 측은 "연설의 '그것'은 '사업'이 아니라, 앞 문장의 '도로와 교량'을 말한다"고 해명했다. 오바마는 며칠 후 정치광고에 "물론 미국인은 자신의 사업을 구축한다"는 표현을 넣었다. -옮긴이)는 오바마의 말을 인용해서 유권자를 속이고 교묘히 조종했다. 오바마는 단지 정부가 소기업을 가능하게 하는 배경 제도와 기반 시설에 부분적으로 책임이 있다는 의미로 말했지만, 공화당원들은 오바마의 말이 정부가 소기업을 건설해 준다는 의미라는 인상을 의도적으로 심었다. 조지 W. 부시는 수감자를 고문하는 것에 관해 거짓말했다. 클린턴은 외도에 관해 거짓말했다. 그 밖에도 정치 지도자들은 일상적으로 지키지 않는 약속을 하며, 표를 얻기 위해 노골적인 속임수와 조작을 자주 사용한다. 만약 의사가 "시력 향상을 위해 값비싼 가슴확대 수술이 필요하다"고 거짓말했다면, 분명히 자발성 조건을 위반한 것이다.

최근 몇 년 동안, 특정 생명윤리학자들이 사전 동의라는 지배적 이론에 도전하기 시작했다. 너무 엄격하거나 까다롭다는 우려다. 그들은 대다수의 환자가 이 네 가지 요건을 모두 충족할 가능성이 낮다고 생각한다. 만약 그렇다면, 많은 혹은 대부분의 중요한 의료 절차가 부당하다는 암시처럼 보인다. 그래서 일부 생명윤리학자들은 사전 동의에 약간 덜 까다로운 관점을 주장한다. 나는 생명윤리학자도 아니고, 여기서 이 논쟁에 대한 입장을 이야기할 생각은 없다. 나의 요점은 좀 더 일반적이다. 만약 정치적 권리가 시민의 동의를 표현할 수 있게 하기 때문에 중요하다면, 사전 동의가 정확히 무엇이든 간에 관심을 가져야 할 것이다. 대다수 유권자가 얼마나 심하게 무지한지 헤아려 보면, 그들의 표가 사전 동의를 표현하는 수단이라는 것을 믿을 수 없어 보인다.

앞에서 살펴보았듯이, 시민이 정부에 동의한다고 말하는 것은 잘못된 것 같다. 동의 주장에 대한 다른 모든 문제를 무시한다고 해도, 대부분 시민이 사전 동의를 표현하지 않는 것은 분명하다. 심지어 민주주의에서도 우리가 정부와 가져야 하는 관계는 합의되지 않은 관계다. 이런 점을 고려했을 때, 민주주의는 합의된 관계를 만들거나 유지한다고 해서 우리에게 힘을 실어 주지 않는다.

자신의 이익을 증진하는 힘

또 다른 대중적인 주장은 정치적 자유와 참여가 우리의 이익을 증진하는 데 도움이 되기 때문에 가치가 있다고 한다. 다음을 생각해 보자.

1. 정부는 당신이 투표권과 공직 출마권을 갖지 않는 한, 또한 당신이 정치에 참여하지 않는 한, 당신의 이익에 반응하지 않을 것이다.
2. 정부가 당신의 이익에 반응하게 하는 것은 가치가 있다.
3. 그러므로 정치 참여뿐만 아니라 선거권과 피선거권을 갖는 것은 가치가 있다.

민주주의의 많은 시민 사이에서 결과론은 정치적 자유와 참여가 가치 있다는 주장의 공통된 정당화다.

이 주장은 부분적으로 실패하는데, 사실 개인 투표는 도구적 가치가 거의 없기 때문이다. 결과론은 정부가 개인의 이익에 반응하게 만드는 능력 측면에서 정치적 자유의 가치를 과장한다.

제2장에서 이야기했듯이, 개별 유권자가 투표하든 기권하든 상관없다. 우리의 표가 차이를 만들 확률은 거의 없다. 정부가 투표하는 사람을 도와주거나 기권하는 사람을 무시하는 것도 아니다. 개인의 투표는 선출된 지도자가 우리를 돕거나, 무시하거나, 해치는 것에 영향을 미치지 않는다.

누군가는 개인이 결정적인 투표를 하지 않더라도 선거 결과에 영향을 미칠 수 있다면서 반대 의견을 낼지도 모른다. 투표로 승패의 격차를 바꾸고 후보가 '누리는 권한'을 결정하는 데 도움을 줄 수 있다고 주장한다.*

만약 당신이 나쁜 후보에게 반대표를 던진다면, 그들이 선거에서 승리해도 권한을 줄이고 공직 재임 효과를 감소시킬 수 있다. 만약 당신이 투표한 후보자가 당신의 표와 무관하게 이겼더라도, 그들의 권한을 증가시키는 효과를 불러올 수 있다. 후보자가 정치적 효과를 높이는 권한을 누릴 수 있다는 주장을 위임 가설mandate hypothesis이라고 부르자.

경험적 사고를 하는 정치학자들은 위임 가설에 관한 수없이 다양한 실험을 했고, 그것이 부족하다는 것을 발견했다. 증거는 위임 가설을 전적으로 부인한다.**

정무직 출마권도 마찬가지다. 임의의 미국인이 노력해도 중요한 공직을 확보할 가능성은 적다. 그 이유 중 하나는 자리가 거의 없기 때문이다. 의회 의석 한 자리에 70만 명 이상의 미국인이 매달려 있다. 시의원처럼 훨씬 적은 규모의 공직은 시민 2,000명당 한 자리쯤 된다. 만약 특정 시간에 무작위로 자리를 나눠 준다면. 공직을 차지할 수 있는 확률은 매우 낮을 것이다.

물론 공직이 무작위로 배분되지는 않는다. 부유하고 매력적이며 인맥좋은 시민은 다른 사람보다 훨씬 높은 확률을 갖는다. 미국 상원의원은 평균 1,400만 달러, 하원의원은 평균 460만 달러의 순자산이 있다.*** 반면

---

* 예를 들어, 매키의 2009년 문헌 참고.

** 예를 들어 달Dahl의 1990년 문헌, 노엘Noel의 2010년 문헌 참고. 또한 그로스백Grossback·피터슨Peterson·스팀슨Stimson의 2006년 문헌과 2007년 문헌 참고. 실제로 미국의 고교 심화 과정 시험에서는 때때로 학생들에게 "정치학자들은 왜 선거 위임 가설에 회의적인가?"라는 질문에 답하게 한다.

*** 캐서린 램펠Catherine Rampell, 「당신의 상원의원은 (아마도) 백만장자Your Senator Is (Probably) a Millionaire」(뉴욕타임스, 2009. 11. 25.) 참고. 한편, 이코노미스트는 국회의원의 평균 순자산이 44만 달러에 불과하다고 주장한다. 「정치와 지갑Politics and the Purse」(이코노미스트, 2013. 9. 19.) 참고.

에 평균적인 미국 가정의 순자산은 7만 달러 이하다.* 정무직은 부자들을 위한 것이다. 스웨덴처럼 좀 더 평등주의적인 국가에도 그런 경향이 있다. 프레드릭 라인펠트Fredrik Reinfeldt 스웨덴 총리는 약 800만 달러의 순자산이 있으며, 다른 정치인들도 평균보다 훨씬 부유하다.** 그래서 당신이나 나 같은 평범한 사람이 공직 출마를 결심해도, 정치인들은 움츠러들지 않고 줄을 서지도 않는다.

투표권과 공직 출마권은 우리에게 거의 힘을 실어 주지 못한다. 하지만 여전히 선거운동, 기부, 숙의 또는 글쓰기 같은 광범위한 형태의 참여가 우리의 이익 증진에 도움이 되기를 기대할 수 있다. 그런데 여기서도 같은 문제에 직면한다. 대부분의 시민은 달라질 가능성이 거의 없다. 폴 크루그먼Paul Krugman이나 스티븐 콜베어Stephen Colbert 같은 사람은 다른 이들의 투표와 정치인의 행동에 상당한 영향을 미친다. 엘리트 대학의 어떤 교수들은 학생들에게 영향을 줌으로써 정치에 영향을 끼치고, 그들 중 일부는 미래의 지도자가 된다. 마틴 루터 킹 주니어Martin Luther King Jr. 같은 일부 운동가는 엄청난 영향력을 지녔다. 하지만 대부분의 사람은 그렇지 않다. 아무리 노력해도 프로야구 선수나 팝 스타가 될 수 없었던 것처럼, 우리 대부분은 노력해도 그런 영향력을 얻을 수 없다.

여성유권자연맹과 정의와 자유에 대해 논하는 것은 기분이 좋다. 가이 포크스Guy Faukes 가면(가이 포크스는 1605년에 영국 의회 의사당을 폭파하려고 했던 인물이다. 이 가이 포크스의 얼굴 가면은 영화 〈브이 포 벤데타〉에 등장하면서 널리 퍼지기 시작했으며, 저

---

* 앨프리드 고트샬크Alfred Gottschalck, 마리나 보르노비츠키Marina Vornovytskyy, 애덤 스미스 Adam Smith, 「미국의 가계부: 2000년부터 2011년까지Household Wealth in the U.S.: 2000 to 2011」(www.census.gov 2016. 1. 5. 접속).

** 「프레드릭 라인펠트 순자산Fredrik Reinfeldt Net Worth」(www.celebritynetworth.com 2016. 1. 5. 접속).

항의 뜻으로 쓰인다. 국제적 해커 집단인 어나니머스Anonymous는 가이 포크스 가면을 상징으로 사용하며, 2011년 월스트리트 시위에서도 많은 사람이 가이 포크스 가면을 착용했다. –옮긴이)을 쓰고 펜실베이니아 애비뉴나 월스트리트를 행진하는 것은 힘을 얻는 느낌이다. 월스트리트를 점령한 시위자들은 공공 공원과 기업 소유의 광장에서 천막생활을 하며 힘을 느낀다. 상원의원에게 국가안전보장국NSA에 관한 불만을 토로하는 편지를 보내면서 성취감을 느낀다. 나는 가끔 비슷한 생각을 가진 친구들과 페이스북을 통해 미국 경찰국가에 관해 불평하는 것을 즐기기도 하고, 국가의 부당함에 저항하는 기사를 낼 때면 나의 입장을 밝힌 것 같은 기분이 들기도 한다.

그러나 불행하게도 예외적인 상황을 벗어나면, 우리의 개별적인 행동은 인지할 만한 효과를 내지 못한다. 누군가 참여를 포기하거나 반대편에 가담해도 일은 그대로 진행될 것이다. 월스트리트를 점령한 시위자들은 자본주의를 반대하기보다는 자본주의를 지지하며 결집하는 것이 나을지도 모른다. 마약과의 전쟁에 반대하는 대신 옹호하고 투표하는 편이 나을 것이다. 지지하는 정당을 바꾸는 게 나을 수도 있다. 평범한 정치 블로거는 편을 바꿀 수도 있다. 유별난 상황을 제외하면, 투표나 참여 방법과는 관계없이 당신은 아무런 차이도 만들지 못한다. 당신의 참여는 정부가 당신의 이익에 반응하게 하지 못한다.

대규모 집단의 사람들은 민주주의에서 확실히 권력을 가질 수 있다. (이 문제는 다음 장에서 논의하겠다.) 그러나 개인은 그렇지 않다. 사실 그것은 민주주의의 특징일 뿐 잘못된 점이 아니다. 민주주의는 개인에게 힘을 실어 주기 위한 것이 아니다. 크고 작은 집단을 위해 개인에게서 힘을 모으기 위한 것이다. 민주주의는 우리에게 힘을 실어 주지만, 당신이나 나 개인에게는 그렇지 않다.

참여와 자율성

직관적으로, 정치적 자유와 정치 참여 및 권한 부여 사이에는 어떤 연관성이 있는 것처럼 보인다. 이 연관성은 자율성 주장autonomy argument으로 설명된다.

1. 각각의 사람이 자율적이고 자기 주도적이며, 스스로 만든 규칙에 따라 사는 것은 가치가 있다.
2. 공유된 정치 환경에서 살아가는 각각의 사람이 자율적이고 자기 주도적이며, 스스로 만든 규칙에 따라 살아가기 위해서는 정치적 자유를 소유하고 활용할 수 있어야 한다. 참여는 자율적이고 자기 주도적이 될 수 있게 돕는다.
3. 그러므로 공유된 정치 환경에서 살아가는 각각의 사람은 정치적 자유를 소유하고 활용할 수 있어야 한다.*

이 주장은 정치적 자유와 참여는 개인의 자율성을 유지하는 데 중요한 역할을 하며, 심지어 그것을 구성할 수도 있다고 한다. 자율성이 가치가 있다면 정치적 자유와 참여도 마찬가지다.

어떤 사람들은 투표와 자율성의 관계를 이렇게 생각한다. 사람이 투표

---

* 이 주장은 루소Rousseau의 1997년 문헌, 굴드Gould의 1988년 문헌 참고. 캐럴 굴드Carol Gould는 자치 정부의 이익을 위해 민주주의가 필요하며, 시민은 민주주의를 누릴 자격이 있다고 주장한다.

함으로써 부분적으로 법의 저자가 된다고 여긴다. 만약 어떤 사람이 투표를 기권하면 부분적 저자의 자격은 없을 것이고, 법은 어떤 식으로든 부과되고 만다.

그러나 투표를 통해 법의 부분적 저자가 된다는 추론에서, 당신 편이 승리할 때만 투표가 당신에게 자율성을 부여한다는 점에 주목하기 바란다. 만약 당신 편이 진다면, 당신은 부분적 법의 저자가 아니다. (만약 그렇다면, 오히려 끔찍할 것이다. 당신이 전쟁에 반대한다고 가정해 보자. 반대편이 투표에서 승리해 전쟁을 시작하면, 당신은 그 전쟁의 부분적 저자가 된다.)

그럼에도 불구하고 자율성 주장은 선거권과 피선거권이 부여하는 자율성의 정도를 과장한다. 나는 인생에서 꽤 많은 자율적 결정을 내렸다. 매일 무엇을 입을지, 무엇을 먹을지, 어떤 색깔의 칫솔을 고를지, 텔레비전에서 무엇을 볼지 등 자질구레한 일에 대해 자율적인 결정을 내렸다. 논문에 무엇을 쓸지, 대학과 대학원은 어디로 갈지, 어떤 직업을 가질지 등 중요한 일에 대해서도 스스로 결정을 내렸다. 또한 누구와 결혼할지, 아이를 가질지, 그리고 어떤 경력을 선택할지 등 중대한 일에 대해서 자율적인 결정을 내렸다.

이러한 선택이 민주적 의사 결정의 대상이 되었다고 가정해 보자. 마치 내 선택을 빼앗아 민주적 단체에 넘기는 것처럼 여겨진다. 내가 이 단체에서 평등하게 표를 얻었다고 해도, 그것은 심각한 자율성 상실이 된다. 민주적 단체가 투표만 한 것이 아니라 최선의 선택을 위해 적극적으로 숙고했다 하더라도(내가 이유를 말하는 것도 들었다), 민주적 단체가 결정을 내리는 것은 나의 개인적 자율성을 심각하게 빼앗는 일이다.

(내가 회원인) 민주적 단체가 결정을 내릴 때보다 나 혼자 결정을 내릴 때 더 많은 자율성을 갖는 것은 아니다. 분명히 나는 큰 집단의 회원으로서보

다 개인으로서 더 많은 자율성을 갖는다. (내가 회원인) 민주적 단체가 결정을 내릴 때, 나는 많은 자율성을 전혀 갖지 못한다.

당신에게 상황에 대한 자율적 통제권이 없다는 것을 알 수 있는 확실한 방법이 있다. 당신이 무엇을 선택하거나 무엇을 결정하든, 같은 일이 일어난다. 당신의 결정은 어떤 차이도 만들어 내지 못한다. 나는 이 글을 쓰면서 실험해 봤다. 달을 보라색으로 변하게 하기로 결심했다. 이 실험을 몇 주 동안 여러 번 반복했다. 하지만 달은 보라색으로 변하지 않았다. 나는 달의 색을 자율적으로 통제할 수 없다고 결론지었다.

투표도 마찬가지다. 투표하기로 선택하든 안 하든, 어떻게 결정해도 같은 결과가 나올 것이다. 달이 보라색으로 변하기를 바라는 편이 나을지도 모른다.

반면에, 나는 오늘 아침에 건포도 밀기울을 먹기로 했다. 그렇게 결정한 다음 실제로 건포도 밀기울을 먹었다. 점심으로는 카레를 먹기로 했고, 실제로 카레를 먹었다. 실험 결과 나는 내가 먹는 것에 진정한 자율성을 가지고 있었다.

자율성의 개념은 다소 모호하다. 여기서는 자율적 통제에 대한 한 가지 공통된 생각에 초점을 맞췄다. *차이를 만드는 자율성*이다. 이 개념에서, 행위자는 자신의 행동이 어떤 사물이나 상태에 변화, 영향, 차이를 만들 수 있는 정도까지만 자율적 통제권을 갖는다.

『스탠포드철학백과사전』은 자율성의 다양한 개념을 기록하는데, 대부분 자유의지나 의도성에 대한 이론과 관련 있고 이곳의 논의와는 무관하다. 그럼에도 불구하고 정치적 자유 또는 투표권이 가치 있는지와 관련된 자율성에 대한 그럴듯한 견해가 있을 수 있다. 일반적으로 다음과 같은 점이 요구된다. 첫째, 자율성의 유형은 정의의 문제로 사람들에게 가치가 있거나 소중해야 한다. 둘째, 그러한 자율성은 투표권이 없는 개인에게 필연적으로 결핍된 것이 틀림없다.

집처럼 편안한 세상

크리스티아누는 자율성 주장에서 좀 더 미묘하고 그럴듯한 견해를 제시한다. 그는 정치적 자유가 "세상을 (자신을 위한) 집으로 만드는" 개개인의 근본적 이익에 기여할 수 있다고 주장한다.* 사람은 "자신이 사는 세상을 이해할 수 있고, 거기에 어떻게 어울리고 연결되는지 알 수 있을" 때 "세상의 집"에 있는 느낌이다.** 사람들은 무엇이 옳고 좋은지 자기 견해에 따라 세상을 바라본다. 그리고 어느 정도는 세계가 자신이 만든 산물이기를 바란다. 세상이 자신의 판단에 순응(어쩌면 우연의 일치겠지만)할 뿐만 아니라 호응하기를 원한다.

이러한 추론은 종종 내가 사회 구성 주장social construction argument이라고 부르는 견해로 이어진다.

1. 모든 사람은 집처럼 편안함을 느낄 수 있는 세상에서 사는 것에 근본적인 관심이 있다.
2. 이것을 추구하기 위해 자신의 판단에 적절히 반응하는 각자의 세계가 필요하며, 사회 구성 과정에 적절히 참여할 필요가 있다.

---

*   크리스티아누의 2009년 문헌.
**   크리스티아누의 2008년 문헌.

3. 세계가 자신의 판단에 적절히 반응하고 사회 구성 과정에 적절히 참여하기 위해서는, 개개인이 정치적 자유를 가지고 다른 사람과 동등하게 그것을 행사할 수 있어야 한다. 개개인은 동등하게 다른 사람과 함께할 필요가 있다.

4. 그러므로 개개인은 정치적 자유를 가져야 하고, 동등한 입장에서 다른 사람과 함께 그것을 행사할 수 있어야 한다.*

나는 사회 구성 주장이 민주주의나 정치적 자유의 가치를 지지하는 크리스티아누의 주장과 동등하다고 말하는 게 아니다.** 크리스티아누의 주장과 한 가닥이 유사할 뿐이다. 크리스티아누의 주장은 내가 다음 장에서 고려하는 것을 포함해 또 다른 가닥을 가지고 있다. 그 대신, 나는 여기서 사회 구성 주장을 제시한다. 철학자와 일반인 모두 정치적 자유가 가치 있다고 생각하는 이유를 사회 구성 주장이 포착하고 있기 때문이다.

위의 3번 전제는 내가 사회 구성 과정에 참여하고 세계가 나의 이익에 적절히 반응하게 하려면 정치적 자유가 필요하다고 주장한다. 사회 구성 주장은 결과 주장outcomes argument과 구별된다. 사회 구성 주장은 개인의 투표권이 유리한 정치적 결과를 도출하는 측면에서 상당한 기대 효용이

---

* 크리스티아누의 2008년 문헌 참고.

** 크리스티아누의 주장은 더 복잡하다. 간단히 말하면, 정의는 모든 사람이 동등하게 대우받고 모든 사람의 이익이 동등하게 증진될 수 있게 요구한다고 주장한다. 모든 사람은 세상에서 집에 있는 것처럼 편안함을 느끼는 일을 포함해 세 가지 기본적 관심사를 갖고 있다. 이익이 동등하게 증진된다는 사실을 확신하기 위해서는 정의가 행해지는 것만으로는 안 되며, 행해지는 것으로 보여야 한다. 그리고 다양한 편견과 인지적 약점 등에 비추어 볼 때, 정의가 행해지는 것으로 보일 수 있는 유일한 방법은 동등한 정치권력이 주어지는 것이다. 이것은 민주주의가 정당화되는 이유에 대한 주장이지만, 정치적 자유가 개개인에게 가치 있다는 것을 보여 주기 위한 하위 주장도 포함한다. 여기서 사회 구성과 지위 논쟁에 대한 나의 논의는 크리스티아누에게 골칫거리다.

있다고 여긴다. 그렇다고 해서 도구적 가치가 있다고 주장하는 것으로 해석해서는 안 된다. 위에서 보았듯이 이 주장은 거짓이다.

사회 구성 주장의 3번 전제에 대한 더 그럴듯한 해석은 내가 선거권과 피선거권을 갖는 일은 정부가 나의 이익에 반응하도록 돕는 힘을 얻는 일이라는 것이다. 나 혼자서 정부가 모든 것에 반응하게 만들 수는 없지만, 다른 사람과 함께 행동해서 정부를 반응하게 하는 원인의 일부가 될 수는 있다. 만약 내게 유리한 정치적 결과가 나온다면, 나는 스스로 "내가 그렇게 되도록 도왔지"라고 말할 수 있다.* 이것으로 나는 세상에서 더 편안함을 느끼게 될 수 있다.

그러나 이 주장의 한 가지 문제는 인과관계에 관한 논쟁적인 견해에 의존한다는 점이다. 열 명의 사람이 창문에 돌을 던지고, 열 개의 돌이 동시에 창문을 깨뜨린다고 가정해 보자. 내가 창문을 깼나? 네가 그랬어? 열 명이 함께 깨뜨리긴 했지만, 개인적으로는 누구도 깨지 않았잖아? 형이상학자들은 이러한 질문들을 계속해서 토론한다. 답은 명확하지 않다. 이상적으로 정치적 자유나 참여가 가치 있는지에 관한 질문은 인과관계의 형이상학적이고 어려운 논쟁에 의존하지 않을 것이다.**

다행히 3번 전제에 대한 그럴듯한 해석이 있고, 그것은 덜 논쟁적인 형이상학에 의존한다. 3번 전제는 선거권과 피선거권을 가지고 바람직한 결과를 이끌어 내는 데 참여할 수 있다는 주장으로 해석될 수 있다. 이러한 해석은 더 약한 형이상학적 주장을 한다. 내가 창문을 깨거나 후보를 선출하지 않더라도, 나는 창문을 깨거나 후보를 선출하는 집단 활동에 참여한다.

---

*　이 주장을 지지하는 정교한 논의는 턱Tuck의 2008년 문헌 참고.

**　참여자와 비참여자 모두 선거 결과에 인과적인 책임이 있다는 주장에 대한 옹호는 골드만 Goldman의 1999년 문헌 참고.

사회 구성 주장은 일부 시민이 정치적 자유를 가치 있다고 생각하는 이유를 설명할 수 있다. 사람은 민주적인 절차에 참여하는 일을 즐길 수 있다. 이것을 충분히 즐긴다면 기회비용을 고려해도 투표하거나 공직에 출마하는 일은 가치 있다. 만약 그렇다면, 정치적 자유를 갖는 것은 가치 있을 수 있다. 이런 관점에서 투표를 하는 것은 스포츠 경기에서 '파도타기' 응원을 하기로 결정하는 것과 매우 비슷하다. 파도타기는 개인의 참여 여부와 상관없이 발생하겠지만, 참여하면 즐겁거나 가치 있을 수도 있다.

하지만 여전히 정치가 사회 구성을 위해 제공하는 수단은 약하다. 일부 이유는 틈이 없다는 것이다. 민주적인 정치적 결정은 모두에게 동등하게 적용되며, 결과가 싫어도 대개는 탈출구가 없다. 정치적 자유가 왜 가치 있는지 설명할 때, 크리스티아누(그리고 크리스티아누가 지적 동맹으로 영입한 정치 이론가 마이클 왈저Michael Walzer)는 '집에 있는 것being at home'이라는 은유를 사용한다.*

정치적 자유는 우리가 집에 있는 것처럼 편안함을 느낄 수 있게 도와야 한다. 하지만 이것은 오해의 소지가 있다. 집은 아주 편하다. 우리는 대부분 취향에 따라 집을 꾸밀 수 있다. 집은 우리가 지지하는 원칙에 의해 관리된다. 집을 꾸미는 문제를 공개적으로 숙고할 필요가 없고, 다른 사람에게 가구 배치의 이유를 둘러댈 필요도 없다. 또한 많은 사람이 일할 곳을 선택해서 직업 환경을 형성할 수 있다. 우리는 사회에서 완전히 편안하다고 느끼지는 못해도, 최소한 편안함을 느낄 만한 틈새를 찾을 수 있다. 그러나 정치에는 진정한 틈새가 없다. 나는 마리화나 범죄화와 농업 보조금 지급이 어리석고 부당하다고 생각하지만, 정치에는 내 의견을 수용할 틈

---

* 왈저의 1988년 문헌을 인용한 크리스티아누의 2008년 문헌.

새가 없다(혹은 내가 그 틈새로 이전하려면 엄청난 비용이 든다).

정치가 사회 구성을 위해 제공하는 수단이 약한 또 하나의 이유는 시민 개개인이 거의 무력하기 때문이다. 개별 시민의 힘은 너무 약해서 선택의 여지가 없다. 다수의 입장에 따라 '우호적인 결과를 도출하는 데 도움'을 주거나 고작 반대 신호를 보내는 식으로 다수의 입장을 거스를 뿐이다. 이런 점을 생각해 보면, 정치 참여가 사회 구성에 관여하는 유익한 방법이라는 주장을 진지하게 받아들이기 어렵다.

당신은 다수결 투표로 선거 결과를 만들어 내는 데 참여한다. 그러나 투표를 통한 권한은 엉터리처럼 보인다. 비유를 들어 생각해 보자. 당신이 해변에서 수영하고 있다고 가정하자. 큰 파도가 당신을 향한다. 당신은 그냥 그 자리에 있을 수도 있고, 파도를 타고 수영할 수도 있다. 하지만 파도를 되돌릴 수는 없다. 만약 당신이 파도를 타기로 결정한다면, 당신은 파도에 참여한다고 볼 수도 있다. 만약 당신이 물을 밀면, 당신은 물의 일부가 더 빨리 해안에 도달하게 도울 수도 있다. 그러나 이것을 공유 조절 sharing control이라고 생각하는 것은 타당하지 않아 보인다.* 당신이 물속에서 편안함을 느낀다면, 당신이 물에 적응한 것이지 물이 당신에게 적응했기 때문은 아니다.

승리한 후보에게 투표한 유권자는 당선을 도운 것처럼 여겨진다. 패배한 후보에게 투표한 유권자에게는 이러한 혜택이 없다. 패자들에게 투표권은 선호하는 후보가 미래에 이길 수 있게 돕는 기회일 뿐이다. 하지만 선호하는 후보가 해마다 패배하는 끈질긴 소수자들에게는 이런 기회조차 없다.

---

* 누군가는 민주주의에서 국민은 바다라고 말하면서 이 비유에 반대할 수도 있다. 우리 각각은 아마도 모두 똑같이 효과적인 물 분자일 것이다. 하지만 파도는 바다를 통과한다. 각각의 물 분자는 파도에 대항하기에는 무력하다.

후보가 이길 수 있게 돕는 기회를 얻으려면 다른 유권자가 선호하는 것에 따라야 한다. 미국에서 개별 유권자들은 민주당이나 공화당을 선택할 수 있다. 만약 양쪽 다 싫다면 할 수 있는 것이 별로 없다.

요약하자면, 정치적 자유와 참여는 특별한 상황에서만 우리에게 힘을 실어 준다. 자율성과 사회 구성 주장은 결과 주장이 실패한 것과 같은 이유로 실패한다. 이 주장들이 성공하기 위해서는 시민 개개인이 실제보다 훨씬 더 많은 힘과 영향력을 가져야 한다.

지배 중지

신공화주의 철학자 필립 페팃Philip Pettit은 우리에게 "주종 관계는 왜 도덕적으로 잘못되었는가?"라고 묻는다. (내가 여기서 논의하는 '공화주의 republicanism'는 정치적 과정이 어떻게 자유를 보호할 수 있는지에 대한 이론과 함께 자유에 관한 특정 개념을 옹호하는 정치철학이다. 미국 공화당을 말하는 것이 아니다. 미국 공화당원 중 철학적 공화주의자는 거의 없다.) 주인이 노예에게 잔인하다거나 노예의 계획을 방해할 수 있다는 얘기가 아니다. 그 이유를 알기 위해, 당신이 유별나게 친절하고 관대한 주인을 가진 노예라고 상상해 보자. 주인은 어떤 명령도 내리지 않고 당신을 방해하지도 않는다. 하지만 페팃은 당신이 어떤 중요한 의미에서 노예가 아닌 사람보다 덜 자유롭다고 말한다. 주인은 간섭하거나 통제하지 않지만, 그렇게 할 수 있는 권한과 능력이 있다.

페팃은 이것이 자유에 대한 자유주의적 개념에 결함이 있다는 것을 보여 준다고 생각한다. 고전적 자유주의자인 이사야 벌린Isaiah Berlin은 자신과 다른 자유주의자들이 자유를 타인의 간섭이 없는 상태로 정의하는 경향이 있다고 주장한다. 페팃은 이러한 자유 개념이 주종 관계의 잘못된 점을 모두 설명할 수는 없다고 지적한다. 결국, 친절하고 관대한 주인의 사례처럼 노예는 간섭받지 않지만 직관적으로 자유롭지 않다. 페팃은 우리에게 자유에 대한 새로운 개념이 필요하다고 생각한다. 즉 지배되지 않는 자유다. 자유는 간섭의 부재가 아니라, *지배*의 부재다.

다음 조건이 있을 때, 한 사람(지배자라고 부르겠다)은 다른 사람(피해자라고 부르겠다)을 지배할 수 있는 능력이 있다고 말한다.

- 지배자는 피해자의 선택을 방해할 능력이 있다.
- 지배자는 처벌받지 않고 마음대로 이 능력을 행사할 수 있다.*

이것은 집단에도 적용된다. 집단이 개인을 지배할 수도 있고, 집단이 다른 집단을 지배할 수도 있고, 개인이 집단을 지배할 수도 있다.

철학적 공화주의자들은 비지배적 자유를 실현하는 데 올바른 종류의 민주주의가 필수라고 주장한다. 자유주의자와 마찬가지로 정당한 법적 절차, 견제와 균형, 삼권분립의 원칙, 헌법으로 보장된 언론과 집회의 권리를 옹호한다.** 또한 자유주의자와 마찬가지로 이러한 장치들이 불완전하다고 걱정한다. 경찰부터 관료, 상원의원에 이르기까지 공직자들은 다른 사람에 대해 어느 정도 독단적인 권력을 계속해서 누리고 있다.

공화주의자들은 공직자의 독단적 권력 행사를 줄이려면 시민이 정치에

---

* 페팃의 1996년 문헌.
** 러벳의 2014년 문헌.

적극적으로 참여해야 한다고 믿는다. 철학자 프랭크 러벳Frank Lovett은 다음과 같이 말한다.

> '독단적 권력 문제'에 대한 공화주의적인 해결책은 민주주의를 강화하는 것이다. 적절하게 설계된 민주주의 제도는 시민에게 대표자의 결정에 이의를 제기할 수 있는 효과적인 기회를 제공해야 한다. 이의 제기의 가능성은 재량권을 행사하는 공직자들이 자신들의 목표 또는 목적, 그리고 사용할 수단 등에 관해 대중이 이해할 수 있게 설명하도록 만든다. 이렇게 공화주의적 자유를 보장하기 위해 필요한 재량권은 독단적이지 않은 것으로 여겨질 수 있다.*

공화주의자는 이런 식으로 민주주의를 '강화'하려면 두 가지 주요한 변화가 필요하다고 주장한다. 첫째, 공적 숙의를 확대해야 한다. 입법기관, 법원 또는 관료 조직 같은 정치적 의사 결정 기구는 공개 포럼에서 의사 결정의 근거를 정기적으로 제시해서 대중이 이의를 제기하고 토론할 수 있게 해야 한다. 일부 공화주의자는 그러한 포럼이 시민들이 결정에 반대하거나 심지어 뒤집을 수 있는 '항소법원'의 역할을 해야 한다고 주장한다.**

이것이 해결책인지 아닌지는 실제로 숙의가 어떻게 진행되느냐에 달려 있다. 제3장에서 보았듯이 숙의에 관한 경험적 연구는 실망스럽다. 공화주의자들이 이상적이거나 이상에 가까운 숙의가 정부의 다른 문제를 해결할 수 있다고 말하는 것과 실제 정부에서 현실적 숙의가 문제를 해결할

---

* 러벳의 2014년 문헌 발췌.
** 페팃의 2012년 문헌.

수 있다고 말하는 것은 별개다.

둘째, 공화주의자는 더 큰 포용과 *진정한 정치적 평등이 있어야 한다고* 주장한다. 모든 시민은 공개 논쟁에 참여할 동등한 권리를 가져야 한다. 공화주의자는 공식적인 정치적 평등만으로는 충분하지 않다고 여긴다. 일부 시민은 (재산, 가족 또는 명성으로 인해) 다른 사람들보다 실질적으로 더 많은 영향력과 힘을 지니고 있다. 모든 시민이 공평하게 참여할 수 있도록 보장하려면 선거 자금 조달, 광고, 로비 등에 제한이 있어야 한다. 그래서 공화주의자는 정기적이고 경쟁적인 선거만으로는 부족하다고 생각한다. 결정이 내려지기 전과 후에 숙의 민주주의가 필요하다고 생각한다. 우리는 정치권이 돈, 명성 또는 다른 관련 없는 요소들에 과도한 영향을 받지 않도록 보호할 필요가 있다.

공화주의자는 자유주의자와 달리 자비로운 자유주의적 독재자 아래의 시민이 자유로울 수 있다는 것을 부정한다. 공화주의자는 뚜렷하고 우월한 자유의 개념을 옹호하며, 이러한 자유를 실현하기 위해서는 강력한 참여 및 숙의 민주주의 체제가 필수적이라고 주장한다.

공화주의의 주요 이론적 동기는 불간섭으로서의 자유에 대한 전통적인 자유주의적 개념의 결함이었을 것이다. 자유주의자는 아마도 무엇이 노예를 자유롭지 않게 하는지 적절히 설명할 수 없을 것이다. 주인이 노예를 간섭하거나 통제하지 않아도, 주인에게는 처벌받지 않고 그렇게 할 수 있는 권한이 있다는 페팃의 주장을 기억해 보자.

나는 자유를 비지배의 개념으로 파악하는 것에 어떠한 이념적 반대도 하지 않는다. 또한 페팃과는 다른 이유로 페팃의 정책 제안 일부를 지지한다. 나는 페팃이 자유주의에서 문제를 발견했는지 확신할 수 없지만, 벌린이 자유주의자가 자유를 어떻게 생각하는지를 설명하는 방식에서 문제를 발견했다. 자유주의자들은 단순히 아무도 간섭하지 않는다는 이유만으로 어떤 사람이 자유로운 것은 아니라고 오랫동안 주장해 왔다. 간섭에 대항하는 권리를 가졌는지도 확인해야 한다. 자유주의자들은 친절하고 자유주의적인 주인이라도 노예의 권리를 침해하기 때문에 자유롭지 않다고 페팃에게 응수할 수 있다. 아무리 관대한 주인 아래의 노예라도 여전히 자유롭지 못한 이유에 대한 설명이 준비되어 있는 듯하다. 페팃이 시민을 지배에 노출하는 것으로 묘사하는 상황, 자유주의적 자유의 개념이 부적절하다는 것을 자유주의자에게 납득시키려는 상황 등은 자유주의의 권리가 불안정하거나 부적절하게 보호되는 모습이다. 자유주의자는 페팃에게 벌린이 자유주의 개념을 잘못 해석했다고 대답할 수 있다. 자유주의자가 보기에, 간섭으로부터 권리를 적절히 보호한 사람은 자유롭다. 이것은 페팃에 대응해서 자유주의 개념을 수정한 게 아니라, 자유주의자들이 줄곧 가지고 있던 개념으로 여겨진다.

나는 이 문제에 연연하지 않을 것이다. 여기서 우리의 진짜 관심사는 페팃이 생각하는 것처럼 동등한 사람들 사이의 적극적인 정치 참여가 지배를 예방하는 데 필수적인지 여부이기 때문이다. 이것은 동등한 참여를 장려할 뿐만 아니라, 시민 개개인에게 강력하고 동등한 정치적 자유를 주어야 지배로부터 보호할 수 있다는 생각이다. 페팃의 견해가 옳다면, 민주주의는 말할 것도 없고 정치 참여는 지배를 방지하는 수단으로 도구적 가치가 있다. 공화정 체제에서 시민에게 동등한 정치적 권리를 주지 않는 것은 정의롭지 못하다. 시민이 부당한 지배에 노출되기 때문이다.

*개인들이 모인 집단*에 관해 이야기하면 페팃의 견해가 옳은 것 같다. 만약 우리가 모든 흑인의 투표권과 공직 출마권을 박탈한다면, 다른 인종의 사람들이 흑인을 착취하고 지배하고 억압하는 일을 불러일으킬 것이다.

그렇다고 해서 어떤 흑인 개인이 정치적 자유를 갖거나 정치에 참여하는 일이 가치 있다는 뜻은 아니다. 충분한 수의 흑인이 정치적 자유를 가지고 있어야 흑인 개개인에게도 가치가 있다. 개인의 투표와 개인의 참여는 거의 중요하지 않기 때문에, 흑인은 다음의 A 상황과 B 상황 사이에서 거의 차이가 없을 것이다.

A. *개인을 제외하고* 모든 흑인은 정치적 자유를 가지고 있다.
B. 모든 흑인(개인을 포함해서)은 정치적 자유를 가지고 있다.

만약 A가 흑인 개인이 지배당하는 것을 막기에 충분하지 않다면, 예외 상황을 제외하고는 B 역시 마찬가지로 충분하지 않다.* 정치적 자유와 참여는 *내가 속한 집단*에 매우 큰 힘을 실어 줄 수 있지만, 그것이 나에게 힘을 실어 주는 것은 아니다.

나와 같은 사람들이 자신을 보호하는 방식으로 투표할 때만, *나와 같은 사람들*에게 투표권을 주는 것이 자신을 보호하는 경향을 띤다. 나는 여러 집단에 속해 있다. 나 같은 사람에게 자격을 주는 많은 집단이 있다. 어떤 곳은 크고, 어떤 곳은 작다. 일부는 집단적으로 투표하는 경향이 있고(그 집단 회원의 지위가 투표 행위에 영향을 미치는 것으로 드러났다), 일부는 그렇지 않다. 집단의 투표가 개인의 이익을 보호하거나 증진하는 경향이 있는지 여부는 복잡한 경험적 질문이다. 집단 내의 모든 사람에게 투표 권한을 주는 게 그 집단을 보호한다고 생각하면서 얼버무리고 싶지는 않다. 그것은 자신의 이익을 보호하는 방법으로 투표할 수 있을 만큼 충분한 정

---

* 누군가는 투표권을 갖는 것이 지배의 정의에 의해 지배당하지 않기 위한 필수 조건이라고 주장할 수도 있다. 그러나 이것은 지배를 명백한 가치가 없는 것으로 정의하는 듯하다.

보를 알고 있는지를 포함해서 어떻게 투표하는지에 달려 있다. 또한 집단 밖의 사람들이 다른 집단에 해를 끼치기 위해 투표하는지 아닌지를 포함해서 어떻게 투표하는지에 달려 있다.

결국 다른 사람이 나를 지배하고 착취하는 일을 막기 위해 정치적 자유가 필요하다는 말은 잘못된 것 같다. 내가 지배당하는 일을 막는 것은 다른 시민들이 스스로 혹은 어떤 식으로든 자제하기 때문이다. 만약 다른 시민들이 나쁜 행동을 하기로 마음먹는다면, 나의 투표권이나 공직 출마권으로는 막을 수 없다. 도덕적인 다수가 부당한 소수를 막거나, 법원이 막거나, 다양한 절차적 견제와 균형이 막거나, 스스로 막는다. 하지만 내일 우리나라의 모든 사람이 나를 간섭하거나 지배하기로 결정한다면, 나의 정치적 권리를 보호하는 일은 양동이로 홍수를 막겠다는 것과 다름없다.*

게다가 공화주의자들이 왜 에피스토크라시보다 민주주의를 선호하는지 불분명하다. 에피스토크라시는 공화주의적 자유와 양립할 수 있어 보인다. 기본적인 정치 지식 시험을 통과하는 시민에게만 참정권을 주는 에피스토크라시 체제를 떠올려 보자. 상위 95퍼센트의 시민은 시험에 통과하지만, 하위 5퍼센트는 실패한다고 가정하자. 상위 유권자 집단이 다른 유권자들을 지배할까? 그럴 것 같지 않다. 에피스토크라시는 공화주의자들이 선호하는 숙의 포럼, 시민 항소법원, 선거비용 제한 등을 통해 '강화' 장치를 유지할 수 있다. 누구나 정치 참여가 가능한 상황에서 절차적 견제와 균형이 정부 관료나 특수 이익집단의 시민 지배를 막는다고 해 보자.

---

* 누군가는 투표권이 없을 때만 시민이 지배된다고 주장할 수도 있다. 이러한 관점에서, 자동으로 투표권을 갖는 것은 국가가 무엇을 하든 지배받지 않는다는 의미다. 이것은 더 논의할 가치가 없을 정도로 믿기 어려운 얘기다.

하물며 가장 무지하거나 잘못된 정보를 가진 시민에게는 투표권을 주지 않는데도, 절차적 견제와 균형이 갑자기 실패하는 이유가 무엇인지 분명하지 않다. 공화주의자들은 누군가 당신을 마음대로 지배하지 못하게 하는 충분한 제도적 견제가 시행될 때 비지배의 자유를 누린다고 생각한다. 하지만 당신의 개별적인 투표권이나 참여권이 지배를 멈추는 데 꼭 필요하다고 생각할 만한 그럴듯한 이유는 없다.

공화주의자는 자신이 선호하는 제도(견제와 균형, 경쟁적인 숙의 포럼 등)를 모방한 에피스토크라시 체제에서도 시민들이 동등한 지위를 갖지 못할 것이라고 불평할 수 있다.* 하지만 그것은 평등과 지위에 관한 불만이며, 불평등한 정치적 권리를 나타내는 의미의 불만이다. 자유나 권력에 관한 불만이 아니기 때문에 여기서는 제쳐 두겠다. 다음 장에서 이 문제들을 아주 길게 생각해 볼 것이다.

두 가지 도덕적 힘의 개발?

지금까지 내가 헤아려 본 각각의 주장(민주주의가 우리 개개인에게 어떻게 힘을 실어 줄 수 있는지에 관한)은 널리 공유된 신념과 도덕적 직관에 기초한다. 그런데 이번에는 훨씬 난해하고 이론적인 주장을 탐구한다. 많은 분석적 정치철학자가 지지하지만, 다른 사람들은 거의 지지하지 않는 견해를 살펴볼 것이다. 일반 독자들은 이 부분을 건너뛰고 싶을 수도 있다.

---

* 예를 들어, 페팃의 2012년 문헌 참고. 페팃은 공화 민주주의가 이상적인 무정부 상태보다 낫다고 주장한다. 심지어 항상 어김없이 옳은 일을 하는 천사들의 사회조차 공화정이 되면 더 나아지리라고 생각한다. 나는 이러한 주장이 아주 이상하다고 생각한다.

지난 세기의 가장 중요한 분석적 정치철학자인 롤스는 주요한 도덕 원칙 두 가지를 특징으로 하는 정의론('공정으로서의 정의justice as fairness'라고 불린다)을 발전시켰다. 첫 번째 원칙인 '자유 원칙liberty principle'은 각각의 시민이 '충분히 적절한' 기본 권리와 자유를 누릴 것을 요구한다. (롤스의 두 번째 정의 원칙은 여기서의 담론과는 관련이 없을 듯하다.)

일단 사회가 모든 사람이 괜찮은 삶을 누릴 수 있는 발전 수준에 도달하면, 이 자유 원칙이 다른 모든 것을 능가하는 경향이 있다. 예를 들어, 어떤 이상한 인과관계 때문에 한 사람의 언론 자유를 제한하면 10년 동안 매년 3퍼센트씩 GDP가 성장한다고 해 보자. 롤스는 그것이 부당하다고 생각한다.*

여기서 우리와 가장 관련 있는 것은 롤스가 정치적 자유, 특히 투표권과 출마권을 어떻게 다루느냐는 것이다. 롤스의 정의론에서 투표권과 공직에 출마할 권리는 이미 특권을 지닌 다른 기본권과 자유보다 더 특별한 지위를 갖는다. 롤스는 정의가 시민에게 '자신의 정치적 자유의 공정한 가치'를 보장받도록 요구한다고 말한다.** 롤스 학파의 저명한 학자 새뮤얼 프리먼 Samuel Freeman은 정치적 자유의 공정한 가치를 이렇게 설명한다. "그것은 선거운동에 대한 공적 자금 지원과 후보자에 대한 사적 기부 금지를 포함해서, 재산과 사회적 지위와 정치 과정에 미치는 영향력을 무효화하는 조치를 통해 모든 시민에게 동등한 정치 참여의 권리가 공평하게 보장되어야 한다는 정의의 요건이다."

---

* 예를 들어, 영향력 있는 경제학자가 재정 정책에 대해 잘못된 견해를 지녔다고 상상해 보자. 만약 이 견해가 널리 받아들여진다면, 사람들은 그에 따라 투표할 것이다. 이런 상황은 경제 성장을 늦추게 된다. 하지만 정부가 이 경제학자를 검열한다면, 유권자가 경제학자의 나쁜 조언을 따르는 정치인에게 투표하는 일을 막을 수 있다.

** 프리먼의 2007년 문헌.

나는 선거에 공적 자금을 지원해야 한다는 롤스의 신념과 같은 정책 제안에는 관심이 없다. (그렇지만 많은 롤스주의자가 선거 기부의 영향에 대한 경험적 정치학 연구 문헌에 조예가 깊지 않다는 점이 걱정된다.)* 오히려 흥미로운 것은 다른 부분이다. 첫째, 롤스는 투표권과 공직 출마권이 우리의 기본 자유 중 하나라고 한다. 둘째, 이러한 정치적 권리는 다른 자유보다 더 높은 지위에 있다고 주장한다. 왜 그렇게 생각할까?

어떤 것이 기본 자유인지 아닌지에 대해 롤스는 마지막으로 철학적 실험을 했다. 그것은 롤스가 '두 가지 도덕적 힘'이라고 부르는 것과 올바른 연관성이 있는지와 관련 있다. 롤스에 따르면, 두 가지 도덕적 힘은 올바른 삶의 감각을 발달시키는 능력과 정의감에 대한 능력이다. 첫 번째는 합리성rationality이라고도 불리는 것으로, '선善에 대한 합리적 개념을 갖는 능력'을 말한다. 즉, '생명의 의미를 추구하는 관점에서, 가치를 형성하고 수정하고 합리적으로 추구하는 능력'이다. 두 번째는 타당성reasonableness으로, '공정한 협력의 관점에서, 타인을 이해하고 활용하며 서로 돕는 능력'이다.** 롤스에게 이 두 가지 힘은 인간을 특별한 고려의 가치가 있는 도덕적 존재로 만드는 것이다. 그것은 우리를 '하위' 동물과 구분해 준다. 이러한 힘이 인간이 고양이나 벌레보다 더 엄격하고 까다로운 도덕적 권리를 가질 수 있는 이유를 어떤 식으로든 설명한다는 것이 그럴듯하다.

프리먼의 견해에 따르면, 기본 자유(정치적 권리 포함)와 도덕적 힘 사이

---

* 정치학의 지배적인 견해는 선거운동 지출이 생산비가 아니라 소비 비용이라는 것이다. 돈은 승자를 쫓는 경향이 있지만, 승자를 만들지는 않는다. 로비와 부패가 존재하지만, 선거 자금은 문제가 아니다. 선거 자금이 당선자나 당선자가 시행할 정책을 좌우한다는 증거는 거의 없다. 예를 들어 안솔라베헤레Ansolabehere·드 피게이레두de Figueiredo·스나이더Snyder의 2003년 문헌, 스트라트만Stratmann의 2005년 문헌, 홀Hall·디어도프Deardroff의 2006년 문헌, 바움가르트너Baumgartner 등의 2009년 문헌 참고.

** 프리먼의 2007년 문헌.

의 연관성은 다음과 같다. "롤스가 자유를 기본으로 여기는 것은, 전 생애에 걸쳐 도덕적 인격의 두 가지 힘을 적절히 개발하고 완전히 행사하기 위해서는 자유가 필수적인 사회적 조건이기 때문이다." 프리먼은 두 가지 도덕적 힘을 개발하기 위해 모든 시민이 가져야만 하는 자유가 기본 자유라고 설명한다.* 이것을 기본적인 자유에 대한 롤스-프리먼 시험이라고 부르자. 모든 시민이 전 생애에 걸쳐 자신의 두 가지 도덕적 힘을 적절히 개발하고 완전히 행사하기 위해 X라는 자유가 필수 조건이라는 사실이 밝혀졌을 때만, X는 기본 자유의 자격을 갖는다. 이 시험을 통과하는 것은 무엇일까?

롤스-프리먼 시험을 설명하기 위해, 무엇이 기본적인 자유로 여겨지는지 정치 이론가 존 토마시John Tomasi와 프리먼의 토론을 살펴보자. 토마시는 롤스의 기본 자유 목록이 너무 짧다고 생각한다. 롤스는 특정 시민권이 기본 자유에 속한다고 믿지만, 개인 재산을 소유할 권리와 직업을 선택할 권리를 제외한 어떤 자본주의적 경제권도 기본 자유가 아니라고 생각한다. 토마시는 계약의 자유나 생산재를 소유할 권리 같은 특정한 자본주의적 경제권을 기본 자유 목록에 포함해야 한다고 주장한다. 그는 많은 시민이 올바른 삶에 대한 개념을 발전시키거나 정의감을 발휘하기 위해 이러한 권리가 필수적이라고 주장한다.

하지만 프리먼은 공장을 소유하는 일이 올바른 삶에 대한 일부 사람들의 개념에 꼭 필요해도, 기본 자유에 생산재 소유권이 들어가야 한다는 의미는 아니라고 토마시에 대응한다. 프리먼은 모든 시민이 올바른 삶에 대한 개념을 위해 자본주의적 자유가 필요하지는 않다고 강조한다. 어

---

* 새뮤얼 프리먼, 「경제적 자유는 기본 자유가 될 수 있는가Can Economic Liberties Be Basic Liberties」(블리딩 하트 리버테어리언즈, 2012. 6. 13.).

떤 것이 기본 자유가 되기 위해서는, 합리적인 모든 사람이 올바른 삶이나 정의감을 발전시키기 위한 능력에 필수적이어야 한다고 말한다. 프리먼은 두 가지 도덕적 힘을 발전시키기 위해 어떤 사람들에게는 자본주의적 자유가 필수적이지만, 모든 사람에게 그런 것은 아니라는 점을 토마시가 보여 줬다고 지적한다. 자본주의적 자유는 롤스-프리먼 시험을 통과하지 못한다는 뜻이다.

프리먼은 아마도 가장 중요한 롤스 학자이며 해석가일 것이다. 그가 롤스를 잘못 알고 있을 수도 있지만, 나는 롤스와 관련해서는 그의 견해를 따른다. 롤스의 주장에 관해 나의 판단보다 프리먼의 판단을 더 신뢰한다. 그래서 나는 롤스에 대한 프리먼의 해석이 정확하다고 가정하겠다.

토마시에 대한 프리먼의 반응이 결정적이라고 해 보자. 계약 또는 공장 소유와 같은 자본주의적 권리는 롤스-프리먼 시험을 통과하지 못한다. 문제는 어떤 것이 그 시험을 통과했는지 명확하지 않다는 점이다. 만약 롤스-프리먼 시험이 적절하다면, 기본 자유로 여겨지는 것이 무엇인지 불분명하다.

프리먼은 모든 사람이 정의감이나 올바른 삶을 개발하고 완전하게 실행하기 위해 특정한 경제적 자유가 필요하지 않은 한, 이러한 자유는 (롤스-프리먼 시험에서) 기본적인 것으로 여겨지지 않는다고 주장하면서 토마시에 대응한다. 하지만 프리먼이 토마시를 상대로 그런 행동을 할 수 있다면, 나도 그와 비슷한 행동을 프리먼에게 할 수 있다.

프리먼은 토마시에게 덴마크와 스위스 사람들이 러시아 사람들보다 훨씬 더 많은 경제적 자유를 누리고 있다고 말할지도 모른다. 하지만 이것이 러시아 사람들은 정의감이나 올바른 삶에 대한 개념을 발전시키는 일이 불가능하거나 어렵다는 의미는 아니다. 실제로 러시아 사람 대다수는 정의감과 올바른 삶의 감각을 개발한다. 사실, 토마시가 중요하게 생각하는 경제적 자유를 시민에게 허용하는 나라는 아마도 10여 개국에 불과할 것이다. 그렇지만 여러 나라의 시민 대부분이 두 가지 도덕적 힘을 개발할 수 있고, 또한 개발하고 있다. 기본 자유 목록을 확대하자는 토마시의 주장이 효과가 없다는 의미다. 그것은 롤스-프리먼 시험을 통과하지 못한다.

롤스와 프리먼이 옳다는 게 아니다. 자본주의의 자유를 기본 자유로 삼지 않는 이유는 정치적 자유를 포함해서 좌파 자유주의자의 자유에도 똑같이 적용된다. 롤스와 프리먼은 사람들이 광범위한 언론의 자유, 참여의 자유, 투표와 공직 출마 등의 기본적인 권리를 가지고 있다고 생각한다. 그러나 정의감이나 올바른 삶에 대한 개념을 발전시키기 위해 이러한 자유나 롤스가 말하는 다른 기본 자유를 가져야만 한다는 것도 믿을 수 없다.

다시 말하지만, 세계에서도 소수의 국가만이 실제로 시민에게 롤스가 말하는 모든 범위의 기본 자유를 제공한다. 정치적 자유의 공정한 가치를 보장하는 나라는 거의 없다. 그러나 불공정한 국가 중에서도 압도적인 다수의 사람이, 기본 자유가 부족하거나 롤스와 프리먼이 필요하다고 믿는 수준만큼 자유를 보호받지 못함에도 불구하고 정의감과 선에 대한 개념을 발전시킨다(나머지 나라의 사람도 발전시킬 수 있다).

내가 롤스나 프리먼처럼 정의감과 올바른 삶의 감각을 충분히 발달시켰다고 생각해 보자. (롤스의 이론을 따르는 일부는 그들의 선의를 거스르는 지적인 반대자들이 도덕적으로 불합리하다고 믿으며 무시하는 경향이 있기 때문에 이것을 부정할지도 모른다.) 하지만 나는 투표권이나 정치 참여의 권리를 갖는 것에 크게 신경 쓰지 않는다. 나는 투표권을 100달러에 기꺼이 팔 수도 있다. 비록 내가 투표라는 단어가 제목에 들어간 책을 두 권이나 쓰고 관련된 기고를 다수 발표한 정치철학자이긴 하지만, 투표권이나 출마권은 올바른 삶에 대한 나의 개념에 전혀 맞지 않는다. 이런 내가 롤스-프리먼 시험을 반박할 자격이 있을까? 나의 존재는 정치적 자유가 기본이 아니라는 것을 보여 주기에 충분할까?

그렇지 않다면, 종교가 없는 많은 사람에게 종교의 자유는 그다지 중요하지 않다는 점을 떠올려 보자. 그들에게는 종교를 믿기 위한 자유가 아니라 종교로부터의 자유가 필요하다. 또한, 대부분의 사람에게 무료 과학 연구에 참여할 권리는 그다지 의미가 없다. 사람들은 이런 권리를 사용하지 않을 것이다. 문제는 모든 사람에게 필수적인 자유는 거의 없다는 것이다. (이쯤 되면 롤스를 따르는 사람들은 내가 롤스나 프리먼을 잘못 해석했다고 불평할 수도 있다. 그 얘기로 돌아가자.)

엄격하게 말해서 일반인(프리먼이 그랬듯이 '모든 사람'이라고 할 필요도 없이)이 두 가지 도덕적 힘을 발전시키기 위해 필요한 자유는 거의 없는 것 같다. 강력한 권위주의 및 전체주의 정권 아래의 사람들은 도덕적 힘을 키울 수 있는 적절한 평가 범위에 접근하기가 조금 힘들 수 있지만, 불가능하거나 몹시 어렵지는 않다. 두 가지 도덕적 힘을 발전시키기 위해 언론의 자유, 결혼의 자유, 결사의 자유, 정치적 자유가 많이 필요한 것은 아니다. 선거권이나 피선거권은 필요하지 않다. 육체의 완전한 자유도 필요 없고, 국가 공무원들에게 신체적 괴롭힘을 당하지 않을 자유도 필요 없다. 직업 선택권도 필요 없다. 사실, 사람들이 많은 자유 없이 두 가지 도덕적 힘을 발전시키는 것은 쉽게 상상할 수 있다. 스토아철학자 에픽테토스Epictetus는 그 누구보다도 자신의 두 가지 도덕적 힘을 잘 발전시켰다. 말 그대로 노예가 돼서도 그렇게 해냈다. 알렉산드르 솔제니친Aleksandr Solzhenitsyn은 전체주의 정권에서 수용소에 갇혀 지냈음에도 불구하고, 두 가지 도덕적 힘을 키웠다. 기본적인 자유를 박탈당했기 때문에 스스로 두 가지 도덕적 힘을 발전시킨 것으로 보인다. 이 외에도 자유가 부족한 상황에서 두 가지 도덕적 힘을 발전시킨 역사적 사례는 더 있다. 따라서 기본 자유에 관한 롤스와 프리먼의 언급이 옳다면, 근본적으로 어떤 것도 기본 자유가 아니다. 실제로 모든 사람이 도덕적 힘을 발전시키기 위해서 필요한 자유는 없다. 롤스-프리먼 시험은 너무 까다롭다. 어떤 것도 시험에 통과하지 못한다.

이제 롤스와 프리먼은 도덕적 힘을 다시 정의하거나 자세히 설명하며 대응할 수 있다. 그들은 특정 자유를 갖는 일이 어떤 사람들에게 경험적인 문제로서 단지 도구적으로 유용할 뿐만 아니라, 논리적인 문제로서 도덕적 힘을 개발하는 데 필수 요소라는 것을 드러낼 것이다. 하지만 그런 취지의 주장을 보지 않은 상황에서, 나는 그들이 질문을 부탁하는 일 없이 어떻게 이런 대응을 할지 상상할 수 없다.

롤스를 따르는 사람들은 내가 롤스-프리먼 시험을 오해하고 있다고 불평할지도 모른다. 이 시험은 도덕적 힘을 *개발*하는 것뿐만 아니라, *실행*하는 것까지 포함한다. 모든 혹은 대다수 사람이 두 가지 도덕적 힘을 발전시키는 데 투표권이나 출마권은 필요하지 않다고 했던 나의 생각이 맞을 수도 있다. 그렇지만 롤스와 프리먼은 모든 사람이 두 가지 도덕적 힘을 개발하고 실행하는 데 필요할 때만 기본 자유가 될 수 있다고 말한다. 나는 실행 부분을 잊고 있었다. 아마도 그것이 선거권과 피선거권을 정당화하는 단서의 일부일 것이다.

이 반응은 적어도 롤스-프리먼 시험에서는 통하지 않는다. 롤스와 프리먼은 모든 사람이 정의감을 위해 능력을 개발하고 실행하는 데 필요할 때만, 그것에 기본적 자유가 있다고 말한다. 여기서 조금 수학적인 방식으로 논리를 따져 보겠다. □(P & Q) ⊃ (□P & □Q)라는 공식이 있다. P와 Q의 결합은 반드시 P와 Q를 포함한다. 만약 어떤 것이 조건 P와 Q를 반드시 충족해야만 기본 자유의 자격을 얻을 수 있다면, 둘 중 어느 하나의 조건을 충족하지 못했을 때는 기본 자유가 될 수 없다.

롤스와 프리먼은 무언가가 기본적인 자유가 되기 위해서는 모든 사람이 두 가지 도덕적 힘을 개발하고 실행하는 데 필요한 것이어야 한다고 말한다. 따라서 모든 사람이 두 가지 도덕적 힘을 키우는 데 필요하지 않다면, 모든 사람이 두 가지 도덕적 힘을 발휘하는 데 필요하다 해도 그것은 기본 자유가 아니다. 두 도덕적 힘을 개발하고 실행하는 데 필요한 잠재적 기본 자유는 단순히 두 도덕적 힘을 개발하는 데 필요한 잠재적 기본 자유와 크기가 같거나 더 작다.

나는 이것이 롤스와 프리먼이 의도했던 것보다 시험을 더 까다롭게 만들었다고 생각한다. 그들을 대신해서 '그리고and'를 '또는or'으로 바꾸고, 시험을 덜 까다롭고 새로운 것으로 대체해 보자.

> 자유를 기본으로 만드는 것은, 그 자유가 모든 사람의 전반적 삶에서
> 두 가지 도덕적 힘을 적절히 개발 또는 완전히 실행하기 위해 꼭 필요한
> 사회적 조건이라는 것이다.

이 새로운 시험은 앞서 설명한 문제를 해결한다. 물론, 두 가지 도덕적 힘을 발전시키는 데는 자유가 거의 필요하지 않다. 하지만 그것을 행사하기 위해서는 충분하고 동등한 투표권이 필요할 것이다. 모든 사람이 자신의 도덕적 힘을 개발하는 데는 자유가 거의 필요하지 않기 때문에, 수정된 롤스-프리먼 시험에서는 '모든 사람이 도덕적 힘을 행사하기 위해 필요

하다'는 조항이면 거의 다 된다.

그러나 새로운 시험은 롤스와 프리먼이 시키는 일을 하지 않을 것이다. 이 새로운 공식에서 좌파-자유주의적 시민과 정치적 자유는 롤스-프리먼 시험을 통과할 수 있다. 그런데 자본가의 경제적 자유(예를 들어, 광범위한 계약의 자유와 생산재를 소유할 권리 등)도 시험을 통과할 수 있다고 생각할 만한 좋은 근거가 있다. 토마시가 저서 『자유 시장 공정성Free Market Fairness』에서 언급한 이유 때문이다. 토마시의 주장은 롤스와 프리먼 주장의 판박이다. 하지만 롤스와 프리먼은 롤스-프리먼 시험이 좌파-자유주의적 자유를 포함할 만큼 적당히 넓고, 고전적 자유주의의 경제적 자유를 배제할 만큼 적당히 좁은 것이기를 원한다. 토마시는 롤스 또는 프리먼과 비슷하게, 사람들은 자본주의적 자유가 충분하지 않아도 두 가지 도덕적 힘을 쉽게 개발할 수 있지만 충분히 발휘하는 일은 어렵다고 말할 수 있을 것이다.

만약 롤스와 프리먼이 이의를 제기하고 싶다면, 두 가지 도덕적 힘을 행사하는 것에 대해 이념적 형태를 완전히 갖춘 개념을 사용해야 할 것이다. 하지만 그들이 의심할 여지없는 해석을 할 수 있을지 의문이다. 나는 롤스의 주장을 따르는 이들이 그렇게 해석하는 것을 지금껏 본 적이 없다. 반면에 정의감을 충분히 발휘하는 것에 대해서 토마시는 더 넓은 시각을 지녔다. 롤스나 프리먼의 관점보다 더 직관적이며 이론적으로도 그럴듯하다. 토마시는 정의감을 발휘하거나 올바른 삶을 발전시키는 일과 관련 있어 보이는 것을 다수 가지고 있다. 롤스와 프리먼은 그 목록을 절반으로 줄였고, 그게 전부라고 주장했다.

이제 정치적 권리를 생각해 보자. 어느 한 쪽을 지지하기보다는 상식적인 관점에서, 올바른 삶의 감각을 발전시키고 행동하는 능력과 정의감을 발휘하는 것의 의미를 알아보자. 상식적으로 봤을 때, 대부분의 사람은 투표권이나 출마권이 없어도 정의감과 올바른 삶의 감각을 효과적으로 발휘할 수 있는 듯하다. 투표권이나 공직 출마권을 없애는 것은 (다른 이유로) 부당할 수도 있고, (다른 이유로) 당신의 존엄성에 대한 모욕일 수도 있고, 또한 그렇지 않을 수도 있다. 하지만 그러한 권리가 없어도 정의감과 올바른 삶의 감각을 발휘하는 사람이 분명히 있다. 결국 이 장에서 계속 논의했듯이, 이러한 권리는 개인이 많은 것을 할 수 있게 해 주지 않는다. 정의감을 행사하기 위해서는 언론의 자유와 결사의 권리가 훨씬 더 중요하다. 이 권리들은 실제로 우리 개개인의 삶을 형성하는 것을 할 수 있는 힘을 주기도 한다. 하지만 롤스와 프리먼은 기본 자유가 되려면 모든 사람에게 필수적이어야 한다고 말한다.

이것은 투표권이나 공직 출마권뿐만 아니라 다른 기본 자유에도 똑같이 적용되는 듯하다. 보통 사람은 종교의 자유나 직업 선택의 자유에 임의로 많은 제한을 둬도 정의감과 올바른 삶의 감각을 효과적으로 발휘할 수 있다. 예를 들어, 미국인에게 제우스 숭배를 금지했다고 가정해 보자. 이 것은 확실히 종교의 자유를 침해하는 일이다. 하지만 제우스를 숭배하는 사람은 거의 없으므로, 실제로 사람들이 도덕적 힘을 행사하는 것을 방해하지 않는다.

다시 말하지만, 롤스와 프리먼은 이러한 권리가 없으면 진정으로 도덕적 힘을 행사하지 못한다고 주장할 수 있다. 하지만 나는 그들이 어떻게 의심의 여지없이 이러한 주장을 할 수 있는지 모르겠다. 롤스와 프리먼은 기본 자유를 결정하기 위해 도덕적 힘을 개발하고 행사하는 것이 무엇을 의미하는지 직관적인 사고를 활용했다. 즉, 개인의 정의감을 발휘하는 일을 이념적으로 취급하지 말라는 것이다. 어쨌든 그러한 권리 없이는 진정으로 도덕적 힘을 행사하지 못한다고 주장한다면, 그들이 기본 자유에서 제외한 자본가의 권리에 대해 같은 주장을 펴는 토마시에게 당해 낼 수 없다.*

그래서 롤스와 프리먼은 시험을 더 수정해야 한다. 기본 자유와 두 도덕적 힘 사이를 설명하는 다른 연관성을 찾을 필요가 있다. 다음 빈칸을 채워 보자. 어떤 자유의 영역은 두 가지 도덕적 힘을 _____ _____ 경우에만 기본적인 자유로 간주한다. 몇 개의 보기가 있다.

개발하거나 행사하는 데 유용한… 이 답안은 처음에는 좋아 보이지만, 너무 광범위하다. 도덕적 힘을 개발하고 행사하는 데 유용하면서 자유주의자가 당연히 가질 수 없는 것이 많다. 예를 들어, 도덕적 능력을 발전시키기 위해 10살짜리 아이가 다른 사람에게 상처 주는 경험을 하게 하는 것이 유용했다고 가정해 보자. (다른 사람이 고통받는 것을 보고 공포를 느끼고, 죄책감을 통해 공감과 형평성을 발달시킬 수도 있다.) 다른 사람을 해칠 권리(아무리 교육 프로그램의 일부로만 허용된다고 해도)를 기본 자유로 삼자고 제안하는 것은 역시 터무니없는 일이다. 그러나 이 답안은 정확히 그것을 암시한다. 롤스-프리먼 시험의 이 수정안은 너무 광범위하며 거부돼야 한다.

개발하거나 행사하는 데 도움이 되는… 앞의 답안보다는 구체적이지만, 여전히 너무 광범위하다. 앞서 제기한 문제는 여기에도 해당된다. 즉, 사람들이 서로에게 어떤 해로운 일을 하게 허용하는 것이 도덕적 힘을 기르는 데 도움이 될 수 있다는 사실이 밝혀질지도 모른다. 설

---

*   토마시의 2012년 문헌.

령 그렇다 해도 우리는 다른 사람을 해칠 권리를 기본 자유 중 하나라고 말하고 싶지는 않다. 그러나 이 답안은 그렇게 해야 한다고 말한다. 이 답안은 또 다른 면에서 롤스와 프리먼의 목적에 비해 너무 협소하다. 결국 롤스와 프리먼은 투표를 하고 공직에 출마할 수 있는 동등한 권리가 단순한 기본 자유가 아니라, 가장 중요한 기본 자유라고 주장하고 싶어 한다. 그러나 제2장과 제3장에서 보았듯이, 정치심리학적 증거는 정치적 권리(그리고 정치적 발언권) 행사가 대다수 사람의 두 가지 도덕적 힘을 발전시키기보다 방해한다는 점을 강하게 시사한다. 롤스의 주장을 따르는 이들의 기준으로 판단하면, 정치는 우리 대부분에게 나쁘며 더욱더 나쁜 사람으로 만든다.*

개발하거나 행사하는 것을 극대화하는… 이 답안은 앞의 답안과 같은 문제점이 있다.

어떤 자유가 기본 자유인지 아닌지를 따지는 롤스-프리먼 시험은 모든 사람이 정의감과 올바른 삶을 위해 능력을 개발하고 충분히 발휘할 필요가 있다고 한다.** 프리먼에 따르면, 롤스의 말은 모든 사람에게 필요한 것을 의미한다. 하지만 롤스는 프리먼이 언급한 구절에서 이 점을 명시적으로 말하지 않는다.

롤스와 프리먼이 기본 자유라고 부르는 것에 기본적인 자유에 대한 시험을 적용하려고 하는지는 불분명하다. 그들은 시험에 따라 언론의 자유나 투표권 같은 권리가 힘을 키우는 데 유용하거나 제약할 경우 방해될 수

있다는 것을 보여 주면서, 이러한 권리가 기본 자유가 될 수 있는 이유를 설명하려고 노력한다.* 예를 들어, 그들은 만약 정부가 사람들에게 대안적인 생활양식에 관해 읽지 못하게 한다면 올바른 삶에 대한 다른 개념들을 평가하는 데 어려움을 겪을 것이라고 말한다. 하지만 롤스와 프리먼의 문제는 그렇게 하는 것이 불가능하지 않고, 그다지 어렵지도 않다는 것이다. 롤스와 프리먼은 정의가 검열을 금지한다고 생각하지만, 북한 수준은 아니라도 상당한 검열을 하는 정권 아래에서도 사람들은 쉽게 정의감을 기를 수 있다.

기본적 자유에 대한 롤스-프리먼 시험은 역할을 하지 못하는 듯하다. 우리는 정치적 자유와 두 가지 도덕적 힘의 발전 및 행사 사이에서 어떤 연관성도 찾지 못했다.

이 책에서 나는 에피스토크라시와 민주주의 사이의 선택은 대부분 도구적이라고 주장한다. 우리는 더 잘 작동하는 체제를 선택해야 한다. 나는 기본적인 자유를 판별하는 롤스나 프리먼의 이론을 받아들이지 않는다. 그럼에도 불구하고 위의 연습에서처럼 그들의 이론을 나에게 맞춰 사용할 수 있다. 롤스와 프리먼에 따르면, 모든 사람이 두 가지 도덕적 힘을 개발하고 행사하기 위해 필요한 것이 기본 자유다. 그러나 사람들은 두 가지 도덕적 힘을 개발하고 행사하기 위해 투표권이나 출마권이 필요하지 않다. 따라서 롤스의 정의의 제1원칙은 에피스토크라시에 반대하지 않는다. 롤스가 에피스토크라시에 대해 다른 반대 의견을 가지고 있을 수도 있지만, 성공적이지는 않다. 다음 장에서 몇 가지를 살펴보겠다.

---

* 롤스의 1996년, 2001년 문헌 참고.

요약: 본질적인 무력

민주주의에서 모든 시민은 동등한 기본적 정치권력을 가진다. 민주주의는 시민에게 동등한 몫의 기본적 정치권력을 부여하지만, 실제로는 작은 몫이다.

변수 P를 정부의 전권으로 정의해 보겠다. 절대군주제에서 통치권은 한 사람에게 있다. 군주는 합법적으로 P의 힘을 지녔고, 다른 모든 사람은 0의 힘을 가지고 있다. (물론, 사실상 군주의 힘은 P보다 적을 것이고 일부 신하들의 힘은 0보다 클 것이다.)

대의민주제에서는 법에 따라 모든 시민이 전체 권력의 P/N 몫을 갖는다. 여기서 N은 시민의 수다. 물론, 시민이 실제로 권력을 얼마나 갖는지는 차이가 있다. 대통령, 국회의원, 로비스트, 영향력 있는 유명 인사 또는 전문가 등은 더 많은 권력을 가진 반면 다른 사람들은 더 적은 권력을 가졌다.

그러나 불평등한 영향력을 없앤다고 해도, 민주주의에서 시민 개개인이 P/N의 권력을 가졌다고 말하는 것은 오해의 소지가 있다. 보통의 시민은 유권자 또는 잠재적 공직 후보 자격으로 0보다는 큰 극소량의 권력을 지녔다고 말하는 것이 더 적절하다. 대부분의 시민은 정치 활동으로 어떤 변화를 일으킬 가능성이 거의 없다.

나는 미국에서 약 2억 1,000만분의 1만큼의 합법적인 투표권을 가지고 있다. 나는 지난 10년 동안 미국의 군사적 시도에 적극적으로 반대해 왔다. 매파 후보에게 반대표를 던졌지만 미국의 호전성을 2억 1,000만분의 1만큼 줄인 것 같지는 않다. 총알이 발사되는 것을 단 한 발도 막지 못했다. 또한 나는 양도소득세를 0으로 줄이는 대신 더 높은 부가가치세를 제시하고 싶다. 그러나 나의 활동은 세금을 하나도 바꾸지 못했다. 마지막으로 나는 국경 개방을 강력하게 지지한다. 하지만 나의 투표 결과로 미국에 입국한 사람은 단 한 명도 없었으며, 추방되기 전까지 미국에 1초도 더 머물게 하지 못했다. 나의 정치 활동은 법률이나 정책에 전혀 영향을 미치지 않았고, 앞으로도 절대 그럴 수 없을 것이다. 더 나은 자리에 있지 않는 한, 당신도 마찬가지다.

민주주의와 비교했을 때, 에피스토크라시에 관한 불만 중 하나는 그것이 일부 시민에게 주어진 몫의 권력을 박탈한다는 점이다. 그러나 우리는 시민에게 권력 한 조각을 주지 않는 게 아니다. 빵 부스러기만큼도 주지 않는 것이다.*

민주주의가 우리에게 힘을 실어 준다는 생각은 직관적이다. 하지만 그것은 아마도 눈에 띄지 않는 분할의 오류에 기초할 것이다. 민주주의는 확실히 독재 정권과는 달리 우리에게 힘을 실어 준다. 그렇긴 해도 당신, 나, 당신의 친구, 당신의 어머니, 당신의 성인 자녀들에게 힘을 실어 주지는 못한다. 민주주의는 *개인*에게 힘을 실어 주지 않는다. 개인에게 힘을 빼앗는 대신 다수에게 힘을 실어 준다. 민주주의에서 시민 개개인은 거의 무력하다.**

내가 제시한 기본적인 질문 두 가지를 상기해 보자.

- 정치적 권리와 정치 참여는 개인에게 좋은 것인가?
- 개인은 정의의 문제로서 투표권과 공직 출마권을 가지고 있는가?

---

* 나는 이 예시를 벤 손더스에게 들었다.

민주주의가 어떤 식으로든 당신에게 힘을 실어 준다고 생각하면, 이 두 가지 질문에 "예"라고 대답해야 한다. 하지만 민주주의는 당신이나 나에게 실제로 힘을 실어 주지 않기 때문에, 우리는 아직 두 질문에 긍정적으로 대답할 이유를 찾지 못했다.

2015년 몬머스Monmouth대학의 여론조사에 따르면, 미국인은 개인의 정치 참여가 변화를 일으키는 수단으로 가치가 있는지에 대해 점점 더 회의적인 것으로 나타났다.*** 54퍼센트는 "비정치적 활동에 참여하는 것이 주변 세계에서 더 효과적일 수 있다"고 믿는 반면, 28퍼센트만이 "정부와 선거에 관여하는 것이 지역사회에 변화를 가져오는 길"이라고 말한다.**** 일부에서는 이것을 미국 대중이 냉소적으로 변했다는 증거로 받아들인다. 그럴지도 모르지만, 이 경우에는 냉소주의가 사람들의 믿음을 더 합리적이고 현실적으로 만들었다.

** 이것의 좋은 예는 페팃의 2012년 문헌 참고. 페팃은 여러 쪽에 걸쳐서 제약받는 사람이 제약 조건을 통제한다면, 다른 이들에게 제약받는 사람도 지배당하지 않을 수 있다고 주장한다. 예를 들어, 『오디세이』에서 율리시스는 세이렌의 노래를 듣기로 결심한다. 율리시스는 선원들에게 자신을 돛대에 묶고, 귀에 밀랍을 끼우고, 세이렌으로 항해하라는 명령은 무시하라고 말한다. 선원들은 그를 묶고 명령을 무시하지만, 율리시스에게는 여전히 통제력이 있다. 그는 선원들에게 종속되거나 지배되거나 통제되지 않는다. 페팃은 민주적 기구도 법에 대해서 같은 종류의 통제를 행사할 수 있다고 주장한다. 그러나 이 집단의 구성원인 개인이 통제력이나 영향력을 가질 수 있는지는 여전히 불분명하다. 집단은 개인을 제약하는 정부를 통제하지만, 집단을 구성하는 개개인이 그들을 제약하는 정부를 통제하는 것은 아니다.

*** 나는 롭 템피오 덕분에 이 문제에 관심을 갖게 되었다.

**** 필 그레고리Phil Gregory, 「설문 조사 결과, 미국 정부에 대한 냉담한 견해는 많은 사람의 정치적 개입을 막는다Jaded View of U.S. Government Deters Many from Political Involvement, Survey Finds」(뉴스웍스NewsWorks, 2015. 7. 13.) 참고.

제5장

정치는
시가 아니다

AGAINST DEMOCRACY

우리는 왕 또는 그런 사람을 신성시하는 능력을 거의 써 버렸는데,

우리의 숭배 본능은 여전히 너무 강하다 보니

같은 종류의 존경심으로 우리 자신을 쏟아 넣을 준비가 돼 있다.

_오버론 허버트Auberon Herbert,

『주 교육: 도움인가 방해인가?State Education: a Help, or Hindrance?』

수년 전, 투표 윤리에 관한 책에서 나는 다음과 같이 썼다.

투표권의 가치는 '도구적 가치 이외의 부분'에 있다. 개개인의 투표가 많
은 실천적 유용성을 가진 것은 아니다. 오히려 투표권은 동등한 인격을
표현하는 배지다. 나치는 유대인에게 열등감의 상징으로 다윗의 별을
달게 했다. 투표권은 평등을 은유하는 배지다.*

당시 나는 동등한 투표권이 일종의 상징적 가치를 갖고 있다는 널리 퍼
진 견해를 받아들였다. 마을 광장의 동상이나 시구절로 시민 개개인의 동

---

*   슈미츠와의 공저 『자유의 역사』에서 발췌.

등한 존엄성을 표현할 수 있듯이, 투표권을 주는 것으로 동등한 존엄성을 표현할 수 있다고 생각했다. 지금은 이 생각이 매우 부적절하다고 믿는다.

앞 장에서 민주주의가 개인에게 어떤 의미 있는 방식으로 권한을 부여하는지 검토했다. 이제는 민주주의와 정치 참여를 지지하는 다른 주장으로 눈을 돌린다. 이러한 주장들은 민주주의의 상징적 힘에 광범위한 초점을 맞추고 있다. 이를테면 동등한 정치적 권리를 주는 것이 무엇을 표현하는지, 동등하지 않은 정치적 권리를 주는 것은 또 무엇을 표현하는지, 그러한 표현이 사람들의 자부심과 사회적 지위에 어떤 영향을 미치는지 같은 것들이다. 이는 민주주의와 참여가 개인에게 유익하며, 개인이 투표권과 출마권을 갖는 것은 정의의 문제라는 점을 보여 주기 위한 주장이다.

모든 사람이 기본적인 도덕적 평등을 함께 나누는 게 자명하다고 여기는 이들이 많다. 올바른 정부는 모든 사람의 삶이 동등한 가치를 지닌 것처럼 행동해야 한다고 확신한다. 많은 사람이 이러한 기본적 평등을 근거로 민주주의에 찬성하거나 에피스토크라시에 반대하는 주장을 펼치고 싶어 한다. 엘리자베스 앤더슨Elizabeth Anderson은 "참정권의 보편적 적용 압력은 평등의 요구에서 비롯되며… 그에 따라 성인은 누구나 지켜야 할 규칙에 대해 각자 주장할 수 있는 동등한 권한을 가졌음을 적극적으로 인정한다"고 말했다.

이 장에서 나는 민주주의를 지지하고 에피스토크라시에 반대하는 기호론적semiotic 주장을 주로 공격한다. 민주주의를 지지하는 기호론적 주장은 모든 사람에게 동등한 기본 권력을 불어넣는 것이 존경을 표현하고, 전달하거나, 상징한다는 생각에 의존한다. 따라서 에피스토크라시에 반대하는 기호론적 주장은 사람들에게 권력(또는 동등한 권력)을 불어넣지 못하는 것이 무례함을 표현하고, 전달하거나, 상징한다는 생각에 매달린다.

많은 철학자와 일반인들은 각각의 시민에게 동일한 기본적 정치권력을 불어넣는 일은 시민이 동일한 기본적 도덕 가치를 가졌다는 생각을 올바르게 표현한 것으로 여긴다. 또한 시민에게 공식적으로 불평등한 권력을 불어넣는 일은 시민이 불평등한 도덕 가치를 가졌다는 생각을 잘못 드러낸 것으로 여긴다.

내가 정의하는 적절한 기호론적 주장은 민주주의를 지지하거나 에피스토크라시에 반대하는 다른 주장과는 별개다. 기호론적 주장은 민주주의가 다른 대안보다 잘 수행되는지 또는 특별히 공정한지에 관한 것이 아니라, 민주주의가 무엇을 나타내는지에 관한 것이다.

기호론적 반대 의견을 시험하고 그것이 독립적인 힘을 갖는지 확인하기 위해 우리는 비기호론적 반대 의견을 옆으로 밀어 둬야 한다. 따라서 기호론적 근거에서 민주주의와 에피스토크라시 또는 다른 형태의 정부를 비교할 때, 우리는 에피스토크라시가 의미하거나 표현하는 것 외에 다른 문제는 없다고 생각해야 한다.

에피스토크라시가 계속 민주주의보다 성과가 좋아서 정보가 부족한 유권자들이 투표에서 제외되는 경우를 가정해 보자. 많은 민주주의 이론가와 일반인들은 일부 시민이 다른 사람보다 정치적으로 더 유능하다고 분류되는 것이 명백히 무례하다고 결론을 짓고 싶어 할듯하다. 에피스토크라시는 일종의 부도덕한 엘리트주의를 표현하는 것 같다. 이러한 우려는 에피스토크라시에 대한 진정한 기호론적 반대로 보인다. 민주주의를 지지하는 기호론적 주장을 뒷받침하는 것이다.

기호론적 반대의 예로, 정치 이론가 파블로 길버트Pablo Gilbert의 다음 구절을 생각해 보자. 길버트는 비민주적인 정치 구조는 근본적으로 시민의 존엄성을 모욕할 것이라고 말한다.

2등 시민이 되는 일(일반적으로 비민주적인 정권에서 그렇다)은 개인의 존엄성에 해를 끼치거나 충분한 배려에 실패한 것이다. 다음과 같은 말을 듣거나 넌지시 비치는 방식으로 취급되는 것은 모욕적이다. "우리의 근본적인 집단 결정은 다른 사람의 것이면서 당신의 것이다. 비록 당신은 결정을 내리는 데 참여할 권리가 다른 사람보다 적지만 말이다." 실제로 기분을 상하게 하는지와는 상관없이, 평등한 참여권을 갖지 못하는 정치 구조를 따라야 하는 것은 존엄성에 대한 모욕이다.*

여기서 길버트는 민주주의가 다른 형태의 정부보다 자유를 보호하거나 사회 정의를 일으키는 데 더 나은지에 대해 이야기하지 않는다. 대신 불평등한 정치권력은 열등감을 드러내고 공격적인 메시지를 보낸다는 점을 지적한다.

마찬가지로, 철학자 크리스토퍼 그리핀Christopher Griffin은 "사회생활의 기본 원칙에 관한 의견 차이라는 점에서 동등한 권력 분배를 부정하는 것은 2등 시민이라고 공개 선언하는 일"이라고 주장한다.** 에스틀룬드는 에피스토크라시가 '부당한 비교'를 불러온다고 불평한다.*** 어떤 사람이 다른 사람보다 통치에 더 적합하다는 생각에 바탕을 두고 있기 때문이다. 상징적 논쟁에 깊은 인상을 받은 철학자 로버트 노직Robert Nozick의 다음 말을 생각해 보자.

---

*   길버트의 2012년 문헌 발췌.
**   그리핀의 2003년 문헌.
*** 에스틀룬드의 2007년 문헌.

민주적 제도와 자유는 단순히 정부의 힘을 통제하고 공동 관심사를 지향하는 효과적인 수단이 아니다. 그 자체로 우리의 동등한 인간 존엄성, 자율성과 자기 주도권을 단도직입적이고 공식적인 방식으로 표현하고 상징한다. 우리의 판단이나 의견은 다른 사람의 그것과 동등한 무게를 지녀야 한다. 우리는 자율적이고 자치적인 존재로, 지위를 표현하고 상징적 확인을 위해 투표한다.*

비록 노직은 내내 자유지상주의자로 남았지만(그가 신념을 바꿨다는 지적은 부정확하다), 자기 철학에 대한 초기의 표현에서 스스로 부적절하다고 느낀 것 중 하나는 정치의 표현적 가치에 무관심했던 점이다.

정치 이론가, 철학자, 그리고 일반인들은 민주주의를 다른 대안보다 선호하는 이유를 제시했다. 인상적인 상징적 또는 기호론적 근거는 다음과 같다.

- 민주주의는 모든 시민이 평등하다는 것을 표현하기 위해 필요하다.
- 민주주의는 적절한 사회적 인정이나 소속 기관에 대한 인정을 위해 필요하다.
- 민주주의는 자긍심을 위한 사회적 기반으로서 필요하다.
- 민주주의는 타인에게 존중받기 위한 사회적 기반으로서 필요하다.
- 민주주의는 사회의 완전한 구성원으로 적절히 포함되기 위해 필요하다.
- 비민주적인 구조는 아무리 잘 운영해도 시민의 존엄성에 대한 모욕이다.

---

* 노직의 1990년 문헌 발췌.

이 장에서 나는 이러한 종류의 상징적이고, 기호적이며, 존중에 바탕을 둔 의견은 민주적 권리가 진정한 가치를 지녔다는 사실을 보여 주지 못한다고 주장한다. 그러한 견해들은 에피스토크라시보다 민주주의를 선택하거나, 민주주의가 근본적으로 에피스토크라시보다 더 정의롭다고 생각하는 타당한 이유를 제공하지 않는다.

기호론적 주장 이면의 진실

기호론적 주장은 명백히 부도덕한 태도를 묘사할 때 가장 큰 힘을 갖는다. 헌법에서 명시적으로 흑인을 제외하고 백인에게만 투표권을 부여한 공화국을 상상해 보자. 당연히 인종차별주의에서 비롯된 일이다. 또한 이 헌법을 개정하기 위한 법적 절차가 없다고 가정하자.

한 가지 분명한 우려는 그 정부가 나쁜 결과를 불러올 것이라는 점이다. 흑인을 지속해서 무시하거나 해치거나 착취할지 모른다. 그러나 이것은 정치적 아파르트헤이트apartheid(남아프리카공화국의 극단적인 인종 분리 정책. -옮긴이)에 대한 기호론적 반대가 *아니다*. 정치체제가 무엇을 표현하는지가 아니라 얼마나 잘하는지를 따진다. 원칙적으로, 흑인을 투표에서 제외한 정권은 흑인의 투표를 허용하는 체제보다 흑인을 더 잘 대우할 수 있다. 그러니 이 걱정은 접어 두자.

대신, 몇 세대 후에는 이 상상의 사회에 더는 인종차별주의자가 없을 것이라고 가정해 보자. 사회의 모든 구성원은 충분한 정보와 완벽한 정의감을 갖고 있다. 백인 유권자는 흑인의 동등한 시민적·경제적 권리를 전적으로 존중하고, 이익을 동등하게 발전시키는 정책에 투표한다. 즉, 투표권 문제를 빼면 흑인들은 정부가 시행하는 어떤 정책도 불평하지 않는다. 정부는 정확히 흑인들이 지지하는 일을 한다.

이러한 상황에서도 흑인들은 헌법의 기호론에 진심으로 불만을 품는다. 헌법을 채택한 사람들은 글자 그대로 흑인이 열등하다는 내용을 헌법에 담고자 했다. 당연히 무시당했다고 느낄 일이다.

그러나 나와 밀, 캐플런, 클라우디오 로페스-게라Claudio Lopez-Guerra 등이 잠정적인 민주주의의 대안으로 옹호한 에피스토크라시는 이렇지 않다.* 우리는 어떤 개인, 집단, 또는 인종에 대한 부당한 경멸이나 무시를 표현하기 위해 사람들을 배제하거나 그들의 권한을 축소하고 싶지 않다. 우리의 목표는 더 나은, 실질적으로 더 정의로운 정책적 결과를 만드는 것이다.

그러므로 이 아파르트헤이트 사례는 기호론적 주장의 승리가 아니다. 만약 어떤 사람이 인종차별적 태도를 드러내려는 의도로 무언가를 하고, 그런 의도를 모든 사람이 안다면 그 사람의 행동이 인종차별적으로 보이는 것은 놀랍지 않다. 흥미로운 결과가 아니다. 그러나 아래에서 보게 될 것처럼, 기호론적 주장을 신뢰하는 이들은 *표현하는 사람의 의도와 상관없이* 그러한 추론이 먹혀든다고 주장하고 싶어 한다. 그들은 민주주의가 근본적으로 존중의 신호를 보내는 것과 달리 에피스토크라시는 근본적으로 무례의 신호를 보낸다고 주장하고자 한다. 에피스토크라시 체제를 실행하는 목적이 실질적으로 더 정의로운 결과를 만드는 것이라 해도 말이다.

---

*   밀의 1975년 문헌, 캐플런의 2007년 문헌, 『투표 윤리론』(2011).

민주주의가 표현하는 것

내가 모든 사람의 삶이 다른 사람의 삶만큼 가치 있다고 믿는다는 가정을 해 보자. 또는 올바른 정치체제는 모든 시민의 삶과 이익을 똑같이 중요한 것처럼 다루어야 한다고 생각한다는 가정을 해 보자. 정부는 일부의 사람을 편애해서는 안 된다고 믿는 것이다. 평등에 대한 이러한 일반적인 약속부터 민주주의나 대의 정부에 대한 약속에는 분명한 논리적 함의가 없다. 겉보기에 이 가정은 어떤 정치체제가 평등을 가장 잘 촉진하는지 묻는 개방적이고 경험적인 질문 같다. 에피스토크라시가 민주주의보다 더 똑똑하다는 것이 밝혀지면, 평등한 결과를 촉진하는 일도 더 잘 해낼 것이다. 예를 들어 미국의 유권자들은 마약과의 전쟁이 소수민족에게 어떤 영향을 미치는지, 범죄율은 어떻게 그리고 왜 떨어지는지, '범죄에 강경 대응'하는 것이 소수민족에게 균형에 맞지 않게 해를 끼치는 이유가 무엇인지 등에 대해 무지한 경향이 있다. 에피스토크라시는 이런 문제를 완화할 수 있다. 에피스토크라시 유권자는 미국의 범죄 및 마약 정책이 역효과를 낸다는 것을 더 잘 알기 때문이다.

이상적이고 올바르게 작동하는 민주주의에서 모든 시민은 동등한 기본 정치권력을 갖고 있다. 그런 면에서 민주주의는 평등주의다. 누구에게나 동등한 투표권을 주는 것으로 모든 사람이 평등하다는 생각을 표현한다고 주장할 수 있다. 하지만 그게 사실이라 해도 우리는 왜 평등을 그런 방식으로 표현하라는 도덕적 요구가 있다고 생각해야 하는지 따져 물어야 한다.

모든 사람이 평등하다는 것을 표현하는 방법은 많다. 사회집단은 깃발에 평등 표시를 할 수 있다. 주요 도시에 평등 동상을 세울 수도 있다. 모든 학생이 평등에 관해 이야기하는 국가 평등의 날을 가질 수도 있다. 심지어 사회적 관심사에 자금을 투입하고, 평등한 결과를 만들어 내기 위해 정부 유형을 선택할 수도 있다(그 유형이 비록 에피스토크라시 체제일지라도).

거의 모든 사람이 평등을 믿지만, 이상적인 평등에 무엇이 필요한지에 관해서는 논쟁의 여지가 있다. 어떤 사람들은 평등한 물질적 자원이 필요하다고 주장한다. 다른 사람들은 그것이 평등한 물질적 자원을 금지한다고 믿는다. 사람은 서로 다르므로, 평등한 물질적 결과를 얻게 하려고 사람들을 불평등하게 대할 수 있기 때문이다. 또 다른 사람들은 자원 획득을 위해 평등한 기회가 필요하다고 주장한다. 또 어떤 사람들은 물질적 평등에서 벗어나는 것이 모든 사람에게 이익이어야 한다고 말한다. 여전히 모든 시민이 평등한 권리를 갖는 것이 필수적이라고 주장하는 사람들도 있지만, 평등한 권리가 무엇인지에 관해서는 의견이 엇갈린다. 롤스는 평등에 사회민주주의가 필요하다고 생각한다. 제럴드 코헨Gerald Cohen은 사회주의적 무정부주의자 사회가 필요하다고 생각한다. 자유주의자들은 자본주의적 무정부주의자 사회나 미나키스트minarchist(최소한의 정부를 원하거나 좋아하는 사람. -옮긴이) 사회 또는 야경국가가 필요하다고 생각한다.* 이들은 각각 자신들의 사회가 시민의 근본적 도덕적 평등을 표현한다고 여기며, 다른 형태의 정부는 그러지 못한다고 생각한다.

이러한 주장들은 모두 맞는 것 같다. 정치권력, 물질적 자원 및 재산권을 분배하는 각각의 방법은 실제로 어떤 한 가지 종류의 평등에 기초하고

---

*　예를 들어, 휴머의 2013년 문헌 참고.

있다. 그러므로 각 사회는 그 자체로 평등하다. 이때 발생하는 의견 차이는 사람들을 평등하게 여기고 대우해야 한다는 부분에 대한 것이 아니다. 어떤 방식으로 평등하게 대우하고, 어떤 방식으로 대우해서는 안 되는지에 대한 것이다. 인간 평등에 관한 기본적 약속은 좋은 사회의 모습을 매우 과소평가한다.

나는 이 장을 시작하면서, 모든 사람의 평등한 지위와 가치에 대한 약속이 민주주의와 직접적인 연관성이 있다는 것에 회의적인 이유를 설명했다. 다음 몇 쪽에 걸쳐 연관성을 설명하는 구체적인 주장들을 검토하고 반박할 것이다.

우월성의 심판

크리스티아누가 민주주의 법률을 지켜야 할 의무가 있다고 주장하는 것은 부분적으로 기호학에 근거를 둔다. 만약 내가 민주주의 법을 무시하거나 거부한다면, 그는 이렇게 주장한다. "당신은 사실상 자신의 판단이 '동료 시민'보다 낮다고 말하는 것이다. 당신은 자신을 신처럼 여기거나 다른 사람을 아이처럼 대한다." 나는 민주주의 법을 거부함으로써 다른 사람의 판단을 동등하게 취급하지 않은 셈이다. 민주주의 법을 따르지 않아서 "다른 사람보다 '내' 판단을 앞세우고, '내' 이익이 우선되어야 한다고 표현한 것"이다.* 그러한 태도를 보이는 것은 도덕적으로 잘못되었다. 따라서 민주주의 법을 따르지 않는 것은 잘못되었다.** 이런 우려를 한 저명한

---

*   크리스티아누의 2008년 문헌.

철학자는 크리스티아누뿐만이 아니다. 앞서 언급했듯이, 에스틀룬드는 에피스토크라시가 부당한 비교를 수반한다는 점에 대해 크리스티아누와 비슷한 고민을 한다.

방금 인용한 구절에서 크리스티아누의 목표는 민주주의 법을 지켜야 하는 도덕적 의무를 옹호하는 것이다. 그는 에피스토크라시에 대한 기호론적 반대를 시도하지 않는다. 그럼에도 불구하고 나는 여기에 그의 주장을 가져왔다. 그것은 에피스토크라시가 기호론적 이유로 반박될 수 있다는 사실을 암시하기 때문이다. 크리스티아누는 어떤 사람이 동의하지 않는 민주주의 법을 위반하기로 선택하는 것은 동료 시민의 정치적 판단에 대한 경멸과 부도덕한 우월적 태도를 나타낸다고 믿는다. 따라서 그의 추론은 무능한 사람에게 참정권을 주지 않는 것은 훨씬 더 큰 경멸과 우월감을 나타낸다는 점을 시사한다.

참정권을 제한하는 에피스토크라시와 그 외 다른 형태의 에피스토크라시는 실제로 일부 시민이 다른 사람보다 더 나은 정치적 판단을 한다는 생각을 표현한다. 결국, 에피스토크라시는 어떤 식으로든 정치적 역량을 바탕으로 정치권력을 배분하려고 한다. 모든 에피스토크라시 제도가 어떤 사람은 신과 같고 어떤 사람은 아이 같다는 견해를 표현하는 것은 아니다. 하지만 정치적 문제와 관련해서는 어떤 사람이 다른 사람보다 더 나은 판단을 한다는 견해를 드러낸다.

크리스티아누는 그러한 견해를 표현하는 것은 도덕적으로 잘못되었다고 생각한다. 아마도 그의 의견에 따르면, 단순히 이 책에서 옹호하는 견해가 잘못된 것이 아니라 책을 쓰는 내가 도덕적 잘못을 저지르는 셈이다.

** 크리스티아누의 2004년 문헌.

하지만 크리스티아누의 입장은 여러 가지 이유로 혼란스럽다.

첫째, 크리스티아누는 어떤 사람의 판단이 다른 사람보다 뛰어나다고 본다. 따라서 '사실상' 그 어떤 사람의 이익을 더 가치 있게 여긴다는 당혹스러운 주장을 한다. 크리스티아누의 주된 주장은 사람들이 자기 고양적 편견self-serving bias(한 단체의 성공을 자신의 공로로, 잘못된 것은 다른 구성원의 탓으로 돌리는 경향을 설명하는 심리학 용어. -옮긴이)으로 고통받는다는 것이다. 그래서 만약 우리가 어떤 사람의 정치적 판단에 특권을 준다면, 특권층은 다른 사람의 이익을 희생시키면서 자신의 이익을 증진하는 방식으로 권력을 행사할 것이라고 그는 생각했다.

사람은 보통 자신의 판단을 과신하는 경향이 있다. 하지만 앞 장에서 논의했듯이, 경험적 증거는 유권자가 사리사욕을 위해 편향적으로 투표하지 않는다는 사실을 확실하게 보여 준다. 반면에 제2장에서 살펴봤듯이, 경험적 증거는 시민이 국익으로 여기는 것에 투표한다는 사실을 확실하게 보여 준다. 증거는 단순히 유권자가 국익을 위해 투표한다고 믿는다는 점을 보여 주는 게 아니다. 더 정확히 말해서 정치학자들은 시민의 투표 행위가 그들의 이익에 의해 예측되지 않는다는 것을 밝혀냈다. 에피스토크라시에서 투표자가 수천 명 이상이면, 에피스토크라시 유권자들이 이기적인 것과는 상반되게 이타적으로 투표할 것으로 기대할 수 있다.*

크리스티아누가 자기 고양적 편견을 걱정한다고 해도, 에피스토크라시를 딱 잘라서 거부할 필요는 없어 보인다. 사람들이 가진 편견이 무엇이든, 에피스토크라시가 민주주의보다 정의를 촉진하는 일을 더 잘하는지 못하는지에 대한 경험적 질문을 남겨 두면 된다. 만약 사람들이 편향되어 있다

---

* 페더슨·게일마드·산드로니의 2009년 문헌.

면, 제도를 비교 분석하고 더 잘 작동하는 체제를 선택해야 한다.

둘째, 일부 시민의 규범적 또는 정치적 판단*이 다른 사람보다 열등하다는 견해를 표현하는 일이 왜 부당하거나 잘못된 것인지 불분명하다. 나는 모든 시민이 동등하고 기본적인 도덕적 권리를 가진다는 크리스티아누의 의견에 동의한다. 또한 정부가 일부 사람의 이익을 우선해서는 안 된다는 것에 동의한다. 하지만 그렇다고 해도, 특정 주제와 일반적 정치 문제에 대해 어떤 사람은 다른 사람보다 열등한 판단력을 지녔다는 생각을 막을 수는 없다.

정치 안팎의 거의 모든 주제에 대해, 어떤 사람은 다른 사람보다 나은 판단을 내린다. 의견 차이, 다양한 특성, 이기적인 인지적 편견에도 불구하고 우리는 어떤 사람이 다른 사람보다 우월한 판단력을 지녔다고 당연히 믿을 수 있고 실제로 그렇게 믿는다. 나는 외과 의사인 처남의 의학적 판단력이 나보다 명백하게 뛰어나다고 믿는다. 정보시스템 기술자인 형은 컴퓨터에 관한 판단력이 뛰어나며, 배관공은 파이프 수리에 관한 판단력이 뛰어나다. 콴타스항공의 조종사들이 나보다 조종에 관해 더 뛰어난 판단을 내린다고 믿는다. 그리고 어느 정도의 확증과 이기적 편견으로 고통받는다는 것은 의심의 여지가 없지만, 나는 세계적인 대학에서 박사 학위를 받고 전략·경제·윤리·공공정책 교수로 일하고 있다. 최고의 학술지와 동료들의 추천을 받은 저서 등에 기록된 내용을 보면 수많은 정치적 문제에 관해 다른 이들보다 뛰어난 판단을 내린다고 할 수 있다. 만약 나 자신에 관해 그렇게 믿지 않는다면, 나는 정치경제학을 가르칠 때마다 스스로

---

*   여기서 정치적 판단이란, 크리스티아누가 포함하려고 하는 모든 것을 포함한다. 즉, 정부의 적절한 최종 목적이 무엇이어야 하는지 결정하는 능력과 그러한 목적을 달성하는 가장 효과적인 수단이 무엇인지 결정하는 능력 모두를 의미한다.

사기꾼처럼 느낄 것이다.*

그러한 판단(어떤 주제에 대해 어떤 사람이 다른 사람보다 더 많이 알고 더 나은 판단력을 가지고 있다는 것)은 어떤 사람이 다른 사람보다 더 훌륭하다는 추가적 판단을 요구하지 않는다. 배관공은 배관에 대해 나보다 더 잘 알지만, 나보다 더 나은 사람이라고 생각하지는 않는다. 내가 배관공보다 경제학적 추론을 더 잘하는 것 같지만, 내가 그보다 낮다고 생각하지도 않는다.

시민들이 알고 있는 것에 대한 경험적 연구를 살펴보면, 규범적 또는 정치적 판단의 우월함에 대한 평가는 별문제 없어 보인다. 제2장에서 보았듯이 정치에 관한 가장 기본적인 질문에서도 대부분의 시민은 아무것도 모르고, 많은 이들이 아는 것은 아무것도 모르는 것만 못하다는 사실이 경험적 증거로 드러났다. 우리는 대중이 사회과학적인 문제에 관해 체계적인 실수를 한다는 증거를 갖고 있다. 미국 대중은 기준을 낮게 설정한다. 다섯 살인 나의 아들 키튼은 경제학에 관해 아무것도 모르는 반면, 보통의 미국인은 중상주의자다. 이것은 많은 경제학 문제에서 키튼이 미국 대중보다 낮다는 의미다. 대중은 잘못 알고 있지만, 키튼은 그저 모를 뿐이다. 키튼이 경제를 잘 이해하지 못할 수는 있지만, 적어도 미국의 거의 모든 사람처럼 중상주의자는 아니다.

이러한 반대에 비추어 볼 때, 민주주의에 대한 기호론적 옹호자는 어떤

---

* 누군가는 대학 교육에 대해 이런 견해를 가질 수도 있다. 우리 교수들은 학생들보다 정치적 판단이 뛰어나지는 않지만, 학생의 판단력을 높이는 데 뛰어나다. 우리는 학생의 판단력을 높일 수 있는 다른 교수들의 수업을 들었다. 결국 모든 학생이 더 나은 판단력을 가질 수 있게 만들었지만, 교수인 우리는 더 나은 판단력을 갖지 못했다. 그래서 만약 당신이 X라는 분야의 교수라고 해도, 보통 사람보다 X에 대해 더 나은 판단력을 가지고 있어야 한다는 견해에서 벗어날 수 있다고 생각한다.

사람이 다른 사람보다 우월한 판단력을 지녔다고 평가하는 것이 근본적으로 무례한 일이 아니라는 점에는 동의할 듯하다. 그런데 보통 그러한 견해를 표현하는 것이 무례하다고 생각해서 반대 의견을 낼지도 모른다. 다른 사람보다 판단력이 뛰어난 사람이 있다고 믿는 것은 괜찮다. 하지만 이런 믿음은 간직만 하고, 제도를 통해 표현하는 것은 피해야 한다.

예를 들어, 나의 처남인 데이비드는 자신이 대부분의 사람보다 의학적 판단력이 뛰어나다고 확실히 믿고 있다. 이 믿음은 도덕적으로 잘못된 것이 아니다. 그렇다고 해서 만나는 모든 사람에게 자신이 의학적으로 더 나은 판단력을 지녔다고 떠벌리면서 돌아다녀야 한다는 의미는 아니다. 이것은 오만이나 경멸을 드러낼 것이다.

그런데 중요한 것이 위태로울 때가 있다. 그럴 때는 관점에 따라 누가 다른 사람보다 우월한지 공개적으로 판단하고 표현하는 일이 허용되거나 심지어 의무화될 수 있다. 민주주의자들은 동의할 것이다. 대부분의 사람은 선출직 공무원을 뽑을 때, 지휘에 적합한 더 나은 후보를 찾아야 한다고 생각하는 듯하다.*

만약 데이비드가 쇼핑을 하는데 앞에서 누군가가 질식하기 시작한다면, 그는 점잖게 굴어서는 안 된다. 의사라는 사실을 밝혀야 한다. 자신이 다른 사람보다 더 뛰어난 의학적 판단력을 지녔다는 것을 표현하고, 질식하는 사람을 도와야 한다. 의학 교육을 받지 않은 밥이라는 이름의 구경꾼이 이렇게 말한다고 가정해 보자. "이봐요, 데이비드 선생님. 나도 질식하는 사람을 돕고 싶어요! 당신이 그를 돕겠다고 하는 것은 무례한 일입니다. 당신과 나는 대등합니다. 누가 도와줄지 결정하기 위해 동전을 던져야

---

* 예를 들어, 좋은 국회의원에 대한 이론은 도비Dovi의 2007년 문헌 참고.

합니다. 그렇지 않으면 당신은 제 기분을 상하게 할 겁니다." 밥의 행동은 잘못됐다. 데이비드가 책임을 맡아야 하고, 밥은 주제 파악을 해야 한다. 밥이 진심으로 데이비드와 동등하다고 믿었다 해도, 밥은 자신의 믿음에 따라 행동해서는 안 된다.

어떤 상황에서는 누군가가 다른 사람보다 더 나은 판단을 한다는 견해를 표현하는 것이 비도덕적이고 무례할 수 있지만, 다른 상황에서는 이를 표현하는 것이 허용되거나 심지어 의무일 수도 있다. 이를 정치적 사례에 적용해 보겠다. 사악한 악마가 이렇게 말했다. "어떤 시민이 다른 사람보다 더 나은 정치적 판단을 하는 경향이 있는지 알아내지 않는다면, 나는 당신들을 질 낮은 정부로 몰아갈 것이다. 더 불공정한 전쟁, 가난한 사람에게 해를 끼치는 나쁜 경제 정책, 더 심한 편견, 더 많은 가난과 고통이 따르도록 저주할 것이다." 악마가 위협하는 이런 상황에서는 유능한 사람과 그렇지 않은 사람을 구별하기 위해 노력해야 할 이유가 충분하다. 모욕감을 느끼는 사람은 더 성장해야 한다. 능력이 있는 사람과 없는 사람을 구분하는 일은 무능한 자를 모욕하는 것이 아니라, 사악한 악마가 우리에게 나쁜 정부를 뒤집어씌울 때 우리를 구하는 것이다.

에피스토크라시 옹호자들은 이것이 우리가 처한 상황이라고 주장한다. 현실 세계에서는 사악한 악마가 민주주의라는 점만 다를 뿐이다. 에피스토크라시 옹호자들이 틀릴 수도 있다. 어쩌면 민주주의가 에피스토크라시보다 더 잘 작동하는 것으로 밝혀질 수도 있다. 하지만 현재 우리가 따지는 문제는 에피스토크라시가 경멸적인 기호론을 지녔는지 여부다. (민주주의에 대한 기호론적 주장은 비록 에피스토크라시가 더 잘 수행되더라도, 에피스토크라시 대신 민주주의를 시행해야 한다는 사실을 보여 주기 위한 것이라는 점을 기억해야 한다.) 민주주의의 위험성과 에피스토크라시의 장점에 관한 에피스토크라시 옹호자들의 견해가 옳다면, 데이비드의 의학적 판단력이 뛰어나다는 사실을 표현한 것처럼 일부 사람이 더 나은 정치적 판단을 한다는 생각을 표현하는 것도 정당화될 수 있다. 만약 이것 때문에 유권자들이 불쾌하다면, 그들은 구경꾼 밥처럼 행동하는 것이다. 도덕적으로 그것을 극복해야 할 의무가 있다. 사람들이 자신의 정치적 역량에 민감하거나 정당하지 않은 믿음을 가졌다고 해서 나라가 질식하게 내버려 둘 수는 없다. 일부 사람이 다른 사람보다 더 나은 정치적 판단, 특히 올바른 판단을 하고 있다는 견해를 표현하지 않으려고 덜 정당한 정책과 더 큰 불공정한 전쟁의 가능성 및 가난을 받아들여야 한다고 생각하는 것은 이상해 보인다.

이 같은 우려에 대해 크리스티아누는 정의가 행해져야 할 뿐만 아니라, 행해지는 것으로 보여야 한다고 말한다. 기본적인 정치권력이 동등하게 분배되면, 시민들은 대체로 모든 사람의 이익 역시 동등하게 증진된다고 믿을 것이다. 하지만 권력이 불평등하게 분배된다면, 시민들은 정부가 일부의 사람을 편애한다고 믿을(혹은 의심할) 것이다.* 어떤 시민은 투표권을 받고 다른 시민은 받지 못했다면, 사람들은 일부 시민의 이익만 증진된다고 의심할 수 있다.

그런 의심만으로 정치권력 배분과 관련해 정의론을 내세울 수 없다. 크리스티아누의 한 가지 문제는 *보다*see가 성과의 동사라는 것이다. 유령이 실재하지 않는다면, 어둠 속에서 유령을 볼 수 없다. 정의가 실행되지 않으면, 정의가 구현되는 것을 볼 수 없다. 정당한 결과를 불러오는 데 에피스토크라시가 민주주의보다 우월하다는 사실이 밝혀졌다고 가정해 보자. 만약 그렇다면, 민주주의가 에피스토크라시보다 우월하다는 예시는 정의

---

* 　크리스티아누의 2001년, 2008년 문헌.

가 구현되는 것을 보여 주지 못한다. 기껏해야 정의가 구현되는 것을 보고 있다고 잘못 믿게 할 뿐이다. 크리스티아누의 반대론은 에피스토크라시에 대한 의심의 근거가 갖춰졌을 때, 즉 실제로 모든 시민의 이익을 공평하게 증진하는 데 민주주의가 에피스토크라시보다 더 나은 결과를 냈을 때 시작된다. 이런 경우에 기호론적 우려는 결정적이지 않을 것이다. 민주주의가 더 잘 작동한다는 이유만으로 민주주의를 취해야 한다. 그러나 에피스토크라시가 민주주의보다 더 잘 작동한다면, 정의가 구현되는 것을 보기 위해 에피스토크라시를 취해야 한다.

크리스티아누가 견해를 수정해서 사람들이 정의가 실행되고 있다고 믿는 것을 중요하게 여긴다고 해 보자. 어떤 상황에서는 정의가 실행된다고 잘못 믿는 것이 실제로 정의가 구현되는 것보다 더 중요할 수 있다. 예를 들어, 사람들이 엄청나게 고집이 세다고 가정하자. 실제로 에피스토크라시가 민주주의보다 정의를 더 잘 실현한다는 압도적인 증거가 있어도, 사람들은 여전히 에피스토크라시를 부당하게 여길 것이다. 그 결과 에피스토크라시는 민주주의보다 덜 안정적일 것이다. 만약 불안정한 상태가 아주 심하다면, 에피스토크라시가 가져올 실질적인 이익보다 더 큰 문제가 될 수 있다. 이는 에피스토크라시보다 민주주의를 선호하는 이유가 될 것이다. 그러나 여기서 주목할 점은, 모든 것을 고려했을 때 민주주의에 대한 기호론적 논쟁에서 어떤 체제가 더 잘 작동하는지에 대한 도구주의적 질문으로 옮겨 갔다는 사실이다.

평등한 정치권력과 자존심의 사회적 기반

롤스는 모든 시민에게 동등한 기본 정치권력을 부여하는 것이 정의라고 주장한다. 나는 제4장에서 이에 대한 그의 주장 하나를 폐기했다. 여기서는 두 번째로 기호론적 논쟁에 초점을 맞춘다.*

철학자 스티븐 월Stephen Wall이 요약했듯이, 롤스는 "정치적 자유의 공정한 가치 보장은 자유주의 사회에서 모든 시민의 자존심을 확보하는 데 필수적"이라고 주장한다. 롤스의 주장은 정치 제도가 자존심이라는 사회적 요소에 큰 영향을 미친다는 그럴듯한 생각에서 시작된다. 어떤 제도적 장치는 시민들이 서로를 도덕적으로 평등한 존재로 볼 수 있게 장려하는 일을 다른 것보다 잘한다. 정치적 자유의 공정한 가치를 공개적으로 표현하는 일은 모든 시민의 평등한 지위를 확인해 주는 것이다.** 여기에서 시민들이 서로를 볼 수 있게 장려하고, 공개적으로 표현하고, 확인해 준다는 기호론적 언어에 주목하자.

프리먼의 주장은 다음과 같다.

> 롤스는 질서 정연한 민주주의 사회에서 자존심을 위해 필요한 지위는 동등한 시민권에서 비롯되며, 동등한 시민권은 동등한 기본적 자유를 요구한다고 주장한다. 혜택을 덜 받는 사람이 자존심을 지키기 위해 예컨대 투표권을 포기하는 식으로 일차적 기반을 양보하는 것은 합리적이지 않다. 이는 "자신이 열등하다는 것을 공개적으로 입증하는 효과가 있기" 때문이다. 이러한 종속적 지위는 모욕적이며 자부심을 파괴할 것이다.***

---

*   롤스의 1971년, 1996년, 2001년 문헌, 프리먼의 2007년 문헌 참고.

**   월의 2006년 문헌.

*** 프리먼의 2007년 문헌 발췌.

이것은 심도 있는 기호론적 논쟁이다. 롤스와 프리먼은 민주주의가 단순히 시민의 공적 평등을 표현하는 한 가지 방식이라고 주장하는 것이 아니다. 그들은 공적 평등을 표현하기 위해 민주주의가 필수적이라고 생각한다. 롤스와 프리먼(롤스의 의견에 동의한다)은 상대적으로 혜택을 덜 받는 사람들이 투표권을 포기하면 복지가 크게 개선된다고 해도, 그렇게 하는 것을 불합리하게 여긴다. 그것은 '굴욕적이고' '자부심을 파괴하며' 그들이 종속적이라는 생각을 드러내기 때문이다.

자부심에 기반해서 민주주의를 지지하는 주장에는 이상한 점이 있다. 시민에게 투표권을 주는 것은 그들 자신에게 약간의 힘을 불어넣을 뿐만 아니라, 다른 사람에 대한 힘도 약간 불어넣는 일이라는 사실을 기억해야 한다. 그 힘은 그들을 집단의 일부로 만든다. 사람들을 몰아세우고, 의지에 반하는 일을 강요할 수 있다. 개인이나 집단에게 낯선 사람에 대한 통제권을 주는 일은, 심지어 약한 통제권이라 해도 정당성을 얻어야 한다.

민주주의는 시나 그림이 아니다. 그것은 정치체제다. 합법적인 폭력에 대한 독점권을 주장하는 기관이 폭력을 행사할 방법과 시기를 결정하는 방식이다. 롤스 자신이 믿듯이 정부와 정치 기구는 협력의 이익을 확보하고, 정의를 증진하며, 평화를 보장하는 데 도움을 주기 위한 것이다. 우리의 자부심을 높이거나, 유지하고, 규제하기 위한 기관이 아니다.

어떤 시민이 배심원이 되기에 정신적으로 부적합하다는 이유로 반복해서 배심원단 참여를 거부당했다고 가정해 보자. 그 시민은 미치지 않았으며 정신적인 장애도 없다. 검사나 변호인은 그 시민이 비합리적이거나 편파적이라는 이유로 거부한 것이다. 이제 그 시민은 이렇게 불평한다. "이건 자부심을 떨어뜨리는 일이야. 내가 배심원이 될 자격이 없다고 생각한다니 기분 나빠. 다시 거부당했다고 친구들에게 말하면, 나를 비웃을 거야. 내 사회적 지위에 상처를 입힌다고." 여기서 그는 인종, 성적 지향, 성별, 또는 지울 수 없는 특성 때문에 거부당한 것이 아니다. 모든 사람이 그 시민이 일을 잘하지 못할 것이라고 올바르고 공정하게 결론 내렸다. 그 시민은 결점을 극복해서 일을 잘할 수도 있지만, 노력을 하지 않는다. 그것이 그의 자부심과 사회적 지위를 해친다면, 우리 대부분은 그저 안타깝다고 말할 것이다.

이번에는 신발 판매원이 법에 대한 배경지식이 없다는 이유로 주 대법원의 법관으로 일하는 것을 반복해서 거부당했다고 가정해 보자. 이 때문에 그 신발 판매원의 마음이 불편하다. 그 신발 판매원은 법원 판사의 사회적 지위가 자신보다 높다는 점 때문에 자신의 사회적 체면이 깎였다고 불평한다. 그가 대법관이 될 수 없다는 사실에 기분이 나쁘다면, 정말 안타까운 일이다. 이때 최선의 대응 방법은 모든 사람이 대법원에서 일할 수 있게 기준을 낮추는 것이 아니라, 그 신발 판매원이 기분 나쁜 상황을 극복하는 것이다. 그렇지 않으면 법을 공부해서 자격을 얻을 수 있다.

많은 수의 매력적인 여성과 성적인 관계를 갖는 것은 오늘날 미국의 남성에게 상당한 사회적 지위를 부여한다는 점을 떠올려 보자. 이와 대조적으로 성적인 경험이 없는 40세의 이성애자는 농담의 대상이 된다. 사람들은 그를 패배자라고 부를 것이다. 이제 마흔 살의 독신남 앤디가 비자발적인 독신 생활을 부끄러워한다고 가정해 보자. 친구들은 이성 교제의 경험이 없는 그를 조롱한다. 그렇다고 앤디의 사회적 지위나 자부심을 보호하기 위해, 앤디에게 여성의 신체를 어느 정도 통제할 수 있는 권한을 부여해서는 안 된다. 이것은 엉뚱한 예시처럼 보일 수 있지만 그렇지 않다. 정치권력은 다른 사람의 신체를 통제하는 것이다. 현대 정치는 사람들이 무엇을 먹을 수 있는지, 어떤 약을 복용할 수 있는지, 어디로 갈 수 있는지, 심지어 다른 성인과 합의된 성관계를 가질 수 있는지 등에 관해 수많은 결정을 내린다.

어떤 사람에게 다른 사람보다 더 적은 정치적 권한을 주거나 모든 사람에게 평등한 정치적 권한을 주지 않는 것이 사람들의 자부심을 해치고 사회적 지위를 떨어뜨릴 수 있다는 것을 인정한다 해도, 정의의 관점에서 이것이 왜 중요한지는 아직 명확하지 않다. 우리는 어떤 사람의 사회적 지위나 자부심을 보호하기 위해 다른 사람에 대한 권력이나 통제권을 주는 것이 적절하다고 생각하지 않는다. 그래서 투표권이나 출마권은 다르다는 것을 보여 주는 더 많은 주장이 필요하다.

롤스의 기호론적 주장의 또 다른 문제는, 민주주의가 표현하는 것에 대한 매우 우발적인 견해에 의존하는 듯하다는 점이다. 우리가 서로에 대한 존중을 표현하고 무례함을 피하는 것은 자의적인 행동이 아니다. 하지만 그런 것들을 알리는 습관, 몸짓, 말은 자의적이다. 물론 이러한 행위가 해롭거나, 착취적이거나, 권리를 침해하거나, 타락시키거나, 재화의 잘못된 배분에 기여하지 않는 한 말이다. 그렇지 않으면 단지 사회적으로 구성된 사실만 전달하는 것처럼 보인다. 예를 들어, 당신에게 총을 쏘는 일은 당신을 해치고 당신의 권리를 침해하기 *때문에* 무례한 짓이다. 하지만 나의 가운뎃손가락은 우리가 그 몸짓에 무례의 의미를 부여했기에 그러한 신호를 보낸다. 그 외에 무례하게 여길 만한 별도의 이유는 없다. 우리는 가운뎃손가락에 애국적이거나 종교적이거나 낭만적인 의미를 부여할 수도 있었다. 혹은 경례의 하나로 만들 수도 있었다.

이것은 우리가 의사소통하는 것에 관한 사실을 부인하는 게 아니다. 하지만 비기호학적 관심이 없는 상황에서, 이러한 사실은 우발적이며 원칙적으로 변경 가능한 것으로 보인다. 사회는 특정 행동에 의미를 부여하는 기호 체계를 만든다. 이러한 기호 체계에 비추어 볼 때, 어떤 행동은 도덕적으로 나쁜 의미를 나타낸다.

사실, 대부분의 인간은 정치권력을 일종의 위엄과 연관 짓는 경향이 있다. 한 사람의 근본적인 도덕적 지위가 정치적 지위에 의해 표현된다고 생각하며, 그 반대도 마찬가지다. 민족국가는 동호회와 같다. 사람들은 투표권과 공직 출마권이 이 모임의 정회원 자격을 의미한다고 생각한다. 대부분의 사람은 이러한 권리가 없는 시민을 동호회의 준회원쯤으로 여긴다. 사람들에게 정치적 자유가 부족하면, 대부분 그들을 무시한다. 투표권이 없는 사람들은 낮은 지위에 굴욕감을 느낄 수 있다. 그래서 자존심의 사회적 기반이 동등한 정치권력에 의존한다는 것은 타당해 보인다. 하지만 그것은 서구 자유민주주의자들의 생각을 보여 주는 부수적인 특징일 뿐이다.

그 이유를 알아보기 위해, 문화적으로 또는 인류 역사상 정부로부터 빨간 스카프를 받는 것을 회원 자격과 지위의 표시로 연상하는 경향이 있다고 상상해 보자. 18세에 정부에서 발급한 빨간 스카프를 받기 전까지는 모임에 완전히 가입한 것이 아니다.

이제 정부가 동성애자를 제외한 모든 사람에게 빨간 스카프를 준다고 가정해 보자. 동성애자들은 화가 날 것이다. 정부가 빨간 스카프를 주지 않는 것은 동성애자를 2등의 열등한 사람으로 취급한다는 사실을 보여 준다고 주장할 것이다. 정부의 행동은 사람들(동성애자 자신을 포함해서)이 동성애자의 지위와 가치를 낮은 것으로 여기게 만들 수 있다. 동성애자들과 그들을 응원하는 사람들이 거리로 나와서 동성애자에게 스카프를 달라고 요구할 이유가 된다. 모든 사람이 빨간 스카프를 어떻게 생각하는지 헤아려 보면, 어떤 의미에서 빨간 스카프를 손에 넣는 것은 중요하다.

동시에 우리는 이렇게 말할 수 있다. "빨간 스카프에 지위를 갖다 붙일 이유가 없다. 인간의 존엄성은 스카프에 좌우되지 않는다. 사람들이 이런 생각을 하는 것은 어리석고 우발적인, 심리적이거나 문화적인 현실일 뿐이다." 빨간 스카프는 사회적 구조의 결과로, 그것도 이상한 결과로만 가치가 있다.* 그런 사회적 관습이 없다면, 빨간 스카프는 가치가 없을 것이다.

어쩌면 우리는 정치적 자유와 도덕적 지위를 정치권력과 연관시키는 것에 관해서도 같은 말을 할 수 있다. (결국 정치적 자유는 정치권력에 대한 권리다.) 아마도 한 사람의 기본적인 지위와 정치권력 사이에는 본질적이거나 필수적인 연관성이 없을 것이다. 사람들이 인간의 존엄성을 투표권과 연관시키는 경향이 있다는 것은 단지 우발적인 심리적 또는 문화적 현실일 것이다.

이 연관성은 우연일 뿐이다. 내가 보기에 지위와 정치권력 사이에는 본질적이거나 필수적인 연관성이 없다. 사람들이 인간의 존엄성을 정치권력, 더 구체적으로 투표권과 연관시키는 경향이 있다는 것은 우발적·심리적·문화적 사실이다. 우리는 사람들이 이런 태도를 갖지 않았던 세상을 쉽게 상상할 수 있다. 국민은 대통령을 위엄 있는 존재로 여기거나 대통령의 지위를 존경할 만한 것으로 보지 않는다. 대통령을 공익 행정의 최고 책임자 정도로 생각한다. 사람들은 투표권과 공직 출마권이 수준 낮은 권위를 나타내며, 모임의 회원 자격을 의미하지도 않고, 운전·미용·배관 면

---

* 스카프에 대한 이런 태도가 사회적 관습이 아니라 발전된 심리학의 깊은 특징에서 비롯됐다고 밝혀지면, 이 주장은 여전히 유효할 것이다. 우리의 심리학적 경향은 유감스럽고, 스카프는 유감스러운 경향에 비추어 볼 때만 가치가 있을 것이다.

허와 다르지 않은 면허라고 생각할 수 있다. 우리는 국가적 지위를 국제적인 정치권력과 연관시키지 않고, 개인의 지위를 권력과 연관시키는 사람들을 떠올릴 수 있다. 사실, 그런 사람들은 상상에서뿐만 아니라 실제로 존재한다! 나도 그런 부류다. 모든 사람이 동등한 지위를 가진다고 생각하는 에피스토크라시 사회를 상상하는 것은 어렵지 않다. 에피스토크라시를 지지하는 사람들은 에피스토크라시가 더 공평한 결과를 불러온다고 생각한다. 그래서 에피스토크라시에 대한 헌신이 평등에 대한 헌신을 나타낸다고 생각한다.

따라서 동등한 투표권은 우발적인 태도 또는 사회구조의 결과로만 평등한 인간 존엄성을 표현하는 것으로 보인다. 만약 그렇다면, 이것이 좋은 태도인지 혹은 좋은 사회구조인지 의문이 남는다. 어쩌면 바꿔야만 하는 나쁜 태도이거나 나쁜 사회구조일 수도 있다.

정치권력이 아무런 지위도 부여하지 않는 세상이 지금보다 나을지도 모른다. 우리는 정치권력을 존중한다. 하지만 끔찍한 전과가 있다.* 국가, 왕, 황제, 대통령, 상원의원, 지방 검사, 경찰관, 그리고 일반 유권자가 역사를 통틀어 모면해 온 학대와 부당함을 생각해 보자. 정치권력에 지위와 존경을 부여하고, 그 장엄한 지위를 따랐기에 벌어진 일이다. 게다가 왕, 대통령, 지방 검사들이 애초에 그런 학대를 저지르는 이유 중 하나는 그들이 지위를 권력과 연관시키기 때문이다. 예를 들어, 헨리 8세(1491~1547, 영국의

---

* 이에 대해 블로거 윌 윌킨슨Will Wilkinson은 2008년 미국 대선 직후부터 훌륭한 글을 올렸다. 그는 대통령의 지위를 "가장 높은 봉우리, 인간 무리의 꼭대기"로 생각하는 경향과 흑인을 억압했던 역사를 고려할 때, 흑인이 대통령에 당선됐다는 사실은 중대한 일이라고 말한다. 동시에 대통령의 지위를 위엄 있는 직위로 생각하지 말고, '국가 행정기관의 최고 책임자'로 생각하는 편이 좋을 것이라고 말한다. 윌킨슨은 계속해서 "다시는 이 영광스러운 지도자의 이름을 외치는 사람들로 가득 찬 거리를 보지 않길 바란다"고 했다.(www.willwilkinson.net 2008. 11. 5.) 참고.

왕. 재위 기간 중 종교개혁, 영국 국교회 수립, 중앙집권화에 나섰다. 6명의 왕비와 결혼과 이혼을 거듭하는 과정이 드라마 같은 요소가 많아 셰익스피어의 희곡 『헨리 8세』 이후 서양 사극의 단골 소재가 됐다. ─옮긴이)의 전쟁은 그의(또는 국민 대부분의) 개인 재산이나 안락함을 늘리기 위한 것이 아니었다. 헨리 8세는 정치권력에 어울리는 권위나 지위를 원해서 이런 잔학한 행위를 저질렀다. 대부분의 사람은 스스로 인정하는 것보다 더 권력을 숭배한다. 권력과 권위에 대한 사랑은 사람들이 정부가 개입된 부정에 기꺼이 협력하는 이유를 일부 설명한다.

대다수 사람은 투표권과 출마권에 상징적인 의미를 부여한다. 그러나 이런 의미를 비판 없이 받아들일 도덕적 의무는 없다. 그 대신 투표권에 부여하는 기호학을 바꾸도록 도덕적인 요구를 받을 수 있다.

그 이유를 알려면 롤스의 주장을 따르는 사람 대부분이 정부 허가 없이 의료 행위를 하는 것이 금지돼야 한다고 믿는다는 사실에 주목해야 한다. 그러나 미국인들이 투표권에 집착하듯이, 우리는 의료 행위를 할 수 있는 권리에 기호학을 갖다 붙이는 문화나 사회를 상상할 수 있다. 무능하다는 이유로 의사 면허를 거부당하는 일이 굴욕을 주고 자부심을 파괴하는 사회를 그려 볼 수 있다. 아마도 어떤 사람들은 실제로 이렇게 생각할 것이다. 예를 들어, 일부 자유주의자들은 그러한 모든 면허 요건이 사람의 존엄성에 대한 경멸을 나타낸다고 생각한다.

그래도 롤스를 따르는 사람들은 흔들리지 않을 것이다. 그들은 무례함을 나타내지 않기 위해 모든 사람이 의사가 되도록 놔두어야 한다는 데 동의하지 않을 것이다. 대신 의사 면허의 요점은 사람들의 건강을 보호하는 것이라고 말할 것이다. 그들은 이 관행에 설득력 있는 결과주의적 근거가 있다고 주장할 것이다. 문화적으로 존중의 신호로 여겨지는 것에 관한 관점을 수정해야 한다.

다른 예를 들어 보자.* 어떤 문화에서 죽은 사람을 존중하는 가장 좋은 방법이 부패한 시체를 날로 먹는 것이며, 이 생각을 발전시켰다고 가정하자. 그 문화에서는 죽은 사람을 먹지 못하는 것이 무례한 행동이며, 썩어 가는 살을 먹는 행동이 존경의 표시라는 게 (사회적으로 구성된) 실제 사실일 것이다. 하지만 부패한 시체를 먹다가 병에 걸릴 수 있다고 상상해 보자. 사실, 실제로 그렇다. 파푸아뉴기니의 포레Fore 부족은 시체를 먹는 과거의 관행(죽은 사람에게 존경을 표하는 것으로 여긴 관행) 때문에 치명적인 프라이온prion(광우병을 일으킨다고 알려진 단백질 병원체. –옮긴이) 감염으로 고통받곤 했다. 그런 문화에서는 관행을 없애고 기호학을 수정할 만한 훌륭한 이유가 있다. (그것이 바로 포레족이 한 일이다. 포레족은 자신들의 규범이 파괴적이라는 것을 깨닫고 바꾸었다.) 언어와 사회적 관습은 효용 면에서 반드시 동등하지 않다. 이러한 방식으로 존경을 표현하는 것은 사람들을 아프게 하고 죽게 만든다. 그러므로 썩은 살을 먹는 것과 존경을 표시하는 것을 동일시하는 해석적 관행은 파괴적이고 나쁜 관행이다. 그러한 문화에 속한 사람들은 변화해야 할 강한 도덕적 근거가 있다. 그 문화의 기호학은 존경심을 표현하는 데 필요한 것에 관해 도덕적으로 결점이 있다.

또는 일부 문화권에서 이루어지는 여성 할례를 생각해 보자. 할례는 집단 또는 종교에 대한 충성심과 존경심을 나타낸다. 그러나 할례는 매우 해롭다. 이 경우, 문제의 문화는 할례에 기인하는 기호학을 수정해야 할 강력한 근거를 갖는다.

이러한 추론을 다시 에피스토크라시 문제로 돌려 보자. 논쟁을 위해 에피스토크라시가 민주주의보다 더 정당한 결과를 낳을 것이라고 가정하자.

---

* 이 예시에 대한 추가적 논의는 『한계 없는 시장』(2015) 참고.

이 가정은 우리가 투표권에 부여하는 의미를 수정해야 할 설득력 있는 근거를 제공할 것이다. 그것은 동등한 투표권에 특별한 의미를 부여하는 문화적 기호학이 우리를 해친다는 뜻이기도 하다. 파푸아뉴기니의 포레족이 죽은 사람을 먹는 것에 부여한 의미를 바꿀 만한 설득력 있는 이유가 있었듯이, 우리는 투표권에 부여한 의미를 바꿀 만한 설득력 있는 이유가 있을 것이다. 만약 에피스토크라시가 민주주의보다 더 잘 작동한다면, 투표권을 동등한 지위의 상징으로 보는 것을 멈춰야 한다. 투표권이 사냥이나 배관 면허보다 더 많은 상징적 힘을 갖지 않았다고 여겨야 한다.

내가 보기에 민주주의와 에피스토크라시 중 하나를 선택하는 일은 기호학에 관한 것이 아니다. 어떤 체제가 더 잘 작동하는지 선택하는 것이다. 시민권과 경제적 권리를 더 잘 보호할 뿐만 아니라, 더 정당한 결과를 만들어 내는 체제가 나은 것이다. 경험적으로 에피스토크라시가 더 잘 작동한다는 사실이 밝혀지면, 투표권으로 존중을 나타내는 문화적 관행을 당연하게 여겨서는 안 된다. 이러한 관행을 바꿔야 하며, 투표권을 운전하는 권리나 의료 행위를 할 수 있는 권리처럼 받아들여야 한다. 결국 실질적인 정의에 성패가 달려 있다. 그렇게 하는 것을 거부하고, 실질적인 정의를 희생하면서 투표권의 기호학을 유지하는 것 자체가 도덕적으로 잘못되었다.

역량에 바탕을 둔 불평등한 권력 분배는 엘리트주의적인 것처럼 보인다. 하지만 본질적으로 배관이나 미용 면허의 불평등한 분배보다 엘리트주의적이지 않다. 투표권을 미용 면허증과 비교하는 것이 거슬릴 수도 있다. 하지만 그건 대부분의 사람이 정치권력을 위엄 있게 여기고 배관 일을 하찮게 여기기 때문이다. 다시 말하지만, 그게 사람들이 우발적으로 생각하는 방식이다. 그렇게 생각할 필요 없다. 우선 나는 그렇게 생각하지 않으며, 당신들도 나처럼 할 수 있다.

롤스는 질투를 도덕적 감정으로 여길 수 없다고 주장했다. 질투는 포지티브섬 게임positive-sum game(개별적으로 이득을 추구하는 과정에서 상호 협력이 발생할 가능성이 높은 게임을 일컫는 말. -옮긴이)을 제로섬 게임zero-sum game(한쪽의 이득과 다른 쪽의 손실을 더하면 제로가 되는 게임을 일컫는 말. -옮긴이) 혹은 그보다 더 나쁜 것으로 만들겠다고 위협한다. 절대적인 면에서 얼마나 잘하고 있는지보다 남보다 얼마나 잘하는지에 초점을 맞추면, 모두를 끌어내리는 정책을 선택할 것이다. 롤스는 재산과 소득에 대해서는 상대적인 지위에 집착해서는 안 된다고 생각한다.

재산과 달리, 정치권력은 어떤 의미에서 제로섬 게임이다. 한 사람이 투표권을 얻으려면 다른 한 사람이 투표권을 잃어야 한다. 그럼에도 불구하고, 민주주의에서조차 유권자는 극히 미미한 투표권을 갖는다. 만약 에피스토크라시가 민주주의보다 한층 정의롭거나 더 나은 결과를 가져다준다는 사실이 밝혀지면, 우리는 질투에 관한 롤스의 통찰을 정치적 지위에 적용해야 한다. 지위 선망은 도덕적 감정이 아니다. 행복이나 정의에 대한 다른 이해관계를 희생하면서 그것에 굴복해서는 안 된다.

불이익 집단에 대한 모욕

변형된 형태의 기호론적 주장은 에피스토크라시가 개인에게 불평등하게 권력을 나눠 주기 때문이 아니라, 서로 다른 인구통계학 집단 사이에서 권력을 불평등하게 분배하기 때문에 모욕적이라고 말한다. 참정권을 제한하는 방식의 에피스토크라시는 정치권력을 덜 갖게 되는 집단에 모욕적이라는 것이다.

이 주장은 정치 지식과 경제적 문맹률이 모든 인구 집단에 고르게 퍼져 있지 않다는 사실에 의존한다. 제2장에서 언급했듯이, 기본 정치 지식 조사에서 고소득의 중년 남성은 저소득의 젊은 흑인 여성보다 약 2.5배 더 나은 결과를 나타냈다.* 경제학이나 사회과학 분야의 고급 지식을 포함한 정치 지식을 측정해도 비슷한 결과가 나온다.

한 가지 걱정은, 에피스토크라시가 이미 혜택받은 사람들의 이익을 불균형하게 발전시킬 것이라는 점이다. 나는 이에 관해 민주주의자들보다 덜 걱정한다. 왜냐면 그러한 우려는 사람들이 자신의 이익을 위해 투표하고, 약자는 자기 이익을 증진하는 정책을 선택할 만큼 정치를 잘 알고 있으며, 정치인은 혜택받은 사람에게 하듯 약자의 투표에 반응하리라고 가정하는 것 같기 때문이다. 나는 이 가정이 잘못되었다고 생각한다. 내가 틀리고 가정이 옳다고 해도, 이것은 에피스토크라시의 기호학에 관한 걱정이 아니라 예상되는 결과에 관한 걱정이다. 이 문제는 제8장에서 더 자세히 살펴볼 것이다.

미국이 참정권을 제한하는 에피스토크라시로 전환하면, 혜택받지 못한 소수민족 여성은 특권층 백인 남성보다 유권자 면허를 얻을 자격이 훨씬 적다고 가정해 보자. 또한 논쟁을 위해, 투표하는 대중이 더 잘 알고 있으므로 에피스토크라시가 민주주의보다 낫고 사실상 한층 정의로운 결과를 만들어 낸다고 가정하자. 어떤 사람들은 이 에피스토크라시가 소수 여성의 의견이 덜 중요하다는 메시지를 전하기 때문에 여전히 불쾌하다고 생각한다.

---

* 델리 카르피니·키터의 1996년 문헌.

하지만 무슨 일이 일어나고 있는지 분명히 해 두자. 대통령 앞에 사악한 악마가 나타나 이렇게 말한다. "나는 당신이 무작위로 뽑힌 부유한 백인 중년 남자 1만 명 또는 무작위로 뽑힌 가난한 젊은 흑인 여자 1만 명의 정책 선호도를 따르게 할 것이다. 당신은 어떤 집단을 따를지 선택해야 한다. 당신이 선택한 뒤 그들의 정책 선호도를 알려 주겠다." 이런 상황이라면 나는 대통령에게 가난한 흑인 여성보다 부유한 백인 남성의 조언을 따르라고 권하고 싶다. 한층 더 나아가, 대통령이 다른 쪽을 선택하는 것은 대중에 대한 수탁 의무를 위반하는 부당한 행동이라고 생각한다. (제6장에서 그 취지의 주장을 제시할 것이다.)

하지만 이것은 백인 남성이 도덕적으로 우월하고, 본질적으로 더 큰 존엄성을 가졌으며, 한층 가치 있는 삶을 살거나, 그들의 이익이 더 중요하다고 생각해서가 아니다. 나는 합리적으로 통계적인 차별을 하는 것이다. 현재 부유한 백인 남성이 가난한 흑인 여성보다 정치에 관해 더 많이 안다는 풍부하고 지속적인 증거가 있다. 정책 선호도가 정보에 좌우된다는 충분한 증거도 있다. 고급 정보를 지닌 유권자와 질 낮은 정보를 지닌 유권자는 체계적으로 다른 정책 선호도를 보이며, 질 낮은 정보를 지닌 유권자는 체계적인 오류를 범한다.* 또한 사람들은 자기 이익에 따라 이념을 형성하지 않고, 대규모 집단으로 투표할 때는 자기 이익보다 국가적 이익을 선택한다는 증거가 압도적으로 많다.

대조적으로, 미국의 의사 면허는 체계적으로 흑인의 과소대표성을 보인다. (흑인은 미국 인구의 13.1퍼센트를 차지하지만, 의사 면허 가진 사람 중 흑인

---

* 캐플런의 2007년 문헌, 알타우스의 2003년 문헌, 소민의 2013년 문헌, 『강제 투표 찬성론』 (2014).

은 3.8퍼센트에 불과하다.)* 과소대표가 문제라고 생각하는 사람은 많다. 그러나 이것이 본질적으로 흑인에게 굴욕감을 주거나 그들의 존엄성을 모욕한다고 생각하는 사람은 적다. 문제는 의사 면허 자체에 있는 것이 아니다. 그보다는 흑인이 의사가 될 가능성을 줄이는 근본적이고 역사적인 부당함이 문제다. 모욕감의 근거를 제공하는 것은 의사 면허가 아니라 이러한 부당함이다. 바로잡아야 할 것도 의사 면허가 아니라 근본적인 부당함이다. (분명히 말하지만 나는 의과대학의 소수집단 우대 제도에 대해 어떤 찬반의 입장도 취하지 않는다.)

이와 비슷하게, 유권자 허가제는 적어도 처음에는 흑인과 가난한 사람들의 체계적인 과소대표로 이어질 것이다. (사실, 강제 투표 제도를 포함한 보통선거 체제에서도 흑인과 가난한 사람들은 백인이나 부자보다 투표할 가능성이 훨씬 낮다.)** 그러나 유권자 허가제가 불균형하게 흑인과 가난한 사람들을 배제하는 이유 중 일부는, 그들이 이미 홀대당하고 있기 때문이다. 예를 들어, 미국은 도심을 빈민가로 만들고 가족을 파괴하는 마약과의 전쟁을 벌인다. 많은 소수자를 혼잡하고 기능 부전 상태에 빠진 학교에 몰아넣는다. 미국의 범죄 정책은 흑인들이 '젊은 흑인 남성은 감옥에 간다'는 관념 속에서 성장하게 만든다. 백인을 단속할 때보다 더 적대적이고 폭력적인 방법으로 흑인을 단속한다. 또한 미국은 흑인의 사업 시작을 불균형적으로 어렵게 만드는 인허가 및 지역제 요건을 연달아 부과하는 등등, 흑인을 매우 불공평한 방식으로 대한다. 따라서 의사 면허와 마찬가지로, 불균형한 투표권 자체는 부당함을 일으키지 않는다. 부당함은 근본적인 불공정

---

* 부커스Boukus·카실Cassil·앤 S. 오맬리Ann S. O'Malley의 2009년 문헌.

** 『강제 투표 찬성론』(2014).

의 징후나 결과일 것이다. 만약 에피스토크라시 체제에서 가난한 소수자가 유권자 자격을 박탈당하는 일이 압도적으로 많다고 밝혀져도, 이것이 에피스토크라시가 인종차별적이거나 계급주의적인 메시지를 전한다는 의미는 아니다. 오히려 사회에 어떤 근원적인 부당함이 있다는 것을 보여 준다. 우리는 그걸 고치려고 노력해야 한다. (다시 말하지만 누군가가 그 근원적인 부당함을 바로잡기 위해 민주주의가 필요하다고 대응한다면, 그것은 민주주의를 위한 기호론적 주장이 아니라 결과론적 주장이다.)

민주주의와 자기표현

민주주의의 표현적 가치를 다루고 있으므로 왜 투표권과 출마권을 갖는 일이 가치 있게 여겨지는지, 혹은 왜 사람들이 투표권과 출마권을 가져야 하는지에 대한 마지막 주장을 검토해 보자. 이 주장은 정치적 자유가 자기표현의 중요한 수단이라고 말한다. 이것을 표현 주장expression argument이라고 하자.

1. 일반적으로 나라가 무엇을 하고 있는지, 어떤 가치를 증진하고, 어떤 변화를 만들어야 하는지 등에 관한 의견을 표현할 수 있는 것은 각각의 시민에게 가치가 있다.
2. 정치적 자유는 시민이 이런 문제에 대한 의견을 표현할 수 있는 귀중한 수단이다.
3. 따라서 일반적으로 정치적 자유는 각각의 시민에게 가치가 있다.

표현 주장은 내가 앞의 두 장에서 살펴봤던 다른 주장들과 마찬가지로 여러 결점을 가지고 있다. 정치적 자유를 행사하는 것은 자신을 표현하는 좋은 방법이 아니다. 훨씬 더 나은 대안들이 있다.*

정치적 자유는 우리의 태도를 다른 사람에게 전달하는 비효율적인 방법이다. 투표는 표현 수단이 아니다. 투표는 건반이 네 개뿐인 데다 한 음을 연주하고 나면 부서지는 피아노와 같다. 게다가 그 피아노의 현은 음정이 맞지 않고 녹슬어 있기까지 하다.

나는 지난 대통령 선거에서 전쟁 도발, 친기업주의, 온정주의, 금권주의에 빠진 두 후보 중 덜 악하다고 생각되는 쪽에 투표했다. 나의 동료 중 한 명은 진실로 긍정적인 변화라 여기고 같은 후보에게 투표했다. 그리고 어떤 사람이 친구들과 어울리고 싶어서 같은 후보에게 투표했다고 가정해 보자. 이어서 네 번째 사람은 국가의 종말을 앞당기고 싶어서 냉소적으로 같은 후보에게 투표했다고 가정하자. 우리의 투표는 다른 사람들에게 무엇을 표현했을까? 누가 누구에게 투표했는지 안다고 해도 무엇을 표현하려고 했는지 유추할 수는 없다.

내가 어떻게 투표했는지 다른 사람들에게 공개할 때, 그들이 어떻게 받아들일지 안다. 만약 그들이 나의 투표에 동의한다면, 나를 좋은 사람이라고 생각할 것이다. 동의하지 않는다면, 내가 이기적이거나 나쁘거나 멍청하거나 악하다고 생각할 것이다(제2장 참조). 그래서 나의 투표는 내가

---

* 나는 투표라는 표현론에 이의를 제기하는 것이 아니다. 투표 표현론은 많은 시민이 태도를 드러내기 위해 투표한다고 주장하는 기술적 이론이다. 표현론은 시민이 자신의 투표가 선거 결과를 바꾸지 않을 것이라는 사실을 알기 때문에, 특정 원인에 대한 연대를 표현하기 위해 투표한다고 주장한다. 어떤 사람은 가난한 이들과의 연대를 표현하기 위해 민주당에 투표하고, 어떤 사람은 개인적 책임에 대한 우려를 표현하기 위해 공화당에 투표한다. 제프리 브레넌·뷰캐넌의 1984년 문헌, 제프리 브레넌·로마스키의 2003년 문헌, 제프리 브레넌·햄린 Hamlin의 2000년 문헌 참고.

원하는 것을 다른 사람들에게 쉽게 전달하지 못한다.

아니면 내가 공직에 출마한다고 가정해 보자. 무엇을 전달할 수 있을까? 나는 세상을 더 나은 방향으로 바꾸고 싶다고 주장할 수 있지만, 모든 정치인이 그렇게 말한다. 나의 의도와는 상관없이, 공직에 출마하는 일은 내가 권력과 지위에 굶주려 있다는 뜻을 드러내는 경향이 있다.

이런 점을 고려할 때, 다른 사람들과 소통하고 싶다고 정치적 자유를 행사하는 것은 비효율적이다. 그럼에도 불구하고 우리는 때때로 다른 사람들과 상반되는 자신의 태도를 표현하고 싶어 한다. 상심한 소년은 헤어진 여자친구의 사진을 삭제할 수 있다. 여기서 중요한 점은 소년이 앞으로 나아가기 위해 자기 자신에게 마지막을 표현하는 의식을 하는 것이다. 또는 어떤 사람이 방을 검붉게 칠하고 다가올 마르크스주의 혁명에 대한 충성을 표현할 수도 있다. 나는 밖에 나가기 귀찮은 날에도 집에서 슬레이어 Slayer(미국의 스래시 메탈 밴드. -옮긴이) 티셔츠를 입을 수 있다. 그것으로 아주 멋진 스래시 메탈thrash metal 음악에 대한 헌신을 표현한다. 의심할 여지없이 어떤 사람들은 투표를 이런 식으로 사용한다. 그래서 정치적 자유는 다른 사람에게 우리의 태도를 표현하는 데는 거의 가치가 없지만, 우리 자신에게 표현하는 데는 어느 정도 가치가 있다.

하지만 우리는 자기표현을 위한 더 나은 수단을 많이 갖고 있다. 누군가 자신의 정치적 태도를 드러내고 싶다면, 정치적 자유를 행사하지 않는 방식으로 잘 해낼 수 있다. 예를 들어 시민들은 후보에게 돈을 기부하거나, 지지하는 시를 쓰거나, 싫어하는 정치인의 인형을 만들어 불태울 수 있다. 그리고 다른 사람과 소통하고 싶다면 편지를 쓰고, 온라인 포럼에 참여하고, 웹사이트를 만들고, 유튜브 동영상을 제작하는 것이 투표나 출마보다 훨씬 더 효과적인 수단이다.

투표가 자신을 표현하는 좋은 방법이라고 해도, 그것이 사람들에게 투표권을 줄 만한 좋은 이유인지는 분명하지 않다. 문제는 투표가 다른 사람에게 힘을 행사하는 표현의 형태라는 점이다. 많은 사람에게 투표권을 부여하는 일은 자신을 표현하는 능력을 주는 것이기도 하지만, 다른 사람에게 해를 끼치거나 부당한 정치적 결과를 초래하는 것일 수도 있다.

대규모의 예술가 집단이 이렇게 말한다고 상상해 보자. "우리는 고통 앞에서의 신의 부재에 대한 기독교 실존주의자의 불안을 표현하고 싶다. 이를 위해, 음식과 물이 닿지 않는 바닥에 살아 있는 아이들을 못 박는 설치 작품을 만들고 싶다. 우리는 아이들이 고통받고 죽는 것을 지켜볼 것이다. 그러고 나서 아이들의 곤경을 반성하는 것은 우리 자신에 대한 은유적인 표현이다." 이러한 자기표현 방식은 사람들에게 해를 끼치거나 권리를 침해한다. 그래서 우리는 완성된 작품이 아무리 숭고해도 이러한 설치 예술을 하는 것을 금지할 만한 충분한 이유가 있다. 예술가들은 자신을 표현할 권리가 있지만, 이런 식의 권리는 없다.

또는 어떤 사람이 이렇게 말한다고 상상해 보자. "정의에 대한 나의 헌신을 표현하고 싶다. 그러기 위해서는 반대 없이 모두에게 정의로운 결과를 강요할 수 있는 절대적인 왕이 되어야 한다. 내 왕관은 어디 있느냐?" 이런 요구는 터무니없다. 이 사람이 정의에 대한 헌신을 표현하는 데 큰 관심이 있다고 해도, 그에게 모든 정치권력을 줄 이유는 없다. 그렇다면 왜 그것이 그에게 일부 정치권력을 주는 이유는 될까?

나는 투표권이 가치 있는 자기표현의 방식이라는 생각에 회의적이다. 투표권이 자기표현의 한 형태이기 *때문에* 사람들에게 그 권리를 줘야 한다는 생각에는 훨씬 더 회의적이다. 사람들은 자기 자신과 정의에 대한 헌신을 표현할 권리를 가져야 한다. 하지만 이것은 전통적인 자유주의적 해결책이다. 우리는 각각의 사람에게 폭넓은 언론의 자유를 준다. 언론의 자유에 대한 권리는 사람들이 자신에 대한 통제권을 갖는 개인 자치권의 영역을 만든다.

하지만 내가 틀렸다고 가정해 보자. 논쟁을 위해 각각의 사람이 자기표현의 수단인 투표권을 가져야 한다고 인정해도, 동등한 투표권이 있어야 한다는 것을 보여 주기 위해서는 추가적인 노력이 필요하다. 에피스토크라시의 한 유형에서 무지한 유권자들은 각각 1표를 가질 수 있고, 자격을 갖춘 유권자들은 각각 10표를 얻을 수 있다고 해 보자. 이 경우에 무지한 유권자는 자격을 갖춘 유권자보다 표현력이 떨어진다. 하지만 개인의 투표는 중요하지 않기 때문에, 이것이 왜 자기표현에 대한 중대한 부당함 또는 방해가 되는지 알 수 없다.

정치철학자 벤 손더스는 "정치권력에 대한 개개인의 몫은 너무 작아서 엄격한 평등을 주장하는 것은 같은 크기의 케이크 조각이 아니라 케이크 부스러기를 놓고 따지는 것과 같다"고 말했다.* 에피스토크라시 체제에서는 누구나 적어도 한 표 이상을 갖고 있지만, 어떤 사람들은 그보다 많은 표를 갖는다. 그것은 어떤 사람은 자기표현 방식이 보잘것없고, 다른 사람은 조금 덜 보잘것없다는 의미일 것이다.

나는 우리가 실제로 더 정의롭고 좋은 결과를 불러올 뿐만 아니라 한층 나은 품질의 정부를 만들어 낼 경우에만 민주주의보다 에피스토크라시를 선택해야 한다고 생각한다. 모든 사람에게 약하고 비효율적인 자기표현 방법을 보장해 주기 위해 질이 더 나쁜 정부를 선택하고 한층 나쁜 결과로 고통받아야 한다고 주장하는 것은 타당하지 않아 보인다. 만약 민주주의

---

* 손더스의 2010년 문헌.

자들이 가능한 최고의 결과를 만들어 내겠다는 약속을 뛰어넘는 민주적 절차에 내재된 무언가를 찾고 싶다거나 찾고자 한다면, 이것은 아니다.

결론

에피스토크라시는 몇 가지 분명한 메시지를 전달한다. 같은 나라에서 출생하고 거주한다는 이유만으로 다른 시민에게 강제로 부과되는 중대한 정치적 결정을 내릴 능력이 있다고 여겨지지 않는다. 또한 시민 전체가 하나의 집단으로서 유능하다고 여겨지지 않는다. 유능하다고 여길 만한 이유가 명확하지 않다. 능력에 대한 그럴듯한 설명에도 불구하고, 민주주의가 어떤 절대적 의미에서 능력이 있는지는 정말로 열린 경험적 질문이다. 민주주의가 우리가 시도했던 많은 대안보다 더 유능하다는 것을 꽤 확신하지만, 아직 시도하지 않은 대안보다 더 유능한지는 마찬가지로 경험적 질문이다.

유권자들이 당신과 함께하는 것보다 당신이 없을 때 더 신뢰할 수 있다는 메시지를 보내는 것은 모욕적으로 느껴질지 모른다. 그러나 올바른 이유에서 더 나은 결과를 위해 그렇게 한다면, 그리고 메시지가 정확하다면 모욕적인 것이 아니다. 사람들은 이를 극복하거나 더 공부해야 한다.

배관이나 의사 면허 제도가 본질적으로 엘리트주의적인 것처럼, 에피스토크라시도 본질적으로 엘리트주의적이다. 만약 에피스토크라시가 민주주의보다 더 나쁜 결과를 불러오거나 다른 비기호적 근거로 반대할 만하다면, 에피스토크라시가 무례함을 표현한다고 봐야 한다. 하지만 그렇지 않다면, 투표권을 명예의 상징으로 사용하는 일을 멈춰야 한다.

무엇이 좋은 망치냐고 물었을 때, 우리는 망치가 얼마나 잘 기능하는지로 판단한다. 좋은 시가 무엇인지 물었을 때, 우리는 시가 무엇을 상징하고 표현하는지로 판단하곤 한다. 어떤 사람이 좋은 사람이냐고 물었을 때, 우리는 종종 사람 그 자체로 가치 있다고 말한다. 내가 보기에 정치 제도는 사람이나 시보다 망치에 가깝다. 제도는 도구다. 우리가 평화와 번영 속에서 함께 살 수 있게 도와주는 제도는 좋은 것이다. 우리가 그렇게 사는 것을 방해하는 제도는, 그 제도가 무엇을 상징하든 지지할 이유가 거의 없다.

우리는 정치 참여와 정치적 권리가 개인으로서의 당신에게 유익하다고 하는 많은 주장이 실패하는 것을 보았다. 또한 민주주의를 지지하는 절차주의적 주장 대부분이 성공하지 못하는 것을 보았다. 절차주의적인 이유로 신정정치와 같은 유형의 정부가 배제될 수도 있지만, 그렇다고 에피스토크라시보다 민주주의를 선호할 만한 절차주의적 이유는 없는 듯하다. 둘 중 하나를 고르는 것은 단지 도구주의적인 선택일 뿐이다. 다음 장에서 나는 에피스토크라시가 더 잘 '작동'한다면, 우리는 에피스토크라시 지지자가 되어야 한다고 주장한다. 만약 에피스토크라시와 민주주의가 똑같이 잘 작동한다면, 둘 중 어느 체제라도 괜찮다.

제6장

유능한 정부에
대한 권리

AGAINST DEMOCRACY

조건 없는 보편적 참정권이 있는 민주주의는 무질서한 방식으로 정치권력을 부여한다. 호빗과 훌리건은 투표로 다른 사람에게 정치권력을 행사하는데, 이때 정당성이 요구된다. 대안적 체제와 비교했을 때 정당성이 있는지 따져 볼 필요가 있다. 특히 호빗과 훌리건이 끼칠 수 있는 피해를 줄이려고 노력하는 에피스토크라시 체제에 견주어 봐야 한다.

내가 평범한 유권자를 가리키며 "왜 저 사람이 나에 대해 어느 정도의 권력을 가져야 하지?"라고 묻는 것은 합리적이다. 마찬가지로 유권자 전체를 향해 "누가 저 사람들을 나의 보스로 만들었지?"라고 물을 수 있다. 제2장에서 보았듯이, 대부분 무슨 일이 일어나고 있는지 거의 알지 못한다. 왜 내가 호빗과 훌리건의 지배를 받아야 하는가?

제1장에서는 정치권력을 분배하는 방식에 관한 두 가지 기본 이론을 소개했다. 절차주의자들은 권력을 분배하는 어떤 방식들이 근본적으로 부당하거나 근본적으로 정당하다고 말한다. 도구주의자들은 정당한 결과를 가장 잘 만들어 낸다면 어떤 방식으로든 정치권력을 분배해야만 한다고(또는 적어도 그럴 수 있다고) 말하는데, 여기서 결과는 그것을 만들어 낸 절차와 상관없이 정의된다.

나는 민주주의와 에피스토크라시 사이의 선택은 순전히 도구적이라고 이야기했다. 앞선 몇 장에 걸쳐, 민주주의를 지지하고 에피스토크라시를 공격하는 많은 절차주의적 주장을 반박했다. 나는 또한 민주주의 유권자들이 전반적으로 무능하게 행동하는 경향이 있다는 경험적 증거를 제공했다.

어떤 민주주의자는 원칙적으로 내가 지금까지 주장한 모든 것을 받아들일 수 있다고 하면서도 이렇게 말한다. "물론, 민주주의가 근본적으로 정의롭다는 것은 아니다. 에피스토크라시가 근본적으로 정의롭지 않은 것도 아니다. 논의를 위해 에피스토크라시가 민주주의보다 뛰어나다는 주장에도 동의하겠다. 하지만 그렇다고 해서 민주주의 대신 에피스토크라시를 반드시 선택해야 하는 것은 아니다. 어쩌면 정의는 그저 충분히 좋은 수준의 정치체제를 선택하라고 요구할지도 모른다. 왜 가장 좋거나 더 좋은 체제를 선택해야 한다고 생각하는가? 그것은 지나친 요구이며, 당신은 아직 이 견해를 방어하지 못했다."

이 민주주의자의 말은 일리가 있다. 우리는 보통 일상생활에서 선의 극대화를 요구받지 않는다. 경제학자라면, 정치적 역량도 중요하지만 훨씬 유능하고 더 나은 정치적 의사 결정 방법을 추진하면 한계수익은 감소하고 한계비용은 증가할 것이라고 덧붙일 수 있다. 더 효과적이거나 유능한 정부를 만들기 위해 소비되는 자원, 시간, 노력은 다른 가치 있는 것에 사용되지 못한다. 비용편익분석의 관점에서 볼 때, 가장 유능한 정부는 우리가 지불해야 할 비용만큼의 값어치가 없을지도 모른다.

이 장에서는 이러한 우려에 대응한다. 나는 가장 유능한 정치체제를 사용해야 한다는, 강력한 도구주의자의 주장을 다루지 않을 것이다. 그 대신 더 유능한 것이 있는데도 무능한 정치적 의사 결정 체계를 사용하는 점이 부당하다고 여기는, 약한 도구주의자의 주장을 다룰 것이다. 결국,

에피스토크라시에 대한 나의 마지막 주장은 사실상 다음과 같다.

1. *절차주의에 반대*: 에피스토크라시보다 민주주의를 선호할 훌륭한 절차주의적 근거는 없다.
2. *역량 원칙*: 무능한 심의 기구의 결정 또는 무능한 방법이나 악의적 결정의 결과로, 생명·자유·재산을 강제로 빼앗거나 삶의 전망을 해치는 것은 부당하며 시민의 권리를 침해한다고 여겨진다. 유능한 정치 기구가 선의를 가지고 유능한 방법으로 정치적 결정을 내릴 때만 정당성과 권위가 확보된다고 할 수 있다.
3. *역량 원칙의 귀결*: 추정컨대 우리는 무능한 정치적 의사 결정 방식을 더 유능한 것으로 대체해야 한다.
4. *비교에 의한 제도적 주장*: 보통선거는 무능한 결정을 내리는 경향이 있고, 특정 형태의 에피스토크라시는 더 유능한 결정을 내릴 가능성이 있다.
5. *결론*: 우리는 아마도 민주주의를 특정 형태의 에피스토크라시로 대체해야 할 것이다.

앞의 몇 장에서 나는 대부분 첫 번째와 네 번째 전제를 주장했다. 이번 장에서는 두 번째와 세 번째를 주장할 것이다. 그리고 이번 장과 이후의 두 장에서 네 번째 전제에 찬성하는 더 많은 이유를 제시할 것이다.

민주주의와 정치적 무능

나의 동료 시민 대부분은 정치에 관해 무능하고, 무지하며, 비이성적이고, 도덕적으로 불합리하다. 그런데도 그들은 나에 대한 정치권력을 가졌다. 이 사람들은 막강한 권력을 지닌 공직에 사람을 배치할 수 있고, 나에게 국가의 강압적인 권한을 행사할 수 있다. 내가 하고 싶지 않거나 해야 할 이유가 없는 일을 하게 강요할 수 있다. 정당화할 수 없는 방식으로 권력을 휘두르고, 합리적인 방식으로 정치 정보를 제공했거나 처리했다면 자신들도 지지하지 않았을 정책을 내게 강제한다.

적어도 언뜻 보기에는, 무고한 내가 그것을 용납할 필요는 없는 듯하다. 무능한 외과 의사의 칼 아래 놓이거나 무능한 선장과 함께 항해하도록 강요하는 것은 잘못이다. 마찬가지로 무능한 유권자의 결정에 따르게 강요하는 일도 잘못인 것 같다. 유권자를 포함해 나에게 권력을 행사하는 사람들은 도덕적으로 합리적이며 유능한 방식을 써야 한다. 그렇지 않으면 나에게 권력을 행사하는 것을 금지하거나, 그들의 무능함으로부터 나를 보호하는 강력한 제도가 있어야 한다. 이것은 정의의 문제다. 그게 아니라면 나는 따질 것이다.

이 장에서 나는 이러한 주장을 하려고 한다. 시민에게는 유능한 의사결정 기구를 갖고, 유능한 방식으로 정치권력을 행사할 수 있는 최소한의 추정적 권리가 있다. 그들은 무능하거나 변덕스럽게 중대한 정치적 결정을 내려서는 안 된다.

현실적인 상황에서 보통선거는 종종 이 추정적 권리를 침해한다. 현재의 민주주의는 그만큼 부당하다. 민주주의를 견뎌야 하는 유일한 이유는, 에피스토크라시를 더 잘 작동하게 만드는 방법을 찾을 수 없는 경우라고 나는 주장할 것이다.

세 개의 직관 펌프

나의 주요 논점으로 넘어가기 전에, 세 가지의 '반쪽'을 제시하고 싶다. 당신의 직관을 끌어올리기 위한 것이다. 내 목표는 사람들이 민주주의를 편들기 위해 다른 곳에서는 하지 않을 예외를 만드는 경향이 있다는 점을 보여 주는 것이다. 사람들은 다른 어떤 것을 대할 때보다 낮은 도덕적 기준으로 민주주의적 기구를 보유하는 경향이 있다.

오염에 어떻게 대처해야 할까?

나의 독자와 동료 철학자 대부분은 정부가 탄소 배출을 규제할 수 있을 뿐만 아니라 반드시 규제해야 한다고 믿는다. 그들의 기본 주장은 오염이 집단행동의 문제라는 것이다. 우리 중 누군가 개인적으로 마음껏 오염시켜도 실질적인 영향은 없다. 하지만 우리가 모두 마음껏 오염시킨다면, 그 결과는 재앙이 될 수 있다.

문제는 개인으로서 우리의 행동을 바꿀 이유가 거의 없다는 점이다. 나의 행동을 생각해 보자. 나는 1년에 20번 이상 비행기를 탄다. 트윈터보 스포츠 세단을 운전하는데, 가속도를 최대한 높이기 위해 스포츠 또는 스포츠플러스 모드로 출발한다. 통기타보다는 고출력 진공관 앰프를 통해 전기기타를 연주한다. 여름 내내 집에 에어컨을 켜 놓는다. 세 대의 컴퓨터를 거의 끄지 않는다. 선의로 에너지 사용량을 줄일 수도 있지만, 그게 무슨 소용이 있을까? 나의 개인적인 영향력은 너무 작아서, 그런 희생은 아무런 차이도 만들지 못할 것이다. 고생해 봤자 도움이 안 될 것이다.

이 추론은 각자에게 모두 적용된다. 우리는 개개인이 덜 오염시키기를 바라지만, 개인으로서 우리는 덜 오염시킬 이유나 동기가 없다. 일방적인 소비 감축은 순전히 상징적인 가치만 있다.

그러므로 나의 동료 대부분은 정부가 오염 수준을 규제할 수 있게 허용해야 한다고 결론짓는다. 정부는 우리가 집단적으로 행동해야 하는 문제를 해결할 수 있다. 이런 종류의 추론을 환경보호를 위한 공공재 주장 public goods argument이라고 부른다.

제2장에서 보았듯이, 우리는 투표와 관련해서 이 집단행동 문제와 유사한 것에 직면한다. 정확히 같지는 않다. 만약 내가 유일한 유권자라면 나의 투표가 모든 차이를 만들겠지만, 내가 유일한 오염자라도 나의 오염은 여전히 별 차이가 없을 것이다. 하지만 충분히 비슷한 점이 있다. 다른 유권자가 아주 많다는 것을 고려했을 때, 우리 개개인의 투표는 아무런 차이를 만들지 못한다. 우리는 타인의 노력에 편승하고, 편견의 비용을 다른 사람에게 돌리고, 정보가 없거나 잘못 알고 있거나 비이성적인 투표로 민주주의를 오염시킬 수 있다.

만약 대기오염을 규제해야 한다는 주장이 타당하다면, 투표는 왜 규제하지 않을까? 공공재 주장은 대기오염 규제를 정당화하면서, 왜 투표 오염을 규제하는 것은 정당화하지 않을까? 우리 자신으로부터 우리를 보호하기 위해 오염을 규제하는 것은 합법적인데, 우리 자신으로부터 우리를 보호하기 위해 투표를 규제하는 것은 왜 합법적이지 않을까? 나는 제4장과 제5장에서 투표권은 다르다는 것을 보여 주려고 노력한 일련의 의무론적 주장들을 검토했다. 하지만 이 주장 중 어느 것도 성공하지 못했다. 그래서 이 질문들은 여전히 열려 있다.

칼 왕은 잘못 행동하고 있을까?

불행한 벙글랜드 왕국이 무능한 왕 칼의 통치 아래 고통받고 있다고 상상해 보자. 칼 왕은 대부분의 경우 선의에서 행동한다. 하지만 그는 무능하다.

훌륭한 왕은 어떤 정책이 사회 정의를 보장하고 공익을 증진하는지 이해하는 데 필요한 역사, 사회학, 경제학, 도덕철학을 잘 파악하고 있다. 칼은 무지함에도 불구하고, 이 모든 주제에 강한 의견을 가졌다. 그는 증거를 조사한 다음 정치적 신념과 정책 선호를 만들지 않는다. 그 대신 으스대는 정치 신념을 지녔다. 그는 자신의 이미지를 강화하는 신념과 행동 방침을 선택한다. 종종 순간적인 흥분 속에서 직감에 따라 선택하며, 결과는 거의 신경 쓰지 않는다. 통치 기간에 일어난 좋은 일은 모두 자신의 공으로 삼고, 나쁜 결과는 정적들의 탓으로 돌린다. 그는 자신이 상황을 더 좋게 만들고 있는지 더 나쁘게 만들고 있는지 전혀 모른다.

벙글랜드는 입헌군주제 국가다. 법에 따라 칼은 언론의 자유와 임의적 수색 및 체포로부터의 면책권 같은 기본적 자유권을 존중해야 한다. 그리고 대부분의 경우, 칼은 이러한 권리를 존중하며 벙글랜드는 법치를 누린다.

칼 왕은 헌법적 한계 안에서 광범위한 재량권을 갖는다. 경제, 환경, 교육, 토지이용 및 외교정책 등을 선택할 수 있다. 정부의 거의 모든 직책을 임명한다. 전쟁을 시작하고, 소유권 제도를 바꾸고, 중앙은행 금리를 설정하고, 관세 부과 및 무역 규제를 하고, 산업 및 상업에 대한 규정을 발행하고, 어떤 사람의 재산을 다른 사람에게 이전하고, 전문직 진출에 대한 면허와 규제를 만들고, 마음대로 세금을 부과하고, 공립학교 교육과정을 선택하고, 마약을 합법화하거나 범죄시하고, 어떤 사람들이 왕국에 들어오거나 나가는 것을 정하고, 법을 어겼을 때의 처벌 등을 결정한다. 게다가 때때로 헌법이 부여한 권한을 뛰어넘고, 대부분의 경우 헌법의 권한을 벗어난다.

칼의 실수에 대한 부담은 국민이 진다. 국민들은 과도한 지출, 높은 부채, 어떤 곳에서는 미흡하고 어떤 곳에서는 지나친 무분별한 규제에 직면해 있다. 칼은 종종 역효과를 내는 정책을 선택하는데, 그 정책들이 숭고한 목표에 대한 자신의 헌신을 보여 준다고 믿기 때문이다. 국민들은 이러한 상징적 정치에 고통받는다. 칼의 국민은 유능한 통치자 아래 있을 때보다 더 적은 경제적 기회, 더 많은 범죄, 더 높은 물가, 더 큰 불의와 함께 살고 있다. 그의 결정은 시민들(그리고 외국인들)의 기회, 자유, 재산, 심지어 생명까지 빼앗을 수 있다.

이제 묻는다. 벙글랜드는 정당한 정권인가? 누군가는 당연히 아니라고 생각할 것이다. 벙글랜드는 군주국이기 때문이다. 군주제는 적절한 시기에 딱 맞는 자궁에서 임신됐다는 이유만으로 왕에게 정치권력을 부여한다. 그것은 정치권력을 분배하는 어리석은 방법처럼 보인다. 그래서 현대의 독자들은 대부분 군주제가 근본적으로 부당하다고 결론짓는다. 그들이 옳다고 가정해 보자. 이제 다시 묻는다. 그게 벙글랜드의 유일한 문제일까?

이와는 대조적으로 현명한 엘론드Elrond(《반지의 제왕》에 등장하는 요정족의 왕이다. 치유의 대가이자 현자이며, 온화하고 예지력이 있는 것으로 그려진다. -옮긴이) 왕이 통치하는 리븐델을 생각해 보자. 엘론드는 항상 자기 국민에게 가장 좋은 것을 선택한다. 그는 쓸모 있는 모든 정보를 사용하며, 사회과학에 관해 알아야 할 모든 것을 알고 있다. 엘론드는 모든 이성적이고 합리적인 관점을 참고한다. 그리고 항상 편견과 변덕 없이 이성적이고 합리적인 방법으로 결정을 내린다. 하지만 당신은 아무리 좋은 성과를 낸다고 해도 군주제는 근본적으로 부당하며, 따라서 엘론드의 통치도 부당하다고 생각할 수 있다. 아마 당신이 옳을 것이다. 그런데 엘론드의 통치가 부당하다는 것을 인정해도, 칼의 통치가 더 나쁘고 더 부당해 보인다. 둘 다 세습군주국이기 때문에 체제의 종류는 차이를 만드는 원인이 아니다. 엘론드와 칼이 결정을 내리는 방법과 그 결정이 국민에게 *어떻게* 영향을 미치는지가 차이점이다.

실제 사례를 떠올려 보자. 칼리굴라Caligula, 네로Nero, 안토니누스 피우스Antoninus Pius는 모두 로마의 황제였다. 만약 당신이 군주제가 근본적으로 부당하다고 여긴다면, 당신은 그들이 단지 군주라는 이유로 부당하게 통치했다고 결론지어야 한다. 하지만 그들은 똑같이 부당하지 않다. 칼리굴라와 네로는 사악하고 나쁜 사람이었고, 국민은 타락한 결정 때문에 큰 고통을 받았다. 안토니누스 피우스는 국민에게 평화와 번영을 가져다주었고, 국민의 시민적 자유를 더욱 보호하고 증진하는 개혁을 시행했다. 칼리굴라와 네로의 결정은 정의롭지 못했고, 안토니누스 피우스의 결정은 비교적 훌륭하고 정의로웠다.

벙글랜드는 단순히 왕국이거나 잘못된 형태의 정부이기 때문에 부당한 것이 아니다. 왕이 나쁜 결정을 내린다는 사실이 부당함을 추가한다. 칼은 권력을 현명하게 사용하지 않는다. 그에게는 국민을 보호할 의무가 있다. 국민의 생명과 생계는 칼의 손에 달려 있고, 그의 무모함은 모두에게 위험이 된다.

이제 벙글랜드에서 상황이 변한다고 상상해 보자. 칼 왕은 죽기 전에 왕국을 민주주의로 바꾼다. 하지만 많은 것이 변하는 만큼, 많은 것이 그대로 유지된다. 벙글랜드의 유권자는 칼 왕보다 더 나을 것이 없다. 더 현명하지도, 더 이성적이지도, 덜 변덕스럽지도 않다. 벙글랜드의 유권자 대다수가 호빗과 훌리건이고, 소수만이 벌컨이라고 가정하자. 이제 벙글랜드는 한 명의 무능한 통치자 대신, 수많은 무능한 통치자를 갖는다.

그럼 어떻게 될까? 칼 왕을 똑같이 무능한 민주적 다수로 대체하는 것은 무능한 의사 결정을 정당화할까? 아니면 무능한 결정이 민주적 다수의 통치권을 침해할까? 나는 다시 제4장과 제5장으로 돌아가 무능한 칼과 무능한 다수는 본질적으로 차이가 있다는 것을 증명해 보기 위해 광범위한 의무론적 주장을 검토했다. 하지만 효과는 없었다. 따라서 이 질문은 여전히 열려 있다.

6살짜리 아이에게 투표를 허용하지 않는 이유는 무엇일까?

우리는 왜 어린아이들에게 투표권을 주지 않을까? 초등학교 1학년 또는 5학년의 아이들에게, 아니면 고등학생에게 투표권을 주지 않는 이유는 무엇일까? 다음과 같은 세 가지 기본적인 이유가 있는 것 같다.

구성원 자격: 어린아이들은 아직 완전한 사회 구성원이 아니기 때문에 투표할 자격이 없다.
의존성: 어린아이들은 부모가 하라는 대로 투표할 것이기 때문에, 투표권을 주는 것은 그들의 부모에게 여분의 표를 주는 것이다.
무능력: 어린아이들은 투표를 잘할 만큼 충분히 알지 못한다.

대부분의 사람은 각각의 이유가 참정권 제한을 정당화하기에 충분하다고 생각한다. 세 가지 우려 중 두 가지가 거짓으로 드러나도, 사람들은 남은 이유만으로도 여전히 아이들의 투표를 금지할 만하다고 여길 것이다.

세 번째 이유를 생각해 보자. 고등학생(또는 더 어린 학생)이 투표하는 것을 반대하는 단순한 주장은 이런 내용이다. 아이들의 투표는 모든 사람에게 영향을 미친다. 유권자는 자신뿐만 아니라 모든 사람을 위해 선택한다. 우리는 대부분의 청소년이 현명한 투표를 할 수 있는 지혜나 지식이 부족하다고 걱정할 수 있다. 정치인은 유권자가 원하는 것을 주는 경향이 있으므로, 투표 연령을 낮추는 일은 질 낮은 정부를 만들 것이다. 우리 자신을 보호하고 싶기 때문에 아이들의 투표를 금지한다.

많은 사람이 이 주장을 받아들인다. 하지만 이 주장은 사람들이 받아들이려고 하지 않는 의미를 내포하고 있다. 무지가 청소년을 투표에서 배제하는 이유로 충분하다면, 많은 대중이 투표에서 배제되어야 한다.

제2장에서 논의한 바와 같이, 정치 지식은 모든 집단에 고르게 퍼져 있지 않다. 만약 '16세와 17세'라는 인구 집단이 너무 무지해서 투표할 수 없다고 생각한다면, 저소득층과 흑인을 투표에서 제외하는 것에도 찬성해야 한다. 왜냐하면 그들의 정치적 지식수준은 전반적으로 비슷하기 때문이다. 다음의 두 가지 견해를 고려해 보자.

- 14~18세 대부분은 너무 무지해서 투표를 잘할 수 없다. 비록 일부는 정보를 잘 알고 있지만, 그럼에도 불구하고 우리는 개인차를 무시하고 이 인구 집단에 속한 모든 사람의 투표를 금지해야 한다.
- 가난한 흑인 여성 대부분은 너무 무지해서 투표를 잘할 수 없다. 비록 일부는 정보를 잘 알고 있지만, 그럼에도 불구하고 우리는 개인차를 무시하고 이 인구 집단에 속한 모든 사람의 투표를 금지해야 한다.

대부분의 사람은 첫 번째 견해를 받아들이지만, 두 번째에서는 주저한다. 어떤 인구 집단을 차별하는 것은 지지하지만, 똑같은 근거를 적용해도 다른 집단을 차별하는 것은 찬성하지 않는다.

여기 대안이 있다. 18세 미만의 모든 아이를 차별하지 않고, 모두가 똑같이 무능하다고 가정하지 않고, 높은 수준의 정치적 역량을 보여 줄 경우 투표를 허락하는 것은 어떨까? 예를 들어, 아이들이 미국 시민권 시험의 시민 윤리 부분을 통과하면 투표권을 주는 것이다. (다음 장에서 설명하겠지만, 이러한 시험에 필요한 지식은 대부분 유능한 유권자가 되는 데는 쓸모가 없다. 하지만 시험을 통과할 수 있는 사람은 아마도 유용한 지식을 더 많이 가지고 있을 것이다.)

그러나 문제가 있다. 이런 시험이 16세가 충족해야 할 합리적 기준이라고 결정하면, 투표 연령의 많은 성인은 기준을 충족하지 못할 것이다. 18세 미만의 모든 사람이 무능하지만 18세 이상의 모든 사람은 유능하다고 가정하는 것은 자의적으로 보인다. 정치적으로 비슷하게 무지한 다른 인구 집단을 차별하지 않으면서, 단지 특정한 인구 집단의 일원이라는 이유만으로 현명한 16세의 투표권을 박탈하는 것은 부당하거나 최소한 자의적인 것처럼 보인다. 예를 들어, 우리는 부유한 백인 남성이 높은 수준의 기본적 정치 지식을 가진 반면 가난한 흑인 여성의 수준은 낮은 경향이 있다는 것을 안다. 하지만 이것이 가난한 흑인 여성은 투표할 수 없고 부유한 백인 남성은 투표할 수 있다는 규칙을 정당화한다고 생각하지 않는다.

현대 민주주의 국가가 모두 그런 것처럼 연령 차별에 관여하는 대신, 모든 사람에게 유권자 능력 시험을 치르게 하는 것은 어떨까? 나이에 상관없이 모든 사람이 0표로 시작해서 능력을 입증하면 투표권을 얻을 수 있다고 말하는 것은 어떨까? 흥미롭게도 제4장이나 제5장의 의무론적 논쟁 중 어떤 것도 이러한 질문을 다루지 않았다. 민주주의자 대부분은 단지 성인만 투표권을 가져야 한다고 생각할 뿐, 아이들을 투표에서 제외하는 것을 허용하는 이유를 반성하지 않는다.*

통치권의 추정 조건

여기에서 나의 논지는 역량과 선의가 최소한 통치권the right to rule의 추정 조건presumptive conditions이라는 것이다. 우선 내가 말하는 통치권이 무엇인지, 역량이 통치권의 추정 조건이라는 것이 무슨 의미인지 설명하겠다.

정부는 다음과 같은 조건이 충족될 때 특정 지역, 특정 인구 집단을 통치할 권리가 있다고 한다.

- 그 지역 사람을 위해 법률, 규칙, 정책 및 규정을 만들고 시행하는 것이 도덕적으로 허용된다.
- 특정한 사람들(시민, 주민, 방문자 등)은 정부의 법률, 규칙, 정책 및 규정을 지켜야 하는 도덕적 의무가 있다. *왜냐하면* 정부가 그러한 규칙을 발표했기 때문이다.**

---

* 보편적 성인 참정권에 전념하는 사람이라면 청소년 투표도 받아들여야 한다는 취지의 주장은 로페스-게라의 2014년 문헌 참고.

** 통치권은 허가권과 청구권을 모두 포함한다.

첫 번째 조건이 충족되면, 정부에 정통성legitimacy이 있다고 말한다. 두 번째 조건이 충족되면, 정부에 권위authority가 있다고 말한다.*

정의에 따르면, 정부가 세워지고 규칙을 만들어서 공표한 다음 강압적으로 집행하는 것이 허용되는 경우에 정통성이 있다. 그리고 특정한 사람들이 정부의 법률과 포고령 및 명령을 따라야 하는 도덕적 의무를 갖는 경우, 정부는 그 사람들에 대해 권위가 있다(또는 '권위를 갖는다'). 정통성은 경찰이 당신을 체포하는 것을 문제 없게 만든다. 권위는 경찰이 체포하려고 할 때 당신이 저항하는 것을 잘못으로 만든다. 간단히 말해서 정통성은 강요의 도덕적 허용을 의미하며, *권위*는 다른 사람에게 굴복하고 복종할 의무를 유도하는 도덕적 힘을 의미한다.**

이것은 단지 용어의 정의일 뿐이다. 용어를 정의할 때, 나는 어떤 정부에 정통성이나 권위가 있는지 아무런 입장도 취하지 않았다. 또한 정부를 정통성이 있거나 권위 있게 만드는 것에 관해 아직 실질적인 언급을 하지 않았다. 무정부주의자와 국가 통제주의자는 국가가 규칙을 만들고 시행하는 일이 허용되어야 정통성을 가진다는 것에 동의할 수 있지만, 실제로 어떤 국가가 정통성이 있는지에 관해서는 의견이 일치하지 않는다. 두 명의 국가 통제주의자 역시 국가가 규칙을 만들고 시행하는 일이 허용되어야 정통성을 가진다는 것에 동의할 수 있지만, 국가가 정통성을 얻기 위해 정확히 무엇이 필요한지에 관해서는 각각의 의견이 일치하지 않는다.

---

* 에스틀룬드의 2007년 문헌 참조.

** 에스틀룬드의 2007년 문헌. 이전의 정치철학에서는 이 용어들이 엉성하고 부정확하게 사용되어 왔다. 하지만 지난 10여 년 동안 내가 여기에서 정의한 대로 용어를 정확히 사용하는 것이 관례가 되었다.

중요한 것은 정부가 권위를 가지려면 의무가 없던 곳에 의무를 만들거나, 적어도 추가적인 의무의 원천을 만들 수 있어야 한다는 것이다. 정의된 의미에 따르면, 어떤 사람에 대한 권한을 가진 정부가 무언가를 명령하면 그에게는 그것을 해야 하는 도덕적 의무가 생긴다. 정부가 그렇게 말했기 때문이다. 나에게 성폭행해서는 안 된다는 도덕적 의무가 있다는 걸 떠올려 보자. 정부 또한 내가 성폭행하는 것을 금지한다. 하지만 내가 성폭행하지 말아야 하는 이유는 정부의 금지 때문이 아니다. 설사 정부가 나에게 '성폭행 면허'를 주었다고 해도, 나는 여전히 성폭행해서는 안 되는 의무가 있다. 정부는 나의 도덕적 의무를 만들지 않았고, 나를 그 의무에서 면제해 줄 권한도 없다.

반면에, 정부는 나에게 다양한 세금을 내라고 명령한다. 나에게 세금을 내야 할 의무가 있다면, 단지 정부가 그것을 만들었기 때문이다. 만약 정부가 명령을 취소하면, 세금을 내야 할 의무는 사라질 것이다.

통치권의 추정 조건은 정치적 결정이 자격을 갖춘 기관에 의해 유능하게 이루어져야 한다는 것이다. 그렇지 않은 결정은 정통성과 권위가 없는 것으로 추정된다. 추정 조건은 필요조건과 비슷하지만, 그보다 약하다. P를 갖지 못하면 Q를 가질 수 없다. 이때 P는 Q의 필요조건이다. 이와 대조적으로, P를 갖지 못하는 것이 상쇄 조건에 의해 무효화되거나 압도되지 않는 한 Q를 가질 수 없다. 이때 P는 Q를 위한 추정 조건이다. 추정 조건은 무효로 할 수 있지만, 필요조건은 그렇지 않다.

나의 목적을 위해 이 책에서는 역량과 선의가 적어도 통치권의 추정 조건이라는 비교적 약한 주장만 할 것이다. 역량과 선의가 필요조건이라고 주장하는 것은 논지를 방어하는 일보다 더 부담스럽다.

나는 때때로 사람들이 악의적으로 통치하는 무능한 정부의 지배를 받지 않을 권리를 갖는 것에 관해 말할 것이다. 다시 말해, 나는 이것이 추정적 권리 대 절대적 권리의 문제라는 것을 주장한다. 절대적 권리가 추정적 권리보다 더 강한지 어떤지에 관해서는 알 수 없다는 입장으로 남을 것이다. 더 강경한 입장을 취하지 않는 이유는 나의 주장에 그것이 필요하지 않기 때문이다. 철학에서는 일을 완수하는 데 필요한, 가장 논란이 적고 가장 약한 전제를 사용한다. '항상'이라고 주장하는 대신 '일반적으로'라고 하며, '무슨 일이 있어도 틀렸다'라고 주장하는 대신 '충분한 이유가 없다면 틀렸다고 추정된다'라고 한다.

무능하고 불성실한 배심원단의 심판을 받지 않을 권리

민주주의에 관해 이야기하기 전에, 배심원들이 정통성과 권위를 가지려면 무엇이 필요한지 생각해 보자. 대부분의 사람은 피고가 선의로 행동하는 유능한 배심원단에게 재판받을 권리를 가졌다고 믿는다. 피고는 *왜* 그런 권리를 가질 수 있는지 살펴보자.

5개의 다른 배심원단이 있고, 각기 복잡한 살인 사건 재판을 심리한다고 상상해 보자. 각 배심원단은 뭔가 결함을 갖고 있다. 이런 배심원의 결정을 피고에게 강요하는 것이 정당해 보이는지 생각해 보자.

첫 번째 배심원단은 무지하다. 재판에서 제시된 증거를 무시한다. 숙의를 요청받고도 녹취록 읽기를 거부한다. 그 대신에 동전을 던져서 피고에게 1급 살인죄를 선고한다. 재판 후, 자신들이 무지하게 사건을 판결했다고 인정한다.

두 번째 배심원단은 불합리하다. 재판에서 제시된 증거에 주의를 기울이지만, 인지적으로 편향되거나 비과학적 또는 반과학적인 방법으로 증거를 평가한다. 어쩌면 기이한 음모론에 빠져 있을지도 모른다. 아마 희망적인 생각을 바탕으로 판단할 것이다. 늘 하던 대로 증거의 무게를 잘못 계산해서 증거가 뒷받침하는 것의 반대로 결론 내릴 수도 있다. 그들은 결국 피고에게 유죄를 선고한다. 재판 후, 그들이 사고 과정을 묘사하는 설명을 들어 보면 증거를 불합리하게 처리한 것이 분명하다.

세 번째 배심원단은 충분히 제 역할을 못한다. 증거에 주의를 기울이며 과학적으로 정보를 처리하려고 하지만, 그렇게 할 능력이 없다. 어쩌면 인지 장애가 있거나, 정신 능력에 비해 사건이 너무 복잡하다. 그들은 피고에게 유죄를 선고한다. 재판 후, 아무리 노력해도 사건을 이해하지 못했다는 것을 인정한다.

네 번째 배심원단은 부도덕하다. 그들은 증거에 주목하며, 과학적이고 합리적인 방법으로 증거를 평가한다. 하지만 피고가 흑인, 유대인, 공화당원, 혹은 그 외의 싫어하는 어떤 사람이라는 이유로 유죄를 판결한다. 또는 피고가 무죄라고 믿지만, 단지 무고한 사람이 고통받는 것을 보고 싶어서 유죄로 여긴다고 가정해 보자. 재판 후, 그들은 사건을 이런 식으로 평결했다는 것을 인정한다.

다섯 번째 배심원단은 부패했다. 그들은 증거에 주목하고 합리적으로 평가한다. 그러나 누군가 그들에게 각각 1만 달러씩 줬기 때문에 피고에게 유죄를 선고한다. 재판 후, 우리는 뇌물이 있었다는 것을 알게 된다.

이제 묻는다. 이런 경우에 배심원단의 결정을 집행해도 될까? 피고는 배심원단의 권위에 복종해야 할까?

아닌 듯하다. 각각의 경우마다 배심원단은 나쁜 행동을 했고, 모두가 그것을 알고 있다. 배심원단의 평결은 권위와 정통성이 결여된 것처럼 보인다. 만약 피고가 이런 배심원단에게 복종해야 한다는 사실을 알았다면, 그들은 배심원단의 평결을 권위 있게 받아들이는 도덕적 의무를 갖지 않았을 것이다. 배심원단이 유죄 판결을 내린 것 자체만으로 처벌을 받아들여야 할 이유가 없다. (물론 피고인이 실제로 범죄를 저질렀다면, 처벌에 따라야 할 독립적인 이유가 된다.)

정부가 배심원단의 결정을 집행하는 것도 부당하다. 피고의 자유를 방해하는 결정적 이유가 생길 때까지, 그는 자유롭다. 어느 배심원단이 유죄로 판결했다고 해서 죄가 있다는 근거가 생기는 것은 아니다. 정당한 절차에 의해 자유를 박탈당하지 않는 한, 피고는 자유롭다. 여기에서 피고는 정당한 절차를 거치지 못했다.

미국에서 법은 어느 정도 이러한 도덕적 판단을 따른다. 유죄 판결을 받았지만 배심원단이 무능하거나 특정한 편견을 갖고 행동했다는 사실이 밝혀지면, 피고는 항소할 수 있다.* 또한 합리적인 배심원이라면 그러한 평결에 도달할 수 없을 것이라고 여겨지는 경우, 재판장은 그 자리에서 배심원단의 유죄 평결을 무효로 할 수 있다. 판사들이 실제로 그렇게 하는 경우는 드물지만, 원칙적으로는 가능하다.

이러한 경우에 우리의 도덕적 판단을 설명하는 것은 무엇일까? 배심원 재판에서 다음과 같은 특징을 얻을 수 있다.

- 배심원은 정의의 원칙을 어떻게 적용할지 결정하는, 매우 중대한 도덕

---

* 성공적인 항소·파기 및 사건 환송의 예는 배심원이 망상에 빠졌던 설리번Sullivan 대 포그Fogg 사건(1980), 배심원이 잠들었던 마지드Majid 사건(2009), 인종차별주의자 배심원이 있었던 스펜서Spencer 사건, 배심원 중 한 명이 피고와 치정 관계인 것이 밝혀졌던 잭슨Jackson 사건(1968) 등 참고.

적 판결을 내려야 한다. 이것은 정의를 전달하는 수단이다. 배심원에 게는 정의를 집행해야 하는 특별한 의무가 있다.

- 배심원의 결정은 피고인을 비롯해 다른 사람의 인생에 큰 영향을 미칠 수 있으며, 피고인의 생명과 자유 또는 재산을 박탈할 수 있다.
- 배심원은 사건을 판결할 수 있는 유일한 재판권을 가진 체계의 일부다. 이 체계는 의사 결정권의 독점을 주장하며, 피고인 등이 판결을 받아들이고 준수하기를 기대한다.
- 배심원의 판결은 무력이나 무력의 위협에 의해 비자발적으로 내려질 것이다.

이는 배심원이 피고에 대한 강한 의무를 가졌으며, 배심원의 정통성과 권위는 이 의무를 이행하는 데 달렸다고 주장할 수 있는 좋은 근거인 듯하다.*

위의 네 가지 특징은 역량 원칙competence principle을 받아들이는 근거다. 배심원에게 적용되는 역량 원칙은 다음과 같다.

> 피고인과 여타 시민들은 자격을 갖춘 사람들에 의해 배심원 판결이 내려질 권리를 갖는다. 배심원은 유능하고 성실하게 결정을 내려야 한다. 무능한 배심원의 판결 또는 무능하거나 악의적인 판결로 시민의 생명, 자유 또는 재산을 강제로 박탈하거나 인생을 현저히 해치는 행위는 부

---

* 배심원과 피고의 관계는 배심원이 피고에 대한 신탁 의무 같은 것을 지녔다고 볼 수 있는 근거를 제공한다. 그러나 신탁 의무에 대한 비유는 판사의 책임을 과소평가하는 것으로 보인다. 수탁받은 사람이 신뢰를 저버리면, 고의적 불법행위로 여겨진다. 수탁자는 손해배상의 책임을 질 수 있다. 하지만 대부분의 수탁 관계는 계약적이며 자발적이다.

당하게 시민의 권리를 침해하는 것이다.

역량 원칙을 정당화하는 한 가지는 사람들을 과도한 위험에 노출하는 일이 부당하다는 것이다. 위와 같은 사건에서 배심원은 피고에게 태만하게 행동한다. 피고에게는 배심원단의 판결이 중대하며, 그 결과가 비자발적으로 부과된다. 배심원은 평결을 내릴 때 적절한 주의를 기울여야 할 의무가 있다.

몇 가지 비슷한 사례를 고려해 보자. 내가 기관지염이 심하다고 가정하자. 내 주치의가 마녀 의사에게 치료 조언을 구한다. 마녀 의사는 동물의 지방을 태워 알파벳 모양 파스타가 든 수프에 던져 넣고, 글자의 형태를 읽는다. 글자가 우연히 약 이름을 표시했고, 주치의는 나에게 그 약을 처방해 준다. 약이 적절한 것(예를 들어, 프레드니손prednisone(염증을 억제하는 부신피질 호르몬제. -옮긴이))이든 잘못된 것(예를 들어, 모시니딘moxonidine(교감신경 과잉활동 억제제. -옮긴이))이든, 의사는 잘못된 일을 했다. 처방에 이르기 위해 매우 신뢰할 수 없는 결정 방법을 사용했다. 이런 방법을 사용하는 것은 나에게 심각한 해를 끼칠 위험이 있다. 의사가 나에게 약 복용을 강요할 힘이 있다면(배심원이 피고에게 평결을 강요할 힘이 있는 것처럼), 이것은 참을수 없을 것이다.

역량 원칙은 다음 정도까지를 의미한다.

- 배심원이 되기 위해서는, 집단적 기구로서 배심원단이 나쁜 인식론과 도덕성을 가져서는 안 된다.
- 배심원단이 전반적으로 유능해도 특정 판결이 무능하거나 악의적으로 내려지면, 그 판결은 집행되지 말아야 하며 피고인은 판결에 복종

할 의무가 없다.

간단히 말해, 역량 원칙은 각 배심원단이 유능한 집단에 의해 유능하게 판결하기를 요구한다. 이것이 무엇을 의미하는지 더 풀어 보자.

첫째 조건 관련: 대부분의 배심원단은 유능하지만, 이번 재판을 판결한 특정 배심원단은 그렇지 않다고 가정하자. 대부분의 다른 배심원단이 유능하다는 이유만으로 이 특정 배심원단의 판결이 집행되는 것을 정당화할 수 없다. 다른 배심원단이 유능하다고 해도 무능한 판결을 바탕으로 피고의 자유, 재산 또는 생명을 박탈해서는 안 된다. 이런 말을 하는 것을 상상해 보자. "물론, 우리는 당신의 배심원단이 뇌물을 받았거나 미쳤다는 것을 압니다. 하지만 세상의 다른 배심원단은 모두 훌륭하게 일을 해냅니다. 그래서 판결은 유효합니다."

둘째 조건 관련: 이 특정한 배심원단은 보통 유능하지만, 이번 사건에 무능하다고 가정하자. 똑같은 배심원단이 100건의 사건을 심리한다. 99건의 사건을 이성적으로, 정보를 잘 알고, 도덕적으로도 정당한 방법으로 판결한다. 하지만 마지막 한 건은 비이성적으로, 무지하게, 잘못된 정보를 가지고, 도덕적으로도 부당한 방법으로 판결한다. 그들이 이 마지막 사건의 피고에게 유죄를 판결했다고 해 보자. 우리는 이 피고에게 "물론, 배심원단이 당신의 사건에는 무능했지만 다른 사건에서는 유능했습니다. 그러므로 판결을 집행할 것이고, 당신은 복종해야 합니다"라고 말할 수 없다. 피고는 "배심원단이 다른 모든 재판에서 잘 해낸 것은 확실히 좋은 일이지만, 당신은 나의 삶과 나의 자유에 관해 말하고 있습니다. 배심원단은 나의 사건을 무능하고 불합리한 방식으로 판결했습니다"라고 말할 수 있다. 피고의 이의 제기는 결정적인 듯하다.

역량 원칙은 배심원이 올바른 판결을 내릴 때만 권위와 정통성을 갖는다고 주장하지 않는다. 대신 배심원의 답이 옳은지 여부와 상관없이, 받아들일 수 없는 방식으로 답에 도달할 때 권위와 정통성이 부족하다고 주장한다. 역량 원칙은 실질적인 내용을 근거로 배심원의 판결을 취소하지 않는다. 역량 원칙은 도덕적이거나 인식적으로 나쁜 성격을 근거로 배심원의 자격을 박탈하고, 결정에 다다르기 위해 사용한 추론의 종류(또는 추론의 부족 여부)에 따라 개별 배심원의 판결을 박탈한다.

역량 원칙의 일반화

역량 원칙은 적용 범위가 넓은 것 같다. 그 원칙이 배심원에게만 적용된다고 생각할 이유가 없다. 정부 전체를 비롯해 개개인의 공직자, 부서들, 관료 체계, 행정부가 시민의 생명, 자유, 재산을 빼앗을 수 있다. 배심원처럼, 그들의 힘은 많은 해악을 일으킬 수 있다. 배심원처럼, 독점적 관할권과 통치권을 주장한다. 그리고 배심원처럼, 그들의 결정에 동의하지 않는 (잠재적으로) 무고한 사람들에게 결정을 강요한다.

경찰관, 판사, 정치인, 관료 체계, 입법부가 변덕스럽고 비이성적이거나 악의적인 결정을 내린다고 해 보자.* 시민은 편히 빠져나갈 수 없다. 정부

---

*　크리스토퍼 히스 웰먼Christopher Heath Wellman과 A. 존 시몬스A. John Simmons는 2005년 문헌에서 이렇게 말한다. "많은 시민에게는 (대부분의) 법을 준수하는 일에 허용할 수 있는 선택지가 거의 없다. 국가에 대한 적극적인 저항은 사실상 불가능하다. 누구도 이와 다른 어떤 곳에서 살 수 없다. 모든 주에서는 (최소한의) 동일한 핵심적 요구를 한다. 이러한 사실은 구속력 있는 정치적 동의 행위라고 말할 수 있는, 널리 행해지는 모든 행위의 자발성에 심각한 의심을 불러일으킨다."

의 결정에는 다음과 같은 중요한 특징이 있다.

- 정부는 정의의 원칙을 적용하고 다수의 기본적 사회제도 형성 방식을 결정해야 하기 때문에 도덕적으로 매우 중대한 판단을 내릴 책임이 있다. 정부는 정의를 확립하는 핵심 수단의 하나다.
- 정부 결정은 매우 중요한 의미를 갖는다. 정부는 시민의 삶을 크게 해칠 수 있으며, 시민의 생명과 자유와 재산을 빼앗을 수 있다.
- 정부는 지리적 영역 내의 특정 사람들에 대한 특정 종류의 결정을 내릴 수 있는 유일한 관할권을 주장한다. 정부는 사람들이 정부의 결정을 받아들이고 준수하기를 기대한다.
- 결정의 결과는 무력과 무력의 위협에 의해 비자발적으로 부과된다.

정부는 국가의 멜로디와 국기 색상을 선택하는 것 이상의 일을 한다. 정부는 시민에게 중대하며, 심지어 재앙적인 결과를 불어올 수도 있는 정책을 만들고 행동 방침을 선택한다. 예를 들어, 미국 정부가 높은 무역 장벽을 만드는 동안 연방준비제도이사회가 디플레이션 통화정책을 추진하면 경기 침체가 깊은 불황으로 번질 수 있다. 만약 군사 지도자들이 군사정보를 부풀리거나 잘못 전달하면, 우리는 큰 비용이 드는 파괴적이며 비인간적인 전쟁을 치를지도 모른다.

위에서 언급한 네 가지 특징을 보면, 시민은 권리의 문제에 대해 적어도 피고인만큼은 정부 관리와 의사 결정권자들의 역량을 기대할 수 있는 강력한 근거를 갖는다. 이것은 역량 원칙의 일반화된 형태로 표현할 수 있다.

무능한 심의 기구의 결정이나 무능한 방법 또는 악의적 결정으로 시민의 생명과 자유 및 재산을 강제로 박탈하고 인생의 전망을 현저히 해치는 일은 부당하며 시민의 권리를 침해하는 것으로 여겨진다. 정치적 결정은 유능한 정치 기구들에 의해 유능한 방법과 선의로 만들어질 때만 정당하고 권위 있는 것으로 추정된다.

추정적으로 피고인은 무능한 배심원 재판의 대상이 되지 않을 권리가 있듯이, 무고한 사람은 무능한 정치적 결정의 대상이 되지 않을 권리가 있다. 배심원 판결의 정통성과 권위가 역량과 선의에 달렸다면, 모든 정부 결정의 정통성과 권위도 마찬가지다. 배심원 제도 전체의 정통성과 권위가 보통 배심원을 얼마나 신뢰할 수 있고 배심원이 선의로 행동하는지에 달렸다면, 우리는 다른 정부 부처와 행정 및 관행에 대해서도 똑같이 말해야 한다.

어떤 면에서는 배심원보다 정부의 의사 결정권자에게 역량과 선의를 요구할 수 있는 더 강력한 근거가 있다. 결국, 피고인의 권리를 어떻게 설명해야 하는지에 관한 철학적 수수께끼가 남는다. 재판받는 많은 사람이 실제로 범죄를 저질렀고, 그래서 처벌받을 만하거나 이미 권리 일부를 박탈당했을지도 모른다고 말하는 것은 그럴싸하다. 피고인은 자신의 권리 일부가 상실되었다는 사실을 알고 있으므로, 그들이 역량을 요구하는 것은 배심원이 피고가 이미 알고 있는 사항을 결정하는 데 주의를 기울여 달라는 뜻이다. 따라서 일부 철학자들은 배심원이 반드시 피고에게 역량과 선의를 빚고 있는 것은 아니라고 주장할 수 있다. 대신에 배심원은 동료 시민에게 역량과 선의로 정의를 집행해야 할 수임자의 의무가 있다. 다른 철학자들은 피고가 유죄라 하더라도 법이 예시하는 적법 절차에 대한 도덕적 권리를 지닌다고 주장할 수 있다. 또 다른 철학자들은 역량 원칙을 정부의 권력 남용을 막는 예방책으로 이해해야 한다고 주장할 수도 있다.

어쨌든 유죄일 가능성이 있는 피고인의 권리를 어떻게 설명할지에 관해서는 풀어야 할 수수께끼가 있지만, 시민의 권리에 관해서는 그렇지 않다. 대부분의 시민은 결백하고, 권리를 박탈당하지도 않았다. 어떤 종류의 강압적인 간섭에도 강한 자유주의적 추정을 지닌다. 악이 찾아오지 않을 것이라는 강한 추정을 유지하고 있다. 이처럼 일반적인 시민은 일반적인 피고인보다 역량을 요구할 수 있는 더 강한 위치에 있다.*

유권자에 대한 역량 원칙 적용

표면적으로 역량 원칙은 배심원과 마찬가지로 유권자에게도 잘 적용된다. 다음의 다섯 가지 가상의 유권자를 생각해 보자.

무지한 유권자: 대다수는 선거의 세부 사항이나 쟁점에 전혀 관심을 기울이지 않는다. 선거 기간에 무작위로 특정 후보를 선택한다.

---

* 누군가가 유능한 정부를 가질 권리는 대부분 강제할 수 없다고 이의를 제기할지도 모른다. 누군가는 강제력이 없으므로 그 권리가 존재하지 않는다고 주장할 수도 있다. 나는 그 권리를 강제할 수 없다는 주장이 사실인지 확신하지 못한다. 제8장에서 이 권리의 행사를 시도하는 몇 가지 방법을 검토할 것이다. 하지만 설사 권리 행사가 불가능하다고 해도, 그것이 그 권리의 존재 여부를 알려 주지는 않는다. 사람은 권리를 효과적으로 행사할 수 없을 때도 그 권리를 가질 수 있다. 예를 들어, 이오시프 스탈린Joseph Stalin은 처벌받지 않고 수백만 명의 사람을 살해했다. 살해당한 사람들은 생명에 대한 권리를 효과적으로 행사하지 못했지만, 우리는 여전히 그들에게 그러한 권리가 있다고 말할 것이다. 아무도 생명권을 행사할 줄 모르는 불운한 세상이라고 해도, 그것이 사람에게 생명권이 없고 당신이 원하는 사람을 죽이는 것이 합법적이라는 의미는 아니다.

불합리한 유권자: 대다수는 선거의 세부 사항과 쟁점에 어느 정도 관심을 기울인다. 이와 동시에 증거에 근거하지 않고, 희망적인 사고와 타당성 없이 우연히 믿게 된 평판 나쁜 다양한 사회과학 이론에 근거해 투표한다.

제 역할을 못하는 유권자: 대다수는 선거의 세부 사항과 쟁점에 관심을 기울인다. 그런데도 대부분의 논의는 이해할 수 있는 수준을 뛰어넘어, 가진 것보다 더 많은 지능을 요구한다. 어떤 결과를 불러올지 전혀 알지 못한 채로 한 명의 후보를 선택한다.

부도덕한 유권자: 대다수는 인종차별주의에 따라 흑인보다 백인 후보를 선택한다. 아니면 피상적으로, 더 잘생긴 후보를 선택한다.

부패한 유권자: 대다수는 어떤 정책이 소수자에게 심각한 해를 끼치거나 그럴 위험이 매우 커도, 자신의 이익을 위해 그 정책을 선택한다.

이러한 각각의 경우, 대다수 유권자가 사회의 모든 사람을 대표하지 않는다고 가정하자. 예를 들어, 지식이 풍부하고 이성적이며 도덕적으로도 합리적인 소수 유권자나 어린이 또는 거주 외국인처럼 무고한 비유권자가 있을 수 있다. 만약 그렇다면, 다수의 유권자는 매우 부당한 일을 한 것이다. 그들은 충분한 근거도 없는 결정으로 무고한 사람들에게 통치자(그리고 통치자에게서 나오는 정책들)를 강요했다.

여기서 기억해야 할 몇 가지 요점이 있다. 첫 번째로 제2장에서 논의한 것처럼 유권자가 무지하거나 불합리하거나 도덕적으로 부당한 경향이 있으면, 투표에서 나쁜 선택을 하게 될 뿐만 아니라 투표용지에 이름을 올린 후보들의 자질까지 떨어지게 만든다. 후보자의 질은 유권자의 질에 크게 좌우된다. 두 번째로 서론에서 살펴봤듯이 "유권자 스스로 해치고 있을 뿐"이라고만 말할 수는 없다. 정치적 결정은 반대하는 유권자, 투표하지 않는 사람, 무고한 어린이, 이민자, 외국인을 포함한 모든 사람에게 강요된다.

피고인이 나쁜 배심원단에 노출되지 않을 최소한의 추정적 권리를 갖는 것처럼, 피지배자는 정책 또는 정책을 만들 통치자의 선택에 있어서 부당한 위험에 노출되지 않을 최소한의 추정적 권리를 갖는다. 신뢰할 수 없는 인식론적 절차나 불합리한 도덕적 태도에 근거해서 선거가 결정되면, 피지배자는 심각한 위해의 부당한 위험에 노출된다. 피지배자는 유권자의 결정에 *따라야* 하므로 부주의한 의사 결정은 용납할 수 없다. 유권자는 피지배자를 부당한 위험에 노출하지 않을 의무가 있다.

민주주의에서 권력의 궁극적인 소유자는 유권자다. 집단적 실체로서의 유권자가 체계적으로 무능하다면, 그 결과는 끔찍할 수 있다. 우리는 나쁜 투표가 가져올 수 있는 피해를 과소평가해서는 안 된다. 나쁜 투표는 재앙이 될 수 있고, 그렇게 되어 왔다. 미국이나 영국에서 형편없는 후보가 승리할 가능성이 거의 없다고 해도, 세계의 다른 지역에서 형편없는 여러 후보가 선출되어 권력을 잡았다는 사실을 잊어서는 안 된다. 1932년 독일에서 국가사회주의자들이 집권할 수 있게 표를 던진 유권자들은 그들의 정부가 저지른 모든 것을 책임질 수 없다. 그러나 정보에 밝은 사람이라면 누구나 정부가 저지른 일을 대부분 예상할 수 있었다. 따라서 지지자들은 비난받을 만했다. 더 최근에는, 베네수엘라와 그리스 시민들이 경제 정책에 관한 끔찍한 생각을 가진 정치인들을 지지한 것에 대해 비난받아 마땅하다.

역량 원칙이 *개개인의* 정치적 결정에 적용된다는 점을 기억하는 것이 중요하다. 이를 염두에 두고 다음 사항을 구분해야 한다.

선거 결정: 선거 기간에 유권자가 누구 또는 무엇을 선택하는지.

선거 후 결정: 선출직 공직자, 관료, 판사, 기타 공무원 등이 선거 후 무엇을 하는지.

역량 원칙은 개개인 모두의 중대한 이해관계가 걸린 정치적 결정이 유능한 의사 결정 기구에 의해 역량과 선의로 이루어져야 한다고 말한다. 현대 민주주의 국가의 유권자는 체계적으로 무능하므로, 대부분의 선거 결정이 역량 원칙에 어긋나는 것으로 밝혀질 수 있다. 그럼에도 불구하고 많은 선거 후 결정은 유능하게 이루어지는 것으로 드러날 수도 있다. 만약 그렇다면 역량 원칙은 (무능한) 선거 결정이 부당하다고 해도, 유능한 선거 후 결정은 비난하지 않는다. 역량 원칙은 어떤 종류의 '오염 이론'을 의미하지 않는다. 즉, 앞선 결정이 역량 원칙에 어긋난다고 해서 이어지는 모든 결정까지 무효가 되는 것은 아니다.

예를 들어, 당신의 고모인 베티가 최고의 대통령이 될 수 있다고 상상해 보자. 하지만 아무도 이 사실을 모르거나 믿지 않는다. 베티 고모는 조용하고 비정치적인 삶을 산다. 베티 고모가 좋은 대통령이 될 것이라는 증거는 눈에 띄지 않는다. 라디오 방송인 하워드 스턴Howard Stern은 순전히 장난삼아 베티를 위한 선거운동을 벌인다. (스턴을 비롯해 모든 사람이 베티가 나쁜 대통령이 될 것이라고 생각하지만, 그들은 신경 쓰지 않는다. 그저 베티를 지지하는 것이 재미있다고만 생각한다.) 여기서 스턴이 성공했다고 가정해 보자. 지지자들 모두 베티가 무능하다고 확신하지만, 결국 베티는 당선된다. 하지만 다행히도 베티는 역대 가장 훌륭한 대통령이 되었다.

이 경우 역량 원칙은 유권자들의 행동이 잘못되었다고 말하지만, 대통령 베티의 어떤 결정도 비난하지 않는다. 베티를 대통령으로 만들기로 한 결정은 부당했지만, 베티가 대통령이 되어 내린 후속 결정들은 부당하지 않았다.

이런 예시가 혼란스럽게 여겨진다면, 의학적 사례와 비교해 보자. 당신이 의사를 찾아간다고 가정하자. 의사는 당신을 진단하기 위해 부적절한 방법을 사용한다. 알파벳 수프 캔을 열어서 바닥에 버렸는데, 글자가 'CANCER(암)'라는 단어를 나타낸 것이다. 의사는 당신이 암에 걸렸다고 결론짓고, 당신을 미국암치료센터CTCA로 보낸다. 실제로 당신은 암에 걸렸고, 다행히도 CTCA는 당신이 갈 수 있는 가장 좋은 장소다. CTCA는 훌륭한 치료를 제공하고, 당신은 완쾌된다. 이 경우, 처음에 의사가 한 일은 잘못된 듯하다. 그는 당신을 돌봐야 하는 의무를 위반했다. 하지만 CTCA가 한 일은 잘못되지도, 의사의 나쁜 의사 결정 방식에 의해 오염되지도 않았다. CTCA의 치료 결정은 적절한 보살핌과 선의로 유능하게 이루어졌다.

분명히 말하자면, 나는 유권자가 선거 기간에 무능한 결정을 내린다고 해서 다음 선거까지 민주주의 정부가 하는 모든 일이 무능하거나 부당하거나 역량 원칙에 어긋난다고 주장하는 것이 아니다. 무능한 투표에도 불구하고, 선거 후 많은 좋은 정책을 얻을 수도 있다.

다음 장에서는 유권자가 무능해도 민주주의가 종종 좋은 결과를 낳는다고 생각하는 다양한 이유를 살펴볼 것이다. 비록 유권자 대다수가 무지하고 비이성적이지만, 현대의 대의민주제에서 내려진 대부분의 선거 후 결정이 역량 원칙을 준수한다는 사실이 밝혀질 수도 있다.

일부 민주주의 이론가들은 유권자 개개인이 대부분 무능해도, 유권자 전체는 유능한 경향이 있다고 주장한다. 나는 제7장에서 이 주장이 실패했음을 보여 줄 것이다. 하지만 민주적 역량을 지지하는 더 유망한 주장들이 있다. 특히, 민주주의는 유권자가 방해하지 않기 때문에 대체로 좋은 결정을 내리는 경향이 있다고 생각할 만한 충분한 이유가 있다. 정치인, 관료 및 판사 등은 종종 유권자의 선호도를 무시하거나 기각한다. 정보가 풍부한 유권자와 정보가 부족한 유권자는 불균형한 영향력을 가지며, 이는 유권자의 무능으로 인한 잠재적 피해를 일부 줄일 수 있다. 정부에서 일어나는 모든 일이 유권자 행동의 직간접적인 결과는 아니다.*

여전히 투표는 차이를 만든다. 보통 유권자의 인식 수준이 낮고 도덕적 자질이 떨어질수록 정부 정책이 악화하는 경향이 있다. 유권자가 누구를 지도자로 선택하는지에 따라 중요한 차이가 생긴다.

이것으로 역량 원칙에 대한 기본 주장을 마친다. 무고한 사람들에게 중대한 결정이 부과될 때, 역량 원칙은 모든 개인의 결정이 유능하고 합리적인 사람들에 의해 유능하고 합리적으로 이루어져야 한다고 요구한다. 그것은 배심원단의 결정뿐만 아니라 정치권력을 가진 사람들이 내리는 중요한 결정에도 적용된다.

역량이란 무엇인가?

나는 사람들이 무능하게 내려진 중대한 결정을 받아들이지 않을 추정적 권리를 가졌다고 주장해 왔다. 하지만 역량이 정확히 무엇인지 이론적 개요를 설명하지 않았다. 정치철학에서는 꼭 필요한 경우가 아니라면 토

---

* 예를 들어, 글레넌Glennon의 2014년 문헌 참고.

론을 매듭지으려고 하지 않는다. 나의 주장이 통과되려면, 역량에 관해 논란의 여지가 없는 말만 해야 한다. 그런데 내가 정치적 역량에 대한 정확한 이론을 옹호할 필요가 있는지 명확하지 않다. 결국, 정치적 역량과 무능의 경계를 정확히 하는 것보다 민주적 유권자 전체가 잘못됐다는 사실을 보여 주는 것이 더 쉬울지 모른다.

그 이유를 설명하기 위해 의료윤리 역량 관련 문헌을 참고해 보겠다. 의료윤리의 주요 쟁점 중 하나는 환자 스스로 결정을 내릴 수 있는 능력이 있는지 여부다. 의사는 환자가 어떤 치료를 따를 것인지 스스로 결정할 수 있게 해야 하며, 환자가 무능할 때만 환자의 결정을 무시할 수 있다. 질리언 크레이기Jillian Craigie는 '역량의 표준 기준'이 다음과 같다고 말한다.*

- 환자는 관련 사실을 알아야 한다.
- 환자는 관련 사실을 이해해야 한다.
- 환자는 자신의 사례와 관련 사실의 연관성을 올바르게 인식해야 한다.
- 환자는 그러한 사실에 관해 적절한 방식으로 추론할 수 있어야 한다.

사람들은 이 네 가지 기준의 모든 세부 사항을 어떻게 채울지 합리적으로 논쟁하겠지만, 대체로 문제는 없어 보인다. 실제로 이 네 가지 기준은 의학적 결정뿐만 아니라 모든 문제에 대한 역량을 평가할 때 똑같이 사용할 수 있을 듯하다.

우리는 어떤 의사가 당신을 치료할 역량이 있는지 평가할 때 같은 기준

---

* 크레이기의 2011년 문헌.

을 적용할 것이다. 의사는 관련 사실을 알아야 한다. 만약 의사가 당신의 병력이나 증상에 관해 아무것도 모른다면, 당신을 치료할 능력이 있다고 할 수 없다. 의사 또한 사실을 *이해해야* 한다. 당신이 심한 호흡곤란을 겪는다고 가정해 보자. 천식이 있다고 말하면 의사가 이렇게 반응한다. "네, 알겠습니다. 당신은 천식이라고 불리는 병을 앓고 있군요. 나는 천식이 뭔지 모르지만, 나쁜 것 같네요. 그렇죠?" 이 의사는 당신을 도울 역량이 없다. 의사 역시 당신의 사례와 관련 사실의 연관성을 올바르게 인식할 수 있어야 한다. 만약 당신이 의사에게 대변이 주홍색이라고 말하고 내출혈이 있는지 걱정한다고 해 보자. 당신은 또한 의사에게 지난 3일간 빨간 젤리와 비트만 먹었다고 말한다. 의사는 젤리와 비트가 대변이 붉은 이유를 설명해 줄 수 있을지 알아봐야 한다. 최종적으로 의사는 당신의 상태를 적절한 방식으로 추론할 수 있어야 한다. 의사가 이 모든 것을 알고도 점괘판에 물어본 다음 MRI를 찍기로 결정했다고 가정하자. 또다시 의사는 무능하게 행동했다.

이번에는 막힌 파이프를 수리하기 위해 배관공을 불렀다고 상상해 보자. 유능한 배관공으로서 중요한 것은 무엇인가? 배관공을 유능하게 만드는 것이 무엇인지 정확히 알기 위해서는 배관에 대해 알아야 한다. 어떤 수습 배관공이 유능한지 아닌지 같은 몇몇 어려운 문제에 관해서는 배관공들의 의견이 다를 수 있다. 하지만 배관 능력을 평가하는 대략의 기준은 간단하다. 우리는 유능한 배관공이 맞닥뜨린 문제와 관련된 사실을 알아차리고, 그것이 의미하는 바를 이해하고, 사실을 어떻게 적용해서 무엇을 해야 할지 결정하고, 적절하고 합리적인 방식으로 사실에 관해 추론하기를 기대한다. 그래서 배관공이 파이프가 막힌 것을 보고 잔디를 깎아야 한다는 결론을 내렸다면, 그는 무능하다. 만약 배관공이 파이프에 머리카

락이 가득 차 있다는 것을 알고도 왜 물이 통과하지 않는지를 이해하지 못한다면, 그는 무능하다. 만약 막힌 파이프에 대한 최선의 대응이 배관의 신에게 기도하는 것이라고 생각한다면, 그 배관공은 무능한 것이다.

우리는 네 가지 기준을 사용해서 무엇이 배심원을 유능하게 만드는지 결정할 것이다. 배심원은 관련 사실을 알아야 한다. 예를 들어, 피고인이 왼손잡이인 줄 모르고 피해자가 가해자의 오른손에 찔렸다고 봤다면 사건을 평결할 능력이 없는 것이다. 배심원은 사실을 이해해야 한다. 잘 쓰는 손이 무슨 의미인지 이해하지 못했다면, 마찬가지로 사건을 평결할 능력이 없는 것이다. 배심원은 사실들의 연관성을 이해해야 한다. 따라서 배심원이 이러한 사실들을 알면서도 피해자가 오른손에 찔렸다는 점이 피고인의 공격 여부에 의문을 제기한다는 것을 깨닫지 못했다면, 그들은 사건을 평결할 능력이 없다. 피고인 또한 적절한 방식으로 추론할 수 있어야 한다. 만약 증거가 피고인이 유죄라는 강한 의심을 준다고 해도, 배심원이 단지 누군가 처벌받기를 원한다는 이유만으로 유죄라고 평결한다면 그들은 무능하게 행동한 것이다.

제2장과 제3장에서 유권자가 무엇을 알고 무엇을 모르는지, 왜 그리고 어떻게 정치적 신념을 형성하는지, 새로운 정보에 어떻게 반응하는지, 어떻게 결정 내리는지에 관한 많은 사실을 자세히 살펴봤다. 그에 비추어 볼 때, 단도직입적으로 말해서 유권자는 무능한 듯하다. 후보들은 정강 정책과 정책 성향을 기반으로 출마한다. 유권자 대부분은 그러한 사실에 무지하거나 그보다 못하다. 그들은 기본적인 시민 의식, 최근의 역사, 후보자의 정강, 각 정부 부처의 권한, 후보자의 성과나 제안을 평가하는 데 필요한 사회과학 등의 지식이 부족하다. 누가 재임자고 누가 도전자인지, 후보들은 무엇을 하고 싶으며 할 힘이 있는지, 후보들이 당선되면 어떤 일이 벌

어질지 모른다. 유권자 대부분은 비이성적이고 변덕스러운 방법으로 정치적 결정을 내린다.

이제 어떤 사람들은 민주주의가 다른 여러 가지 체제보다 더 잘 작동한다고 말할지도 모른다. 실제로 민주주의는 그런 경향이 있다. 민주주의는 평화롭게 권력을 이양하는 편이며, 민간인 대량 학살에 관여하지 않고, 굶주림을 겪는 일이 거의 없다. 그것이 전제정치보다 민주주의를 더 낫게 만들 수 있지만, 대부분의 선거에서 유권자가 유능하게 행동한다는 것을 보여 주기에는 충분하지 않다.

어쨌든, 내가 당신에게 두 명의 의사를 보여 준다고 가정해 보자. 그중 한 명은 환자를 돕고 싶어 하지만, 자주 잘못된 약을 처방하는 일꾼이다. 다른 한 명은 환자를 신경 쓰지 않고 종종 이용하며, 심지어 원한다면 환자를 살해하는 바보다. 첫 번째 의사가 두 번째 의사보다 전반적으로 더 나을 수도 있지만, 그것만으로는 유능하다고 할 수 없다.

민주적 역량에 중립적인 유권자는 다음처럼 해야 한다고 주장할 수 있다.

- 유권자는 어디서나 이용할 수 있는 최고의 정보는 아니더라도, 광범위하게 쓸 수 있는 좋은 정보에 따라 행동해야 한다.
- 유권자는 집단적인 미신과 체계적인 오류를 피해야 한다.
- 유권자는 적당히 합리적이며 편견이 없는 방식으로 정보를 평가해야 한다. 벌컨처럼 완벽할 수는 없더라도, 최소한 대학교 1학년 학생이 유기화학 입문에 관해 생각하는 정도의 합리성으로 평가해야 한다.
- 유권자는 자신의 한계를 인식해야 하며, 따라서 중대한 이해관계가 걸린 결정에서는 더 나은 정보를 더 많이 찾아야 한다.

앞서 보았듯이, 대다수 유권자는 이런 보통의 기준조차 충족시키지 못한다. 유권자 대부분이 자신을 과대평가한다. 그들은 정보를 찾지 않거나, 합리적이지 않은 이유로 이미 갖고 있는 여러 신념을 강화하는 정보만 찾는다. 집단적인 미신을 가졌으며 체계적인 오류를 범한다. 그리고 마지막으로, 유권자는 자신이 얼마나 조금 알고 있는지 모른다.

민주주의가 독재국가를 능가하는 이유는 유권자가 유능하기 때문이 아니라, 유권자의 힘이 크게 제한되기 때문일 수도 있다. 이에 대해서는 다음 장에서 더 자세히 논의하겠다.

상황에 맞는 역량

지금까지 나는 현대 민주주의에서 시행되는 보편적 참정권이 역량 원칙에 어긋나는 경향이 있다고 주장해 왔다. 이 점을 고려해서 아직 어떠한 적극적인 정책 제안도 하지 않았다.

역량 원칙은 정치권력의 분배를 판단하는 유일한 원칙이 아니다. 권력 배분을 제한하거나 결정하는 다른 의무론적 원칙이 있을 수 있다. 어떤 권력 분배 방법은 다른 방법보다 더 나은(더 정의로운) 정치적 결과를 불러오기도 한다. 어쩌면 다른 권력 배분의 결과 또한 중요할 것이다.

정통성과 권위에 대한 이론은 보통 두 종류의 원칙으로 구성된다. 하나는 실격자disqualifier로 줄여 부르는 실격 원칙principles of disqualification이다. 실격 원칙은 특정한 방식으로 권력을 분배하거나 권력의 범위가 특정한 방식으로 확장되는 것에 반대하는 근거를 명시한다. 다른 하나는 줄여서

*자격자*qualifier로 부르는 자격 원칙principles of qualification이다. 자격 원칙은 특정한 방식으로 권력을 분배하거나 권력의 범위가 특정한 방식으로 확장되는 것을 대신하는 근거를 명시한다. 이 원칙들은 때때로 실격자 및 자격자 역할을 한다.

역량 원칙은 실격자다. 누군가에게 권력을 부여하는 일을 정당화하지 않는다. 오히려 특정 인물이나 정치단체가 권력을 잡는 것을 허용하지 않고, 특정한 결정이 강제되는 것을 반대하는 근거를 제공한다. 우리가 무엇을 해야 하는지 정확히 알기 위해서는 역량 원칙에 비추어, 정부의 정통성과 권위에 대한 완전한 이론이 필요하다. 우리는 권력 사용을 규제하는 다른 원칙이 무엇인지 알아야 한다. 나는 여기서 정통성과 권위에 대한 완전한 이론을 설명하지 않는다. 그것은 이 책이 말하고자 하는 범위를 넘어서기 때문이다. 대신에 그 내용이 무엇이든 정통성과 권위에 대한 당신의 이론에 역량 원칙을 추가해야 한다고 주장한다. (이전 장에서 나는 당신의 이론이 무엇이든, 그 이론에서 민주화 또는 반독재주의 원칙을 빼야 한다고 주장했다.)

정치체제는 역량 원칙을 준수하기 위해 다음 중 하나를 수정해야 할 수 있다.

정부의 규모: 기업과 시장처럼 정부도 규모의 경제 및 불경제가 있다. 300만 명을 통치할 역량이 있는 정부가 3억 명을 통치하지 못할 수 있다. 이런 의미에서 정부가 너무 크거나 작다면, 더 작은 정부로 쪼개지거나 다른 정부와 함께해야 할 수도 있다.

정부의 범위: 정부의 범위는 정부가 규제할 권리가 있는 문제나 영역에 관한 것이다. 자유주의자들은 좁은 범위의 정부를 옹호한다. 즉 정부

가 대부분의 일에서 손을 떼야 한다고 생각한다. 전체주의자들은 넓은 범위의 정부를 옹호한다. 즉 정부가 모든 일에 손을 대야 한다고 생각한다. 우리는 정부가 원칙에 따라 특정 업무를 수행하거나 통제하기를 원할 수 있다. 그러나 정부가 체계적으로 특정 업무를 수행하거나 통제할 역량이 없다고 밝혀지면, 시민은 이러한 문제를 방치하는 더 제한된 정부에 대한 도덕적 권리를 갖는다. 예를 들어, 정부는 가격을 책정할 수 있는 역량이 없기 때문에 그렇게 하는 것이 금지되어 있다.

정부의 타이밍: 정부의 타이밍은 정부 결정이 내려지는 속도와 관련 있다. 정부가 문제에 얼마나 빨리 대응하는지, 정부 심의가 얼마나 빨리 진행되는지에 대한 것이다. 정부는 의사 결정 속도를 높이거나 늦추도록 요구받을 수 있다.

정부의 형태: 정부의 형태는 누가 통치하며 어떻게 정치권력이 분배되는지에 대한 것이다. (예를 들어, 정부는 군주제인가 민주주의인가? 대통령제나 의회제가 있는가? 비례대표제, 콩도르세Condorcet(프랑스의 사상가 콩도르세 후작이 1785년 발표한 '배심원 정리'를 말한다. 각각의 투표자가 유능하다면 다수결이 올바른 결과를 가져올 확률이 높다는 것을 수학적으로 증명한 것이다. 290쪽 참조. -옮긴이), 또는 소선거구제 규칙을 사용하는가?) 정부는 누가 정치권력을 잡는지 제한하거나 수정해야 할 수도 있고, 정부 내에서 특정한 견제와 균형을 만들어야(또는 제거해야) 할 수도 있다.

역량 원칙은 무능력을 허용하지 않지만, 어떻게 역량을 기를 수 있는지는 알려 주지 않는다. 역량 원칙을 준수하는 가장 좋은 방법은 정통성, 권위, 정의, 효율성, 안정성 등의 다른 원칙을 포함한 우리의 관심사에 달려 있다. 그것은 또한 문화마다 혹은 지역마다 다를 수 있는 경험적 사실에 의존할 것이다.

역량 원칙의 적용 사례

여기서는 역량 원칙의 몇 가지 적용에 대해 간략하게 설명한다. 각각의 적용은 역량 원칙뿐만 아니라 사회학, 경제학 또는 정치심리학에 관한 추가 주장에도 의존한다. 따라서 다음 사례 중 잘못된 정책이 있다면, 역량 원칙이 잘못됐기 때문이 아니라 추가 주장이 잘못됐기 때문이다.

정부의 규모

큰 나라들은 대개 다양한 사람들로 구성된 다민족, 다언어 국가다. 여러 가지 이유에서, 이것은 보통 질 낮은 정부로 이어지는 원인이 되는 듯하다. 경제학자 알베르토 알레시나Alberto Alesina, 엔리코 스폴라오어Enrico Spolaore, 로맹 와치아그Romain Wacziarg는 이에 관한 연구 문헌의 일부를 이렇게 요약한다.

> 인구의 이질성에 따른 비용 문제는 잘 증명되어 있다. 특히 민족 언어학적인 분할이 선호의 이질성을 담당할 경우 더 그렇다. 이스털리Easterly 와 레빈Levine(1997), 라 포르타La Porta 등(1999), 알레시나Alesina 등 (2003)은 민족 언어학적인 분할이 경제적 성공과 정부의 질, 경제적 자유, 민주주의의 다양한 척도와 반비례한다는 것을 보여 주었다.[*]

여기에서의 기본 생각은, 잘 작동하는 정부는 시민 사이의 상호 신뢰에 의존한다는 것이다. 그러나 민족적·언어적 다양성은 신뢰의 감소로 이어지고, 결국 유권자(그리고 정치인)의 상호 불신과 갈등을 더 크게 불러일으킨다. 이는 더욱 나쁜 정치적 결과를 초래한다. 때에 따라서는 국가를 더 작고 덜 다양하게 분할하는 것이 나을 수도 있다. 이제 역량 원칙은 시민이 무능하거나 악의적인 결정의 대상이 되지 않을 권리가 있다고 가정한다. 이것은 정치적 역량과 선의를 보장하기 위해 나라를 분열해야 한다면, 시민은 이 분열에 대한 권리가 있다는 의미다.

정부의 범위

스티븐 나단슨Stephen Nathanson의 유명한 논문 「죽어 마땅한 사람들을 처형해야 할까?Should We Execute Those Who Deserve to Die?」를 생각해 보자. 나단슨은 토론을 위해 어떤 사람들(예를 들어, 특정 살인자들)이 죽을 만하다고 주장한다. 하지만 죽어 마땅한 사람이라고 해도, 그것이 국가가 그들을 처형할 수 있다는 의미는 아니라고 말한다. 나단슨에 따르면 배심원, 검사, 판사, 그리고 기타 사람들은 자의적이고 인종차별적인 방식으로 사형에 관한 결정을 내린다. 따라서 그들은 누구를 죽일지 결정할 때 인지적·도덕적으로 무능하며, 이러한 무능은 그들의 살인 허가를 박탈한다. 처벌받아 마땅한 사람이라는 이유만으로는 정부가 그 사람을 처벌할 권리를 갖는 것은 합당하지 않다. 정부는 받아들일 수 있는 방식으로 처

---

*　알레시나·스폴라오어·와치아그의 2005년 문헌 발췌.

벌에 관한 결정을 내려야 한다. 나단슨의 주장은 사실상 역량 원칙을 적용한 것이다. 미국의 배심원과 검사와 판사가 인종차별적이며 자의적으로 사형선고를 내린다는 말이 맞는다면, 역량 원칙은 그렇게 결정 내리는 것을 금지한다.

역량 원칙이 정부의 범위를 어떻게 제한할 수 있는지에 대한 또 다른 예가 있다. 민주 정부는 합법적으로 상품 가격을 정할 수 있다. 즉, 시장 작용으로 가격이 생성되는 대신 합리적인 심의를 거쳐 직접 가격을 정할 수 있다. 경제학자들은 대부분의 경우에서 생성 방식의 사회 건설이 직접 결정 방식보다 더 똑똑하고 빠를 뿐만 아니라, 직접 결정 방식은 불충분하다고 주장한다. 경제학자들은 정치체제가 필요한 정보를 얻을 수 없기 때문에 가격 결정에 무능하다고 주장한다.*

경제학자들의 주장처럼 정부가 가격 책정에 무능한 것이 맞는다면, 역량 원칙은 정부가 그렇게 하는 것을 금지한다. 가격 통제에 반대하는 경제적 추론은 오래됐다. 이제 경제를 아는 사람은 누구라도 가격 통제를 옹호하지 않는다(비정상적인 상황은 제외). 하지만 역량 원칙이 오래된 경제적 주장에 규범적 무게를 추가로 더한다는 점에 주목하자. 가격 통제는 경제학자의 말처럼 단순히 경솔하고 낭비적이며 비효율적이지만은 않다. 역량 원칙은 가격 통제가 부도덕하며 시민의 권리를 침해한다고 덧붙인다. 역량 원칙은 개개인의 시민이 정부에 가격 책정 자제를 요구할 수 있는 도덕적 권한이 있음을 암시한다. 정부는 가격을 설정하고 강제할 권한이 없으며, 시민은 가격 통제를 존중하거나 고수할 의무가 없다.

---

* 올스턴Alston·커를Kearl·본Vaughan의 1992년 문헌, 록오프Rockoff의 1984년 문헌, 하이에크Hayek의 1945년 문헌.

정부의 타이밍

제임스 매디슨James Madison은 미국 헌법의 주요 작성자이자, 『연방주의자 논집Federalist Papers』의 주요 저자였다. 매디슨은 견제와 균형의 체계를 옹호하는 것으로 유명하며, 정치 또한 어떤 파벌이 생기면 경쟁 파벌에 의해 권력이 제한되는 적대적 체계가 되기를 원했다.

많은 사람은 매디슨이 다수결 원칙에 심각한 의구심을 품고 있었기에 이 모든 것을 옹호한다고 해석한다. 이러한 일반적인 해석에 따르면, 견제와 균형의 체계에서 하나의 법안이 통과되기 위해서는 압도적 다수의 지지가 필요하다.

정치 이론가 그레그 와이너Greg Weiner는 이에 동의하지 않는다. 와이너는 2012년의 저서 『매디슨의 메트로놈Madison's Metronome』에서 다수결 원칙과 법치주의에 대한 매디슨의 다양한 주장과 입장을 광범위하게 정리했다. 와이너는 매디슨이 파벌주의나 다수결 원칙의 축소를 우선시한 것이 아니라, 정치적 의사 결정 과정을 늦추기 위해 견제와 균형의 체계를 원했다고 주장한다. 와이너에 따르면, 매디슨은 민주적 기구가 성급하고 열정적인 경향이 있다고 생각했다. 성급한 태도는 건전하고 이성적인 결정을 내리는 능력을 방해한다. 매디슨은 충동적인 결정을 막기 위해 입법 절차가 복잡해지기를 원했다.

예를 들어, 12살짜리 아이가 귀를 뚫고 싶어 한다고 가정해 보자. 아이의 부모는 이렇게 말할 수 있다. "우리는 귀 뚫는 걸 반대하지 않아. 하지만 순간적인 충동이나 친구들 때문이 아니라, 네가 정말로 원하는 일인지 확인하고 싶어. 만약 6개월 지나서도 귀를 뚫고 싶다면, 그렇게 하자." 와이너의 관점으로 보면, 매디슨이 생각한 헌법은 여기에서 부모 역할이다.

정부의 형태

보통의 민주 정부는 군주제, 과두제, 독재, 전통적 귀족정치보다 더 나은 성과를 내는 경향이 있다. 제2장과 제3장의 논의에 비추어 볼 때, 우리는 민주주의가 체계적으로 역량 원칙을 위반한다고 믿을 만한 충분한 이유가 있다. (이 결론에 저항하기 위한 몇 가지 시도를 다음 장에서 살펴보겠다.)

민주주의가 체계적으로 역량 원칙을 위반하는 반면, 어떤 형태의 에피스토크라시가 역량 원칙을 충족한다고 가정해 보자. 그러면 역량 원칙은 추정적으로 민주주의를 실격시킨다. 역량 원칙은 자격자가 아닌 실격자이기 때문에, 에피스토크라시가 정당하며 정통성이나 권위를 갖는다는 사실을 알려 주지 않는다. 그러나 나는 이미 이전 장에서 에피스토크라시에 반대하거나 민주주의를 옹호하는 많은 주장이 실패한다는 것을 보여 주었다.

이 시점에서, 우리는 민주주의에 반대하고 에피스토크라시를 옹호하는 강력한 추정적 주장을 갖는다. 여기에는 두 가지 주요한 과제가 있다. 첫째, 일부 민주주의 이론가들은 유권자 대다수가 유능하지 않아도 민주적 결정은 전체적으로 유능한 경향이 있다고 주장한다. 나는 다음 장에서 그러한 주장을 살펴볼 것이다. 더 나아가 민주주의보다 에피스토크라시를 선택해야 하는지는, 실제로 민주주의보다 더 잘 작동하는 방식으로 에피스토크라시를 증명할 수 있는지에 달려 있다. 제8장에서 이 문제를 좀 더 자세히 살펴보겠다.

제7장

민주주의는
유능한가?

AGAINST DEMOCRACY

제2장과 제3장에서, 우리는 대다수 민주 시민이 호빗이나 훌리건이라는 것을 살펴봤다. 유권자는 대부분 무지하고 비합리적이며 잘못된 정보를 가지고 있지만, 친절하다. 유권자는 자신이 국익이라고 생각하는 것에 투표하지만, 증거를 있는 그대로 헤아려 보면 전체적으로 무능하다는 것을 알 수 있다. 그들은 나쁜 정책(또는 나쁜 정책을 지지하는 정치인)을 지지하는데, 만약 더 나은 정보를 얻어서 합리적인 방식으로 처리한다면 지지하지 않을 것이다.

얼핏 간단해 보이는 이 결론은 잘못된 것일 수도 있다. 적어도 이론적으로는, 압도적인 다수가 정치에 무능하다고 해도 집단으로서의 민주적 유권자는 유능할 가능성이 있다. 때때로 지능은 의사 결정 체계의 출현 특징emergent feature(각 부분에서는 관찰할 수 없지만, 전체 배열에서는 드러나는 특징을 말하는 실험심리학 용어. -옮긴이)이다. 즉, 의사 결정 체계의 모든 또는 대다수 개인이 무능해도 체계 자체는 때때로 유능할 수 있다.

가장 잘 이해되는 출현 집단적 지혜의 예를 들면, 시장가격은 개개인의 행동에서 비롯되며 수십억 명의 활동을 빠르고 효율적으로 조정한다. 비록 시장에 나와 있는 개개인의 대리인들은 거의 아무것도 모르고, 어떤 개인이나 전문가 집단도 스스로 대규모 경제에 대한 계획을 세울 수 없다고 하더라도 말이다. 좀 더 구체적으로 설명하면, 처음부터 HB 연필을 만들 수 있는 지식이나 능력(나무를 기르고, 나무를 자를 톱을 만들고, 나무를 제재소로 가져갈 트럭을 만들고, 페인트를 만드는 등의 능력)을 지닌 인간은 단한 명도 없다. 하지만 시장은 HB 연필을 저렴하고 효율적으로 생산한다.*사람은 혼자서 연필을 만들기엔 너무 멍청하지만, 시장경제에서 집단의 사람들은 연필을 잘 만든다.

민주주의가 이런 시장과 같을 수 있다. 멍청한 다수의 집단적 의사 결정이 현명한 결과를 낳는 것일지도 모른다. 심지어 정보를 잘못 알고 있는 수많은 유권자에 의한 의사 결정이, 정보를 잘 알고 있는 소수 유권자에 의한 의사 결정보다 더 나을 수도 있다. 적어도 어떤 형태의 민주주의는 항상 최선의 에피스토크라시보다 더 현명한 결정을 내릴 가능성이 있다.

정치 이론가들은 역량이 민주적 의사 결정의 새로운 특징이라는 것을 증명하기 위해 종종 세 가지 수학적 정리를 인용한다.

집합 정리*aggregation theorem*의 기적: 만약 거대한 민주주의에서 오류가 무작위로 분포될 때 정보를 잘 아는 소수의 유권자가 있다면, 대다수의 무지한 유권자로 이루어진 민주주의도 정보를 잘 아는 유권자로 이루어진 민주주의와 마찬가지로 인식론적 측면에서 잘 작동할 것이다.**

콩도르세의 배심원 정리*jury theorem*: 만약 유권자들이 독립적이며 대단히 의욕적인 보통의 유권자가 정확하지 않을 가능성이 높다면, 민주주의가 점점 더 커질수록 대중이 올바른 답을 얻을 확률은 1에 가까

---

* 『자유주의, 모두가 알고 싶어 하는 것』(2012), 리드Read의 1958년 문헌.

** 컨버스의 1990년 문헌.

워진다.*

홍-페이지 정리*Hong-Page theorem*: 정상적인 조건일 때, 집단적 의사
결정 과정에서 참여자의 인지적 다양성cognitive diversity은 개개인의
신뢰도나 능력을 높이기보다 올바른 결과를 만드는 데 더 잘 기여
한다.**

이 세 가지 정리는 모두 민주주의를 인식론적으로 방어하는 데 사용될
수 있다. 민주주의에 대한 인식론적 방어는 민주주의가 현명하거나 적어
도 충분히 현명한 결정을 내린다는 것을 보여 주려고 한다.

이 장에서 나는 먼저 이 정리들 중 어느 것도 실제 민주주의가 유능하
다는 점을 증명하지 못한다고 주장한다. 이 정리들은 민주주의가 특정한
조건이 충족돼야만 똑똑해질 수 있다는 것을 보여 준다. 그러나 나는 그
조건이 충족되지 않는다고 주장한다. 홍-페이지 정리와 집합 정리의 기적
은 수학적인 호기심일 뿐, 현실 정치에 관해서는 거의 알려 주지 않는다.
콩도르세의 배심원 정리는 민주주의의 버팀목은커녕 민주주의를 무너뜨
리는 데 쓰는 도끼에 더 가깝다.

그렇지만 유권자가 얼마나 잘못 알고 있으며 비합리적인지 감안하면,
민주주의는 우리 기대보다 더 잘한다. 이 장의 마지막 몇 단락에서, 나는
민주주의가 체계적으로 기대 이상인 것처럼 보이는 몇 가지 이유를 간략
하게 설명할 것이다. 안타깝게도 민주주의가 기대보다 더 잘하는 이유에
대한 한 가지 그럴듯한 설명은, 대부분의 민주주의자가 원하는 만큼 유권

---

* 콩도르세의 1976년 문헌.
** 페이지·홍의 2001년 문헌.

자의 입맛을 맞추지 못하기 때문이라는 것이다. 즉, 민주주의 정치는 유권자 대다수가 반대하는 것을 정치인이나 관료 또는 다른 사람들이 할 수 있도록 허용한다. 비록 민주주의가 선거 후에 좋은 결정을 내리는 경향이 있다고 해도, 에피스토크라시에 대한 나의 주요 주장을 건드리지는 못할 것이다. 결국 선출된 지도자와 관료 등이 선거 후에 역량 원칙을 위반할 가능성이 적다고 해도, 여전히 유권자는 선거기간에 체계적으로 역량 원칙을 위반하는 것처럼 보인다.

선험적 증명 대 경험적 현실

민주주의에 대한 인식론적 방어는 대부분 선험적이고 이론적인 반면, 민주주의에 대한 인식론적 비판은 후천적이거나 경험적인 경향이 있다.* 앞서 언급한 세 가지 인식론적 방어는 같은 형식을 띤다. 각각은 특정 조건이 충족되면 민주적 결정 절차가 좋은 결과를 만들어 낼 수밖에 없다는 것을 보여 주는 수학적 정리를 포함한다. 대조적으로 소민, 캐플런, 마이클 X. 델리 카르피니Michael X. Delli Carpini와 스콧 키터Scott Keeter 혹은 알타우스의 정치적 무지에 대한 연구는 경험적인 경향이 있다. 걱정스러운 부분은, 낮은 수준의 지식을 가진 시민들이 집단적으로 체계적인 오류를 범하는 것처럼 보일 수 있다는 점이다. 정보가 더 있었다면 선택하지 않았을 정책을 고르고 지원하는 것처럼 보일 수 있다.

---

*   그렇지만 민주주의에 대한 현대의 모든 방어가 선험적이라는 건 아니다. 결과론적 방어는 샤피로의 2003년 문헌, 나이트·존슨의 2011년 문헌, 오펜하이머Oppenheimer·에드워즈 Edwards의 2012년 문헌 참고.

체계적인 오류에 기반을 둔 비평의 중요성은 아무리 강조해도 지나치지 않다. 시민이 체계적으로 잘못 알고 있다는 것을 증명할 수 있다면, 민주적 지능에 대한 세 가지 선험적 방어 모두에게 나쁜 소식이 될 것이다. 시민이 체계적으로 잘못 알고 있다면, 정의에 따라 잘못은 무작위로 분포되지 않기 때문에 집합의 기적은 일어나지 않는다. 시민이 체계적으로 잘못 알고 있다면, 콩도르세의 배심원 정리는 민주주의를 옹호하기보다는 비난하게 된다. (그것은 민주주의가 항상 잘못된 선택을 한다는 것을 의미한다.) 시민이 체계적으로 잘못 알고 있다면, 시민이 인지적 다양성을 갖지 않는다는 의미이므로 똑같이 잘못된 세계의 모형을 공유하게 된다. 따라서 홍-페이지의 정리는 적용되지 않는다. 그렇기 때문에 시민이 체계적으로 오류를 범하지 않는다는 것이 세 가지 정리에서 모두 중요하다.

다시 말하지만, 민주주의에 대한 모든 방어가 그런 정리에 의존하는 것은 아니다. 이 장의 마지막 부분에서 나는 유권자가 체계적인 오류에 빠져 있어도 성공적으로 변호할 수 있는 인식론적 방어에 관해 설명할 것이다. 흥미롭게도 이러한 방어들은 대부분 공통적으로 선거 중에는 다수가 원하는 바가 그다지 중요하지 않다고 생각한다. 즉, 선거 후에 공직자들은 평균의 투표자나 다수가 원하는 일을 하지 않는 경향이 있다.

이러한 선험적 이론에 의지하는 일부 정치 이론가들은 민주주의에 대한 자신들의 방어가 선험적 대 경험적a priori versus empirical이라는 것을 쉽게 인정한다. 예를 들어, 랜드모어는 이렇게 말한다.

인식론적 주장의 세 번째 특징은, 경험적이라기보다는 이론적이고 선험적이라는 것이다. 그러므로 나는 경험적 증거의 사례연구보다 민주주의에 대한 나의 주장을 뒷받침하는 모형과 정리에 의지한다. …나는 주로 민주적 의사 결정의 이상형*ideal*에 관심이 있다.*

민주주의를 비판하는 사람들은 현실 민주주의가 체계적인 오류를 범한다고 주장한다. 랜드모어는 비판하는 사람들의 방식대로 대응할 필요가 있다. 랜드모어는 비판론자들이 민주주의가 체계적인 오류를 범한다는 것을 실제로 보여 주지 못한 이유를 설명해야 한다. 랜드모어가 더 나은 경험적 증거로 그들의 경험적 주장을 반박해야 한다는 뜻이다. 인식론적 민주주의자들의 문제는 수학적 모형이 보여 주는 것이 비현실적 조건 아래의 사례라는 점이 아니라, 현실적 또는 가능한 민주적 의사 결정이 수학적 정리로 적절하게 모형화될 수 있는지 여부다. 그렇지 않다면 이 정리들은 단지 수학적 호기심일 뿐이다.

랜드모어는 체계적 오류의 증명이 민주주의를 옹호하는 자신의 주장을 망칠 것이라고 선뜻 인정한다.

> 내가 도출한 집단 지성에 관한 낙관적인 결론의 주요 문제는, 어떤 식으로든 정답 주위에 오류의 대칭 분포(무작위 또는 다른 방식)가 있다는 가정에 의존하거나(집합의 기적) 오류가 음의 상관관계라는 가정에 의존한다(홍과 페이지의 설명)는 것이다.**

만약 이러한 가정이 모두 거짓이라면, 랜드모어의 추론은 실패한다. 콩도르세의 배심원 정리에도 비슷한 설명이 적용된다.

---

* 랜드모어의 2012년 문헌 발췌.
** 랜드모어의 2012년 문헌 발췌.

집합의 기적

많은 정치 이론가와 철학자는 집합의 기적을 믿는다. 정보가 풍부한 유권자가 극히 적은 거대한 민주주의도 정보가 풍부한 유권자로만 이루어진 민주주의와 마찬가지로 잘 수행된다는 것이 집합의 기적이다.

집합 정리의 증명은 간단해 보인다. 에이브와 밥이라는 두 명의 후보가 있다고 해 보자. 에이브가 밥보다 낫다고 가정한다. 이제 유권자의 98퍼센트가 완전히 무지하다고 하자. 무지한 유권자들은 밥보다 에이브를 선호할 이유가 없기 때문에 무작위로 투표할 것이다. 그것은 동전을 던지는 것과 같다. 투표 대중의 규모가 거대하므로 무지한 유권자의 50퍼센트는 에이브에게, 다른 50퍼센트는 밥에게 투표할 것이다. 무지한 유권자들은 서로의 표를 상쇄한다. 이제 나머지 2퍼센트의 유권자가 정보를 잘 알고 있다고 가정해 보자. 그들은 에이브가 밥보다 낫다는 사실을 알고 있다. 그들은 모두 에이브에게 투표할 것이다. 그러므로 최종 집계에서 에이브는 51퍼센트의 득표율(정보에 근거한 투표 전부와 무지한 투표 절반을 더한 수치)을 얻고, 밥은 49퍼센트의 득표율(정보에 근거한 투표를 제외한 무지한 투표 절반의 수치)을 얻게 된다. 에이브가 이길 것이다.

집합 정리의 기적은 정보가 없는 유권자가 정답을 중심으로 표를 몰아 무작위로 투표할 때만 유지된다. 하지만 제2장에서 논의했던 것처럼, 현실의 유권자는 그렇지 않다는 것이 경험적 연구의 결과다. 우리가 무지하다고 하는 현실 유권자들은 무작위적인 선호를 갖지 않는다. 오히려 체계적인 선호를 갖고 체계적인 오류를 범한다.* 정보를 잘 알거나 잘 모르는 시민들은 체계적으로 서로 다른 정책 선호도를 갖는다.** 사람들이 (인종, 소득, 성별 또는 기타 인구통계학적 요인과 관계없이) 더 많은 정보를 얻게 되면, 자유주의자가 되지는 않더라도 전반적으로 정부의 개입과 경제통제를 덜 선호하는 경향이 있다. 자유무역에 더 찬성하고 보호무역에 덜 찬성한다. 그들은 더 선택적이다. 적자와 부채 상쇄를 위한 세금 인상에 찬성한다. 범죄에 대한 처벌과 가혹한 조치를 덜 선호한다. 다른 형태의 개입을 선호하지만, 군사 정책에 대해서는 덜 강경하다. 소수집단 우대 정책을 더 많이 받아들이고, 공립학교에서의 기도를 덜 지지한다. 의료 문제에 대한 시장경제 해결책을 더 지지한다. 법적으로는 덜 도덕적이다. 정부가 국민에게 도덕성을 강요하는 것을 원하지 않는다. 이와 대조적으로 사람들은 정보를 잘 모를수록 보호주의, 낙태 제한, 범죄에 대한 가혹한 처벌, 부채 해결에 대한 방관, 강경한 개입 등에 더 찬성한다. 다시 말하지만, 이것은 정보가 부족한 유권자와 정보가 많은 유권자 사이의 인구통계적 차이를 통제한 결과라는 점을 기억해야 한다. 무지한 유권자는 무작위로 투표하지 않는다.

무지한 유권자는 체계적인 선호뿐만 아니라, 체계적인 편견도 갖고 있다. 예를 들어, 덜 매력적인 후보보다 더 매력적인 후보를 선택한다거나 좋지 않게 들리는 이름보다 좋게 들리는 이름의 후보를 선택하는 등의 편견이 있다. 또한 더닝-크루거 효과Dunning-Kruger effect(1999년 코넬대 데이비드 더닝 David Dunning 교수와 대학원생 저스틴 크루거Justin Kruger의 실험 결과를 바탕으로 한 인지 편향 현상으로, 능력 없는 사람은 자신의 실력을 높게 평가하는 반면 능력 있는 사람은 자신의 실력을 과소평

가한다. -옮긴이) 때문에, 정치적으로 무능한 시민은 누가 자신보다 더 유능한지 알아차리는 데 체계적으로 서툴다.* 누가 가장 유능한 후보자인지, 어떤 전문가에게 조언을 구하는 것이 가장 좋은지 모른다.

현실 세계에서는 무지한 유권자도 완전히 무지하지는 않다. 대부분의 유권자는 재임 중인 후보가 누군지 모르지만, 전반적으로 정보가 부족한 유권자는 도전자보다 현직자를 선택하는 편향에 치우쳐 있다. 소민은 무지한 유권자의 무작위 투표 여부에 대한 연구와 관련해 이렇게 결론지었다. "여섯 차례의 미국 대통령 선거(1972년부터 1992년까지)에서 도출한 표본으로 유권자의 다양한 배경 특성을 통제하면서 '집합의 기적'을 실험한 결과, 빈약한 정보는 현직자에게 유리한 편향을 평균 5퍼센트 정도 발생시킨다는 것을 확인했다."** 정보가 많은 유권자의 비율이 높지 않다면, 5퍼센트의 편향성만으로도 집합의 기적이 일어나는 것을 충분히 막을 수 있다.

그러나 또 다른 문제는 유권자가 추종자follower라는 점이다. 정치 과정 초기에 상대적으로 정보가 부족한 일부 유권자가 무작위로 특정 후보를 지지한다고 가정해 보자. 이를 보고 정보가 부족한 나머지 유권자들도 그 후보를 지지할 가능성이 크다. 무지는 상쇄되지 않고 악화할 수 있다.*** 하지만 이것을 과장하지는 말자. 정치에 먼저 관심을 기울이는 사람들, 즉 결선투표에 진출하는 후보를 선택하는 사람들은 정보가 부족한 호빗이

---

* 데이비드 더닝과 저스틴 크루거는 무능한 사람은 가장 유능한 사람이 누구인지 알아차릴 수 없다는 것을 널리 알렸다. 대신에 무능한 사람은 자신을 유능하게 보고, 더 유능한 사람을 뽑으라고 하면 자신보다 조금 더 유능한 사람을 뽑는 경향이 있다. 에를링거Ehrlinger 등의 2008년 문헌, 더닝 등의 2003년 문헌, 크루거·더닝의 1999년, 2002년 문헌 참고.

** 소민의 1998년 문헌. 이러한 주장에 대한 경험적 증거는 바텔스의 1996년 문헌, 알바레즈Alvarez의 1997년 문헌 참고.

*** 제이키Jakee·선Sun의 2006년 문헌.

아니라 풍부한 정보를 가진 훌리건인 경향이 있다. 훌리건은 편파적일 수 있지만, 적어도 무언가를 알고 있다. 미국 대통령 선거에서는 정보가 풍부한 유권자가 예비선거에서 후보자를 골라낸다. 본격적인 선거에 돌입하면 정보가 부족한 유권자가 더 많이 참여한다. 다행인 것은 정보가 풍부한 유권자가 미국 대선에서 예상보다 더 많은 힘을 가질 수 있다는 점이다. 하지만 이것은 집합 정리의 기적에는 좋은 소식이 아니다. 결국 정보가 부족한 유권자가 무작위 투표를 하는 것이 해롭지 않게 보이지는 않는다. 그들은 예비선거에 참여한, 정보가 풍부한 유권자들을 따르는 경향이 있다.

알타우스는 체계적 오류가 있다는 주장에 대해 별도의 통계적 논거를 갖고 있다.

> 랜덤 오차의 합이 0이 되려면, 오차 평균이 0인 표준화된 형태로 측정해야 한다. 표준화된 무작위 오류의 기대치는 0이지만, 표준화되지 않은 무작위 오류의 기대치는 가능한 응답 범위의 중간 점과 같다. 엄밀히 말해서 랜덤 오차는 상쇄되지 않는다. 이러한 랜덤 오차는 한계 비율뿐만 아니라 평균값과 최빈값에도 계속 영향을 미친다.*

무작위 투표는 정규분포를 따르는 경향이 있다. 현명한 투표도 정규분포를 따르는 경향이 있을 것이다. 하지만 이 각각의 분포는 최고점이 다를 것이다. 평균값 및 중앙값에 해당하는 무작위 투표자가 원하는 것은 종종 평균값 및 중앙값의 현명한 투표자가 원하는 것과 다를 것이다. 단순한 좌우 척도에서도, 무작위 투표는 여론의 균형을 이런저런 방법으로 움직

---

* 알타우스의 2003년 문헌 발췌.

이는 경향이 있다. 무작위 투표가 많을수록 그 효과는 더 나빠진다.

정보가 부족한 유권자라서 무작위로 투표하는 것은 아니다. 다만 그들은 아주 큰 체계적 오류, 확신, 그리고 편견을 지녔다. 그렇다면 집합의 기적은 일어나지 않는다.

콩도르세의 배심원 정리

민주주의에 대한 또 하나의 유명한 인식론적 방어는 콩도르세의 배심원 정리에 기초한다.* 콩도르세의 배심원 정리에 따르면, 특정 조건이 충족되었을 때 민주적인 다수가 정확한 선택을 내릴 가능성은 아주 크다.

콩도르세의 배심원 정리는 이렇게 주장한다. "양자택일 방식에서 0.5 이상의 동일한 역량 수준(또는 정확할 확률)을 가진 개인은, 집단적 또는 개인적 역량이 증가하면 1(절대 틀리지 않는)에 가까운 능력으로 다수결에 따라 집단 결정을 내릴 수 있다."** 만약 두 명의 후보자나 정책 중 하나를 결정할 때 다수결을 따르는 것이 올바른 선택을 할 가능성을 높인다면, 유권자 수가 증가할수록 사람들은 올바른 선택을 할 것이다.*** 그러므로 개인 유권자가 올바른 선택을 할 확률이 평균보다 약간 더 크기만 해도, 콩도르세의 배심원 정리는 유권자가 1만 명만 돼도 올바른 선택을 하는 것

---

*   예를 들어 그로프만Grofman·펠트Feld의 1988년 문헌, 배리Barry의 1965년 문헌, 대거의 1997년 문헌, 리스트List·구딘의 2001년 문헌, 구딘의 2003년 문헌 참고.

**   에스틀룬드의 1994년 문헌.

***   중요한 것은 배심원 정리가 유지되려면 유권자 개개인의 확률이 통계적으로 독립적이어야 하며, 성실하게 최선이라고 생각하는 것에 투표해야 한다는 점이다. 배심원 정리가 실제 민주주의에 적용되는지에 대한 많은 논쟁은 이러한 조건이 실제로 유지되는지에 대한 것이다.

이 거의 확실하다고 말한다.

콩도르세의 배심원 정리가 민주주의에 관한 모든 것을 설명해 주는지 아닌지는 민주적 투표가 여러 조건을 충족하는가에 달렸다. 예를 들어, 유권자는 서로에 대해 충분히 독립적이어야 한다. 그래서 다른 사람의 투표를 따라 할 수 없어야 한다. 나는 이런 조건이 충족되지 않았다고 여기기 때문에 콩도르세의 배심원 정리가 민주주의를 옹호하거나 비판하는 데 사용될 수 없다고 생각한다.*

나의 목표 중 하나가 민주적 의사 결정을 비판하는 것이므로, 그것은 이념적으로 불편하다. 결국, 콩도르세의 배심원 정리는 많은 가정이 지켜질 때만 민주주의의 방어에 사용될 수 있다. 여기서 제일 중요한 가정은 유권자가 평균적으로 무능하기보다 유능하다는 것이다. 즉, 콩도르세의 배심원 정리는 유권자가 틀리기보다 옳을 가능성이 조금이라도 큰 경우에만 민주주의 옹호에 쓰일 수 있다. 또한 개개인의 시민이 우연보다 나을 때만 민주주의 옹호에 쓰일 수 있다. 만약 평균 투표자의 역량이 0.5보다 낮다면, 다수가 잘못된 선택을 할 확률은 1에 가까워지며 옳은 선택을 할 확률은 0에 가까워진다. 즉, 유권자가 평균적으로 옳지 않고 틀릴 가능성이 조금이라도 더 크다면, 유권자 수가 증가할수록 잘못된 선택을 할 것이 거의 확실하다. 그러므로 콩도르세의 배심원 정리를 사용해서 민주주의를 옹호하려면 유권자 개인의 역량이 0.5보다 크다는 사실을 아는 것이 필수적이다. 그렇지 않으면 콩도르세의 배심원 정리는 민주주의가 나쁘다

---

* 예를 들어, 에스틀룬드의 2007년 문헌에서는 배심원 정리의 수학에 이의를 제기하지 않는다. 현실 민주주의에 관해 어떤 것도 말해 주지 않는다는 것을 부인할 뿐이다. 마찬가지로 배심원 정리가 실제 민주주의에 적용된다면 나에게도 이념적으로 편리하겠지만(왜냐면 민주주의는 대체로 무능하며, 유권자의 평균 및 중위 역량 수준은 0.5보다 작다는 것을 증명할 수 있다고 생각하기 때문에), 역시 수학적 호기심에 불과하다고 생각한다.

는 것을 암시한다.

다시 말하지만, 나는 콩도르세의 배심원 정리가 현실 민주주의의 모든 것을 말해 준다고 확신하지 않는다. 그 정리의 다른 가정들이 성립하는지 믿을 수 없기 때문이다. 그러나 앞서 살펴보았듯이, 유권자가 체계적 오류에 빠져 있으며 평균 신뢰도는 0.5 미만이라는 강력한 증거가 있다. 따라서 콩도르세의 배심원 정리가 현실 민주주의에 적용된다면, 민주주의에 대한 방어가 아닌 비판으로 더 그럴듯하게 사용될 것이다. 콩도르세의 배심원 정리를 인용하는 현대 민주주의 이론가들의 특징 중 하나는, 유권자를 우연보다 더 신뢰할 수 있다는 것을 증명하려는 시도를 거의 하지 않는다는 점이다.

랜드모어의 홍-페이지 정리 응용

때로는 덜 똑똑한 두 사람이 똑똑한 한 사람보다 낫다. 경제학 교수는 보통 박사과정 3년 차인 어느 학생보다 더 많이 알지만, 박사과정 학생 전체는 교수보다 더 많이 알고 있을지 모른다. 학생들의 집단적 지식을 하나의 결정으로 모을 수 있다면, 집단으로서의 학생들은 교수보다 더 믿을 만한 경제학적 지혜의 원천이 될 것이다.

이것을 소민은 다음과 같이 요약한다.

> 일부 학자들은 다양한 관점과 능력을 갖춘 참여자들의 집합은 특히 잘 작동될 수 있다고 주장한다. 문제의 해결책을 찾을 때 크고 다양한 집단은 종종 소규모의 전문적인 집단보다 더 나은 결정을 내릴 수 있다.

왜냐면 작은 집단보다 더 크고 다양한 집단적 지식을 모을 수 있기 때문이다.*

소민과 나는 모두 이런 추상적인 관점을 받아들인다. 그럼에도 불구하고 우리는 이것이 가능한 형태의 모든 에피스토크라시보다 민주주의가 더 똑똑하다는 것을 보여 주는데 쓰일 수 있는지, 혹은 심지어 민주주의가 유능하다는 것을 보여 주는 데 쓰일 수 있는지 회의적이다.

루 홍Lu Hong과 스콧 페이지Scott Page는 적절한 조건에서 다수의 다양한 관점을 모으면, 소수 전문가의 덜 다양한 관점에 의지하는 것보다 더 현명한 결정을 내릴 수 있다는 사실을 보여 주는 수학적 정리를 개발했다. 꽤 기술적인 정리지만, 우리는 그것을 평범한 언어로 풀어낼 수 있다. 홍-페이지 정리는 적절한 조건에서 집단적 의사 결정 참여자들의 인지적 다양성은, 참여자 개인의 신뢰도나 능력을 높이기보다 올바른 결과를 끌어내는 과정에 더 기여한다고 말한다. 이러한 조건에는 다음의 내용이 포함된다.

• 참여자들은 진짜로 다양한 세계 모형을 가지고 있어야 한다.
• 참여자들은 충분히 복잡한 세계 모형을 가지고 있어야 한다.
• 참여자들은 무엇이 문제이고, 무엇을 해결책으로 여길지 합의해야 한다.
• 참여자들은 모두 함께 문제를 풀기 위해 노력해야 한다.
• 참여자들은 다른 사람에게 기꺼이 배우고, 다른 참여자의 지식을 활용해야 한다.**

---

*   소민의 2013년 문헌 발췌.
**   소민의 2013년 문헌, 홍·페이지의 2004년 문헌.

수학자 애비게일 톰슨Abigail Thompson은 홍-페이지 정리의 증명은 "본질적이고 돌이킬 수 없는 오류"를 겪는다고 주장했다. 그는 홍-페이지 정리의 "증명"은 "수학적 흥미도 없고, 내용도 거의 없는" 사소한 것에 기초를 두며, 홍-페이지의 계산 실험은 잘못됐다고 언급한다.* 실제로 톰슨은 홍-페이지 정리에서 7개의 치명적인 결함을 발견했다. 그는 각각의 결함이 홍-페이지 정리가 잘못됐거나, 증명되지 않았거나, '다양성'에 관해 아무것도 설명하지 못한다는 점을 충분히 보여 준다고 주장한다. 나는 여기서 톰슨의 기술적 비판을 검토하지는 않겠지만, 홍-페이지 정리가 착오에 기초를 둔 것일 수도 있다는 점을 경고한다. 만일 그렇다면, 민주주의를 옹호하기 위해 홍-페이지 정리를 이용하려는 민주주의 이론가(랜드모어 같은)에게는 치명적이다. 나는 여기서 자선하는 심정으로 홍-페이지 정리가 옳다고 가정할 것이다. 그렇다고 해도 홍-페이지 정리는 대부분의 현실적인 민주적 결정을 옹호하는 데 사용될 수 없으며, 에피스토크라시 지지자들에게 심각한 도전이 되지도 않을 것이라고 주장한다.

랜드모어는 2012년의 저서 『민주적 이성Democratic Reason』에서 홍-페이지 정리를 이용해 민주주의가 똑똑하다는 것을 증명하려고 한다. (홍-페이지 정리에 대한 톰슨의 비판이 맞는다면, 랜드모어의 책은 치명적인 결함이 있다.) 랜드모어는 야심 찬 논제를 드러낸다. 민주주의가 에피스토크라시보다 한 수 위라는 것을 보여 주려고 한다. 즉, 멍청한 다수의 통치가 똑똑한 소수의 통치를 능가한다는 것이다. 랜드모어는 이렇게 요약한다. "대부분의 정치적 문제와 적당한 숙의 및 다수결 원칙에 의한 지배의 적절한 사

---

* 톰슨의 2014년 문헌.

용에 도움이 되는 조건에서, 민주적 절차는 전문가 위원회나 자비로운 독재자와 같은 어떤 비민주적 절차보다 더 나은 결정 절차가 될 가능성이 크다." 여기서 "더 나은"이라는 말은 민주주의가 비민주주의를 뛰어넘어 더 나은 결과를 낳을 것으로 보인다는 뜻이다. 그러한 결과는 절차와는 독립적으로 측정된다. 또한, 랜드모어가 "어떤" 비민주적 절차라고 말하는 것에 주목하자. 이것이 랜드모어의 논제를 야심 차게 만드는 이유다. 랜드모어는 하위 5퍼센트의 시민에게만 투표권을 주지 않는 온건한 형태의 에피스토크라시조차도 보편적 참정권을 가진 완전한 민주주의보다 더 나쁜 성과를 낸다고 주장한다.

랜드모어는 광범위한 이론적 문헌을 끌어오지만, 다음에서 설명하듯이 내가 보기에 그 주장은 실패한다.

왜 모두가 투표해야 할까?

두 사람의 머리가 한 사람의 머리보다 나을 때도 있지만, 사람들의 머리를 모두 합한 것이 항상 더 낫다는 의미는 아니다. 이것이 랜드모어의 본질적인 문제인 듯하다. 랜드모어는 홍-페이지 정리의 민주주의 방어 능력에 대해 페이지보다 훨씬 더 낙관적이다. 그렇다고 해서 반드시 랜드모어가 틀렸다는 뜻은 아니다. 때때로 정리를 만든 사람은 그 정리의 진정한 힘을 인식하지 못한다. 하지만 페이지가 왜 랜드모어 같은 결론을 내리지 않았는지 알면, 랜드모어가 정리를 과도하게 확장한다고 의심할 수 있는 몇 가지 근거를 찾게 될 것이다.

페이지는 인지적 다양성에 가치가 있다고 말한다. 인지적 다양성은 다양한 관점(상황과 문제를 표현하는 방식), 다양한 해석(관점을 분류하거나 분할하는 방식), 다양한 휴리스틱heuristics(문제에 대한 해결책을 생성하는 방식), 다양한 예측 모형(원인과 결과를 추론하는 방식)을 포함한다.* 홍-페이지 정리에 따르면, 정확한 예측을 할 때 의사 결정자들 사이의 인지적 다양성을 늘리는 것은 일부의 예측력을 높이는 것만큼 중요하다.** 즉, 정교함과 인지적 다양성은 똑같이 좋은 것이다.***

하지만 페이지는 대중이 항상 현명한 것은 아니라고 설명한다. 대중은 체계적 편견이 있거나 숙의에서 순응하려는 경향이 정확성과 다양성을 떨어뜨릴 때, 나쁜 결정 혹은 심지어 미친 결정을 내릴 수 있다. 예를 들어, 페이지는 개개인이 부정확한 생각을 가진 카리스마 있는 사람에게 과도한 영향을 받으면 집단의 정확성은 떨어질 것이라고 말한다.**** 따라서 우리는 이렇게 물어야 한다. 현실 유권자는 카리스마와 정치적 볼거리에 영향을 받는가? 아니면 냉정하고 이성적인 진실 추구자라서 쉽사리 속지 않는가?

페이지는 사람들의 예측 능력이 부족할 때 다양성을 늘리는 것은 나쁠

---

*   페이지의 2007년 문헌.

**   페이지의 연구에서 한 가지 문제점은 모든 전문가가 세상에 대한 동일한 모형을 갖고 있는 것처럼 다양성이 없다고 여기는 경향을 띤다는 점이다. 하지만 페이지의 연구는 다양한 비전문가보다 다양한 전문가가 결정 내리는 것에 대해 더 나은 주장을 할 수도 있다.

*** 페이지의 모형은 문제를 쉽게 계량화하거나 문제에 대한 질적 해답이 뚜렷한 범주로 쉽게 나뉠 때 가장 잘 작동한다. 다른 문제를 어떻게 적용하는지는 명확하지 않다. 예를 들어, 다른 직업이나 인종의 사람을 더 많이 포함하는 것이 집단 지혜로 이어지는 경향이 있다는 의미는 아니다. 그보다는 세상에 대해 다양하고 정교한 모형을 가진 사람이 많을수록 집단 지혜로 이어지는 경향이 있다는 의미다. 게다가 교육받지 않은 사람들이 세상에 대해 단순하고 정교하지 않은 모형을 갖는 경향이 있다면, 집단적 의사 결정과 관련된 정보 역시 덜 정확한 것으로 이어지게 된다. 페이지는 때때로 이러한 사실을 인식하는 듯하지만, 자신의 다양성 모형이 실제 민주적 의사 결정에 얼마나 잘 적용되는지에 대해서는 종종 지나친 반응을 보인다. 이에 대한 신속하지만 날카로운 비판은 테틀록Tetlock의 2007년 문헌 참고.

**** 페이지의 2007년 문헌, 페이지·램버슨Lamberson의 2009년 문헌.

수 있다고 주장한다. 홍-페이지 정리가 자리 잡으려면 개별 의사 결정자들이 전문가만큼은 아니더라도 상당히 정교해야 한다고 말한다. 페이지의 겸손한 결론은 다양하고 좋은 예측 변수를 많이 갖는 일이 단지 몇 개의 훌륭한 예측 변수를 갖는 일보다 더 성공적이라는 것이다.* 페이지는 강연에서 "만약 우리가 집단적인 지혜를 얻지 못한다면, 그것은 쓰레기를 넣으면 쓰레기가 나오듯 사람들의 정교함이나 다양성이 부족하기 때문이다"라고 했다. 또한 다양한 정보뿐만 아니라 다양하고 좋은 '모형' 혹은 그 정보를 해석하는 방법이 필요하다고 덧붙인다.** 그는 "민주주의가 작동하기 위해서는 사람들에게 좋은 예측 모형이 필요하다. 그리고 종종 그렇게 하기에 문제는 너무 어렵거나 복잡하다"고 이야기한다.*** 다양하지만 어리석은 예측 변수를 많이 갖는 것이, 소수의 더욱 똑똑하지만 덜 다양한 예측 변수를 갖는 것보다 항상 더 효과적이라고 주장하지 않는다. 페이지는 아주 단순하고 다양한 대중은 좋은 예측을 하지 못한다고 설명한다.

그러므로 랜드모어는 일반 시민이 정치에 대해 충분히 정교하다는 것을 증명하려고 노력해야 한다. 하지만 제2장에서 보았듯이, 대부분의 시민은 페이지나 랜드모어가 정신 모형mental model이라고 부르는 것을 거의 갖고 있지 않으며, 정치에 관해 아주 단순하다는 것을 보여 주는 증거가 있다. 시민의 다수가 호빗이라는 점이다.

랜드모어가 왜 홍-페이지 정리는 모든 성인 시민의 참여가 최선이라는

---

*   페이지는 2007년 문헌에서 이렇게 말한다. "최고의 문제 해결사들은 서로 엇비슷하다. 최고의 문제 해결사들을 한데 모은다고 해서 해결사 개개인보다 더 우수한 역량이 생기는 것은 아니다. 하지만 무작위로 모이게 된 지적인 문제 해결사 집단은 다양성을 갖게 된다. 다양성은 집단적으로 더 나아지게 할 수 있다. 더 도발적으로 말하자면, *다양성이 역량보다 중요하다.*"

**   페이지의 2012년 문헌.

***   페이지의 2007년 문헌.

것을 암시한다고 해석하는지 의문이다. 홍-페이지 정리는 다양성이 좋다고 알려 주려는 것이지, 모든 시민 또는 대부분의 시민이 투표하는 게 최선이라는 의미는 아니다. 홍-페이지 정리는 두 사람의 머리가 한 사람의 머리보다 낫고 500만 개가 두 개보다 나을 때가 많지만, 때로는 2억 개가 500만 개보다 훨씬 나쁜 경우도 있다고 말한다.

랜드모어는 민주주의가 모든 형태의 에피스토크라시를 능가한다는 것을 실제로 보여 주려고 하지 않는다. 기껏해야 보편적 참정권을 가진 민주주의가 소수의 시민만 투표할 수 있는 에피스토크라시를 능가한다는 것을 보여 주려고 노력한다. 하지만 그것은 랜드모어의 결론을 끌어내기에 충분하지 않다. 랜드모어는 제한된 형태의 에피스토크라시, 즉 대부분 무지하거나 단순한 5퍼센트의 시민이 투표에서 제외되는 에피스토크라시가 보편적 참정권을 가진 민주주의를 능가하는지 진지하게 고려하지 않는다. 홍-페이지 정리에는 보편적 참여가 제한된 참여를 항상 능가한다는 내용은 없다.

에피스토크라시 지지자는 홍-페이지 정리를 받아들일 수 있지만(톰슨의 비판을 보면 그렇지 않다는 생각도 든다), 에피스토크라시 대신 민주주의를 가져야 한다고 결론짓지 않는다. 대신에 크고 다양한 에피스토크라시적 유권자 집단이 있는 에피스토크라시를 가져야 한다는 암시로 여길 것이다. 홍-페이지 정리는 더 작은 에피스토크라시 기구보다 더 큰 에피스토크라시 기구를 선호하는 하나의 이유가 될 수 있다.

머릿수가 많은 것이 때때로 적은 것보다 낫지만, 항상 낫다는 뜻은 아니다. 앞서 이야기했던 요점으로 돌아가서, 인기 있는 교수 한 명이 고등학교 학생 전체보다 경제학을 가뿐히 더 알고 있을 수 있다. 하지만 경제학 박사과정 3년 차 학생 집단은 교수보다 전체적으로 더 많이 알 수도 있다.

미국 대중은 애덤 스미스가 1776년에 돌이킬 수 없다고 경고했던 대부분의 실수를 포함해, 경제학에 관해 체계적인 실수를 한다.

랜드모어는 홍-페이지 정리를 바탕으로, 소수의 통치보다 다수의 통치를 선호한다고 주장한다. 하지만 그것은 오해의 소지가 있는 표현이다. 대부분의 에피스토크라시 지지자 역시 다수의 통치를 원한다. 랜드모어가 정말로 선호하는 것은 많은 사람이 아닌 모든 사람의 통치다.

유권자는 문제 해결을 위해 노력하는가?

홍-페이지 정리를 사용하는 랜드모어에 관한 또 하나의 우려는 개개인의 의사 결정자가 문제를 알아차리고, 각자 문제 해결을 위해 노력한다고 가정하는 점이다. 개개인의 의사 결정자는 무엇이 문제인지 동의하고, 각자 문제를 해결하는 데 전념한다는 것이다.

랜드모어는 저서를 통해 줄곧 유권자와 정치 숙의자는 미로에서 함께 길을 찾으려고 하는 한 무리의 사람들과 비슷하다고 말한다. 미로에서는 모든 사람이 목표에 동의한다. 즉, 미로를 벗어나야 한다는 일치된 목표가 있다. 그리고 모든 사람이 미로를 빠져나가는 것에 동의한다. 즉, 일단 빠져나오면 절반의 사람들이 여전히 미로에 갇혀 있다고 믿지 않을 것이다. 모든 사람은 또한 다른 이들이 미로에 관해 말하는 것을 듣고, 다른 이들의 진술을 합리적이고 편견 없이 해석할 준비가 되어 있다.

이것은 현실에서 숙의가 진행되는 방식과 비슷하지 않다. 제3장에서처럼 신중하게 통제된 정치적 숙의 실험조차도 랜드모어의 사례와는 다르다. 세상은 그보다 훨씬 더 뒤죽박죽이다. 대부분의 유권자는 공익을 증진하고 싶어 한다. 하지만 공익이 무엇인지, 나라가 직면한 주요 문제는 무엇인지, 또는 문제의 운선순위는 무엇인지에 대해 일치하지 않는다. 비록 공동의 목표가 달성됐다고 해도, 많은 사람은 목표가 실제로 달성되었는지 계속 논쟁한다. 예를 들어, 1990년대 초반에 미국인들은 범죄율이 떨어지기를 원했다. 이후 20년 동안 범죄율은 급격히 떨어졌지만, 이 사실을 아는 미국인은 거의 없다. 미국인들은 오히려 총기 범죄가 늘어났다고 잘못 생각한다.* (이와 대조적으로, 랜드모어의 미로 비유에서는 일단 빠져나오면 계속 미로에 갇혔다고 생각하는 사람은 아무도 없다.) 현대 민주주의에서 시민들은 "상황이 더 좋아져야 한다"는 것에는 동의할 수 있지만, 상황이 더 좋아진다는 것이 무엇을 의미하며 더 나아진 상황을 보여 주기 위해 무엇이 필요한지에 대해서는 의견이 일치하지 않는다. 게다가 많은 시민은 단순히 불만을 표현하거나, 자신이 좋아하는 집단에 대한 충성심을 보여 주기 위해 투표한다. 미로에 있는 사람들과 달리 문제 해결에 적극적으로 참여하지 않는다. 마지막으로 제2장과 제3장에서 보았듯이, 시민들은 랜드모어의 미로 예시에 나오는 사람들과 달리 *끔찍할 정도로 서로의 말을 듣지 않는다*.

또한 랜드모어는 종종 민주적 숙의를 영화 〈열두 명의 성난 사람들 Twelve Angry Men〉에 나오는 배심원들의 숙의처럼 다루면서 민주주의를 방어하려고 노력한다. 그러나 가상의 배심원과 실제 민주 시민이 행동하는 방식에는 큰 차이가 있다. 가상의 배심원들은 이용할 수 있는 정보와 그 정보의 중요성을 고려하고, 주장을 듣고 공식화하며, 반대 관점을 헤아리

---

* 에밀리 앨퍼트Emily Alpert, 「관련 기사: 연구 결과, 총기 범죄 급감했지만 미국인들은 늘었다고 생각Related Story: Gun Crime Has Plunged, But Americans Think It's Up, Says Study」(로스앤젤레스타임스Los Angeles Times, 2013. 5. 7.).

고, 여러 시각에서 사건을 보려고 노력하면서 충분한 시간을 토론한다. 배심원 개인의 투표가 매우 중요하며, 집단의 결정이 누군가의 삶에 큰 영향을 미칠 것이라는 사실을 알기 때문이다. 그러나 제2장에서 언급했듯이, 현실의 유권자는 개개인의 표가 중요하지 않은 것처럼 행동한다. 대부분의 시민은 정치에 관해 정보를 얻거나 합리적으로 행동하려는 노력을 기울이지 않는다. 시민은 편파적이고 비생산적인 방식으로 숙의한다.

이런 불평에 대해 랜드모어는 그저 "이상형으로서의 민주주의"를 연구한다고 말한다.* 이상론으로 물러서며 민주적 행동에 대한 경험적 비판에 대응한다. 랜드모어는 현실 민주주의가 충분히 민주적이지 않다고 말한다. 사람들이 랜드모어의 생각대로 행동하지 않기 때문이다. 사람들이 민주주의를 진지하게 받아들이고, 바르게 숙의하고, 정보를 올바른 방법으로 깊이 생각하고, 집단적으로 문제 해결을 위해 노력할 때만 민주주의가 현명하다는 것이 랜드모어의 주장이다. 그것은 시민들이 현실이 아니라 〈열두 명의 성난 사람들〉에 나오는 배심원처럼 행동해야 민주주의가 현명해지고 에피스토크라시보다 더 똑똑해진다고 말하는 것과 같다. 또한 그것은 마치 프랫이 해 오던 방식이 아니라 해야 할 방식으로 행동한다면 좋겠다고 말하는 것이나 마찬가지다.

제3장에서 민주적 숙의가 시민을 교육하고 품위 있게 할 것이라고 주장하는 숙의 민주주의자가 얼마나 많은지 논의했다. 그러나 경험적 증거는 민주적 숙의가 우리를 어리석게 하고 타락시키는 경향이 있다는 견해를 더욱 강하게 뒷받침한다. 많은 숙의 민주주의자가 이에 대응해 이상론으로 물러설 수 있다. 올바로 숙의하면 품위 있게 될 것이라고 대응할 수

---

* 랜드모어의 2012년 문헌. 또한 이것은 2014년 8월 30일 미국정치학회 회의에서 내가 제기한 불평에 대한 답변이기도 하다.

있다. 나는 그러한 추론이 올바로 생활하면 프랫 활동이 회원을 교육하고 품위 있게 할 것이라는 주장과 비슷해 보인다고 지적했다. 랜드모어는 민주주의에 대한 인식론적 방어가 그 정도에 이르기를 원하지 않는다. 에피스토크라시 지지자라면 "물론, 이상적 민주주의는 훌륭하게 들린다. 그러나 실제 사람이 사는 현실 세계에서는 민주주의를 에피스토크라시로 대체해야 한다"는 말에 동의할 것이다.

무지와 잘못된 정보

랜드모어의 가장 큰 문제는 (만약 우리가 너그럽게 톰슨의 비판이 잘못됐다고 가정해도) 체계적인 오류의 증거다. 시민이 체계적인 실수를 한다면, 그들은 충분히 다양하지 않기 때문에 홍-페이지 정리는 적용되지 않는다. 제2장에서 보았듯이, 시민은 실제로 중요한 쟁점에 관해 많은 체계적 오류를 범한다.

이에 대해 랜드모어는 유권자의 정치 지식에 대한 단순 시험이 정치적 의사 결정과 관련 없어 보이는 정보를 시험한다고 말한다. 예를 들어, 모든 대법관의 이름을 즉석에서 바로 댈 수 있는 미국인은 거의 없다. 이런 정보를 갖는 것은 대부분의 선거에서 중요하지 않을 듯하다.

그렇지만 기본 정보를 많이 틀리는 것은 문제다. 예를 들어, 대부분의 미국인은 해외 원조 예산이 너무 많다고 여긴다. 해외 원조 예산이 전체 연방 예산의 28퍼센트를 차지한다고 어림짐작하지만, 실제로는 1퍼센트에 가깝다.* 미국인들은 해외 원조에 할당된 예산뿐만 아니라 지출액도 체계적으로 과대평가한다. (최빈값과 평균값 추정치도 실제 수치보다 훨씬 높다.) 마찬가지로 국방과 복지 지출액도 체계적으로 과소평가한다. 또한, 미국의 백인 절반 이상은 백인과 흑인의 소득이 같다고 생각한다. 하지만 실제로 백인의 중위 소득은 흑인의 약 두 배에 달한다.** 이렇게 체계적으로 잘못된 정보는 유권자의 의사 결정 품질에 영향을 미칠 가능성이 커 보인다. 자원을 어떻게 할당할지, 정치인이 무엇을 우선하기를 원하는지 등에 영향을 미칠 것이다.

당신이 정보에 근거한 투표를 중요하게 여기지 않는다고 가정해 보자. 당신은 유권자에게 경제학이나 정치학을 이해하라고 요구하지 않는다. 또한 지지한 정책의 결과를 파악할 정도의 수준을 갖추라고 요구하지 않는다. 이념을 가졌다고 해도 그것을 설명하고 방어할 수 있어야 한다고 생각하지 않는다. 당신은 유권자에게 그저 "당신이 좌파라면 좌파 정당에, 우파라면 우파 정당에 투표하라. 그게 내가 바라는 전부다"라고만 말한다.

하위 25퍼센트에 속하는 투표자는 이런 조언조차 따르지 못하는 듯하다. 제2장에서 논의했듯이, 하위 25퍼센트의 투표자는 단순히 무지한 것이 아니다. 그들은 아무것도 모르는 것만 못하다. 그리고 투표자는 비투표자보다 많이 아는 편이니, 비투표자의 하위 25퍼센트는 더 나쁘다고 의심할 만하다.

다시 말하지만 홍-페이지 정리가 대량 기권이나 에피스토크라시가 아니라 참여율 높은 보통선거를 옹호하는 주장으로 활용돼야만 하는 이유는

*   에즈라 클라인Ezra Klein, 「죽지 않는 예산 신화: 미국인들은 여전히 예산의 28퍼센트가 해외 원조에 쓰인다고 생각한다The Budget Myth That Just Won't Die: Americans Still Think 28 Percent of the Budget Goes to Foreign Aid」(『워싱턴포스트』, 2013. 11. 7.).

** 자멜 부이Jamelle Bouie, 「우리를 갈라놓는 깊은 틈: 백인과 흑인이 공감할 수 없는 이유를 보여 주는 백색 프로젝트The Gulf That Divides Us: The Whiteness Project Underscores Why There Is So Little Empathy between Whites and Blacks」(『슬레이트 매거진』, 2004. 10. 17.).

여전히 불분명하다. 홍-페이지 정리가 특출한 두뇌를 가진 소수보다 쓸 만한 두뇌를 가진 다수가 더 낫다고 말해 준다고 해도, 민주주의가 가장 나쁜 시민들의 의견을 포함해서 결정하는 것이 그 의견을 제외하고 결정 하는 것보다 더 낫다는 의미는 아니다.

계몽주의자의 선호 방식에서 보이는 체계적 오류

오류는 언뜻 보이는 것보다 훨씬 더 체계적일 수 있다. 만약 시민에게 쉽 게 입증할 수 있는 기본 사실에 관해 조사한다면, 다수가 잘못 알고 있다 는 걸 알게 될 것이다. 그럼, 경제학에 관한 신념처럼 입증이 어려운 믿음 을 조사하면 어떨까?

제2장에서 언급했듯이, 알타우스는 시민의 지식이 정책 선호도에 어 떤 영향을 미쳤는지 측정하고자 했다. 수만 명의 유권자를 조사해서 최대 한 많은 인구통계학적 정보를 수집하는 동시에 알고 있는 것과 정책 선호 에 관한 정보를 모은다면, 정치 지식이 유권자의 선호도에 미치는 영향을 파악할 수 있다. 그다음 인구통계학적 편향을 수정하면서 정치 지식이 정 책 선호도에 어떻게 영향을 미치는지 확인할 수 있다. 이 정보를 이용해서 미국 유권자가 완벽한 정치 지식을 지녔다면 무엇을 선호할지 추정할 수 있다.

제2장에서 지적했듯이, 알타우스는 정보가 부족한 사람은 정보가 풍부 한 사람과는 체계적으로 다른 선호를 갖는다는 것을 알아냈다. 길렌스와 캐플런은 다른 자료를 사용해 비슷한 결론을 끌어냈다.

표면적으로 이 연구는 랜드모어의 주장을 반박한다. 홍-페이지 정리는 현실 민주주의에서는 타당하지 않아 보인다. 사람들은 충분히 다양하지 않지만, 체계적인 정치 선호를 갖는다. 즉, 정치를 통해 표현되는 선호는 더 잘 알게 되면 체계적으로 바뀔 것이다. 더욱 나쁜 점은 정보가 부족한 사람이 정보가 풍부한 사람보다 더 많다는 것이다.

이 문제에 대한 랜드모어의 반응은 이해하기 어렵다. 랜드모어는 체계적인 오류의 증명 때문에 홍-페이지 정리를 사용할 수 없게 됐다고 인정한다. 하지만 알타우스의 연구에 대응하면서, 정보를 잘 아는 사람과 부정확한 정보를 가진 사람의 정책 선호가 다르다고 해서 논리적으로 정보를 잘 아는 사람이 옳다는 뜻은 아니라고 주장한다. 부정확한 정보를 가진 사람이 옳고 정보를 잘 아는 사람이 틀릴 가능성도 있다.

정보를 잘 아는 사람이 옳고 부정확한 정보를 가진 사람이 틀리는 것이 논리적 필연의 문제라고 주장하는 사람은 아무도 없다. 대신 다음과 같이 주장한다.

1. 알타우스 같은 정치학자에 의해 검증된 기본적이고 객관적인 정치 지식은 엄격히 말해 (대부분의 경우) 그 자체만으로는 좋은 정치적 결정을 내리거나 건전하고 정당한 정치 신념을 형성하는 데 필요하지도, 관련 있지도 않다. 예를 들어, 미국에서 좋은 유권자가 되기 위해 조지아의 대통령 이름을 댈 줄 알아야 할 필요는 없다.
2. 그러나 특정한 사회과학 지식은 건전하고 정당한 정치 신념을 형성하고 좋은 정치적 결정을 내리기 위해서 필요하며 관련도 있다. 만약 당신이 기초 경제학을 이해하지 못한다면, 경제 정책에 관한 당신의 의견은 아마 정당하지 않을 것이다.
3. 경험적으로 정치 지식 시험에서 높은 점수는 낮은 점수보다 체계적

으로 다른 정치적 신념과 상관관계가 있는 것으로 드러났다. 이러한 차이는 인구통계학 자료로 설명되지 않는다. 이것은 해석이 필요한 수수께끼를 던져 준다.

4. 위의 세 가지 전제가 맞는다면 *가장 좋은 설명*은 알타우스가 시험한 정치 지식은 대부분 어려운 정치적 문제와 관련이 없지만, 건전하고 정당한 정치 신념 형성에 필요한 사회과학 지식과 상관관계가 있다는 것이다.

5. 이 마지막 전제가 유효하다면 알타우스가 측정한 것처럼, 한 나라의 계몽된 선호는 계몽되지 않은 실제 선호보다 더 *정확할 가능성*이 크다.

6. 그러므로 유권자의 계몽된 선호는 국가의 계몽되지 않은 실제 선호보다 더 정확할 가능성이 크고, 유권자는 체계적인 오류에 빠져 있을 가능성이 크다.

간단히 말해서 지금의 주장은 확률론적이다. 연역적인 주장이라기보다는 귀납적인 주장이다. 겉으로는 강력해 보인다. 미국인이 더 잘 알기만 해도 미국의 민주주의가 지금처럼 하지 않을 것이라는 강력한 증거로 여겨진다.

만약 이 귀납적인 주장이 성공한다면, 랜드모어의 주장에 치명적이다. 그것은 민주적 절차가 체계적인 오류를 범한다는 의미다. 우리는 '모의 신탁에 의한 정부'라는 에피스토크라시 체제로 전환하는 것으로 민주주의를 개선할 수 있는데, 이에 대해서는 제8장에서 더 자세히 설명하겠다.

다른 사람들이 다른 질문에 서로 다른 데이터 세트data set(연관된 자료를 모아서 특정 규칙에 따라 하나의 묶음으로 만든 것. ─옮긴이)를 가지고 같은 방법을 사용해서 유사한 결과를 얻는다면, 알타우스의 추론은 강화된다. 알타우스가 캐플런의 주장을 강화하듯이, 캐플런의 『합리적인 유권자의 신화』는 알타우스의 주장을 강화한다. 특히 흥미로운 점은, 알타우스의 계몽된 대중과 캐플런이 말하는 계몽된 대중이 결국 경제에 관해 같은 의견을 갖게 된다는 것이다.

캐플런의 연구가 맞는다면, 랜드모어의 논제에도 치명적이다. 랜드모어는 캐플런의 주장을 무자비하고 부정확한 방식으로 특징짓는 듯하다. 예를 들어, 랜드모어는 캐플런에게 이렇게 말한다. "누가 가장 잘 알고 있으며 무엇이 정답인지에 대한 질문은 선험적으로 정해진 채 결정된다. 경제학자들이 더 잘 알고 있으며, 그들의 대답이 정답이다. 따라서 경제학자들의 입장과 차이가 생기면 편향적인 것으로 평가해야 한다." 그러나 캐플런은 경제학자와 일반인의 대답이 일치하지 않아도, 일반인이 당연히 틀렸다고 여기지 않는다. 대신에 알타우스와 마찬가지로 확률론적이고 귀납적인 주장을 한다. 캐플런은 "나의 경험적 접근은 대중이 옳을 가능성을 배제하지 않으며, 전문가가 틀렸을 가능성도 배제하지 않는다. 여기서 중요한 가정은, 혼란을 줄 수 있는 여러 변수를 통제한 후 남은 일반인과 전문가 사이 신념의 격차가 대중 편향의 증거라는 점"이라고 썼다.

캐플런은 알타우스의 계몽적 선호 방법을 빌려 쓰지만, 다른 자료를 사용한다. 캐플런은 일반 대중과 경제학자들이 경제에 관해 체계적으로 다른 신념을 가졌다는 것을 발견했다. 그가 연구하는 문제에 대해 일반 대중은 X에 동의하는 반면, 경제학자들은 Y에 동의한다. 캐플런은 이러한 신념의 차이가 인구통계학적으로 설명되지 않는다는 것도 알아냈다. 캐플런은 경제학자들이 그들의 배경 이념으로 설명되지 않는 사안에 동의하는 것을 눈여겨본다. 예를 들어 좌파, 우파, 중도파, 자유지상주의적 경제학자 모두 자유무역을 지지한다. 여기서 작용하는 것은 이념이 아니라 주류 경제학을 이해하고 받아들인다는 사실이다.

캐플런은 논리적으로 경제학자가 가장 잘 알아야만 한다고 주장하지 않는다. 대신에 경제학자와 일반인이 경제 문제에 대해 체계적으로 의견이 다를 때, 그리고 이런 의견 충돌이 인구통계학적 요인이나 우리가 측정할 수 있는 비인지적 편견으로 설명되지 않을 때 일반인보다 경제학자가 옳을 가능성이 더 크다고 말한다. 또한 캐플런이 거시경제 이론의 논쟁거리보다 미시경제학의 손쉬운 연구 위주로 손을 댄다는 것도 주목할 가치가 있다.

캐플런은 투표하는 대중이 경제학을 이해하는지 연구하지만, 랜드모어가 지적했듯이 경제학이 전부는 아니다. 경제학과 관련된 많은 정치적 쟁점은 단순한 경제학을 넘어서며, 그 외 수많은 쟁점이 경제학과 전혀 관련이 없다. 그렇지만 대부분의 주요 선거에서 대부분의 쟁점이 경제 지식을 필요로 하는 것은 분명하다.

이민 문제를 생각해 보자. 대부분의 미국인은 이민을 반대한다. 이민 제한을 줄이기보다 늘리는 것을 선호한다. 1996년에 경제가 왜 잘 돌아가지 않는지 묻자, 보통의 미국인들은 "과도한 이민이 '사소한 이유'와 '주요한 이유' 사이 어딘가에 있다"고 판단했다.*

이제 경제학자들이 이민에 관해 어떻게 생각하는지 짚어 보자. 첫째, 1996년에 경제학자들은 보통의 미국인들과 의견이 달라서 이민이 국가의 발목을 잡고 있다는 사실을 부인했다.** 둘째, 이민에 대한 경제 논문들의

---

*   캐플런의 2007년 문헌.
**   캐플런의 2007년 문헌.

일치된 견해는 국경 폐쇄로 노동력의 이동을 제한하는 것은 정부가 하는 일 가운데 가장 비효율적으로 보인다는 점이다. 경제학 논문들은 이민 제한의 자중손실deadweight loss(경쟁 제한에 따른 시장 실패로 자원 배분의 효율성이 상실되는 것. -옮긴이)을 세계 생산의 약 100퍼센트로 추정한다. 즉 세계 총생산이 약 160조 달러가 돼야 하는데, 이민 제한이 80조 달러로 깎아 버린 것이다.* 더욱이 이러한 자중손실로 가장 많은 고통을 받는 것은 세계에서 가장 취약한 사람들이다.

세계 경제 생산량을 두 배로 늘리는 것이 전부는 아니지만, 그 문제는 대부분의 정치적 의제를 집어삼킨다. 그러나 유권자는 잘못된 답을 찾는다. 이민에 관한 또 다른 걱정도 마찬가지로 잘못됐다. 자유이민이 세계 총생산을 두 배로 늘린다 해도, 보통의 유권자는 그로 인해 더 많은 범죄가 일어나거나 국내 노동자의 임금이 떨어지지 않을까 걱정할 수도 있다. 하지만 보통의 유권자가 틀렸다는 증거가 많다. 경험적 연구는 이민자가 자국인보다 범죄를 저지를 가능성이 적다는 것을 보여 준다. 또 다른 경험적 연구는 이민이 보통 고등학교 중퇴자의 임금만 떨어뜨리며, 국내 노동자 대부분의 임금을 끌어올린다는 것을 보여 준다.** (다시 말하지만, 기초 경제학은 여기에도 관련이 있다. 승자의 이득이 패자의 손실보다 훨씬 크기 때문에, 패자에게 보상하면 모두를 승자로 만들 수 있다.)

랜드모어는 캐플런이 전문가의 지식수준을 과대평가한다고 지적한다. 이 주장을 옹호하기 위해 심리학자 필립 테틀록Philip Tetlock의 전문가 예측에 대한 유명한 연구를 인용한다. 테틀록은 『전문가의 정치적 판단

---

* 클레멘스Clemens의 2011년 문헌.
** 이 문제에 대한 연구 요약은 『자유주의, 모두가 알고 싶어 하는 것』(2012) 참고.

Expert Political Judgment』에서 약 300명의 전문가에게 3만 개가량의 예측을 해 보라고 했다. 테틀록은 정치 전문가들의 예측은 '일반인'보다 나을 것이 없었고, 종종 더 나빴다는 사실을 발견한다.*

그러나 랜드모어가 홍-페이지 정리를 지나치게 확장한 것처럼, 테틀록의 연구와 관련해서도 마찬가지인 듯하다. 캐플런은 다음과 같은 의문을 품었다.

> 전문가에 대한 나의 신뢰는 완전히 잘못된 것일까? 그렇지 않다고 생각한다. 테틀록의 표본은 선택 편향이 심각하다. 그는 실험 대상자들에게 일부러 상대적으로 어렵고 논란이 많은 질문을 던졌다. 테틀록의 방법론 부록에서 설명하듯이, 질문은 '멍청한 질문으로 나를 너무 자주 괴롭히지 마' 시험을 통과해야 했다. 누구 말에 따라서 멍청하다는 건가? 암묵적 대답은 '그 분야의 대표적인 전문가에 따르면 멍청하다'일 것이다. 테틀록이 실제로 보여 주는 것은 확실한 합의에 다다른 질문을 빼면, 전문가가 지나치게 자신만만하다는 것이다.**

랜드모어는 테틀록의 책을 오해하는 듯하다. 테틀록은 전문가가 일반인이나 보통의 유권자보다 나을 게 없다는 것을 보여 주지 않으며, 자신이 그렇게 보고 있다고 드러내지도 않는다. 테틀록은 일반인이나 보통의 유권자를 전혀 연구하지 않았다. 테틀록이 말하는 일반인은 이른바 전문가

---

*   랜드모어의 2012년 문헌.

**   브라이언 캐플런, 「테틀록에게 태클을 걸다Tackling Tetlock」(라이브러리 오브 이코노믹스 앤드 리버티Library of Economics and Liberty, 2005. 12. 26.) 발췌. 테틀록의 2005년 문헌 인용. 또한 캐플런의 2007년 문헌 참고.

와 비교되는 버클리대학 학부생들이다. 즉, 지구상에서 가장 똑똑하고 교육을 많이 받은 사람 중 일부다. 테틀록은 인지적 초엘리트를 상대로 인지적 슈퍼 엘리트를 평가했다.

그 외에도 테틀록은 전문가들이 '어렵다'고 여기는 질문, 즉 상당한 논란이 있는 질문에 대해서만 전문가를 평가했다. 경제학 분야의 경우 광범위한 논란(예를 들어, 경기후퇴 해결을 위해 통화정책이나 재정정책을 사용해야 하는가?)이 있지만, 자유무역을 하고 물가통제는 피해야 한다는 등의 합의된 견해도 다양하다. 투표하는 대중은 경제학 원론 같은 쉬운 질문을 잘못 이해한다.

테틀록의 책은 대중의 지혜를 입증하는 것이 아니다. 캐플런은 "테틀록이 전문가의 정확성과 비전문가의 정확성을 비교한 주요 사례는 단 한 가지뿐이다. 그 결과 비전문가(상당한 엘리트인 버클리대학 심리학 전공 학부생들)는 전문가뿐만 아니라 침팬지, 즉 무작위 추측에도 훨씬 못 미쳤다"라고 설명한다. 간단히 말해서 테틀록은, 전문가는 어렵다고 여기는 문제에 대한 예측에 서툴지만 버클리대학 학부생들은 훨씬 더 나쁘다는 것을 보여 준다.

하지만 누군가 테틀록의 연구 결과를 두고 전문가와 일반인 모두 대부분의 쟁점에서 침팬지보다 못하다는 해석을 하고 싶어 해도, 랜드모어에게는 미안하지만 그게 왜 민주주의를 정당화하는 이유인지는 모르겠다. 대신, 그것은 우리에게 침팬지 정치를 옹호하라고 제안한다.

선험적 증명 대신 경험적 증거

제2장과 제3장에서 유권자의 무지, 잘못된 정보, 비합리성에 대한 경험적 연구를 상세하게 검토했다. 평균값·중앙값·최빈값에 속하는 유권자가 많은 주요 쟁점을 거의 알지 못하고, 더 나쁘게도 대부분의 유권자는 아무것도 모르는 것만도 못하다는 사실을 보여 줬다.

그런 비판에서 민주주의를 구하는 한 가지 방법은, 대다수 유권자가 무능해도 민주주의는 집단으로서 현명한 결정을 내리는 경향이 있다는 사실을 보여 주는 것이다. 집합의 기적, 콩도르세의 배심원 정리, 그리고 홍-페이지 정리(랜드모어의 손에 있는) 모두 그것을 증명하기 위한 것이었다. 그러나 민주주의자에게는 불행하게도, 이 정리들은 민주주의를 옹호하는 데 사용될 수 없다. 세 가지 정리는 경험적 증거를 압도하면서 민주주의를 믿으라고 말한다. 하지만 경험적 증거는 민주주의를 의심할 만한 이유를 제공할 뿐만 아니라, 세 가지 정리가 현실 민주주의에는 적용되지 않는다는 것을 말해 준다. 홍-페이지 정리와 집합 정리의 기적은 적용되지 않지만 콩도르세의 배심원 정리가 실제 민주주의에 적용된다고 해 보자. 이것은 민주주의에서 내리는 모든 결정이 반드시 틀린다는 의미다. 이 세 가지 정리에 의존하는 인식론적 민주주의자의 판단은 잘못됐다.

인식론적 민주주의자에게 훨씬 더 유망한 방법은 경험적 근거로 민주주의를 옹호하는 것이다. 현재 대부분의 경우, 민주주의 국가가 비민주적 국가보다 살기 좋다. 민주주의는 대규모의 굶주림을 묵인하지 않는다.*
일부는 이의를 제기하겠지만, 대체로 많은 학자가 민주주의 국가들은 서로 전쟁을 일으키지 않는 경향이 있다고 믿는다.** 민주주의는 기존의 군

---

*   센Sen의 1999년 문헌.
** 예를 들어, 로사토Rosato의 2003년 문헌 참고.

주제, 과두제, 일당제 정부보다 체계적으로 시민적·경제적 자유를 인정하고 보호할 가능성이 더 크다.* 나는 민주주의가 체계적으로 저조한 성과를 거둔다고 생각하지만, 대부분의 역사적인 대안과 비교하면 놀라운 성과를 낸다. 뒤이어 나는 대부분의 유권자가 무지하거나 잘못된 정보를 갖고 있어도, 민주주의가 전반적으로 좋은 결과를 내는 이유에 대한 몇 가지 경험적 설명을 검토하려 한다. 그다음 이런 점이 명백해도 민주주의를 지킬 만하지 않은 이유를 설명하겠다.

정당은 유권자에 대한 인식론적 요구를 감소시킬까?

현대 민주주의 국가에서 후보자 대부분은 정당에 가입한다. 정당은 보편적 이념과 정책 강령으로 운영된다. 후보자 개개인은 각자의 개성과 선호도가 있을 수 있지만, 당이 원하는 대로 따르는 경향이 강하다.

많은 정치학자는 정당 제도가 투표의 인식론적 부담을 줄여 준다고 생각한다. 유권자는 모든 공화당원과 민주당원을 동질적인 두 집단으로 취급하면서 합리적으로 잘 지낼 수 있다. 선거에서 특정 공화당원과 민주당원이 무엇을 하고 싶은지 파악하는 대신, 후보자들을 표준 공화당원과 민주당원으로 취급하고 투표할 수 있다. 이런 통계에 근거한 차별은 개인적인 편견을 낳을 수 있지만, 거시적 눈높이로 535명의 의원으로 구성된 연방의회를 바라보면 개인의 잘못은 상쇄될 가능성이 크다. 정당 체제는 유권자에게 '인지적 지름길cognitive shortcut'을 제공한다. 유권자는 그 덕분

---

*   『한계 없는 시장』(2015) 참고.

에 합리적으로 잘 알고 있는 것처럼 행동할 수 있다.

이런 추론에 대해서는 할 말이 많다. 유권자가 양대 정당이 선호하는 정책에 대해 꽤 정확한 고정관념을 갖고 있다면, 유권자는 고정관념에 의지해 좋은 성과를 낼 수 있다.

그렇지만 우리는 정당들이 얼마나 많은 지름길을 제공하는지 과장하지 않도록 주의해야 한다. 첫째, 제2장에서 강조했듯이 많은 투표자와 그보다 더 많은 비투표자(2022년 11월 기준 미국의 투표자 비율은 전체 유권자의 46.8퍼센트로, 비투표자가 더 많다. -옮긴이)는 다른 정당이 무엇을 하려고 하는지 합리적으로 이해하지 못한다. 많은 유권자가 정당에 대한 고정관념이 부족하고, 또 많은 유권자가 거꾸로 된 고정관념을 갖고 있다.

둘째, 제2장에서도 말했듯이 투표를 잘하려면 후보자나 정당이 선호하는 정책의 개념을 아는 정도로는 부족하다. 후보자가 선호하는 정책을 시행할 수 있는지, 그리고 그 정책이 어떤 결과를 가져올지 알아야 한다. 이를 위해서는 엄청난 사회과학 지식이 필요하다. 그것은 대다수 유권자에게 부족한 지식이다.

셋째, 역시 제2장에서 살펴본 것처럼 유권자는 정당의 훌리건이 되는 경향이 있다. 유권자는 정당에 관한 정보를 편향된 방식으로 평가한다. 따라서 그들이 지지하는 편을 바꿔야 한다는 새로운 증거가 생겨도 현재의 당을 고수하는 편이다.

넷째, 소민은 불평하듯이 "정당 식별의 지름길에 대한 연구 문헌들은, 유권자에게는 선거에서 두 가지 중 하나를 선택할 수 있는 정치 지식만 있으면 된다고 암묵적인 가정을 한다"고 지적한다. 그것은 유권자가 투표용지에 오른 후보자 중 하나를 선택하기 위해 지름길을 이용하는 것이 중요하다는 암묵적 가정이다. 그런데 소민이 불평하고 내가 다른 데서 불만을 제기했듯이, 후보의 자질은 유권자의 자질에 크게 좌우된다.* 정당은 전형적인 유권자의 관심을 끌 수 있는 후보를 선택한다. 유권자는 체계적으로 무지하고, 무능하며, 잘못된 정보를 갖고 있다. 제2장에서 보았듯이, 이런 특징은 유권자의 정책 선호도를 체계적으로 변화시킨다. 만약 유권자가 더 잘 알게 되면 다른 정치적 선호도를 갖게 될 것이다. 정치 후보자가 지식이 더 풍부한 유권자와 마주한다면, 그들은 다른 정책 정강을 갖게 될 것이다. 요컨대 정당 체제는 정보가 부족한 유권자가 제시된 후보 중 한 명을 쉽게 선택할 수 있게 만들지만, 유권자의 정보가 부정확하기 때문에 후보의 자질 또한 부족할 수 있다.

민주주의는 일을 안 하기 때문에 잘하는 걸까?

유권자가 얼마나 적게 알고 있으며 얼마나 정보를 잘못 처리하는지 생각해 보면, 민주주의가 종종 나쁜 정책을 선택하는 것은 놀라운 일이 아니다. 그러나 민주주의가 유권자보다 더 나쁜 성과를 내지 않는 것은 놀라운 일이다.

오랫동안 정치인이 유권자 선호에 반응하는 방식에 대한 지배적인 모형은 중위 투표자 정리median voter theorem(다수결 투표에서는 선호 분포의 가운데 있는 투표자가 선호하는 것으로 결과가 결정된다는 이론으로, 중위 투표자는 모든 투표자를 한 줄로 세운다고 가정할 때 한가운데에 서게 되는 투표자를 뜻한다. -옮긴이)였다. 유권자가 1차원의 논쟁 공간에서 극좌, 중도, 극우로 정규분포를 보인다고 상상해 보자. 예

---

* 『강제 투표 찬반론』(2014).

를 들면, 극좌파인 레프티 루시와 극우파인 라이티 로리가 공직에 출마했다. 좌파는 루시를 원하고, 우파는 로리를 원한다. 분포의 중간에 있는 사람들은 두 사람에게 무관심할 수 있다. 이때 로리가 왼쪽으로 조금만 움직이면 더 많은 유권자를 확보할 수 있다. 로리가 그렇게 해도 우파는 여전히 루시보다 로리를 더 선호한다. 루시도 표를 얻기 위해 비슷한 행동을 할 것이다. 루시는 오른쪽으로 조금 더 움직인다. 두 사람은 중간으로 움직이며 더 많은 표를 얻을 수 있다. 이제 논리를 다시 적용해 보자. 루시와 로리는 중간으로 갈수록 더 많은 표를 얻는다. 결국 그들은 중위 투표자의 입장을 반영할 것이다. 따라서 어떤 선거구에서 후보들이 이념적으로 상당히 비슷하며 중도적(그 지역의 유권자와 비교했을 때) 성향을 띠는 것은 놀랍지 않다.

정치학자들은 오랫동안 중위 투표자 정리가 너무 단순하고(내가 설명한 것처럼) 특정한 조건을 허용한다고 생각해 왔다. 하지만 길렌스는 최근 그것이 꽤 잘못된 것일 수도 있다는 강력한 증거를 제시했다. 정치인이 중위 투표자의 선호에 반응하는 대신, 부유한 유권자의 선호에 반응하는 것일 수도 있다.

길렌스는 여러 대통령이 다른 유권자 집단에 어떻게 반응했는지 측정했다. 그 결과 소득 백분위의 90퍼센트·50퍼센트·10퍼센트에 속한 유권자들의 의견이 일치하지 않을 때, 대통령들은 가난한 사람들보다 부자들의 정책 선호도에 약 6배 더 반응한다는 것을 발견했다. 길렌스에게는 놀랍게도, 나와 그의 동료들이 '부자들의 도구'로 묘사하는 경향이 있는 조지 W. 부시가 케네디, 존슨, 오바마를 포함한 최근의 어떤 대통령보다 정책 동향에서 가난한 사람들을 더 편드는 듯했다.

길렌스는 이러한 결과에 충격을 받았지만 긍정적인 측면이 있다는 것을 인정한다. 소득 백분위의 90퍼센트에 해당하는 유권자는 50퍼센트나 10퍼센트에 해당하는 유권자보다 훨씬 더 정보가 풍부한 편이며, 이 정보는 그들의 정책 선호도를 바꾼다. 제2장에서 논의했듯이, 길렌스는 풍부한 정보를 가진 민주당원은 정보가 부족한 민주당원과 체계적으로 다른 정책 선호를 가졌다는 것을 발견했다. 고소득의 민주당원은 정치적 지식 수준이 높고, 가난한 민주당원은 무지하거나 잘못된 정보를 지니는 경향이 있다. 가난한 민주당원들은 2003년에 이라크 침공을 더욱더 강력하게 지지했다. 그들은 애국자법, 시민의 자유 침해, 고문, 보호주의, 낙태권 및 산아 제한 정책을 더 강하게 찬성한다. 또한 동성애자에게 덜 관대하며 동성애자의 권리에 더 반대한다.

나 같은 도구주의자에게 길렌스의 연구 결과는 축하할 만한 것이다. 민주주의가 정확히 작동하지 않아서, 잘 작동할 때보다 더 좋은 성과를 낸다는 의미이기 때문이다. 민주주의는 모든 시민에게 동등한 목소리를 부여해야 하지만, 그러지 않는다. 어떤 이유에서든 좀 더 계몽된 정책 선호를 가졌으며 더 똑똑하고 정보가 풍부한 유권자는, 덜 계몽된 선호를 가졌으며 정보가 부족한 유권자보다 선호를 더욱 잘 실현하고 잘 대표된다. 더 똑똑하고 더 나은 정보를 가진 유권자는 바라던 것을 얻을 가능성이 더 크다.

길렌스는 충분히 증명하지는 못했지만, 고소득 유권자가 더 많은 힘을 가진 이유는 선거운동에 더 많이 *기부하기* 때문이라는 가설을 세운다. 부유한 시민이 투표할 가능성은 가난한 시민보다 약간 더 크지만, 정치인이 가난한 사람보다 부자를 편들 가능성은 평균 6배 더 높다. 부자는 가난한 사람보다 약 6배 더 많은 돈을 선거운동에 기부한다.

나는 길렌스의 가설이 맞는지 확신할 수 없다. 첫째, 선거 기부금이 정치적 결과에 거의 영향을 미치지 않는다는 것을 보여 주는 많은 문헌이 있다.* 정보력이 높은 고소득 유권자는 아마도 평균이나 저소득의 유권자보다 업적평가투표retrospective voting(현직 정치가나 정당의 업적을 평가해서 어디에 투표할지 결정하는 것을 말한다. -옮긴이)를 훨씬 더 잘할 것이다. 그래서 정치인들은 다른 누구보다 그들을 기쁘게 하려는 강한 동기를 갖는다. 나는 여기서 이 대안 가설을 증명하려고 하지 않을 것이다. 그러나 고소득 유권자가 더 많은 기부를 해서 더 많은 권력을 갖는다는 길렌스의 말이 맞는다면, 특정 정치자금법 개혁은 정치인을 고소득 유권자의 계몽된 정책 선호보다 평균 유권자의 계몽되지 않은 정책 선호에 더욱 민감히 반응하게 해서 질이 떨어지는 정부를 만들 수 있다는 점에 주목해야 한다. 고소득 유권자가 돈으로 권력을 사는 것일 수도 있지만, 모두를 위해 더 나은 정부를 사들이는 것 같기도 하다.

현대 민주주의 국가의 대다수 시민은 무지하고 비합리적이며, 더 알고 있다면 지지하지 않을 정책과 후보를 지지한다. 그럼에도 불구하고 대부분의 민주주의 국가는 독재, 과두제, 군주제 및 일당제 국가보다 합리적으로 더 좋은 결정을 내리는 경향이 있다. 또한 시민이 얼마나 무지하고 비합리적인지 고려해서 예상보다 더 나은 결정을 내리는 경향이 있다. 비록 더 나은 정보를 가진 시민이 정치권력을 불균형하게 행사하고 대다수가 반대하는 일을 해도 무방하다는 것이 이유의 일부인 듯하지만 말이다.

---

*   예를 들어 안솔라베헤레·피게이레두·스나이더의 2003년 문헌, 스트라트만의 2005년 문헌 참고.

기타 매개 요인: 모든 것을 고려했을 때, 민주주의는 얼마나 똑똑한가?

유권자는 특정한 이념적 또는 정책적 성향이 있는 정치인을 선출한다. 따라서 그러한 성향에 맞는 법과 규제 및 정책이 시행될 가능성이 크다. 그러나 선거와 법 또는 규정이 통과되는 과정은 복잡하다. 선거 기간에 유권자에게 상품 안내서에서 물건을 고르듯 입법 가능한 법률을 선택하게 하고, 다수가 선택한 것을 즉각 제정하는 것이 아니다. 선거 기간에 대다수가 원했던 것과 실제 통과되는 법과 규칙 사이를 중재하는 광범위한 정치 기구와 행정 절차가 있다. 이언 샤피로Ian Shapiro나 대니 오펜하이머 Danny Oppenheimer 같은 경험이 풍부한 민주주의 이론가들은 민주주의가 예상보다 잘 작동하는 하나의 이유가 그 때문이라고 주장한다. 물론, 투표하는 대중은 대체로 비합리적이지만 원하는 것만 얻는 건 아니다.

다음과 같은 매개 요인을 고려해 보자.

- 현대 민주주의 국가들은 정치적 논쟁을 위한 광범위한 수단을 허용한다. 만약 시민 집단이 어떤 주제에 진지한 관심이 생기면 정치인에게 상당한 압력을 가할 수 있다. 종종, 시민은 여론을 자신의 편으로 끌어올 수 있다. (예를 들어, 최근 동성 결혼에 관한 미국 여론의 변화를 보라.)
- 군대를 포함한 대규모의 정부 관료 체계는 독자적 생명력이 있다. 단순히 대통령이나 의회의 명령을 따르는 것이 아니라, 스스로 의제를 설정하는 것은 물론이고 선출직 공무원의 감독에 저항하거나 독립적으로 행동한다. 사법부에 대해서도 비슷한 표현이 가능하다.
- 견제와 균형, 빈번한 선거 등 정치 과정의 설계는 정치적 불안정을 방

지하는 경향이 있다.*

- 유권자의 정보는 부정확하지만, 정치인은 정보를 훨씬 잘 알고 있으며 다수는 합리적인 동기부여가 잘된다. 정치인은 서로 거래하고 타협하거나, 상대방이 일방적으로 자신의 의지를 강요하는 것을 저지한다. 정치적 결과는 변화가 점진적으로 나타난다는 점에서 비교적 온건하고 보수적인 경향이 있다.
- 정당은 정치적 의제를 형성하고 유권자의 요구, 의견, 바람과는 별개로 독립적인 결정을 내릴 수 있는 상당한 힘을 지녔다. 대부분의 유권자는 무지하기 때문에 정당이 무엇을 했는지 모른다. 따라서 유권자가 알면 좋아하지 않을 법률을 도입해도 정당을 처벌할 가능성이 없다.

각각의 매개 요인은 선거 기간에 대다수의 힘을 감소시키는 대신, 많은 정보를 가진 시민의 손에 더 큰 힘을 부여하는 경향이 있다. 그런 의미에서 민주주의 체제 안에는 에피스토크라시적인 견제가 있다.

정치학에는 이러한 요인이 선거 기간에 유권자가 원하는 듯이 보이는 것과 실제 행해지는 것 사이에서 어떻게 중재하는지 보여 주는 인상적인 경험적 연구 결과가 있다. 민주주의는 단순히 유권자 선호의 기능을 하는 것이 아니다.

역량 원칙은 중대한 이해관계가 걸린 모든 정치적 결정이 대체로 유능한 기구에 의해 역량과 선의를 바탕으로 이루어질 것을 요구한다. 그러나 앞 장에서 설명했듯이, 나는 다음과 같은 주장을 하지 않는다.

---

*   예를 들어, 오펜하이머·에드워즈의 2012년 문헌 참고.

1. 현대 민주주의의 전형적인 선거가 진행되는 동안, 유권자는 전체적으로 역량 원칙을 위반한다.
2. 그러므로 전형적인 현대 민주주의가 하는 모든 것은 역량 원칙에 어긋난다. 모든 단계의 모든 결정은 부당하고, 불합리하며, 권위가 없다.

두 번째 전제는 첫 번째 전제와 이어지는 것이 아니라, 역량 원칙에 대한 오해에서 비롯된 것이다. 역량 원칙은 각 결정을 독립적으로 검토한다. 상류의 결정이 무능하게 내려진다고 해서, 모든 하류의 결정이 무능하거나 나쁘거나 부당하지 않다는 의미다.

이 장의 제목은 「민주주의는 유능한가?」이다. 이 질문은 아주 간단하다. 아마도 민주주의는 어떤 것에는 무능하고 다른 것에는 유능할 것이다. 마찬가지로 어떤 정치적 의사 결정자는 유능하고 다른 결정자는 무능할 수 있다.

우리는 선거 기간에 유권자가 체계적으로 무능하며, 무지와 비합리성에 따라 결정을 내린다는 강력한 증거를 확인했다. 그럼에도 불구하고 앞서 언급한 매개 요인은 민주 정부의 많은 결정이 유능하게 내려진다는 것을 보여 주기에 충분할 수 있다. 다시 말하지만, 역량 원칙은 모든 개별 결정에 적용된다. 따라서 역량 원칙은 선거 후 민주주의가 하는 모든 것 혹은 대부분의 것을 비난하지 않아도, 전형적인 선거를 비난할 수 있다.

선거 기간에 유권자가 원하는 것과 정부가 실제 행하는 것 사이에서 중재하는 요인이 너무 많다 보니, 역량 원칙이 선거 결정에도 적용되는지 의문이 생길 수 있다. 나는 이 반대 의견에 딜레마의 형태로 추상적인 대답을 하겠다. 역량 원칙은 사람들에게 심각한 해를 끼치거나 생명, 자유 또는 재산을 빼앗을 수 있는 중대한 이해관계가 걸린 결정에만 적용된다. 나라를 대표하는 노래나 국기의 색깔을 정하는 것 같은 위험 부담이 없는 결정에는 적용되지 않는다. 이제 질문해 보자. 이 모든 매개 요인에 비추어 볼 때 선거 결정은 중대한 이해관계로 여겨질까, 아니면 그렇지 않을까? 두 가지 가능성이 있다.

대부분의 선거는 여전히 중대한 이해관계가 걸려 있다. 이런 관점에서는, 유권자가 원하는 것과 정부가 행하는 것 사이에서 많은 요인이 중재를 하지만, 유권자는 여전히 (대부분의 선거에서) 자기 결정에 중대한 이해관계가 걸렸다고 여길 만한 힘을 가졌다. 그렇다면 이 책을 통해 살펴본 유권자와 선거 행위에 대한 경험적 증거에 비추어 볼 때, 유권자 대부분이 역량 원칙을 위반한다는 결론을 내려야 한다. 특정 형태의 인식론적 의사 결정 방법이 더 잘 수행될 것으로 밝혀지면, 민주주의를 에피스토크라시로 바꿔야 한다. 민주적인 선거가 아닌 에피스토크라시적 선거를 활용해야 한다. (물론, 에피스토크라시의 혜택이 민주주의에서 에피스토크라시로 전환하는 비용보다 크다고 가정한다.)

대부분의 선거 결정은 중대한 이해관계가 걸려 있지 않다. 이런 관점에서는, 다양한 매개 요인이 아주 중요해서 선거에 중대한 이해관계가 걸려 있다고 볼 수 없다. 그렇다면 역량 원칙은 선거에 적용되지 않는다. 유권자가 무능한 결정을 내리는 경향이 있다는 사실은 도덕적 관점에서 중요하지 않다.

그럼, 첫 번째와 두 번째 가능성 중 어느 쪽일까? 선거는 중요한가, 그렇지 않은가? 이것은 중요한 질문이다. 어떻게 보면 이 질문에 답하기 위해 수천 명의 정치학자가 인생을 바쳤다. 나는 여기서 모든 다양한 매개 요인에 대한 경험적 연구 결과를 100쪽에 걸쳐 검토하고 싶지 않다. 나는 이 연구 문헌들이 순진한 5학년 학생이 생각하는 것만큼 중대한 이해관계는 아니더라도, 대부분의 주요 선거에 여전히 중대한 이해관계가 걸려 있다는 사실을 보여 주는 것으로 읽었다. 선거가 정책을 직접 결정하지는 않지만, 다른 정책이 시행될 가능성을 상당히 바꾼다. 내 말이 맞는다면, 보편적인 평등한 참정권을 가진 민주적 선거를 부당하게 볼 수 있는 추정적 근거가 된다. 그렇다고 해서 모든 민주 정부 공직자들이 내리는 모든 결정이 부당하다는 의미는 아니다.

내가 틀렸다고 가정해 보자. 두 번째 가능성이 맞는 것으로 밝혀지고, 실제로 선거는 중요하지 않다. 선거 후 매개 요인이 너무 중요해서 국회, 의회 또는 대통령 선거는 중대한 이해관계를 가질 자격이 없다고 해 보자. 그렇다면 역량 원칙은 선거에 적용되지 않으며, 제2장과 제3장에서 살펴본 유권자 행동에 관한 사실은 민주주의보다 에피스토크라시를 선호할 이유가 되지 못한다.

그래도 두 번째 가능성이 맞는다면, 즉 선거가 정말 중요하지 않다면 대부분의 민주주의자에게는 거의 위안이 되지 않을 것이다. 에피스토크라시보다 민주주의를 선호하는 주된 이유를 생각해 보자. 민주주의자들의 주장 대부분은 선거가 중요하다는 견해, 선거가 유권자 집단에 힘을 실어 준다는 견해, 정부가 시민의 이익에 적절히 반응하게 하려면 보편적 참정권이 필요하다는 견해 등에 의존한다. 하지만 두 번째 가능성이 맞는다면, 민주주의자들은 그런 주장을 하기 어려울 것이다. 두 번째 가능성은 중요한 것은 선거 후 문제뿐이라고 말한다. 만약 그렇다면, 왜 민주주의자가 (어떤 면에서 불평등한 참정권을 가진) 에피스토크라시 정치보다 (보편적인 평등한 참정권을 가진) 민주적 선거를 선호하는지 불분명하다. 결국, 민주주의에 대한 절차주의적 주장(제4장과 제5장에서 검토)은 성공하지 못한다. 두 번째 가능성은 절차주의 논쟁의 실패와 결합되어, 민주적 선거보다 에피스토크라시적 선거를 선호하거나 그 반대일 이유가 없다는 것을 암시한다.

요컨대 만약 첫 번째 가능성이 맞는다면, 역량 원칙은 민주주의보다 에피스토크라시를 선호할 수 있는 추정적 근거를 제공한다. 두 번째 가능성이 맞는다면, 민주주의와 에피스토크라시 사이의 선택은 반반의 가망성 같은 것이어서 사실상 어떤 것을 선택하든 상관없다. 어느 쪽이든 지금까지의 내 주장은 민주주의자를 불편하게 한다. 그들은 이제 민주주의보다 에피스토크라시를 더 선호하거나 무관심해야 한다. 내가 "에피스토크라시 정치를 시도해 보자!"라고 말할 때, 당신은 나와 함께하거나 적어도 반대하지 말아야 한다. 그 사실이 첫 번째 가능성과 두 번째 가능성 중 어떤 것을 뒷받침한다고 생각하는지에 따라 달라진다. 나와 함께 하거나 최소한 반대하지 말아야 한다. 이제 몇 가지 가능한 형태의 에피스토크라시를 살펴보자.

제8장

지식인의
통치

AGAINST DEMOCRACY

제1장에서 나는 이런 질문을 던졌다. 민주주의가 가치를 지니고 있다면, 그것은 무엇일까? 어떤 사람들은 민주주의가 그림처럼 가치 있다고 생각한다. 민주주의가 표현하거나 상징하는 것에 가치를 둬야 한다고 여긴다. 다른 이들은 사람을 가치 있게 여기는 것처럼 민주주의를 가치 있게 여겨야 한다고 생각한다. 그것 자체가 목적이다. 그러나 앞서 보았듯이, 이런 주장은 효과가 없다. 이것은 우리에게 마지막 선택권을 남긴다. 아마도 망치가 가치 있는 것처럼 민주주의도 가치 있을 것이다. 유용한 도구일 뿐이라는 얘기다. 심지어 결함 있는 도구다. 우리는 더 좋은 망치가 있는지 물어야 한다.

이 장에서는 다양한 형태의 에피스토크라시를 실험할 방법을 탐구한다. 나는 먼저 철학자들이 제도를 이론화할 때 저지르는 여러 가지 실수를 묘사할 것이다. 그러면서 부분적으로 질문이 무엇인지 분명히 하고, 에피스토크라시 비평가들에게 이러한 실수를 하지 말라고 경고하고, 나 역시 이러한 실수를 하지 않기 위해 단련하려 한다. 그다음 다양한 형태의 에피스토크라시가 어떻게 진행될 수 있는지, 에피스토크라시를 실현하는 데 무슨 문제가 있는지 설명한다.

크고 예쁜 돼지 선발 대회

정치학자 마이클 멍거Michael Munger는 사람들이 제도에 관해 추론할 때 흔히 저지르는 실수를 폭로하는 사고 실험을 했다. 주 박람회에서 '크고 예쁜 돼지' 선발 대회 개최를 결정했다고 상상해 보자. 결국 두 마리의 돼지만 남는다. 큰 돼지도 많고 예쁜 돼지도 많지만, 크고 예쁜 돼지는 거의 없다. 심사원은 첫 번째 돼지를 한참 바라보며 "맙소사, 정말 못생긴 돼지야! 그냥 두 번째 돼지에게 상을 주자"라고 외친다.

심사원은 명백한 실수를 했다. 두 번째 돼지는 더 못생겼을 수도 있다.

많은 경제학자, 정치학자, 철학자가 제도를 판단할 때 이런 실수를 한다. 일부 제도가 얼마나 추악한지 불평하면서 자신이 선호하는 대안으로 가야 한다고 말한다. 하지만 그 대안이 더 추악한 것은 아닌지 검토하지 못한다. 예를 들어 좌파 자유주의자는 시장 실패를 확인하고 문제 해결을 위해 정부에 권한을 줘야 한다고 제안할 수 있지만, 정부의 실패가 시장 실패보다 더 나쁠 가능성은 고려하지 못한다. 아니면 자유지상주의자가 정부 실패를 확인하고 시장에 문제를 맡길 것을 제안할 수 하지만, 시장에 맡기는 것이 더 나쁠지도 모른다는 사실은 생각하지 못할 수 있다.

나는 이런 실수를 피하려고 한다. 지난 몇 장에서, 나는 민주주의가 못생긴 돼지라는 것을 보여 줬다. 그러나 현실 세계의 민주주의가 생각보다 추악하다고 해도, 당연히 에피스토크라시가 더 예쁘다는 의미는 아니다. 우리는 이 두 번째 돼지를 살펴봐야 한다.

하지만 한 가지 문제가 있다. 살펴볼 두 번째 돼지가 없다는 것이다. 그래서 나는 유전공학자처럼 두 번째 돼지를 설계해 보는 것을 추천한다. 실제로 시도해 본 적이 없기 때문에 에피스토크라시가 더 나은지 어떤지 알기 어렵다. 어떤 정부는 과거에 에피스토크라시적인 요소를 가지고 있었지만, 내가 옹호하는 것과 정확히 같은 종류는 아니다. 에피스토크라시가 민주주의보다 더 잘할 수 있다고 주장하려면 원하는 것보다 더 많은 추측을 해야 한다. 우리는 정보에 따라 추측할 수 있다. 우리는 시민의 지식과 역량에 관한 자료를 가지고 있다. 제도는 어떻게 작동하고, 사람들이 자극에 어떻게 반응하는지 상당한 지식이 있다. 어떤 제도가 부패를 조장하며, 어떤 제도가 부패를 줄이는 경향이 있는지에 대한 중요한 증거를 지녔다. 하지만 민주주의의 병리를 드러내기는 쉬워도 개선할 제도를 설계하기는 어렵다.

민주주의자들은 이것이 나의 주장에 대한 결정적인 반대 이유라고 생각할지도 모른다. 그러나 17세기에 민주주의를 지지했던 선조들도 민주주의가 정말로 군주제보다 우월한지 추측해야 했다. 300년 전, 초기의 민주주의 지지자들은 민주주의가 군주제보다 우월하다는 사실이 밝혀질 것으로 추측하는 수밖에 없었다. 확실히 알기에는 충분한 역사적 사례가 없었다. 그들은 합리적인 가설을 세웠다. 그러나 민주주의가 군주제보다 훨씬 더 큰 혼란을 가져올 것이라는 합리적인 우려도 있었다. 심지어 오늘날에도 어떤 민주주의는 어떤 군주제보다 더 나쁘다.

완벽한 돼지

여기서 또 다른 문제가 제기된다. 다음 두 개의 질문을 생각해 보자.

질문 1: 사람들이 거의 완벽한 정의감으로 동기부여되며 사회에서 어떤 역할도 할 수 있는 충분한 역량이 있고, 제도가 항상 의도대로 작동하며 배경 조건은 유리하다. 그렇다면 어떤 정치체제가 도덕적으로 가장 좋을까?

질문 2: 사람들의 의지와 능력이 불완전하며 때때로 무능하면서 부패하고, 제도가 의도대로 작동하지 않으며 배경 조건은 불리하다. 그렇다면 어떤 정치체제가 중요한 도덕적 가치(예를 들어, 정의와 번영 같은)를 활성화하고 보호하는 데 가장 좋을까?

질문 1은 이상적인 조건에서 어떤 체제가 더 나을지 묻는다. 질문 2는 현실적인 조건에서는 어떤 체제가 더 나을지 질문한다. 질문들 사이를 왔다 갔다 하지 말고 각각의 질문을 분리해서 다루는 것이 중요하다.

두 질문에 같은 답이 나올 것으로 추측할 이유는 없다. 조건에 따라 필요한 도구가 다르다. 모든 조종사가 완벽하게 유능하고 모든 하늘이 완벽하게 안전한 상황에서, 기술자들에게 제트기 설계를 요청했다고 가정해보자. 이때 기술자들은 안전장치를 설치하려 하지 않을 수 있다. 하지만 현실 세계의 기술자들은 그런 제트기를 만들지 말아야 할 강력한 이유와 의무가 있다. 이와 마찬가지로 사람들이 영락없이 훌륭하고 공정하다면, 우리는 제도를 다르게 설계할 것이다. 어쩌면 정부가 전혀 필요하지 않을 것이다.* 그렇다면 견제와 균형은 거의 필요 없다. 사람들이 부패했거나 권력에 의해 부패한다면, 훨씬 더 많은 권력을 정부에 맡길 이유가 될 것이다.

내가 "민주주의에는 병태가 많다. 현명하고 자비로운 왕이 있는 군주제

---

* 카브카Kavka의 1995년 문헌 참조.

를 상상해 보자. 그것은 현실 세계의 민주주의보다 나을 것이다. 그러므로 군주제는 민주주의보다 낫다"라고 말한다고 상상해 보자. 당신은 그 주장을 꿰뚫어 볼 것이다. 물론 이상적인 군주제는 현실 세계의 민주주의보다 나을 수 있다. 그러나 이상적인 군주제가 이상적인 민주주의보다 나은지 나쁜지, 또는 현실 세계의 군주제가 현실 세계의 민주주의보다 나은지 나쁜지는 질문의 여지가 있다. 이상적인 군주제에는 현실 세계 민주주의에서 발생하는 문제가 없지만, 그렇다고 여기서 군주제를 예로 들어 설명할 이유는 없다. 이상적인 군주제는 현실적인 선택이 아니다.

비슷한 맥락에서, 나는 "모든 면에서 현명하고 자비로운 에피스토크라시 옹호자들이 통치하는 에피스토크라시 체제를 상상해 보자. 그것이 현실 세계의 민주주의보다 나을 것이다"라고 말하는 것은 피하고 싶다. 실제로 그게 사실이겠지만, 이상적인 에피스토크라시는 현실적인 선택이 아니다. 대신 초과이윤, 부패, 권력 남용을 포함해 정치적 행동에 관해 아는 사실을 고려할 때 몇 가지 형태의 에피스토크라시와 몇 가지 형태의 민주주의 중 어떤 것이 더 나은 결과를 가져올지 물어야 한다.

두 체제 모두 어떤 곳에서는 다른 곳에서보다 더 잘 작동할 것이다. 문화를 비롯한 여러 차이 때문에 민주주의는 미국이나 프랑스보다 뉴질랜드와 덴마크에서 더 잘 작동한다. 그리고 러시아, 베네수엘라, 이라크에서보다 더 잘 작동한다. 나는 에피스토크라시에도 비슷하게 적용될 것이라고 예상한다. 두 체제 모두 권력 남용, 추문, 그리고 정부 실패를 겪을 것이다. 현실 세계에서는 두 마리의 돼지 모두 못생겼을 것이다. 현실적으로 에피스토크라시 역시 벌컨보다 홀리건이 통치하겠지만, 에피스토크라시의 홀리건은 민주주의에서보다는 벌컨과 비슷할 수 있다. 그럴듯하다. 하지만 에피스토크라시보다 민주주의를 더 선호할 만한 절차주의적 근거가 없고, 민주주의는 역량 원칙을 위반하는 것처럼 보인다. 그러므로 에피스토크라시(나쁜 점까지 모두)가 민주주의보다 더 잘 작동한다면, 다시 말해 실질적으로 더 정의로운 결과를 낳는다면 에피스토크라시로 가야 한다. 그게 무엇이든 더 예쁜(혹은 덜 못생긴) 돼지를 선택하자.

에피스토크라시의 유형

아래에서 나는 가능한 많은 형태의 에피스토크라시를 설명할 것이다. 하나의 정치체제는 법률 또는 정책 측면에서 지식이나 역량에 비례해 정치권력을 분배하는 만큼 에피스토크라시적이다. 분배는 사실상 그런 것뿐만 아니라 법률상으로도 그래야 한다. 보통선거권을 가진 민주주의가 항상 가장 유능한 사람들을 선출해서 정부를 운영한다고 가정해 보자. 가장 유능한 사람들이 결국 정권을 잡겠지만, 법에 따라 기본 정치권력을 분배하기 때문에 이 체제는 여전히 민주주의일 것이다. 이와 대조적으로 에피스토크라시에서는 법이 기본 정치권력을 동등하게 분배하지 않는다.

고려할 가치가 있는 많은 형태의 에피스토크라시는 민주주의에서 찾을 수 있는 것과 같은 제도 일부를 가지고 있다. 의회, 경쟁 선거, 모두에게 개방된 정치적 발언, 신공화주의자와 숙의 민주주의자가 선호하는 많은 경쟁적·숙의적 포럼 등을 가질 수 있다.* 가장 잘 기능하는 형태의 민주주의에서 발견할 수 있는 많은 제도, 의사 결정 방법, 절차 및 규칙을 보유할 수도 있다. 에피스토크라시와 민주주의의 주요 차이점은 사람들이 기본

---

* 인식론자들은 로버트 구딘Robert Goodin이 제안한(2008년 문헌에서) 대부분의 개선 사항을 지지할 것이다.

적인 동등한 투표권이나 출마권을 갖지 못한다는 것이다.

가치뿐인 투표

크리스티아누는 표준 민주주의와 에피스토크라시 사이의 중간 지점을 예시할 것을 제안한다. 그는 유권자가 투표에서 좋은 선택을 할 수 있는 충분한 사회과학 지식을 갖기를 기대하는 것은 비현실적이라고 지적한다.

> 시민이 정치적 목표를 가장 잘 달성하는 방법에 관한 웬만한 신뢰 기준이라도 충족하는지 알기 어렵다. 방법에 대해 알려면 엄청난 양의 사회과학과 특정 사실에 대한 지식이 필요하다. 시민이 이러한 종류의 지식을 갖기 위해서는 일반적으로 사회에서의 노동 분업을 포기해야 한다.*

크리스티아누는 전형적인 시민에게 정부의 적절한 목표를 숙고하고 선택할 수 있는 능력이 있다고 믿는다. 그러나 시민이 목표를 달성하기 위한 최선의 수단을 알려면 사회학, 경제학, 정치학 전문가가 되어야 한다. 시민은 그러한 결정을 내릴 능력이 없다.** 크리스티아누가 제안한 해결책은 정치적 분업이다. "시민은 사회가 추구하는 목표를 정의하는 임무를 맡고, 입법자는 입법을 통해 목표를 위한 수단을 구현하고 생각해 내는 임무를 맡는다."***

---

*   크리스티아누의 2006년 문헌.
**   내 생각에 더 효과적일 것 같은 급진적인 제안은 정보 시장을 이용해서 통치하는 것이다. 핸슨Hanson의 2013년 문헌 참고.

크리스티아누는 이런 제도가 민주주의의 한 가지 유형이 될 자격이 있다고 주장하며, 나도 동의한다. 기본 정치권력은 여전히 시민 사이에 고르게 퍼져 있다. 크리스티아누의 제안에 따르면, 입법자는 도구적 권한만 가졌다. 그들은 지도자라기보다는 관리자다.

비슷한 예로 요트 주인과 요트 선장의 관계를 생각해 보자. 주인이 선장에게 갈 곳을 말하면, 선장이 실제로 항해를 한다. 선장은 배를 조종할 줄 알고, 주인은 조종을 못하지만 책임을 진다. 주인은 선장을 해고할 수 있고, 선장은 주인에게 봉사한다. 크리스티아누는 같은 방식으로 입법자가 민주적인 유권자에게 봉사한다고 주장할 수 있다. 입법자는 민주적 기구가 반드시 따라야 할 법을 제정하며, 민주적 기구는 입법자에게 이러한 법이 나아갈 방향을 알려 준다.

크리스티아누는 이런 종류의 체제를 시행하는 것에 심각한 우려가 있다는 사실을 인정한다. 현재 우리는 정부의 목적뿐만 아니라 수단까지 시민이 선택할 수 있게 허용한다. 잠재적 입법자와 정당은 목표를 실현하기 위한 정책뿐만 아니라 목표를 포함하는 강령도 운영한다. 크리스티아누는 시민이 그 수단에 투표할 만큼 충분히 알지 못한다고 걱정한다(나처럼). 그러나 크리스티아누가 인지하듯이 만약 시민에게 여러 후보의 정책 강령 중에서 선택하는 데 필요한 사회과학 지식이 부족하다면, 입법자가 시민의 목표를 실현할 정책을 유능하고 충실히 선택했는지를 결정하는 데 필요한 사회과학 지식도 부족할 것이다.

요트 주인과 선장의 경우, 적어도 주인은 선장이 원하는 목적지까지 데려다줬는지 알 수 있다. 더 훌륭한 선장이 더 빨리 데려다줄 수 있는지는

*** 크리스티아누의 2008년 문헌.

알 수 없어도, 자신이 버뮤다에 있는지 아이티에 있는지는 알 수 있다. 하지만 민주주의에서는 아니다. 입법자가 유권자의 목표를 실현하기 위해 노력한 것이 잘되었는지 알기 위해서는, 유권자에게 사회과학 지식이 필요하다. 더군다나 시민이 입법자에게 전적으로 수단 선택을 맡기는 것에 익숙해지면, 시민은 수단을 평가하는 일이 지금보다 더 서툴러질 수 있다.

시민이 실업률을 최대한 줄이는 것이 유일한 목표인 완전고용당을 선택한다고 상상해 보자. 그리고 4년 후 실업률이 두 배가 되었다고 해 보자. 완전고용당이 일을 잘못한 걸까? 꼭 그렇다고 할 수는 없다. 아마도 완전고용당은 아주 불리한 상황에서 최선을 다했을 것이다. 다른 일련의 정책이 실업률을 더욱 악화시켰을 것이다. 완전고용당이 제 역할을 했는지 평가하려면, 시민 대부분에게 부족한 엄청난 양의 사회과학 지식이 필요하다. 아니면 완전고용당이 제 역할을 했는지 평가할 수 있는 전문가를 찾아야 한다. 하지만 시민이 전문가 평가를 통해 구분하는 일에 능숙하다면, 애초에 크리스티아누의 제안을 따를 필요가 없을 것이다.

크리스티아누는 이러한 반대를 극복하기 위한 시도에 상당한 분량을 할애한다. 크리스티아누의 시도가 성공적인지는 나의 관심사가 아니다. 나는 그 문제를 더 밀어붙이고 싶기 때문이다. 나는 이렇게 질문한다. 왜 시민이 목표 또는 완전히 규범적인 문제에 투표할 능력이 있다고 생각하는가? 이전 장에서 검토한 문제들, 즉 심각한 인지적 편견과 정치적 훌리건주의와 정치를 합리적으로 생각할 만한 동기 부족 등은 경험적으로 고려할 사항인 만큼 규범적으로도 고려해야 할 점이다.

게다가 크리스티아누와 나는 많은 사람이 강한 동기가 있어도 가치에 관해 명확하게 생각할 수 없다는 것을 수천 번이나 직접 목격했다. 예를 들어, 크리스티아누는 대학에서 대규모의 정치철학 입문 강의를 하곤 했다. 입문 수업은 수준이 낮고 학생들은 성적에 목을 매는데도, 많은 학생이 정치철학의 가장 기본적인 쟁점조차 이해하지 못한다. 여기서 낙제할 많은 학생이 미국의 지적 엘리트다.

마지막으로, 우리가 규범적 사고와 경험적 사고를 얼마나 분리할 수 있는지 불분명하다. 어쩌면 우리는 어떤 중요한 사회과학 지식이 없어도, 정의의 가장 추상적이거나 일반적인 원리에 관한 신념을 토론하거나 합리적으로 형성할 수 있을 것이다. (이것이 사실인지 아닌지는 현대 정치철학에서 큰 논쟁이 되고 있다.)* 그러나 크리스티아누가 제안하는 행동 계획에서 정당은 환경보호 대 경제성장 같은 실질적 강령으로 운영된다. 우리는 목표가 무엇이어야 하는지 합리적인 견해를 형성하기 전에, 목표의 가능한 절충점과 기회비용에 관해 알아야 할 것이다. 다시 한번 말하지만, 이것은 시민 대부분에게 부족한 엄청난 사회과학 지식을 필요로 한다.

참정권 제한제와 복수 투표제

운전은 무고한 행인에게 위험을 불러온다. 이런 이유로 미국(그리고 대부분의 다른 나라)에서는 운전할 권리를 얻은 사람만이 운전할 수 있다. 어떤 주에서든 모든 연령의 사람은 기본적인 운전 능력을 증명하는 시험을 통과해야 한다. 부유하든 가난하든, 흑인이든 백인이든, 모두 같은 시험을 치른다. 하지만 어떤 사람들은 다른 사람들보다 합격할 가능성이 더 크다.

개개인의 나쁜 운전자와 달리, 개개인의 나쁜 유권자는 아무런 차이를

---

*   코헨의 2009년 문헌, 레비의 2013년 문헌을 비롯해 슈미츠, 에스틀룬드 등의 논의.

만들어 낼 수 없다. 하지만 집단으로는 무고한 구경꾼에게 심각한 위험을 가할 수 있다. 내가 이전에 엘리트 선거제라고 불렀던, 즉 참정권 제한제 에피스토크라시는 기본적인 지식수준을 보여 주는 시민으로 정치권력을 제한한다.* 이 제도에서 모든 사람은 평등하게 시작한다. 기본적으로 누구에게도 정치권력을 행사할 자격이나 허가가 주어지지 않는다. 정치적 발언, 정치적 생각 발표, 항의 등을 할 수 있는 광범위한 시민적 자유가 있지만 투표할 자유는 없다. 미국 대부분의 지역에서 기본적인 법률 지식수준을 증명하지 않으면(예를 들어, 법학 학위 취득) 판사가 될 수 없는 것처럼, 엘리트 선거제는 투표하려면(그리고 공직에 출마하려면) 면허를 얻으라고 요구한다.

참정권 제한제 에피스토크라시의 한 형태는 잠재적 유권자에게 유권자 자격시험을 통과할 것을 요구한다. 이 시험은 인구통계학적 배경과 상관없이 모든 시민에게 기회가 열려 있다. 선거에 관해 심각하게 잘못 알고 있거나, 무지하거나, 기본적인 사회과학 지식이 부족한 시민을 걸러 낼 것이다. 예를 들어, 미국은 ANES 설문 조사 문제를 사용할 수 있다. 아니면 시민권 시험을 통과하거나, 대학과목선이수제advanced placement(AP, 우수한 학생이 고등학교에서 대학 과정을 미리 이수하는 것. -옮긴이)의 경제학과 정치학 시험에서 3점 이상을 받으라고 요구할 수 있다. 또는 시험이 완전히 비이념적일 수도 있다. 잠재적 유권자에게 논리와 수학 문제를 풀게 하거나, 지도에서 세계 국가의 60퍼센트를 식별하라고 요구할 수도 있다. 이 경우에는 지식을 직접 시험하는 것이 아니라, 정치적 지식과 상관관계가 있는 것을 시험한다.

---

* 『유능한 유권자에 대한 권리The Right to a Competent Electorate』(2011).

특정 선거에 필요한 지식을 정확히 평가할 수 있는 시험을 설계하는 일은 아마도 불가능할 것이다. 무엇이 중요하고 어떤 지식이 필요한지는 선거마다 다르다. 또한, 무엇이 관련 지식으로 여겨지는지 논쟁의 여지가 있다. 그렇다고 해서 어떤 지식이 관련 있는지에 관한 문제에 정답이 있다는 사실을 부정하는 것이 아니다. 요점은 시험을 설계하고 실행하기 위해서는 자신의 의제와 이념을 가진 현실 세계의 사람들에게 의존해야 한다는 것이다.

시험을 객관적이며 비이념적으로 유지하기 위해, 기본 사실과 대부분 논쟁의 여지가 없는 근본적 사회과학 주장으로 시험을 제한할 수 있다. 이러한 지식은 대개 특정한 선거와 무관하다. 예를 들어, 미국 시민권 시험에는 좋은 유권자가 되는 데 필요한 것이 거의 없다.* 그럼에도 불구하고 적어도 지금은 이런 지식을 가진 사람이 관련 지식을 가질 가능성이 훨씬 더 크다. 앞서 보았듯이, 기본적 질문의 답을 아는 시민은 모든 이념적 유형의 경제학자들이 믿는 것과 밀접하게 일치하는 정치적 견해를 갖는 경향이 있다. 그렇지만 투표권에 그런 시험에 합격하는 조건을 붙인다면, 이 상관관계는 줄어들거나 사라질 것이다. 현재 높은 수준의 정치적·사회적·과학적 지식을 갖추고 시민권 시험에서 좋은 점수를 받는 미국인들이 있다. 하지만 만약 시민권 시험으로 투표할 수 있는 사람을 결정한다면, 사람들은 시험을 위한 기본 사실만 '벼락치기'하고 다른 것은 배우지 않을 것이다. 그래서 시민권 시험은 더 이상 배경 사회과학 지식을 위한 매개체가 되지 못한다. 효과적인 유권자 자격시험은 미시경제학 입문과 정치학 입문과 같은 기본적인 사회과학 지식을 평가해야 할 것이다.

---

* 『유능한 유권자에 대한 권리』(2011) 참고.

정부는 가난하고 소외된 사람들이 좋은 유권자가 되도록 장려하기 위해 시험에 합격해서 투표권을 얻은 시민에게 보상을 줄 수 있다. 예를 들어, 정부는 상금을 제공할 수 있다. 투표할 자격을 얻은 사람 누구에게나 1,000달러의 세액공제 같은 보상을 주는 것이다.

참정권 제한제라면 시험 합격자가 무료로 투표하게 할 수 있다. 그 대신 시험 탈락자는 2,000달러의 벌금을 내야만 투표할 수 있게 한다. 미국 정부는 이와 같은 방식으로 연비가 낮은 자동차에 '가스 거즐러gas guzzler(가스 소비가 많은 대형 자동차. -옮긴이)' 세금을 부과한다.

참정권 제한제에서 시민은 1표 또는 0표를 갖는다. 또 다른 형태의 에피스토크라시는 훨씬 더 큰 투표권 격차를 허용한다. 밀이 제안한 복수 투표 체제에서 각 시민은 기본적으로 1표를 갖는다. (대신 기본값이 0일 수도 있다.) 시민은 특정 행동을 하거나, 특정 시험을 통과하거나, 역량과 지식을 증명하고 더 많은 표를 얻을 수 있다. 밀은 특정한 학위가 있는 시민에게 추가 투표권을 주길 원했다. 모든 사람이 16세에 1표를 얻고, 고등학교를 졸업하면 5표를 더 얻고, 학사 학위를 받으면 5표를 더 얻고, 대학원 학위를 받으면 5표를 더 얻는 방식으로 정할 수도 있다. 대신에 모든 시민에게 16세에 1표를 주고, 유권자 자격시험에 합격하면 10표를 더 줄 수도 있다.

일반인들은 제한된 참정권과 복수 투표가 '절대 권력을 가진 철학자 왕' 계층을 만든다고 반대한다. 하지만 그것은 엄밀히 특성화와는 거리가 멀다. 이전 장에서 길게 논의했듯이, 현대 민주주의 국가의 유권자 개개인은 극소량의 권력을 가지고 있다. 손더스는 "정치권력에 대한 각 개인의 몫이 너무 적어서, 엄격한 평등을 주장하는 것은 동등한 케이크 조각이 아니라 케이크 부스러기를 놓고 논쟁하는 것과 같다"고 농담한다. 복수 투표나 제한된 참정권 제도에서 보통의 유권자는 극소량의 권한만 가질 뿐이다. 예를 들어 미국이 투표권을 성인 인구 중 가장 유능한 상위 10퍼센트에게만 제한해도, 나머지 유권자는 여전히 캐나다나 호주의 평균 유권자보다 투표권이 적을 것이다. 만약 호주가 가장 유능한 상위 10퍼센트의 유권자에게만 투표권을 한정해도, 이 개개인의 유권자들이 선거에서 동점을 깨고 당선자를 결정지을 확률은 1,000만분의 1에도 훨씬 못미칠 것이다.

선거권 추첨제

로페스-게라Lopez-Guerra는 『민주주의와 선거권 박탈Democracy and Disenfranchisement』에서 '선거권 추첨제'라고 부르는 에피스토크라시 체제를 옹호한다. 로페스-게라는 이렇게 설명한다.

> 선거권 추첨제는 두 가지 장치로 구성된다. 첫째, 인구 대다수의 선거권을 박탈하는 추첨이 있다. 모든 선거 전에 무작위로 추출한 표본을 제외한 나머지 대중은 투표에서 제외된다. 나는 이 장치를 배제 추첨 *exclusionary sortition*이라고 부른다. 주어진 선거에서 투표할 자격이 없는 사람을 알려 주기 때문이다. 추첨에서 살아남은 사람(사전 투표자)도 자동으로 선거권을 얻지는 못한다. 전체 집단의 모든 사람과 마찬가지로, 사전 투표자도 투표할 능력이 충분하지 않다고 여겨질 것이다. 여기서 두 번째 장치가 나온다. 마침내 선거권을 얻고 투표하기 위해, 사전 투표자들은 소규모 집단으로 모여 투표 지식을 최적화하기 위해 신중하게 설계된 역량 강화 과정에 참여한다.*

로페스-게라의 계획에 따르면, 기본적으로 누구도 투표할 권리가 없다. 모든 사람은 동등한 입장에서 출발한다. 추첨은 무작위로 대표성 있는 시민의 부분집합을 선택한다. 이 시민들만 다가오는(곧 실시될) 선거에서 투표권을 얻을 수 있다. 추첨의 목적은 투표자와 일반 대중이 인구통계학적으로 동일할 수 있게 보장하는 것이다. 마지막으로 이 시민들은 함께 다양한 숙의 포럼에 참여하며, 정당 강령 등을 연구해야 한다.

로페스-게라는 자신의 체제가 철학자와 정치 경제학자들이 즐겨 사용했던 다른 모든 에피스토크라시 체제와는 현저히 다르다고 말한다. 대부분의 에피스토크라시 체제는 가장 유능한 유권자를 선별하거나, 가장 무능한 유권자를 선별하려 한다. 그런데 로페스-게라가 제안한 체제는 가장 유능한 유권자를 양성하기 위한 것이다.

로페스-게라가 선호하는 형태의 에피스토크라시를 위해 할 말이 많다. 그것은 특히 아래에서 살펴볼 에피스토크라시에 대한 '인구통계학적 반대'를 피해 간다. 그렇지만 제2장과 제3장에서 논의한 유권자 심리와 숙의에 관한 사실에 비추어 볼 때, 유능한 유권자를 양성하는 것은 선발하는 것보다 훨씬 어려우며 실패할 가능성이 크다는 점이 걱정이다. 로페스-게라는 좋은 유권자를 배출할 수 있는 숙의 민주주의의 능력에 관해 나보다 훨씬 낙관적이다. 게다가 그는 나보다 역량의 기준이 낮은 듯하다. 내가 생각하는 좋은 투표에는 후보자가 무엇을 하고 싶어 하며 할 수 있을 것 같은지에 관한 지식뿐만 아니라, 후보자가 선호하는 정책이 어떻게 작동할 것 같은지에 관한 사회과학 지식도 필요하다. 그런데 며칠간의 숙의로 그

---

* 　로페스-게라의 2014년 문헌 발췌.

런 지식을 전달해 줄 수 있을지 의심스럽다. 대부분의 학부생은 한 학기를 공부한 기본적인 미시경제학을 이해하지 못한다.

로페스-게라는 자신의 역량 강화 과정이 "조작과 의제 통제의 위험을 증가시킨다"고 인정한다. 이러한 우려에 대한 로페스-게라의 반응은 맞는 것 같다. 물론 그는 많은 장소에서 많은 경우에 그것이 남용될 수 있으며, 그렇다면 그것을 하지 말아야 하는 이유가 될 수 있다고 말한다. 하지만 우리는 상대적으로 제도를 분석해야 한다. 어떤 곳에서 선거권 추첨제가 민주주의(문제를 안고 있는 민주주의)보다 더 잘 작동한다면(어떤 남용이 있더라도), 선거권 추첨제를 활용해야 한다. 다른 곳에서 민주주의가 더 잘 작동한다면, 그것을 사용해야 한다. 결국 로페스-게라의 견해는 나와 같다. 가장 덜 못생긴 돼지를 골라야 한다.

에피스토크라시 거부권이 있는 보통선거

이제 에피스토크라시 거부권이 있는 보통선거universal suffrage with epistocratic veto라고 불리는 혼합 정치체제를 고려해 보자. 이 체제는 현대 민주주의 국가에서 볼 수 있는 것과 동일한 정치 조직과 제도를 갖는다. 자유롭고 평등한 보편적 참정권이 있다. 모든 시민은 공직에 출마할 수 있으며 투표할 수 있는 동등한 권리를 가진다. 이러한 정치적 자유의 공정한 가치가 보장된다.

그러나 이 체제는 공식적으로 에피스토크라시적인 숙의 기구인 에피스토크라시 평의회epistocratic council를 가지고 있다. 평의회의 회원 자격은 잠재적으로 사회의 모든 구성원에게 개방된다. 시민은 사회과학 및 정치철학에 대한 강한 배경지식을 증명하는 엄격한 역량 평가를 통과해야 평의회에 가입할 수 있다. 또한 평의회에 들어가려면 일종의 성격검사가 필요할 수 있다. 예를 들어, 중범죄자나 공무원(이해관계가 충돌하는 사람)은 제외될 수 있다. (나는 사실 중범죄자의 투표권을 박탈하는 것에 찬성하지 않는다. 나는 단지 이것이 가능한 변형이라고 제안할 뿐이다.)

이 에피스토크라시 평의회는 법 *제정* 권한이 없다. 누군가를 어떤 직책에 임명할 수도 없고, 법령이나 규정을 발표할 수도 없다. 시민에 대한 강압적인 규제나 규칙을 열거할 수도 없다. 하지만 법을 *폐지*할 권한을 가지고 있다. 에피스토크라시 평의회는 다른 사람들의 정치적 결정을 좌절시킬 수 있지만, 스스로 새로운 결정을 할 수는 없다. 정치적 행동을 멈출 수는 있지만, 시작할 수는 없다. 일반 유권자나 그들의 대표가 내린 모든 (또는 거의 모든) 정치적 결정을 악의적이거나, 무능하거나, 불합리하다는 이유로 *거부*할 수 있다. 예를 들어, 유권자가 편집증 때문에 대통령을 결정했다고 판단되면 거부권을 행사할 수 있다. 그러면 새로운 선거 또는 유권자나 대표들의 새로운 조치가 필요할 것이다. 판사가 배심원단이 무능하거나 악의적으로 행동했다고 믿으면 배심원의 유죄 판결을 뒤집을 수 있듯이, 에피스토크라시 평의회는 민주적인 결정을 뒤집을 수 있다.

세부 사항을 작성하는 방법은 여러 가지가 있으며, 그중 일부는 다른 방법보다 더 방어적이다. 예를 들어 이 체제에는 하나의 평의회만 있을 수도 있고, 다양한 수준의 정부에 맞춰 여러 개의 평의회가 있을 수도 있다. 수백만 명의 회원으로 구성된 대규모 평의회를 가질 수도 있고 소규모 평의회를 가질 수 있지만, 역량 요건을 충족하는 모든 시민 중에서 무작위로 구성원을 뽑아야 한다. 평의회는 정기적으로 회의를 열 수도 있고, 다른 방법으로 거부권을 행사할 수도 있다. 민주적 입법을 뒤집기 위해 단순 다수결 또는 압도적 다수결 투표를 요구할 수 있다. 이때 민주적 기구는 다수결로 거부권을 뒤집을 수도 있고, 그렇지 않을 수도 있다.

에피스토크라시 거부권이 있는 보통선거에서는 극심한 정체가 일어날 가능성이 있다. 에피스토크라시 평의회는 잘못된 결정뿐만 아니라 무능하게 만들어진 법과 규칙도 거부할 수 있다. 그것은 무능하게 만들어진 법의 존재를 막을 수 있지만, 그렇다고 유능하게 만들어진 법이 존재한다고 보장할 수는 없다. 에피스토크라시 거부권이 있는 보통선거는 민주적 입법부가 지속해서 법을 통과시키는 것을 허용하지만, 이러한 법은 평의회에 의해 거부될 수 있다. 평의회는 법과 규칙을 만들 때 일반 유권자나 그들의 대표가 유능하게 행동하도록 강요할 수 없다.

그렇긴 하지만 어떨 때는 교착상태가 정치적 의사 결정 역량을 높일 수 있다. 결국 성급한 결정은 민주적 무능의 한 가지 원인이다. 와이너가 매디슨에 이어 주장했듯이, 민주주의는 종종 홧김에 나쁜 결정을 내린다.* 정체는 의사 결정의 속도를 늦춘다. 그것은 열정을 가라앉히고 냉정한 두뇌가 승리하게 돕는다. 제2장에서 언급했듯이, 사람들은 행동 편향으로 고통받는다. 즉 행동할 정보가 충분하지 않을 때조차도 행동하는 경향으로 시달린다. 민주주의는 행동 편향 때문에 너무 적게 하기보다는 너무 많이 하는 경향이 있다. 따라서 정체는 때때로 전반적인 의사 결정을 개선할 수 있다.

에피스토그라시 옹호자들은 보편적 참정권 제도의 중위 유권자가 정치에 관해 잘못 알고 있으며 비이성적이라고 우려한다. 그러다 보니 보통선거에서는 잘못된 정보를 가진 유권자에게 호소하는 후보가 승리하게 된

---

* 　위너Wiener의 2012년 문헌.

다. 하지만 에피스토크라시 거부권이 있는 보통선거에서는 에피스토크라시 평의회가 모든 당선자를 심사할 수 있다. 평의회는 최악의 후보에게 거부권을 행사한다. 이것은 정체를 일으킬 수도 있지만, 일반 유권자가 스스로 교육하고 더 나은 후보를 배출하도록 압박할 수도 있다. 에피스토크라시 거부권이 있는 보통선거는 나쁜 후보자를 공직에서 배제하는 것으로 법과 규칙을 더 유능하게 만들 수 있다. 에피스토크라시 평의회는 입법 거부권을 행사할 수 있지만, 모든 일상적 입법을 감독할 필요는 없을지도 모른다. 이런 체제를 제도화하는 방법은 다양하며, 어떤 방식은 훨씬 더 나을 것이다.

에피스토크라시 거부권이 있는 보통선거가 제한된 참정권을 가진 에피스토크라시보다 더 잘 수행될 수 있는 몇 가지 방법이 있다. 복수 투표 및 제한된 참정권 제도는 '전방' 해결책이다. 선거권과 피선거권을 제한해서 역량 원칙을 준수하려고 한다. 에피스토크라시 거부권이 있는 보통선거는 전방과 후방 해결책을 모두 가질 수 있다. 에피스토크라시 평의회는 나쁜 선거에 거부권을 행사할 뿐만 아니라, 나쁜 입법과 규정 및 행정 명령에도 거부권을 행사할 수 있다.

에피스토크라시 거부권이 있는 보통선거는 제한된 참정권이나 복수 투표제를 가진 에피스토크라시보다 더 많은 인지적 정당성을 누릴 수 있다. 사람들이 민주적 결정에 거부권을 행사하는 에피스토크라시 평의회에 불편함을 느낄 수 있지만, 사람들이 없는 상태에서 에피스토크라시 평의회가 모든 결정을 내린다면 훨씬 더 불편할 것이다. 에피스토크라시 평의회가 있는 민주주의는 아마도 시간이 지남에 따라 완전한 에피스토크라시 체제보다 더 안정적일 것이다. 로페스-게라는 "선거권 박탈이 불공평하다고 여겨지면, 곤란한 와중에 갈등이 고조되는 원인이 될 수 있다"고 지적

한다. 제한된 참정권을 가진 에피스토크라시는 모든 사람에게 투표권을 주지 않는다. 이와 대조적으로 에피스토크라시 거부권이 있는 보통선거는 모든 사람에게 참정권을 주지만, 그것은 그들의 권력을 견제한다.

에피스토크라시 거부권이 있는 보통선거는 실제로 민주적인가?

에피스토크라시 거부권이 있는 보통선거는 엄밀히 말하면 에피스토크라시의 형태가 아닐 수 있다. 그것은 경계선에 있는 경우다. 나는 여기서 그것이 위헌법률심사권 못지않게 비민주적이라고 주장할 것이다. 많은 민주주의자가 위헌법률심사권과 민주주의가 양립할 수 없다고 생각하지만, 대부분은 그렇게 생각하지 않는다.* 대부분의 민주주의자는 헌법에 위배되거나 시민의 기본권을 침해하는 법률에 거부권을 행사할 수 있는 권한을 일부 정치 기구에 주는 것이 허용된다고 믿는다. 또한 법정에서 일할 수 있는 자격 요건을 두는 것이 허용된다고 믿는다. 미국 대법원은 일종의 에피스토크라시 평의회다.

대부분의 사람은 민주주의가 비민주주의로 바뀌지 않아도 위헌법률심사권을 제도화할 수 있다고 믿는다. 자유주의자들은 종종 사법부(또는 위헌법률심사권을 수행하는 어떤 기관이든)가 다른 정부 부처의 견제와 균형 및 감독의 대상이 되기 때문에, 위헌법률심사권은 민주적이며 자유주의적 정당성과 일치한다고 주장한다. 사법부는 유권자나 다른 정부 부처의

---

* 예를 들어 가우스Gaus의 1996년 문헌, 롤스의 1996년 문헌, 마이클만Michelman의 2002년 문헌, 브렛슈나이더Brettschneider의 2007년 문헌, 크리스티아누의 2008년 문헌 참고.

권력을 거부하거나 좌절시킬 수 있지만, 완전히 독립적이지는 않다. 사법부가 보호해야 할 권리는 민주적으로 승인된 헌법에 명시된 권리로 제한될 수 있다.

대부분의 민주주의자가 위헌법률심사권과 민주주의가 양립할 수 있다고 생각한다는 점을 고려할 때, 에피스토크라시 거부권은 위헌법률심사권과 유사하므로 다음과 같이 민주주의와도 양립 가능하다고 여길 수 있다.

1. 위헌법률심사권이 있는 보통선거는 민주주의와 양립할 수 있다.
2. 위헌법률심사권에서 인지적 엘리트 기구는 일반 유권자를 포함한 다른 기구의 정치적 결정에 거부권을 행사할 수 있는 민주적 권한을 갖는다.
3. 에피스토크라시 거부권이 있는 보통선거에서 인지적 엘리트 기구인 에피스토크라시 평의회는 일반 유권자를 포함한 다른 기구의 정치적 결정에 거부권을 행사할 수 있는 민주적 권한을 가질 수 있다.
4. 따라서 에피스토크라시 평의회와 위헌법률심사권은 유사하다.
5. 더욱이 위헌법률심사권이 민주주의와 양립할 수 있다면, 에피스토크라시 평의회도 그렇다.
6. 이처럼 에피스토크라시 평의회는 민주주의와 양립할 수 있다.

물론, 첫 번째 전제는 논란의 여지가 있다. 많은 철학자와 정치 이론가는 위헌법률심사권이 본질적으로 비민주적이며, 따라서 정당화될 수 없다고 생각한다.* 그들이 옳을지도 모른다. 여기서 나의 요점은 만약 당신이 위헌법률심사권을 민주적이라고 생각한다면, 합리적으로 에피스토크라시 거부권도 민주적이라고 여길 수 있다는 것이다.

유추 주장analogy argument은 위헌법률심사권이 정당화되는 것과 같은 이유로 에피스토크라시 거부권이 정당하다고 주장하지 않는다는 점에 유의해야 한다. 나는 위헌법률심사권에 찬성하는 철학자가 에피스토크라시 거부권을 받아들여야 한다고 주장하지 않는다. 유추 주장은 에피스토크라시 거부권이 위헌법률심사권과 아주 유사하므로, 후자가 민주주의와 일치한다면 전자도 마찬가지라고 주장한다.

2번과 3번 전제를 좀 더 자세히 살펴보자. 위헌법률심사권은 보통 법원이 쥐고 행사한다. 법원은 특별한 자격을 갖춘 구성원으로 이루어진 인지적 엘리트 심의 기관이다. 법원은 대개 엄격한 교육 요건을 가지고 있어, 충분한 법률 교육을 받은 시민만이 직책을 맡을 자격이 있다. 보통 판사는 직접 선출되지 않는다. 판사는 자격이 민주적으로 정해지고 통제되며, 대의민주적 절차를 통해 임명되는 경우가 많다. 위헌법률심사권이 있는 가진 법원은 유권자를 포함한 다른 기관의 결정과 권한을 방해하거나 무시할 수 있는 권한을 갖는다. 법원은 민주적으로 설정된 헌법의 필수 요소를 지지해야 할 책임이 있다. 그러한 권리가 명시적으로 열거되지 않아도 방어해야 할 책임이 있다. 마지막으로 법원이 유권자나 그들 대표의 결정에 거부권을 행사하면, 유권자나 그들 대표는 압도적 다수결로 거부권을 뒤집을 수 있다. (예를 들어 미국에서는 법원이 어떤 법을 위헌이라고 결정하면, 압도적 다수결로 오랜 수정 과정을 거쳐 헌법을 바꿀 수 있다.)

이것은 에피스토크라시 거부권이 있는 보통선거와 유사하다. 정상적인 민주주의가 명백한 자격을 갖춘 인지적 엘리트 심의 기구를 설치한다고 상

---

*   예를 들어, 월드론Waldron의 2006년 문헌.

상할 수 있다. 예를 들어 시민이 먼저 역량 시험에 합격한다면, 모든 시민 (잠재적으로 수억 명의 회원)에게 에피스토크라시 평의회를 개방할 수 있다. 또는 성격 조회, 대학 학위, 배경 조사 등과 같은 추가 자격 증명을 요구할 수 있다. 에피스토크라시 평의회의 구성원은 직접 선출되지 않을 수도 있지만, 민주적인 감독을 받는다. 민주주의는 유권자를 포함한 다른 기관의 결정과 권력을 좌절시키거나 번복할 수 있는 권한을 에피스토크라시 평의회에 부여한다. (민주주의는 심지어 헌법에 유능한 정부를 가질 권리를 명시할 수도 있다.) 아울러 유권자나 그들 대표가 압도적 다수결을 끌어낼 수 있다면, 평의회의 거부권을 뒤집을 수 있는 권한을 보유한다고 상상할 수 있다.

에피스토크라시 거부권이 있는 보통선거는 그 자체로 에피스토크라시가 아니라, 에피스토크라시의 바람직한 점을 포착한 듯하다. 또한 민주주의의 비합리성과 무능력을 견제하면서 민주주의의 바람직한 점을 많이 포착한다.

모의 신탁에 의한 정부

어떤 정치적 문제에 대해 오라클Oracle(신탁을 전하는 사제. -옮긴이)인 피티아 Pythia(델피의 아폴로 신전에 있던 고대 그리스의 무녀. -옮긴이)가 누구보다 현명하고, 동기부여가 잘되며, 지식이 풍부하다고 가정해 보자. 사실 피티아는 우리 모두보다 더 현명하고, 동기부여가 잘되며, 지식이 풍부하다. 우리 중 나머지 사람들이 어떤 투표나 심의 절차를 사용해도 피티아를 더 신뢰할 수 있다. 두 가지 선택권이 있다고 해 보자.

A. 피티아에게 무엇을 해야 하는지 물어보고 나서 그것을 한다.

B. 무엇을 해야 할지 우리끼리 숙고하거나 투표하고 나서 그것을 한다.

피티아는 전지전능하지 않으며 실수할 수 있다. 그러나 가설에 따르면, A가 B보다 낫다. 우리가 피티아와 의견이 다를 때마다, 피티아가 맞을 가능성이 더 크다. 전반적으로 피티아의 의견을 따라야 한다. 피티아의 의견에 동의하지 않는다면, 아마 우리가 틀릴 것이다. 피티아의 의견을 따르지 않고 피티아가 해야 한다고 말하는 것을 하지 않는다면, 우리는 더 신뢰할수 있는 결정 절차 대신 덜 신뢰할 수 있는 결정 절차로 대체한 것이다. 우리는 유해하고 부당한 정책에 도달할 확률을 높인다. 만약 우리의 의견을 고집한다면, 우리가 옳고 피티아가 틀린 특별한 경우 중 하나라고 여길 수있는 훌륭한 근거를 갖추는 것이 좋다.

현실 세계에는 그런 신탁이 없다. 하지만 하나를 만들 수 있다면 어떨까? 좀 더 구체적으로 말해서, 이 신탁을 흉내 낼 수 있다면 어떨까?

제2장과 제7장에서 언급했듯이, 알타우스와 같은 사회과학자들은 유권자가 정보를 잘 알고 있다면 무엇을 선호할지 추정할 수 있다는 것을 보여 줬다. 우리는 시민의 정치적 선호와 인구통계학적 특성을 추적하는 조사를 관리하면서, 기본적인 객관적 정치 지식을 시험할 수 있다. 일단 이정보를 얻으면, 유권자의 인구통계는 그대로인데 모든 시민이 객관적 정치지식 시험에서 만점을 받을 수 있다면 어떤 일이 일어날지 모의실험할 수있다. 만약 우리가 말하는 것을 '우리 국민'이 이해한다면, '우리 국민'이무엇을 원하는지 강하게 확신할 수 있을 것이다.

미국이 훨씬 더 많은 이민자의 입국을 허용할 것인지 국민투표를 했다고 가정해 보자. 이것이 좋은 생각인지 아닌지 알려면 엄청난 사회과학 지식이 필요하다. 이민이 범죄율, 국내 임금, 이민자 복지, 경제성장, 세수, 복지 지출 등에 어떤 영향을 미치는지 알아야 한다. 대부분의 미국인은 이러한 지식이 부족하다. 제6장에서 언급했듯이, 우리가 찾아낸 것은 미국인이 체계적으로 잘못 알고 있다는 점이다.

이 문제에 대해 계발된 선호 방식으로 국민투표를 할 수도 있다. 모든 시민이 투표로 정치적 선호를 표현할 수 있다. 시민이 투표할 때, 우리는 익명으로 암호화된 인구통계 정보를 수집한다. 시민은 의견을 드러내면서 객관적 정치 지식, 역사 기초, 사회과학 등에 대한 공인 시험도 치러야 한다. 이 자료는 전부 공개되어 모든 뉴스 매체나 정책 센터에서 분석할 수 있다. 그다음 모든 사회과학자가 확인할 수 있는, 공개적으로 이용 가능한 자료와 기법을 바탕으로 투표 대중이 충분한 정보를 제공받으면 무엇을 원하는지 모의실험할 수 있다. 깨달은 대중이 말하는 것은 무엇이든 실험할 수 있다.

선거 결정에서도 비슷한 것을 사용할 수 있다. 다양한 정당의 여러 후보가 있다고 가정해 보자. 시민에게 익명으로 암호화된 인구통계학적 정보를 요청하고, 기본적인 객관적 정치 지식 시험을 치르게 한다. 그다음 시민은 가장 선호도가 높은 사람부터 낮은 사람까지 후보자의 순위를 매긴다. 이러한 자료를 사용해 대중이 충분한 정보를 제공받았을 때 후보자의 순위를 어떻게 매길지 알아낼 수 있다. 어떤 후보든 가장 높은 순위를 차지하면 승리한다.

역량으로 무엇이 중요한지 누가 결정할까?

에피스토크라시는 진정한 전문 지식에 따라 권력을 나누려고 한다. 거의 모든 문제에서 어떤 사람은 객관적으로 다른 사람보다 더 유능하다. 알버트 아인슈타인Albert Einstein이 일반인보다 물리학을 더 잘 이해하고, 배관공이 나보다 배관을 더 잘 이해하고, 데니스 총이 나의 엄마보다 정치심리학을 더 잘 이해한다는 것은 단지 견해의 문제가 아니다. 비교가 어려울 때도 있지만, 많은(또는 대부분의) 경우에 쉽다.

많은 민주주의자가 동의한다. 에스틀룬드는 "민주적 통제에서 올바른 문제를 제거하고 올바른 전문가에게 넘기는 것은 더 나은 정치적 결정으로 이어질 것이며, 더 많은 정의와 번영을 가져올 것"이라고 주장한다. 그는 잘 운영되는 에피스토크라시가 잘 운영되는 민주주의보다 더 좋은 성과를 낼 것이라고 인정하고, 일부 시민이 다른 사람보다 더 도덕적·정치적인 전문 지식을 갖고 있다는 것에 동의한다.* 에스틀룬드는 어떤 사람이 다른 사람보다 더 많은 것을 안다는 사실을 부정하는 일은 불합리하다고까지 말한다. 모든 사람이 동등한 통치 능력을 갖췄다고 믿는 것은 불합리하다.

물론 여기에는 문제가 있다. 누가 다른 사람보다 더 많이 아는지, 그리고 전문가가 누구인지에 관한 사람들의 견해가 다르다는 점이다. 에스틀룬드는 "어떤 문제에 대해 어떤 전문가에게 의존해야 하는지 아는 것이

---

* 또한 민주주의자들은 보편적인 공교육을 선호한다. 시민이 정치에 참여할 준비를 하기 위해 그러한 교육이 필요하다고 생각하기 때문이다. 그들은 시민이 충동적인 감정보다는 이성적인 공개 담론과 숙의 후에 결정 내리는 것을 선호한다. 따라서 대부분의 민주주의자는 이미 일부 시민이 다른 시민보다 더 나은 도덕적·정치적 지식을 갖는다는 견해에 몰두하고 있다. 결국 우리 중 일부는 좋은 정치 교육을 받고 습득한 반면, 다른 일부는 그렇지 않다. 우리 중 일부는 합리적인 공개 담론과 숙의에 참여한 반면, 다른 일부는 그렇지 않다. 숙의와 교육에 대한 민주주의 이론가들의 열의를 고려했을 때, 모든 성인 시민이 이미 정치적으로 유능하다고 주장하기는 어려울 것이다.

중요하다"고 말했다. 그는 "그런 전문가로 내세울 수 있는 어떤 특정 인물이나 집단은 논란의 대상이 될 것"이라고 덧붙였다.

어떤 것이 논란이 된다고 해서 거기에 진실이 없다는 의미는 아니다. 우리가 진실이 무엇인지 모른다는 의미도 아니다. 사람들은 진화 생물학, 미시경제학, 몬티 홀Monty Hall 문제(미국의 TV쇼 〈거래를 합시다Let's make a deal〉의 진행자 몬티 홀의 이름을 딴 것으로, 몬티는 이렇게 제안한다. 당신은 3개의 문 중 하나를 골라 그 문 뒤에 있는 상품을 받는다. 하나의 문 뒤에는 자동차가 있고 나머지 2개 뒤에는 염소가 있다. 당신이 문을 선택하면 진행자는 나머지 2개 중 염소가 있는 문을 연다. 이제 당신은 처음 고른 문을 계속 선택하거나 아직 닫혀 있는 다른 문으로 바꿀 수 있다. 여기서 몬티 홀의 문제가 제기된다. 이런 경우 자동차를 받기 위해 원래의 선택을 계속하는 편이 나을까, 아니면 선택을 바꾸는 것이 나을까. ―옮긴이) 등 우리 중 일부가 알고 있는 모든 종류의 것에 이의를 제기한다.

문제는 현실 세계에서 유능한 사람을 결정하는 일을 누군가의 손에 맡겨야 한다는 점이다. 그 사람은 누가 유능한 사람인지 결정하는 데 무능할 수도 있고, 결정권을 악의적으로 사용할 수도 있다.

현실 세계에서는 어떤 유권자 자격시험에서든지 진행 상황을 통제하기 위한 정치적 싸움이 있을 것으로 예상된다. 국회의원은 확실히 이기기 위해 선거구를 게리맨더링 하듯이 이익을 위해 시험을 통제하려고 할 수 있다. 민주당은 시험을 쉽게 내려고 하고, 공화당은 적당히 어렵게 내려고 할 것이다. 의심할 여지없이 유권자 자격시험은 현실 세계에서 민주적 절차가 남용되는 것처럼 남용될 우려가 있다. 문제는 얼마나 심하게 남용될 것인가이다.

민주주의와 에피스토크라시 사이의 선택은 절차적이지 않고 도구적이라는 내 생각이 옳다고 상상해 보자. 그렇다면 다음과 같은 문제가 있다. 즉, 어떤 사회에서 어느 정도의 남용과 정부 실패를 겪은 에피스토크라시는 마찬가지로 남용과 정부 실패를 겪은 민주주의보다 더 나은 성과를 거둘 수 있을까? 만약 대답이 "예"라면, 나는 그 사회를 위해 에피스토크라시를 지지한다. 단점까지 포함한 에피스토크라시가 단점까지 포함한 민주주의보다 조금이라도 더 잘 수행된다면, 우리는 에피스토크라시를 가져야 한다. 나는 에피스토크라시가 단점이 없으리라고 주장하는 것이 아니며, 그렇게 주장할 필요도 없다.

예를 들어, 에스틀룬드는 짐 크로Jim Crow(흑인차별정책 시대인 1835년 미국 백인 연예인이 히트시킨 노래에 등장하는 멍청한 봉제 인형 짐 크로는 '까마귀'로 가난과 어리석음의 대명사였으며 흑인을 비하하는 니그로negro라는 말과 동의어로 쓰였다. -옮긴이) 시대에 정부가 흑인에게 거의 불가능한 읽고 쓰기 시험을 통과하라고 요구하면서 투표권을 박탈했다고 지적한다. 이 시험은 인종차별적 목적만 있었을 뿐이지만, 정부는 에피스토크라시적인 목적을 갖는다고 주장했다. 시험은 악의적으로 시행됐다. 애초에 통과가 불가능하게 설계됐고, 백인은 시험을 치를 필요가 없었다. 정부가 인종차별 정책을 에피스토크라시로 위장해 숨겼다고 해서, 에피스토크라시적인 시험 역시 근본적으로 반대의 대상이 되는 것은 아니다. 이와 비슷하게 무능한 의사에게서 환자를 보호한다는 명분을 가진 의사 면허가 인종차별적인 방식으로 배분되거나, 의사 시험이 인종차별적인 방식으로 관리됐다는 사실이 드러난다고 해서 의사 면허 제도 자체를 근본적으로 반대해야 하는 것은 아니다. 대신 질문해야 할 것은 시험이 얼마나 심하게 남용되었으며, 남용의 영향은 무엇인가이다.

역량 원칙은 이런 표어로 정리될 수 있다. 힘: 잘 사용하지 않으면 잃어버립니다. 정부가 특정 문제 관리에 무능하면, 그 문제를 관리할 권한을 잃게 된다. 나는 민주주의가 모든 결정을 내리는 데 무능하다거나 민주 정부가 수행하는 모든 행동이 무능하다고 주장하지 않았다. 그 증거는 유권자가 어떤 문제에는 유능하고 다른 문제에는 서툴다는 것을 시사한다. 역량 원칙은 후자의 경우에만 민주적 의사 결정을 금지한다.

민주주의는 스스로 정치적 역량의 본질을 판단할 수 있는 능력이 있을지도 모른다. 어쩌면 시민은 정치적 역량에 대한 경쟁 개념 중에서 선택할 수 있는 충분한 지식과 합리성이 있을 것이다. 민주적 의사 결정이란 역량으로 여겨지는 것을 판단하는 공정하고 신뢰할 만한 방식일 수 있다. 그렇다면 민주적인 방식으로 정치 역량에 대한 법적 개념을 선택하고, 그 개념을 사용해서 투표할 사람을 결정할 수 있다. 하지만 대다수 민주주의자의 관점에서는 이것이 음흉한 결과처럼 보일 것이다. 만약 옳은 방향으로 밝혀지면, 민주주의는 일종의 에피스토크라시를 확립하기 위해 민주적 절차를 사용하는 것이 허용되거나 심지어 요구될 것이다.

일반 시민은 합리적이고 구체적인 역량 이론을 제시할 수 있다. 대부분의 시민은 정치적 역량에 관해 훌륭하고 합리적인 직관을 갖는다. 좋은 배심원과 나쁜 배심원의 차이, 정보가 풍부한 유권자와 무지한 유권자의 차이, 무능한 국회의원과 유능한 국회의원의 차이, 유능한 지방 검사와 무능한 지방 검사의 차이를 합리적으로 설명할 수 있다. 만약 민주주의에 정치적 역량에 대한 법적 정의를 전하면서 역량 원칙을 운용하라는 요구를 한다고 해 보자. 민주주의는 아마도 꽤 훌륭하고 합리적인 대답, 즉 수용할 수 있는 범위 내에서 답을 할 것이다. 그래서 유권자 자격시험을 어떻게 설계할 것인지 묻는다면 이렇게 답할 것이다. 왜 민주주의가 결정하게 두지 않는가?

이것은 이상한 움직임처럼 보일지도 모른다. 누군가는 이렇게 반대할 수도 있다. 만약 시민에게 중요한 역량이 무엇인지 결정할 능력이 있다면, 왜 좋은 후보자를 선택할 능력은 없을까?

그 대답은 시민이 유능한 후보자를 찾아서 투표하는 것보다 정치적 역량에 대한 구체적 견해를 밝히는 게 훨씬 쉽다는 것이다. 보통의 시민은 정치적 역량에 대한 이론을 적용하지는 못해도, 좋은 이론을 만들어 낼 수는 있을 것이다.* 심하게 편향된 이념을 지닌 유권자도 후보자를 좋게 만드는 것이 무엇인지 설명할 수 있다. 유권자의 비합리성과 무지에 대한 경험적 연구 문헌은 유권자의 기준이 나쁜 게 아니라, 합리적인 기준 적용에 서툴다고 이야기한다.**

여기에 특이한 점은 없다. 거의 모든 사람이 멋진 연애 상대의 기준이 무엇인지 구체적으로 훌륭하게 설명할 수 있는 것과 마찬가지다. 내가 여덟 살짜리 아들에게 누군가를 좋은 남편이나 아내로 만드는 것이 무엇인지 물었더니, 심리학 잡지에서 읽은 것만큼 좋은 대답을 해 주었다. 누군가를 좋은 배우자나 나쁜 배우자로 만드는 *기준*을 찾기는 쉽지만, 많은 사람이 계속해서 나쁜 관계를 유지한다. 좋은 배우자가 되는 방법에 관해 비합리적인 신념이 있어서가 아니라, 기준을 실제로 적용하는 데 서툴기 때문에 우리는 나쁜 관계를 맺는다.

유권자도 마찬가지다. 유권자는 상원의원이 날씨 때문에 비난받아서는 안 된다는 것을 안다. 그러나 현실에서 투표할 때는 상원의원의 책임이 없다는 것을 알면서도 나쁜 날씨를 이유로 응징하는 경향이 있다.*** 유권자는 정치인이 통제할 수 없는 국제적 사건이 비난의 이유가 안 된다는 것도

---

* 에를링거 등의 2008년 문헌, 더닝 등의 2003년 문헌, 크루거·더닝의 1999년, 2002년 문헌 참고.
** 캐플런은 2007년 문헌에서 유권자가 국가의 공동선을 촉진하고 국익을 확장하리라고 믿는 후보에게 투표하는 경향이 있다고 주장한다. 하지만 유권자가 후보를 평가하는 방식은 비합리적이다. 올바른 기준이 있더라도, 적용에 매우 서툴다.
*** 헬리·말홀트라의 2010년 문헌.

안다. 그러나 실제로 투표할 때는 정치인의 통제를 벗어난 국제적 사건을 이유로 응징한다.* 또한 유권자는 잘생긴 후보가 더 좋은 후보가 아니라는 것을 알면서도, 더 잘생긴 후보에게 투표하는 경향이 있다.** 부패한 거짓말쟁이가 대통령이 되어서는 안 된다는 것을 알지만, 어떤 후보가 부패한 거짓말쟁이인지 알아내는 데 종종 어려움을 겪기도 한다. 유권자는 실제로 좋은 후보를 찾으라고 했을 때보다, 좋은 후보를 만드는 기준이 무엇인지 질문했을 때 더 믿음직스럽다. 유권자는 기준을 적용하는 것보다 기준을 설명하는 것을 더 잘한다.

역량에 관한 질문은 쉽다. 경제정책이나 외교정책에 관한 질문이 훨씬 더 어렵다. 그런 질문에 답하려면 전문 지식뿐만 아니라 때때로 학문적 훈련도 필요하다. 앞 장에서 보았듯이, 시민은 이러한 종류의 문제에 체계적인 실수를 한다. 따라서 민주주의는 특정한 경제정책과 외교정책을 결정하는 데 무능하지만, 중요한 역량을 결정하는 데 유능할 수 있다고 생각할 만한 충분한 이유가 있다.

정치적 역량의 개념을 선택하는 데는 다양한 민주적 방법이 있다. 입법부는 역량에 관한 다양한 법적 개념을 국민투표에 부칠 수 있다. 아니면 시민이 역량 위원회를 구성해서 역량의 법적 정의를 만들 수 있다. 혹은 정부가 신중한 여론조사를 할 수도 있다. 무작위로 시민 수백 명을 선정해서 역량의 본질을 숙고하게 한 다음 정치적 역량에 대한 구체적 설명을 작성하는 것이다. 또는 민주주의가 중세 베네치아의 제도를 모방해서 총독(베네치아의 종신 지도자)을 선출할 수도 있다. 베네치아의 제도는 추첨과

---

*   리Leigh의 2009년 문헌.

**   토도로프Todorov 등의 2005년 문헌, 발류Ballew·토도로프의 2007년 문헌, 렌츠Lenz·로슨Lawson의 2008년 문헌.

투표를 번갈아 사용했다.*

인구통계학적 반대론

제2장에서 언급했듯이, 정치 지식은 모든 인구통계학적 집단에 고르게
퍼져 있지 않다. 미국에서는 보통 백인이 흑인보다, 북동쪽 지역의 사람이
남쪽 지역의 사람보다, 남자가 여자보다, 중년이 젊은이와 노인보다, 고소득
자가 가난한 사람보다 더 많이 안다. 전반적으로 이미 혜택을 받는 사람이
혜택을 받지 못한 사람보다 훨씬 더 잘 알고 있다. 적어도 현재로서는 가난
한 흑인 여성 대부분은 쉬운 유권자 자격시험조차 통과하지 못할 것이다.
이것은 에피스토크라시에 대한 인구통계학적 반대로 이어진다.

현실적인 에피스토크라시 체제에서 이미 혜택받은 집단에 속한 사람은
혜택받지 못한 집단에 속한 사람보다 더 많은 권력을 얻을 가능성이 크
다. 그러므로 에피스토크라시는 약자의 이익보다는 기득권 계층의 이
익에 도움이 되는 불공정한 정책을 가질 가능성이 크다.

이것은 강한 이의 제기처럼 보인다. 그 속에는 약간의 진실이 담겨 있다

---

*   그 과정은 모든 성인 시민 중 추첨으로 500명을 선택하는 것으로 시작된다. 두 번째 추첨으
로 500명을 100명으로 줄인다. 이들 100명이 처음 선발된 500명 중에서 100명의 명단을 작
성한다. 이들 중 처음 선정된 100명의 시민에게서 66표의 찬성표를 받은 50명이 예비선거인
이 된다. 다시 추첨으로 절반인 25명이 최종 선거인단이 된다. 선거인단은 처음 선발된 500명
가운데 100명의 명단을 작성한다. 이때 25명으로부터 18표의 찬성을 얻어야 한다. 이렇게 뽑
은 100명 가운데 무작위로 21명을 다시 추린다. 이들이 정치적 역량에 대한 법적 교리를 결
정하는 임무를 가진 의회에서 일한다.

고 여겨지지만, 보기만큼 강력하지는 않다. (또한 로페스-게라의 선거권 추첨제는 이의 제기를 완전히 회피한다.)

첫째, 민주주의에서도 특정 집단이 다른 집단보다 더 잘한다. 또한 정부는 어떤 이익을 다른 이익보다 더 잘 섬긴다. 따라서 인구통계학적인 반대는 현실 세계의 에피스토크라시가 완벽하게 정의롭지 못할 것(물론 그렇겠지만)이라는 주장이 아니다. 적어도 한 가지 측면에서 민주주의보다 더 나쁠 것이라는 주장으로 이해돼야 한다.

그러나 이런 반대는 여러 가지 의심스러운 가정에 의존한다. 우선 유권자가 자기 이익 또는 자기가 속한 집단의 사람에게 투표할 것이라고 가정하는 듯하다. 하지만 제2장에서 논의했듯이, 그것은 거짓이다. 대부분 유권자는 공익이라고 여기는 것에 투표한다. 만약 소수의 시민만 투표할 수 있다고 해 보자. 예를 들어 100명만 투표할 수 있다면, 나는 그들이 이기적인 방식으로 투표하리라 예상한다. 그러나 에피스토크라시 체제에서 수천 명 이상의 시민이 투표권을 가지고 있다면, 그들은 사회적으로 투표할 가능성이 크다는 증거가 있다.*

둘째, 에피스토크라시 체제에서 더 적은 권력을 갖게 될 소외된 시민이 자기 이익을 증진하는 투표 방법을 알고 있다고 가정한다. 제2장에서 언급했듯이, 그것 역시 거짓일 것이다. 이 유권자는 어떤 결과가 자기 이익에 도움이 될지 알지만, 엄청난 사회과학 지식이 없기 때문에 원하는 결과를 가져올 정치인 또는 정책에 투표하지 못할 것이다.

누군가는 한 집단의 많은 구성원이 투표하는 한 정치인은 그들의 이익에 부합하는 정책을 만들 것이라고 주장할 수 있다. 그 집단이 선호하는

---

* 페더슨·게일마드·산드로니의 2009년 문헌.

정책이 아니더라도, 그리고 그 집단의 사람들에게 정치인이 그들을 돕는지 아니면 해치는지를 평가하는 데 필요한 지식이 부족해도 그렇게 한다는 것이다. 만약 이 주장이 사실이라면, 나는 민주주의에 전적으로 찬성할 것이다. 이 주장은 민주주의적 무지가 기본적으로 해롭지 않다는 의미이기 때문이다. 그러나 정치인은 시민에게 좋은 것보다 자신이 원하는 것을 주는 경향이 있다.

만약 미국이 지금 당장 내가 만든 유권자 자격시험을 사용한다면 합격자는 불균형적으로 백인, 중상류층, 교육받은 사람, 직장을 가진 남성일 것이라고 예상할 수 있다. 여기서 문제는 내가 인종차별주의자, 성차별주의자, 계급주의자라는 게 아니다. 물론 나의 도덕적 자격은 흠잡을 데 없고, 암묵적인 편견 시험에서 평균보다 낮은 표준편차를 기록했다. 정작 문제는 어떤 집단이 다른 집단보다 풍부한 지식을 얻게 만드는 근본적인 부당함과 사회적 문제가 있다는 것이다. 모든 사람이 투표해야 한다고 주장하기보다는, 근본적인 부당함을 고쳐야 한다는 것이 나의 견해다. 증상이 아닌 병을 치료해야 한다. 이전 장에서 보았듯이, 정보가 부족한 유권자와 정보가 풍부한 유권자는 이런 근본적 부당함을 어떻게 다룰지까지 포함해서 체계적으로 다른 정책 선호도를 갖는다. 미국에서는 백인 유권자의 하위 80퍼센트를 투표 대상에서 제외하는 것이 가난한 흑인에게 필요한 것일 수도 있다.

민주주의에 대한 보수적 논쟁

우리가 민주주의보다 에피스토크라시를 더 선호해야 하는지 여부는 부분적으로 경험적 질문이다. 이에 대해 나는 충분한 대답을 할 수 없다. 우리는 유권자가 얼마나 나쁘게 행동하는지 연구할 수 있고, 따라서 에피스토크라시가 가져올 잠재적 개선점을 알아낼 수 있다. 그러나 어떤 에피스토크라시적인 조치가 실제로 얼마나 효과 있을지 확신할 수 없다. 에피스토크라시가 보편적 참정권을 가진 민주주의보다 더 나은 결과를 가져올 것으로 생각할 만한 충분한 이유가 있지만, 그렇지 않을 것이라고 걱정할 이유도 있다.

1790년대 중반에 민주주의가 얼마나 취약했는지를 생각해 보자. 프랑스혁명은 분명히 불공정한 체제를 더 나은 체제로 바꾸려는 것이었다. 하지만 결과는 재앙이었다. 혁명은 전쟁, 집단 폭정, 혼란, 대량 처형, 그리고 마침내 나폴레옹의 등장으로 이어졌다. 루이 16세의 통치는 부당하고 무능했지만, 프랑스는 더 나은 것으로 대체하려고 시도하는 것보다 그것을 참아 내는 편이 나았을지도 모른다.

영국의 정치가 에드먼드 버크Edmund Burke는 무엇이 잘못되었는지 반성하는 유명한 편지들을 썼다. 그는 사람들은 불완전하고, 우리가 성취하기를 바라는 정의의 양에는 한계가 있다고 걱정했다. 상처 난 사회를 처음부터 다시 만들 만큼 인간이 똑똑하지 않다고 불평했다. 버크는 프랑스혁명의 실패가 철학적 성찰로는 부당하게 여겨졌던 많은 제도와 관행이 유용한 목적에 기여한다는 사실을 보여 줬다고 생각했다. 이런 목적은 모호해서 제도를 파괴한 뒤에야 알아챈다. 그때가 되면 너무 늦었다. 사회와 문명은 깨지기 쉽다. 사회는 이성이 아니라 권위와 애국심을 포함한 비합리적인 신념과 미신에 의해 하나로 묶인다.

이런 생각은 현재 종종 버크 보수주의Burkean conservativism로 불린다. 기본적인 관점은 기존 제도를 근본적으로 바꿀 때 극도로 신중해야 한다는 것이다. 사회는 단순한 이론이 다룰 수 있는 것보다 훨씬 더 복잡하며, 상황을 고치려는 시도는 종종 의도치 않은 유해한 결과를 낳는다. 기존 사회제도에 찬성하는 것으로 가정할 수 있다. 기존 제도는 불공정해 보일 수 있지만, 잘 기능해 온 역사가 있다. 게다가 현존하는 법적·정치적 제도는 세대를 거치며 발전해 왔고, 적응해 왔다. 생태계를 방해하는 것을 경계하듯이, 버크 보수주의자들은 기존의 정치체제를 대체하는 것을 경계해야 한다고 생각한다. 새로운 형태의 정부를 실험하는 것은 위험하다.

프랑스혁명에 관한 버크의 우려는 타당해 보인다. 1793년 말에 합리적인 사람은 군주제를 민주공화국으로 대체하는 것은 좋지 않은 생각이라고 결론지었을 것이다. 새로운 미국에 살게 된 영국 식민지의 개척자들은 분명히 영국의 지배 아래에 있던 때보다 더 나은 삶을 누리지 못했고, 프랑스공화국은 악몽이었다. 그렇지만 이후 200년 동안 우리는 대부분의 군주제를 민주주의로 대체했고, 전반적으로 더 나아졌다. 비슷한 상황이 에피스토크라시에도 적용될 수 있다. 또는 그렇지 않을 수도 있다.

버크는 사회를 한꺼번에 처음부터 다시 만드는 것을 걱정했다. 하지만 여기저기서 작은 개선을 시도하는 것은 반대하지 않았다. 그는 소규모 실험을 선호하는 편이었다.

우리는 결과가 불확실해도 긍정적일 것으로 예상할 만한 이유가 있으므로, 처음에는 소규모로 유권자 시험제도를 실험할 수도 있다. 아마도 미국의 한 주에서 먼저 이 제도를 시도해 보는 것이 가장 좋을 것이다. 뉴햄프셔주 같은 비교적 부패하지 않은 주와 루이지애나주 같은 타락한 주에서 시작해 보면 좋을 것이다. 실험이 성공하면 규정을 확대할 수 있다.

마찬가지로 몇백 년 전에도 민주주의에 대한 경험이 거의 없었다는 것을 기억하자. 일부 사람들이 민주주의가 군주제보다 더 낫고 더 정의로운 결과를 낳는다고 믿었기 때문에 민주주의를 옹호했다. 다른 사람들은 민주주의가 훨씬 더 타락하거나 혼란에 빠질 것이라고 걱정했다. 경험 부족을 고려해 보면, 민주주의자는 합리적으로 비교적 작은 규모로 민주주의를 실험한 다음 성공한 경우에만 규모를 키우는 것에 찬성했을 것이다.

우리가 실행하고 있는 민주주의는 불공평하다. 우리는 무고한 사람의 운명을 무지하고, 잘못 알고 있으며, 비합리적이고, 편파적이며, 때로는 부도덕한 의사 결정자의 손에 맡겨서 높은 위험에 드러낸다. 에피스토크라시는 이 문제를 해결할 수 있을지도 모른다. 만약 에피스토크라시가 더 잘 작동한다면, 우리는 에피스토크라시를 택해야 한다.

하지만 에피스토크라시가 잘 작동하지 않을 수도 있다. 또는 에피스토크라시로 전환하려는 시도에 너무 큰 비용이 들거나 위험할 수도 있다. 그렇다면 시도할 수 없다. 결국, 민주주의를 위한 최고의 주장은 버크 보수주의다. 민주주의는 완전히 정의로운 사회체제는 아니지만, 다른 것으로 대체하려는 시도는 너무 위태롭고 위험하다.*

버크 보수주의는 우리에게 조심하라고 말하지만, 우리 역시 버크 보수주의를 조심해야 한다. 버크 보수주의는 상황을 더 좋게 만들려는 시도가 상황을 더 악화할 수 있다고 경고한다. 세상은 복잡하고 우리의 실험은 눈앞에서 폭발할 수도 있다. 그러나 우리는 어떤 대안에 대해서도 이 추론 과정을 반복할 수 있다.

---

* 이런 논쟁의 좋은 예는 나이트·존슨의 2011년 문헌 참고. 잭 나이트Jack Knight와 제임스 존슨James Johnson은 자신들의 주장을 "실용적"이라고 했다. 그것은 사실이지만, 결국 버크 보수주의에 근거한다.

제9장

시민의 적

AGAINST DEMOCRACY

나의 동료 시민과 전 세계 대부분의 사람은 그저 낯선 사람들이다. 나는 그들 개개인에게 별로 신경 쓰지 않을 수 있다. 하지만 그들이 시민사회나 시장경제에서 하는 역할을 되돌아보면, 그들 덕분에 나는 더 나은 삶을 살고 있다는 것을 깨닫는다. 세계 사람들은 시민사회나 시장에서의 역할로 내 삶에 작은 영향을 미치지만, 그 영향은 긍정적이다. 나는 그들이 없는 것보다 그들이 있어서 더 낫다.

하지만 불행하게도 정치는 그것을 바꾼다. 정치는 상호 존중의 이상을 위협한다.

정치는 서로를 적대시하게 한다

정치철학자들은 때때로 정치를 협조적 우정의 영역으로 묘사한다.* 그들은 종종 정치적 담론을 이상화된 철학 논쟁처럼 상상하는데, 예를 들면 이런 식이다. "자, 정의에 무엇이 필요한지 함께 계산해 봅시다! 아, 네. 나는 당신이 더 나은 주장을 한다는 것을 인정합니다. 실수를 고쳐 줘서 고

---

* 동료 시민이 친구로 보일 수 있는 다양한 의미에 대한 설명은 슈바르첸바흐Schwarzenbach의 1996년 문헌, 쿠퍼Cooper의 2005년 문헌 참고.

맙습니다. 당신 방식대로 합시다!" 현실 세계의 정치는 절대 이렇지 않다. (철학 논쟁도 마찬가지다.) 정치는 서로를 미워하게 만드는 경향이 있다. 심지어 그래서는 안 될 때조차 말이다. 우리는 세상을 좋은 편과 나쁜 편으로 나누곤 한다. 정치적 토론을 공동의 목표를 가장 잘 달성하는 방법에 대한 합리적인 논쟁이 아니라, 빛의 힘과 어둠의 힘 사이의 싸움으로 보는 경향이 있다.

걸린 것이 매우 적은데도, 주류 정치 토론이 그토록 뜨겁게 달아오르고 파멸적이라는 게 특히 이상하다. 공화당과 민주당은 많은 의견이 일치하지 않으며, 정치적 견해를 다루는 논리적 공간에서도 같은 행성은커녕 같은 태양계에 있지도 않다. 정의에 관한 심오한 질문을 놓고 토론하는 것이 아니라, 함께 수용하는 사회의 형태에 관한 표면적인 논쟁을 한다. 캠리Camry(일본 토요타자동차의 중형 세단. -옮긴이) 차를 사는 데 서로 동의하고, 이제 스포츠 패키지를 살지 하이브리드를 살지 고민하는 셈이다.

그들의 논쟁은 아주 사소하다. 최고 한계 소득세를 3퍼센트포인트 인상해야 할까? 최저임금을 그대로 둬야 할까, 아니면 시간당 3달러를 올려야 할까? 교육을 위해 연간 1조 달러를 지출해야 할까, 아니면 1조 2,000억 달러를 지출해야 할까? 고용주가 산아제한 비용을 내야 할까, 혹시 가족 회사에서 일하는 여성은 자기 지갑에서 매달 10달러에서 50달러를 내야 할까?

정치적 부족주의가 흘러넘쳐 정치 밖의 행동을 타락시킨다. 정치학자 샨토 아이엔거Shanto Iyengar와 신 웨스트우드Sean Westwood의 연구를 생각해 보자. 아이엔거와 웨스트우드는 정치적 편견이 구직자를 평가하는 방식에 얼마나 영향을 미치는지 확인하고자 했다. 그들은 1,000명 이상의 피실험자에게 고졸자의 이력서라고 알려 주고 평가하는 실험을 했다. 아이옌거와 웨스트우드는 정교하게 두 개의 이력서를 만들었다. 그중 하나는 다른 것보다 더 인상적이었다. 그다음 무작위로 구직자를 공화당원이나 민주당원으로 나누고, 다시 무작위로 정당에 대한 강력한 지지자와 약한 지지자로 설정했다. 그리고 피실험자, 즉 구직자를 평가하는 사람들의 정치 성향을 알아냈다. 강력하거나 약한 공화당원인지, 무소속인지, 강력하거나 약한 민주당원인지 말이다.

실험을 통해 아이옌거와 웨스트우드는 다음과 같은 질문에 답할 수 있었다. 공화당원 평가자는 동등한 자격을 갖춘 민주당원 구직자보다 공화당원 구직자를 얼마나 더 강하게 선호하는가? 민주당원 평가자는 자격을 덜 갖춘 민주당원과 자격을 더 갖춘 공화당원 중 한 명을 선택해야 한다면, 누구를 선호할까? 여기서 피실험자가 정치적 후보를 고르는 게 아니라는 점을 기억해야 한다. 그들은 투표하는 게 아니다. 단지 어떤 구직자가 민간 부문 일자리에 더 적합한지 질문받을 뿐이다.

결과는 우울하다. 민주당원 평가자의 80.4퍼센트가 민주당원 구직자를 선택했고, 공화당원 평가자의 69.2퍼센트가 공화당원 구직자를 선택했다. 공화당원 구직자의 자격이 더 충분한 경우에도 민주당원 평가자의 70퍼센트는 여전히 민주당원 구직자를 선택했다. 아이옌거와 웨스트우드는 "구직자의 자격은 선택에 큰 영향을 미치지 않는다"는 점을 알게 됐다. 피실험자는 구직자의 자격은 신경 쓰지 않고, 정치적 성향만 신경 썼다.*

이것은 무책임하고 타락한 행동이다. 훌리건들에게나 기대할 수 있는 행동이다. 정치는 이처럼 우리를 더 나쁘게 만든다.

평가자들은 왜 노골적인 편견을 가질까? 아마도 신뢰와 관련 있을 것이

---

* 　아이옌거·웨스트우드의 2015년 문헌.

다. 실험적 경제학자들은 신뢰 게임trust game(1995년 조이스 버그Joyce E. Berg 아이오와대 교수 등이 고안한 게임으로 투자 게임investment game으로도 불린다. 실험 결과 신뢰는 서로 주고받으면서 확장된다는 것이 확인돼 인간은 이기적이라는 주장을 반박하는 사례로 자주 인용된다. -옮긴이)을 활용해, 사람들이 다른 사람들을 신뢰하고 화답하려는 의지에 영향을 미치는 요소를 시험한다. 게임 초반에 실험자는 기부자giver로 불리는 첫 번째 참가자에게 10달러를 준다. 기부자는 자기가 돈을 갖거나 원하는 만큼 두 번째 참가자인 수취인receiver에게 줄 수 있다. 기부자가 준 금액의 3배가 수취인에게 가기 때문에, 만약 기부자가 5달러를 주면 수취인은 15달러를 받는다. 수취인은 받은 돈을 모두 자기가 가질 수도 있고, 기부자에게 얼마를 줄 수도 있다. 만일 서로 완벽하게 신뢰하는 두 사람이 게임을 한다면 기부자가 수취인에게 10달러를 주고, 수취인은 절반(15달러)을 기부자에게 돌려줄 것이다.

아이옌거와 웨스트우드는 신뢰 게임에서 정치적 관계의 차이가 상호 신뢰를 감소시킨다는 것을 알아냈다. 한 실험에서 민주당원 기부자가 민주당원 수취인에게 줄 때보다 공화당원 수취인에게 13퍼센트가량 적게 주는 것을 발견했다. 공화당원 기부자는 공화당원 수취인에게 줄 때보다 민주당원 수취인에게 줄 때 5퍼센트를 적게 줬다. 적은 양처럼 보이지만, 같은 실험에서 아이옌거와 웨스트우드는 인종 차이가 신뢰에 미치는 영향은 전혀 없다는 점을 발견했다. 즉 백인과 흑인은 인종이 달라도 신뢰 정도가 비슷했다. 따라서 인종보다 정치 성향이 더 분열을 초래하며, 인종 편견을 억누를 의지보다 정치적 불일치의 결과로 나타나는 상호 무시를 억누를 의지가 더 적다는 것을 알 수 있다.

이러한 효과의 크기가 작아 보인다면, 이 게임이 참여자의 편견에 불이익을 주도록 설계된 것임을 기억하자. 참여자들은 실제로는 중요한 것을

걸고 있다. 기부자가 수취인의 신뢰도를 과소평가하면 받는 돈이 적어진
다. 그러므로 게임의 참여자들은 현실에서보다 편견을 덜 가져야 한다.

반면 투표소와 민주적 토론장에서는 유권자가 이런 편견을 갖고 있다
는 이유로 처벌할 수 없다. 개개인의 투표는 중요하지 않고 다른 사람을
미워하는 것은 재밌기 때문에, 유권자는 자신의 부족적 편견을 표현하는
방식으로 투표할 마음이 생기게 된다.* 신뢰 게임에서 내가 공화당원의 신
뢰를 과소평가하면, 나는 손해를 본다. 하지만 투표소에서는 공화당이 여
성을 싫어하기 때문에 합법적 낙태에 반대하거나, 민주당이 미국을 싫어
하기 때문에 국기를 태우는 것을 허용하기를 원한다는 식의 편협한 환상
에 빠져들 수 있다.

이 연구에 대한 최근 논평에서 법률 이론가인 카스 선스타인Cass
Sunstein은 1960년에는 '당신의 자녀가 상대편 당원과 결혼한다면 어떻
겠는가?'라는 질문에 공화당원과 민주당원의 4~5퍼센트가 "불쾌하다"
라고 답했다고 지적했다. 지금은 공화당원의 약 49퍼센트와 민주당원의
33퍼센트가 불쾌하다고 인정한다.** 선스타인은 현재 명백한 '당파주의
partyism', 즉 다른 정당 사람에 대한 편견이 명백한 인종차별보다 더 흔하
다고 말한다. 사실 암묵적 당파주의가 암묵적 인종차별보다 더 강력한 것
같다.*** (정당들이 과거보다 더 양극화된 것이 일부 이유일 것이다.)

이런 연구 결과들은 당황스럽다. 어떤 사람들은 공유된 도덕적 가치를

---

* 이 설명을 확인하는 실험적 증거는 웨이츠Waytz·영Young·김스Ginges의 2014년 문헌 참고.
** 선스타인의 2014년 문헌, 아이엔거와 소드Sood·렐케스Lelkes의 2012년 문헌에서 인용.
*** 아이엔거와 웨스트우드 또한 암묵적 연관성을 실험하고, 다른 인종보다 경쟁 정당과 더 맹렬
한 부정적 연관성을 발견한다. 물론, 지금의 공화당과 민주당은 1950년대보다 이념적으로 더
다르다. 1950년대에 상하 양원의 공화당과 민주당은 이념적으로 겹치는 부분이 많았다. 일부
민주당원은 일부 공화당원의 오른쪽에 있기도 했다. 하지만 이제 의회의 모든 공화당원은 의
회의 모든 민주당원 오른쪽에 있다.

실현하는 방식이나 도덕과 정의가 요구하는 것에 관해 정직한 선의의 논쟁을 벌인다. 우리는 서로를 적으로 보지 않고 그런 논쟁을 해낼 수 있어야 한다. 물론 몇몇 이해할 수 없는 도덕적 불일치도 있다. 만약 누군가가 유대인 대학살을 옹호한다면, 결코 좋은 사람이 아니다. 그러나 최저임금이 득보다 실이 많은지에 대한 의견 불일치는 상호 불신의 근거가 되지 못한다.

우리는 정치적 논쟁자를 합리적 의견 차이를 지닌 사람으로 보기보다 어리석고 사악한 사람으로 보는 편견이 있다. 모든 것을 고려했을 때, 이러한 편견은 정치와의 결별을 지지한다. 그런 사람은 가능한 한 정치를 피하기를 바란다. 만약 사람들이 우리의 동료 시민을 상호 이익을 위한 협조적 모험에 기여하는 친구로 보길 원한다면 말이다.

정치가 우리를 진정한 적으로 만드는 두 가지 방법

정치의 문제는 생각보다 훨씬 심각하다. 서로를 적대시해서는 안 될 때 적으로 보게 만드는 정도가 아니다. 오히려 정치가 우리를 진정한 적대 관계에 빠뜨리곤 한다. 정치는 서로를 진정한 적으로 만든다. 민주주의 정치의 구조는 정치적으로 활동적인 시민 대부분, 심지어 나와 정치적 신념을 공유하는 시민 대부분을 경멸할 이유를 준다. 이웃이 선거일에 투표함으로써 나의 적이 되고, 나는 그들의 적이 된다.

일반적으로 적이란 나를 미워하고, 의식적으로 내가 아프기를 바라며, 내게 해로운 일을 하는 사람이다. 이런 의미에서 정치에 참여하는 소수의 사람만이 나의 적이 될 수 있다. 제2장에서 보았듯이, 대부분 유권자는 자신이 국익이라고 여기는 것에 투표한다. 유권자는 순수하게 돕고 싶어 하며, 동료 시민을 위해 상황을 악화시키지 않고 더 좋게 만들려고 투표한 다고 진심으로 믿는다. 유권자의 동기는 순수하고 좋아 보인다. 나의 동료 시민 몇몇은 정치적 절차를 이용해 나 또는 나 같은 사람에게 해를 끼치려 고 하지만, 대부분은 그렇게 생각하지 않는다. 내가 자신과 반대의 견해를 지닌 것이 싫을 수도 있지만, 나를 해치기 위해 투표하지는 않는다.

그러나 정치가 우리를 적으로 만드는 두 가지 감각이 있다. 첫째, 정치 는 우리를 내가 *상황적인 적*situational enemy이라고 이름 붙인 것으로 만드 는 경향이 있다. 정치는 승자와 패자가 있는 제로섬 게임이다. 서로를 싫어 할 본질적인 이유가 없는데도, 정치는 서로를 반대하고 서로의 이익을 훼 손할 명분이 있는 적대적 관계로 만든다. 둘째, 동료 시민 대부분이 나를 해치고 싶다는 표현을 하지는 않아도 그걸 원한다는 느낌이 있다. 그들은 나와 내 아이들에게 도움을 주고 싶어도, 사실은 해가 되는 일을 하려고 한다. 정치적 결정에는 중대한 이해관계가 걸려 있지만, 현실 세계에서 정 치와 관련된 대부분의 사람은 적절한 주의와 역량을 발휘해서 결정 내리 지 못한다. 그들은 나를 과도한 위험에 노출시킨다. 나와 내 아이들을 위 험한 상태에 빠뜨리는 태만한 음주 운전자를 증오할 이유가 있듯이, 나의 동료 시민 대부분이 정치에 관여할 때마다 그들을 증오할 이유가 있다. 아 니라면 내가 그렇다고 주장할 것이다.

상황적인 적

우리가 서로 미워할 본질적인 이유가 없는데도 서로 적이 되는 시나리

오가 있다.

철학자 토마스 홉스Thomas Hobbes가 『리바이어던Leviathan』에서 묘사한 '자연 상태state of nature'를 생각해 보자. 자연 상태는 인간이 사회와 문명 밖에서 살아가는 가상의 시나리오다. 홉스는 자연 상태의 인간은 계약을 강요하거나 포식자를 견제할 어떠한 메커니즘도 없으므로 서로를 믿지 않을 것이라고 주장한다. 기본적인 상호 신뢰조차 없다면 자연 상태는 만인에 대한 만인의 전쟁a war of all against all이 될 것이라고 한다. 이러한 조건에서 삶은 "고독하고, 가난하고, 고약하고, 야만적이고, 짧을 것"이라고 결론짓는다. 홉스는 우리가 더 나은 상황에서는 평화롭거나 심지어 친구가 될지라도, 자연 상태에서 서로의 적이 된다고 생각한다.

당신과 내가 고대 로마의 죄수라고 상상해 보자. 우리 둘 다 도덕적으로 잘못한 게 없는데도, 범죄가 아닌 일로 비난받는다. 예컨대 당신은 제우스를 숭배하는 것을 거부했고, 나는 노예가 주인에게서 도망치는 것을 도왔다가 그렇게 됐다. 피에 목마른 야만적인 로마인들은 우리가 검투장에서 죽을 때까지 싸우게 한다.

몽둥이를 집어 들면 우리는 서로 적이 된다. 나는 본래 당신에게 아무런 원한이 없다. 경기장 밖에서는 당신을 좋아할 수도 있고, 친구나 동료가 될 수도 있다. 하지만 경기장 안에서는 어쩔 수 없이 충돌한다. 당신 아니면 나다. 우리는 서로 죽기를 원한다. 당신은 나의 상황적인 적이 된다. 즉 당신이 누구라거나 당신이 한 일 때문이 아니라, 단지 상황이 우리를 서로 경쟁하게 만들었기 때문에 반대하고 공격할 이유가 있다.

이 시나리오에서 문제는 우리가 비자발적이며, 이해득실이 큰 제로섬 게임에 갇혀 있다는 것이다. 경제학에서 제로섬 게임은 다른 사람이 져야 누군가가 이길 수 있고, 다른 사람이 지는 만큼만 누군가가 이길 수 있는 상황이나 상호작용을 말한다.

예를 들어, 포커는 일반적인 제로섬 게임이다. 나는 테이블에 있는 다른 참가자들이 잃는 만큼만 돈을 벌 수 있다. 하지만 포커는 정치보다 훨씬 더 훌륭한 제로섬 게임의 사례다. 포커를 할 때는 강제가 아니라 자발적으로 참가한다. 내가 도박을 선택했기 때문에 돈을 잃어도 다른 참가자를 원망하지 않는다.

정치적 결정이 내려졌을 때, 나는 강제로 참가하게 된다. 나는 포커를 하지 않기로 선택할 수 있지만 국가안보국NSA, 이라크 침공, 시리아 폭격, 마리화나 처벌법에 자금을 지원하지 않기로 선택할 수는 없다. 당신이 이 글을 읽을 때 현직 대통령이 누구든지 나의 보스가 되는 것을 원하지 않지만, 일가족을 데리고 막대한 비용을 들여서 해외로 도피하지 않는 한 선택할 수 없다.

나는 민주적인 정치적 의사 결정 과정의 다음과 같은 특징이 우리를 상황적인 적으로 만드는 경향이 있다고 주장한다.

- 정치적 결정에는 *제한된 선택권들이* 포함된다. 정치에서는 보통 실행할 수 있는 선택이 극소수에 불과하다.
- 정치적 결정은 독점적이다. 모든 사람이 똑같은 결정을 받아들여야 한다.
- 정치적 결정은 폭력을 통해 무심결에 강요된다.

정치적 의사 결정은 제한되고 독점적이며 폭력에 의해 강요되기 때문에, 정치적 의사 결정 과정은 갈등의 체계가 된다.

정치적 선택권은 제한적이고 독점적이다

당신이 새 세단을 사기 위해 자동차 매장에 왔다고 가정해 보자. 미국에서는 300개 이상의 새로운 모델을 선택할 수 있으며, 가격은 1만 2,000달러 미만에서 40만 달러 이상까지 다양하다. 세단을 사려는 사람들은 모두 똑같은 차를 원하지 않는다. 나는 차량 출력과 핸들링을 중요하게 보지만, 내 쌍둥이 형은 그렇지 않다. 그는 단지 A에서 B로 가는 가장 저렴한 방법을 원할 뿐이다.

그렇다면 가장 좋은 세단은 무엇일까? 진정한 해답은 없다. 사람에 따라 더 좋은 세단과 더 나쁜 세단이 있을 뿐이다. 어떤 사람에게는 BMW 3시리즈가 가장 좋을 것이다. 다른 사람에게는 마쓰다 3이 가장 좋을지도 모른다. 누군가에게는 초라한 닛산 베르사가 최선의 선택일 수 있다. 누구에게나 나름대로 최고의 세단이 있을 수 있지만, 우리 모두에게 최고의 세단은 없다.

최고의 세단이 무엇인지 묻는 대신 최고의 사회가 무엇인지, 최고의 제도와 법은 무엇인지, 최고의 지도자는 누구인지 묻는다면 어떨까? 이러한 질문에 대해 모든 사람에게 최고의 답이 있다고 생각할 만한 이유가 있을까?

가족용 세단을 선택할 때 300개의 선택지가 있듯이, 투표할 때도 300개의 선택지를 가질 수는 없다. 대부분의 민주주의 국가에서는 소수의 선택지만 주어진다. 미국에는 두 개의 선택지가 있다. (이것은 미국 정치의 우연한 특징이 아니다. 미국의 투표 체계는 제삼자를 생존 불가능하게 만든다.)[*]

---

[*] 리커Riker의 1982년 문헌.

문제는 선택지가 제한적일 뿐만 아니라 좋지 않다는 것이다. 앞 장에서 내내 논의했듯이, 민주주의 정부가 하는 모든 일 또는 대부분의 일은 유권자의 집단적 선호의 직접적인 결과는 아니다. 그럼에도 불구하고 유권자는 선거에서 승자를 선택하게 된다. 게다가 투표용지에 있는 후보의 자질은 유권자의 자질에 크게 좌우된다. 앞 장에서 보았듯이, 유권자의 질이 낮기 때문에 민주주의는 질이 떨어지는 후보를 제공할 것이라고 예상할 수밖에 없다.* 민주주의 사회가 선거 전에 어떤 식으로든 최고의 후보 두세 명을 결정하고, 이 엘리트 집단에서 최고를 뽑는다고 생각할 만한 근거는 거의 없다. 대신에 앞 장에서 보았듯이, 유권자가 더 잘 알게 되면 다른 정책 선호를 가지고 다른 후보를 선호하게 될 것이다.

내가 이 문장의 초고를 쓰던 날, 미국에서 가장 많이 팔린 앨범은 시아 Sia(호주의 여성 싱어송라이터로 카리스마 있는 자유롭고 몽환적인 보컬로 대중을 사로잡았다. 〈공포의 1,000가지 형태1000 Forms of Fear〉 앨범의 타이틀곡 〈샹들리에Chandlier〉는 국내에도 많이 알려졌다. -옮긴이)의 〈공포의 1,000가지 형태〉였다. 나는 시아의 음악이 단순하고 짜증스럽다. 나는 프로그레시브 메탈 밴드 오페스Opeth를 훨씬 더 좋아한다. 하지만 시아의 인기는 내 삶을 더 좋거나 나쁘게 만들지 않는다. 나는 시아의 음악을 듣지 않기로 간단하게 결정할 수 있다. 사실 나는 이 문단을 쓰기 전까지 시아에 대해 들어 본 적이 없고, 시아의 음악도 들어 본 적이 없다. 의견을 말하기 위해 〈빌보드 200〉에서 베스트셀러 앨범을 찾아보고 아이튠즈에서 시아의 노래를 들어야 했다.

혹은 이것을 생각해 보자. 피자헛은 미국에서 가장 인기 있는 피자 체인점이다. 하지만 나는 그곳의 피자가 형편없다고 생각한다. 나는 음식에 까

---

* 예를 들어, 나겔Nagel 2010년 문헌, 에를링거 등의 2008년 문헌, 더닝 등의 2003년 문헌, 크루거·더닝의 1999년, 2002년 문헌 참고.

다로운 사람은 아니지만, 장작불로 구운 피자리아 오르소의 나폴리 피자를 훨씬 더 좋아한다. 피자헛이 인기 있어도 나에게는 별 차이가 없다.* 다시 그곳에서 먹어야 할 이유가 되지 않는다.

대신 우리가 무엇을 먹거나 들을 때 민주적 투표를 통해 결정하기로 했다고 상상해 보자. 모두를 위해 하나의 피자 업체나 한 사람의 음악가를 선택해야 한다고 가정하자. 도미노와 피자헛의 대결이 될 것이고, 피자리아 오르소는 탈락이다. 저스틴 비버Justin Bieber와 시아의 대결이 될 것이며, 오페스는 탈락한다. 만약 이러한 시장의 결정을 정치적 결정으로 바꾼다면, 아마도 모든 사람이 피자헛을 먹고 시아의 노래를 들어야 한다고 결정할 것이다.

정치 평론가 아론 로스 파월Aaron Ross Powell과 트레버 버러스Trevor Burrus는 이 모든 것이 갈등을 일으키는 이유를 이렇게 설명한다.

> 정치는 일련의 가능성을 종종 두 개의 개별적인 작은 집단으로 바꾼다. 이 사람이 당선되거나 저 사람이 당선되거나 둘 중 하나다. 주어진 정책이 법이 되든지 안 되든지 둘 중 하나다. 결과적으로 정치적 선택은 가장 큰 영향을 받는 사람에게는 매우 중요하다. 선거 패배는 가능성을 잃는 것이다. 이러한 흑백의 선택은 정치가 종종 과거에는 없던 문제를 만들어 낸다는 것을 의미한다. 예를 들어 공동체로서, 국가로서 우리가 아이들에게 창조론이나 진화론을 가르칠 것인가의 '문제' 같은 것 말이다.**

---

*   약간의 차이가 있다는 것은 인정한다. 시아의 음악이 인기 있다면, 쇼핑할 때 배경 음악으로 들려 올 가능성이 높다. 하지만 만약 피자리아 오르소가 피자헛만큼 인기 있다면, 나는 거의 모든 곳에서 맛있는 피자를 살 수 있을 것이다.

이에 대해 철학자 데이비드 슈미츠David Schmidtz와 크리스토퍼 프라이 만Christopher Freiman은 다음과 같이 덧붙인다.

> 정치적 관리의 대상이 되는 쟁점이 적을수록, 논쟁적 문제에 대한 합의 는 시급하지 않다. 예를 들어, '일률적인' 자동차 모델을 선택하는 것은 현재 정치적 갈등의 근원이 아니다. 개개인은 다양한 종류의 자동차를 둘러보고 필요와 예산에 가장 적합한 것을 산다. 지역 사회의 모든 구 성원에게 적합한 차일 필요는 없다. 정당들은 적절한 자동차나 적절한 신발 크기에 관한 질문을 국민투표에 부치지도, 다수결 결정을 강행하 지도 않는다. 이와 비슷하게 우리는 다원주의의 입장에서 종교, 교육, 의학 등과 관련된 모든 분열적인 정치적 문제에 일률적인 해결책을 제 시하지 않는다. 대조적으로 정치, 심지어 민주적 정치의 범위 안 쟁점에 서는 소수자가 자신이 소외된 것을 발견할 위험이 있다.***

정치적 선택은 제한되어 있다. 여러 가지 옵션이 있지만, 어떤 결정이든 몇 가지 옵션만 제공된다. 정치적 결정은 또한 독점적이다. 결정 후에는 선 택지가 하나밖에 남지 않고, 모두가 받아들여야만 한다.

정치 이외에는 당신과 나의 취향이 다르다는 사실은 별 상관이 없다. 나 는 당신의 선호를 인정할 수 있고, 심지어 어떤 경우에는 그것을 축하할 수도 있다. 왜냐하면 당신의 선호는 나에게 비용을 부과하지 않기 때문이

** 아론 로스 파월·트레버 버러스, 「정치는 우리를 더 나쁘게 만든다Politics Makes Us Worse」 (www.Libertarianism.org 2012. 9. 13.).

*** 슈미츠·프라이만의 2012년 문헌 발췌.

다. 하지만 우리가 일단 정치적인 결정을 내리면, 그와 다른 당신의 선호는 진짜 갈등의 원인이 된다. 당신의 방식대로 길을 가는 것은 나의 길을 막는 것이다.

정치적 결정은 폭력을 통해 무심결에 강요된다

정치적 결정의 문제는 우리 뜻대로 되지 않는다는 것만이 아니다. 문제는 이런 결정이 보통 우리의 의지와는 달리, 폭력의 위협으로 강요된다는 점이다.

정부는 우리가 선의로 규칙을 따르기를 바라며 그렇게 하라고 조언만 하지는 않는다. 폭력 또는 폭력의 위협으로 법과 규칙을 강제한다.

휴머가 제시한 사례를 수정해서 이 점을 설명하겠다. 당신이 헬멧을 쓰지 않고 오토바이를 타다가 100달러짜리 교통법규 위반 딱지를 받는다고 상상해 보자.* 정부는 딱지를 발행하면서 100달러를 내라고 명령한다. 당신이 즉시 벌금을 내지 않으면, 정부는 더 많은 명령으로 대응한다. 편지를 보내서 더 많은 금액을 내라고 할 것이다. 그래도 무시하면, 면허를 취소해서 운전하지 말라는 명령을 내린다. 이제 당신이 이러한 명령을 무시하고 계속 운전한다고 가정해 보자. 결국 정부는 당신을 체포해서 수감할 것이다. 체포될 때 복종하라는 명령에 주의를 기울이지 않으면, 공무원들은 당신을 물리적으로 폭행하고 필요하다면 죽일 것이다.

누군가가 "X를 요구하는 법이 있어야 한다"고 말하는 것은 사실상 "사

---

* 이것은 휴머의 2013년 문헌을 수정한 것이다.

람들이 X를 하지 않는다면 나는 폭력으로 사람들을 위협하고 싶다"고 말하는 것이다. 정치적 대결은 상대방이 자신의 의지에 굴복하도록 강요할 힘을 누가 획득할 것인가를 둘러싼 싸움이다. "고용주가 고용인의 피임 비용을 지불해야 한다"는 말은 "나는 고용인의 피임 비용을 지불하지 않는 고용주에게 폭력을 행사하는 것을 지지한다"는 것이다. "코카인은 불법이어야 한다"는 말은 "나는 코카인을 코로 흡입하는 사람들에게 폭력을 사용하는 것을 지지한다"는 것이다. "식당 주인은 법에 따라 메뉴판에 영양 분석 표시를 의무화해야 한다"는 말은 "식당 주인이 메뉴에 영양 분석 표시를 하지 않는 경우 폭력을 행사하는 것을 지지한다"는 것이다. "국기를 태우는 것은 불법이어야 한다"는 말은 "국기를 태우는 사람들에게 폭력을 사용하는 것을 지지한다"라는 것이다. 아마도 이러한 폭력의 일부는 정당화될 것이다. 나는 그게 아니라고 주장하지 않았다. 여기서 나의 요점은 정치적 결정은 제도화된 폭력을 통해 집행된다는 것이다.*

만인의 만인에 대한

정치심리학의 연구 결과를 검토해 보면, 사람들이 단순한 정치적 의견 불일치 때문에 서로를 싫어하는 경향이 있다는 것을 알 수 있다. 철학 세미나에서조차 학생 절반은 고전적 자유주의를 옹호하고 나머지 절반은

---

* 이에 대해 한 동료가 "많은 비정치적 제도가 폭력을 통해 집행되지 않습니까? 예를 들어, 재산권은 궁극적으로 폭력을 통해 강제로 집행할 수 있습니다"라고 말했다. 맞는 말이지만, 나는 이것이 특정 수준의 추상화가 얼마나 오해를 불러일으킬 수 있는지도 보여 준다고 생각한다. 거기엔 정도의 차이가 있다.

공산주의를 옹호한다면, 10년 후 고전적 자유주의자들은 공산주의자들보다 서로 더 가까운 친구가 될 가능성이 크며, 그 반대의 경우도 마찬가지다.

단순히 정치적으로 다른 견해를 갖는 것과 그에 따라 행동하는 것 사이에는 큰 차이가 있다. 일단 한 무리의 사람들이 집과 학교를 떠나 기부, 선거운동, 피켓 시위, 또는 투표를 시작하면 집단적인 정치적 태도와 행동은 진짜 차이를 만들기 시작한다. 단지 다른 견해를 옹호하는 것이 아니라, 동의하지 않는 다른 사람에게 자신의 견해를 강요하기 위해 노력한다.

정치적 결정은 실제 갈등으로 이어진다. 집단적인 정치 결정을 내릴 때는 단지 몇 가지 선택권만 갖는 경우가 많다. 결정 이후 우리는 하나의 선택지에 갇히고, 그 선택지는 폭력으로 집행된다. 정치는 우리를 검투장 같은 불편한 상황에 놓이게 한다. 만약 당신이 상대 팀이라면, 말 그대로 당신의 뜻에 따르라고 강요하는 셈이다. 그런 이유로 나는 당신을 싫어할 근거가 있다. 우리가 이런 갈등에 빠진 건 당신 잘못이 아니겠지만, 어쨌든 우리는 갈등을 겪고 있다. 당신이 싸우려고 몽둥이를 잡자마자, 나는 내 것을 집어 든다.

확장적 정치를 선호하는 사람들은 "물론, 정치적 결정은 이런 특징이 있다. 그러나 이것이 우리를 정말로 상황적인 적으로 만든다고 말하지 말고, 타협해야 할 상황을 만든다고 말하는 것은 어떨까?"라고 대응할 것이다.

사람들이 집단적인 결정을 내려야 하는 핵심 문제들이 있을 수 있다. 나는 여기서 무엇이 그 문제들에 해당하는지 분명히 말하지 않을 것이다. 대신에 이 문제들은 실제로 집단적 통제에 맡기는 것보다 확실히 더 작다고 간단히 언급한다. 나의 좌파와 우파 친구들은 동의한다. 왜냐하면 나는 그들이 서로 정치의 영역이 돼서는 안 될 것을 정치적 문제로 취급한다고 불평하는 것을 자주 보기 때문이다. 우리 모두 실제 정치의 범위가 종종 필요한 정치의 범위보다 크다는 것에 동의하는 듯하다.

무능한 왕의 죽음을 위한 건배

민주주의가 우리를 적으로 만드는 또 다른 방법이 있다. 이전 장에서 나는 정치적 두뇌에 대한 경험적 연구의 많은 부분을 상세히 검토했다. 나는 대부분의 민주적 시민이 호빗과 훌리건이라는 것을 보여 주었다. 대부분의 호빗은 잠재적 훌리건이다. 대부분의 유권자는 무지할 뿐만 아니라 잘못된 정보를 가졌으며 비합리적이다. 무지와 비합리성은 회복력이 있다. 사람들은 합의에 도달하거나 더 많은 것을 배우려는 시도를 거부한다. 사람들은 똥고집을 부린다. 무지와 비합리성을 없애려는 시도는 문제를 더 악화시킨다. 민주적 숙의를 포함한 정치 참여는 우리를 고상하게 하고 계몽하기보다 타락시키고 어리석어 보이게 할 가능성이 크다.

호빗과 훌리건은 나에게 정치권력을 휘두른다. 권력을 휘두르면서 남을 도우려는 의도라고 한다. 그들은 매우 무능한 방식으로 권력을 휘두른다. 이것은 내가 그들을 미워하고 적대시할 수 있는 이유이며, 나 또한 그들의 적으로 여겨질 수 있는 이유다.

제6장에 나오는 무능한 칼 왕의 이야기를 떠올려 보자. 칼은 국민을 더 잘 살게 해 주고 싶어 한다. 하지만 자신이 무엇을 하고 있는지 제대로 알지 못한다. 자신이 필요로 하는 정보가 없고, 자신이 가진 작은 정보도 신뢰할 수 있는 방식으로 추론하지 않는다.

칼은 좋은 의도를 가졌지만, 위험한 사람이다. 그는 이렇다.

- 칼은 국민에게 그런 식으로 상처를 주고 싶지 않지만, 실제로는 종종 상처 주기를 원한다.
- 칼은 국민에게 그런 식으로 과도한 위험을 부담시키고 싶지 않지만, 실제로는 종종 과도한 위험을 부담시키는 방식으로 행동하기를 원한다.
- 칼은 자신이 무능하다는 증거를 충분히 갖고 있지만, 별로 신경을 쓰지 않으며 증거를 합리적으로 처리하지도 않는다. 따라서 그는 자신의 무능함을 줄이거나 그것으로부터 국민을 보호하기 위해 어떤 조치를 취하지도 않는다.

위의 내용에 비추어 볼 때, 칼의 국민은 그를 경멸할 만한 충분한 이유가 있다. 칼은 거의 매번 결정을 내릴 때마다 국민에게 심각한 손해를 끼친다. 만약 국민의 운이 좋다면, 칼은 괜찮은 정책이나 좋은 정책을 선택할 것이다. 하지만 그럴 때도 칼은 자신이 무엇을 하는지 모른다. 칼이 좋은 결정을 내리는 것은 우연이다. 만약 국민의 운이 나쁘면, 칼은 심각한 해를 끼친다. 그는 무책임한 방식으로 엄청난 권력을 휘두른다.

칼의 국민이 술집에서 잔을 들고 왕이 빨리 죽기를 기원해도 나는 놀라지 않을 것이다. 국민은 그것이 조금 찝찝할 수도 있다. 결국 칼은 진심으로 좋은 의도를 가졌다. 그럼에도 불구하고 국민은 칼을 자신과 후손의 안녕에 대한 위협으로 보는 것이 옳다.

현대 민주주의 국가에는 머리가 하나인 무능한 왕이 아니라, 머리가 여럿 달린 무능한 왕이 있다. 민주주의에서 무능하고 무책임한 통치자는 성에 있는 수염을 기른 사람이 아니라, 내가 보는 거의 모든 사람이다. 만약 칼의 무책임한 행동이 국민에게 그를 미워할 근거를 제공한다면, 나도 동료 시민을 미워할 이유가 있다.

의식적으로 '이 정치인이 정말 남에게 피해를 줬으면 좋겠다'고 생각하는 유권자는 거의 없다. 하지만 정치적으로 활동적인 대다수 시민에게는 동료 시민에게 해를 끼치거나 부당한 위해를 가하려는 듯한 분위기가 있다.

이것을 설명하기 위해 나의 이전 책인 『투표 윤리학』에서 처음 소개했던 베티 베네볼런스라는 가상의 인물을 생각해 보자. 베티는 다른 사람을 돕고 싶은 욕구가 넘친다. 하지만 실제로 다른 사람에게 도움이 되는 것이 무엇인지에 관한 잘못된 믿음이 있다. 베티는 항상 사람들을 도우려고 노력하다가 오히려 해를 끼친다. 예를 들어, 물에 빠진 아이를 보면 얼굴에 물을 뿌린다. 아픈 남자를 보면 천연두를 주사한다. 고통받는 누군가를 보면 정강이를 걷어찬다. 베티는 다른 사람을 돕고 싶어 하지만, 동시에 실제로 상처 주는 일을 하려고 한다. 베티는 사람들을 다치게 하고 싶은 욕망이 있다고 말하지는 않지만, 그러려는 듯한 분위기가 있다.*

아니면 외과 의사 새미가 진심으로 환자를 돕고 싶어 한다고 가정해 보자. 새미는 환자를 도우려고 할 때 믿을 수 없는 방법을 쓴다. 환자가 아프다고 호소할 때마다 해부도를 놓고 다트를 던진다. 그다음 환자에게 다트로 맞춘 신체 기관이나 부위를 제거하라고 권한다. 새미는 진심으로 그의 다트가 환자에게 가장 좋은 치료법을 골라 준다고 믿는다. 새미는 사람들을 돕기를 원하지만, 동시에 실제로 해를 끼칠 수 있는 과도한 위험을 드러내는 일을 하고 싶어 한다. 새미는 환자를 과도한 위험에 노출하고 싶은

---

* 엄밀히 말하면, 베티에게는 다른 사람을 해치려는 욕구가 있지만 도와주고 싶은 욕구도 있다.

욕망이 있다고 말하지는 않지만, 그러려는 듯한 분위가 있다.*

투표하는 대중은 대부분 칼, 베티, 또는 새미처럼 행동하는 훌리건이다. 세 사람은 스스로 나를 적이라고 여기지는 않지만, 실제로 나에게 해를 끼치거나 큰 위험에 빠뜨릴 만한 일을 하고 싶어 한다. 그들의 마음에는 사랑밖에 없지만, 그들의 행동은 내가 그들을 미워하고 아프길 바라는 이유가 된다.

나는 이것을 과장하고 싶지 않다. 칼은 무능하지만, 많은 유능한 각료가 칼의 뒤에서 비교적 현명한 결정을 내린다고 가정해 보자. 그러면 칼의 국민은 그를 조금 덜 미워할 근거가 생길 것이다. 마찬가지로 제7장에서 논의했듯이, 현대 민주주의 정부의 공직자들은 종종 무능한 유권자가 지지하지 않는 일을 하면서 예상보다 더 잘 해낸다. 그렇다면 내가 동료 유권자를 경멸할 근거가 약해진다.

시민사회에서, 나의 동료 시민 대부분은 내 공공의 친구이며 훌륭한 협력 제도의 한 부분이다. 민주주의의 혐오스러운 특징 중 하나는 이 사람들을 나의 행복을 위협하는 존재로 바꿔 버린다는 것이다. 나의 동료 시민은 위험하고 무능한 방법으로 나에게 권력을 행사한다. 이것이 시민을 나의 적으로 만든다.

---

* 새미는 환자에게 과도한 위험을 부과하려는 욕구가 있지만, 과도한 위험에 노출하지 않으려는 욕구도 있다.

Alesina, Albert, Enrico Spolaore, and Romain Wacziarg. 2005. "Trade, Growth, and the Size of Countries." In *The Handbook of Economic Growth, Volume 1B*, edited by Philippe Aghion and Steven Durlauf, 1499–1542. Amsterdam: Elsevier.

Alston, Richard M., J. R. Kearl, and Michael B. Vaughan. 1992. "Is There a Consensus among Economists in the 1990s?" *American Economic Review* 82:203–209.

Althaus, Scott. 1998. "Information Effects in Collective Preferences." *American Political Science Review* 92:545–558.

————. 2003. *Collective Preferences in Democratic Politics.* New York: Cambridge University Press.

Alvarez, Michael. 1997. *Information and Elections.* Ann Arbor: University of Michigan Press.

Anderson, Elizabeth. 2009. "Democracy: Instrumental vs. Non-Instrumental Value." In *Contemporary Debates in Political Philosophy*, ed. Thomas Christiano and John Christman, 213–228. Malden, MA: Blackwell.

Ansolabehere, Stephen, John M. de Figueiredo, and James M. Snyder Jr. 2003. "Why Is There So Little Money in U.S. Politics?" *Journal of Economic Perspectives* 17 (1): 105–130.

Asch, Solomon E. 1952. *Social Psychology.* New York: Prentice Hall.

————. 1955. "Opinions and Social Pressure." *Scientific American* 193 (5): 31–35.

Ballew, Charles C., II, and Alexander Todorov. 2007. "Predicting Political Elections from Rapid and Unreflective Face Judgments." *Proceedings of the National Academy of Sciences* 104:17948–17953.

Barry, Brian. 1965. "The Public Interest." In *Political Philosophy*, edited by A. M. Quinton, 45–65. New York: Oxford University Press.

Bartels, Larry. 1996. "Uninformed Votes: Information Effects in Presidential Elections." *American Political Science Review* 40:194–230.

Baumgartner, Barry, Jeffrey M. Berry, Marie Hojnacki, David C. Kimball, and Beth L.

Leech. 2009. *Lobby and Policy Change: Who Loses, Who Wins, and Why.* Chicago: University of Chicago Press.

Berggren, Niclas, Henrik Jordahl, and Panu Poutvaara. 2010. "The Right Look: Conservative Politicians Look Better and Their Voters Reward It." Working Paper Series 855, Social Research Institute of Industrial Economics.

Berlin, Isaiah. 1998. "Two Concepts of Liberty." In *The Proper Study of Mankind: An Anthology of Essays.* New York: Farrar, Straus and Giroux.

Berns, Gregory S., Jonathan Chappelow, Caroline F. Zink, Guiseppe Pagnoni, Megan E. Martin-Skurski, and Jim Richards. 2005. "Neurobiological Correlates of Social Conformity and Independence during Mental Rotation." *Biological Psychiatry* 58:245–253.

Birch, Sarah. 2009. *Full Participation: A Comparative Study of Compulsory Voting.* Manchester, UK: Manchester University Press.

Boukus, Ellyn R., Alwyn Cassil, and Ann S. O'Malley. 2009. "A Snapshot of the U.S. Physicians: Key Findings from the 2008 Health Tracking Physician Survey." *Data Bulletin* 35. http://www.hschange.com/CONTENT/1078/ (accessed January 8, 2016).

Brennan, Geoffrey, and James Buchanan. 1984. "Voter Choice." *American Behavioral Scientist* 28:185–201.

Brennan, Geoffrey, and Alan Hamlin. 2000. *Democratic Devices and Desires.* New York: Cambridge University Press.

Brennan, Geoffrey, and Loren Lomasky. 2003. *Democracy and Decision: The Pure Theory of Electoral Preference.* New York: Cambridge University Press.

Brennan, Jason. 2011a. *The Ethics of Voting.* Princeton, NJ: Princeton University Press.

———. 2011b. "The Right to a Competent Electorate." *Philosophical Quarterly* 61:700–724.

———. 2012a. *Libertarianism: What Everyone Needs to Know.* New York: Oxford University Press.

———. 2012b. "Political Liberty: Who Needs It?" *Social Philosophy and Policy* 29:1–27.

———. 2013. "Epistocracy and Public Reason." In *Philosophical Perspectives on Democracy in the Twenty-First Century,* edited by Ann Cudd and Sally Scholz, 191–204. Berlin: Springer.

———. 2014. *Why Not Capitalism?* New York: Routledge Press.

———. 2016. "Democracy and Freedom." In *The Oxford Handbook of Freedom,* edited by David Schmidtz. New York: Oxford University Press.

Brennan, Jason, and Lisa Hill. 2014. *Compulsory Voting: For and Against*. New York: Cambridge University Press.

Brennan, Jason, and Peter Jaworski. 2015. "Markets without Symbolic Limits." *Ethics* 125:1053–1077.

Brettschneider, Corey. 2007. *Democratic Rights: The Substance of Self-Government*. Princeton, NJ: Princeton University Press.

Bullock, John. 2006. "The Enduring Importance of False Political Beliefs." Paper presented at the annual meeting of the Western Political Science Association, March 17.

Caplan, Bryan. 2007. *The Myth of the Rational Voter: Why Democracies Choose Bad Policies* Princeton, NJ: Princeton University Press.

Caplan, Bryan, Eric Crampton, Wayne A. Grove, and Ilya Somin. 2013. "Systematically Biased Beliefs about Political Influence: Evidence from the Perceptions of Political Influence on Policy Outcomes Survey." *PS: Political Science and Politics* 46:760–767.

Cholbi, Michael. 2002. "A Felon's Right to Vote." *Law and Philosophy* 21:543–565.

Chong, Dennis. 2013. "Degrees of Rationality in Politics." In *The Oxford Handbook of Political Psychology*, edited by David O. Sears and Jack S. Levy, 96–129. New York: Oxford University Press.

Christiano, Thomas. 1996. *The Rule of the Many: Fundamental Issues in Democratic Theory*. Boulder, CO: Westview Press.

———. 2001. "Knowledge and Power in the Justification of Democracy." *Australasian Journal of Philosophy* 79 (2): 197–215.

———. 2004. "The Authority of Democracy." *Journal of Political Philosophy* 12 (3): 266–290.

———. 2006. "Democracy." In *Stanford Encyclopedia of Philosophy*, edited by Edward N. Zalta. http://plato.stanford.edu/entries/democracy/ (accessed January 12, 2016).

———. 2008. *The Constitution of Equality: Democratic Authority and Its Limits*. New York: Oxford University Press.

———. 2009. "Debate: Estlund on Democratic Authority." *Journal of Political Philosophy* 17:228–240.

Citrin, Jack, and Donald Green. 1990. "The Self-Interest Motive in American Public Opinion." *Research in Micropolitics* 3:1–28.

Clemens, Michael. 2011. "Economics and Emigration: Trillion-Dollar Bills on the Sidewalk?" *Journal of Economic Perspectives* 23:83–106.

Cohen, E. G. 1982. "Expectation States and Interracial Interaction in School Settings."

Annual Review of Sociology 8:209–235.

Cohen, G. A. 2009. *Rescuing Justice and Equality.* New York: Oxford University Press.

Cohen, Geoffrey. 2003. "Party over Policy: The Dominating Impact of Group Influence on Political Beliefs." *Journal of Personality and Social Psychology* 85:808–822.

Cohen, Joshua. 2006. "Deliberation and Democratic Legitimacy." In *Contemporary Political Philosophy*, edited by Robert Goodin and Philip Pettit, 159–170. Boston: Wiley-Blackwell.

————. 2009. "Deliberation and Democratic Legitimacy." In *Democracy*, edited by David Estlund, 87–106. Malden, MA: Blackwell.

Condorcet, Marquis de. 1976. "Essay on the Application of Mathematics to the Theory of Decision-Making." In *Condorcet: Selected Writings*, edited by Keith M. Baker, 48–49. New York: Macmillan Press.

Conly, Sarah. 2012. *Against Autonomy: Justifying Coercive Paternalism.* Cambridge: Cambridge University Press.

Conover, Pamela, Stanley Feldman, and Kathleen Knight. 1987. "The Personal and Political Underpinnings of Economic Forecasts." *American Journal of Political Science* 31:559–583.

Converse, Philip E. 1964. "The Nature of Belief Systems in Mass Publics." In *Ideology and Discontent*, ed. D. E. Apter. London: Free Press of Glencoe, 1964.

————. 1990. "Popular Representation and the Distribution of Information." In *Information and Democratic Processes*, edited by John A. Ferejohn and James H. Kuklinski, 369–388. Urbana: University of Illinois Press.

Converse, Philip E., and Richard Pierce. 1986. *Political Representation in France.* Cambridge MA: Harvard University Press.

Cooper, John. 2005. "Political Animals and Civic Friendship." In *Aristotle's Politics: Critical Essays*, edited by Richard Kraut and Steven Skultety, 65–91. Boulder, CO: Rowman and Littlefield.

Craigie, Jillian. 2011. "Competence, Practical Rationality, and What a Patient Values." *Bioethics* 26:326–333.

Dahl, Birger. 1994. *Venezia, et Kulturhistorisk Eventyr.* Oslo: Tell Forlag.

Dahl, Robert A. 1989. *Democracy and Its Critics.* New Haven: Yale University Press.

————. 1990. "The Myth of the Presidential Mandate." *Political Science Quarterly* 105:355–372.

Dagger, Richard. 1997. *Civic Virtue: Rights, Citizenship, and Republican Liberalism.*

New York: Oxford University Press.

Delli Carpini, Michael X., and Scott Keeter. 1991. "Stability and Change in the U.S. Public's Knowledge of Politics." *Public Opinion Quarterly* 55:583–612.

———. 1996. *What Americans Know about Politics and Why It Matters.* New Haven, CT: Yale University Press.

Dovi, Suzanne. 2007. *The Good Representative.* Malden, MA: Blackwell.

Downs, Donald Alexander. 1989. *The New Politics of Pornography.* Chicago: University of Chicago Press.

Dunning, David, Kerri Johnson, Joyce Ehrlinger, and Justin Kruger. 2003. "Why People Fail to Recognize Their Own Incompetence." *Current Directions in Psychological Science* 12:83–86.

Ehrlinger, Joyce, Kerri Johnson, Matthew Banner, David Dunning, and Justin Kruger. 2008. "Why the Unskilled Are Unaware: Further Explorations of (Absent) Self-Insight among the Incompetent." *Organizational Behavior and Human Decision Processes* 105:98–121.

Elga, Adam. 2007. "Reflection and Disagreement." *Nous* 41:478–502.

Ellsworth, Phoebe C. 1989. "Are Twelve Heads Better Than One." *Law and Contemporary Problems* 52:205–224.

Elster, Jon. 1998. "The Market and the Forum: Three Varieties of Political Theory." In *Deliberative Democracy: Essays on Reason and Politics*, edited by James Bohman and William Rehg, 3–34. Cambridge, MA: MIT Press.

Erisen, Cengiz, Milton R. Lodge, and Charles S. Taber. 2014. "Affective Contagion in Effortful Political Thinking." *Political Psychology* 35:187–206.

Estlund, David. 1994. "Opinion Leaders, Independence, and Condorcet's Jury Theorem." *Theory and Decision* 36:131–162.

———. 2003. "Why Not Epistocracy." *Desire, Identity, and Existence: Essays in Honor of T. M. Penner*, edited by Naomi Reshotko, 53–69. New York: Academic Printing and Publishing.

———. 2007. *Democratic Authority: A Philosophical Framework.* Princeton, NJ: Princeton University Press.

———. Forthcoming. *Utopophobia.* Princeton, NJ: Princeton University Press.

Faden, Ruth, and Tom L. Beauchamp. 1986. *A History and Theory of Informed Consent.* New York: Oxford University Press.

Feddersen, Timothy, Sean Gailmard, and Alvaro Sandroni. 2009. "A Bias toward Unselfishness in Large Elections: Theory and Experimental Evidence." *American Political Science Review* 103:175–192.

Feldman, Richard. 2006. "Epistemological Puzzles about Disagreement." In *Epistemology Futures*, edited by Stephen Hetherington, 216–236. Oxford: Oxford University Press.

Freeman, Samuel. 2007. *Rawls*. New York: Routledge Press.

Friedman, Jeffrey. 2006. "Democratic Competence in Normative and Positive Theory: Neglected Implications of 'The Nature of Belief Systems in Mass Publics.'" *Critical Review* 18:i–xliii.

Frintner, Mary Pat, and Laura Rubinson. 1993. "Acquaintance Rape: The Influence of Alcohol, Fraternity Membership, and Sports Team Membership." *Journal of Sex Education and Therapy* 19:272–284.

Funk, Carolyn L. 2000. "The Dual Influence of Self-Interest and Societal Interest in Public Opinion." *Political Research Quarterly* 53:37–62.

Funk, Carolyn L., and Patricia Garcia-Monet. 1997. "The Relationship between Personal and National Concerns in Public Perceptions of the Economy." *Political Research Quarterly* 50:317–342.

Gaus, Gerald. 1996. *Justificatory Liberalism: An Essay on Epistemology and Political Theory*. New York: Oxford University Press.

Gelman, Andrew, Nate Silver, and Aaron Edlin. 2012. "What Is the Probability That Your Vote Will Make a Difference?" *Economic Inquiry* 50:321–326.

Gilbert, Pablo. 2012. Is There a Human Right to Democracy? A Response to Cohen. *Revista Latinoamericana de Filosofia Politica* 1:1–37.

Gilens, Martin. 2012. *Affluence and Influence: Economic Inequality and Political Power in America*. Princeton, NJ: Princeton University Press.

Glennon, Michael. 2014. *National Security and Double Government*. New York: Oxford University Press.

Goldman, Alvin. 1999. "Why Citizens Should Vote: A Causal Responsibility Approach." *Social Philosophy and Policy* 16:201–217.

Gonzalez-Ricoy, Inigo. 2012. "Depoliticising the Polls: Voting Abstention and Moral Disagreement." *Politics* 32:46–51.

Goodin, Robert E. 2003. *Reflective Democracy*. New York: Oxford University Press.

Goodin, Robert E. 2006. "Talking Politics: Perils and Promise." *European Journal of Political Research* 45:235–261.

———. 2008. *Innovating Democracy: Democratic Theory and Practice After the Delib-*

erative Turn. New York: Oxford University Press.

Gould, Carol. 1988. *Rethinking Democracy: Freedom and Social Cooperation in Politics, Economics, and Society.* New York: Cambridge University Press.

Green, Donald, and Ian Shapiro. 1994. *Pathologies of Rational Choice Theory: A Critique of Applications in Political Science.* New Haven, CT: Yale University Press.

Griffin, Christopher. 2003. "Democracy as a Non-Instrumentally Just Procedure." *Journal of Political Philosophy* 11:111–121.

Grofman, Bernard, and Scott Feld. 1988. "Rousseau's General Will: A Condorcetian Perspective." *American Political Science Review* 82:567–576.

Grossback, Lawrence J., David A. M. Peterson, and James A. Stimson. 2006. *Mandate Politics.* New York: Cambridge University Press.

———. 2007. "Electoral Mandates in American Politics." *British Journal of Political Science* 37:711–730.

Guerrero, Alexander R. 2010. "The Paradox of Voting and the Ethics of Political Representation." *Philosophy and Public Affairs* 38:272–306.

Gutmann, Amy, and Dennis Thompson. 1996. *Democracy and Disagreement.* Cambridge: Cambridge University Press.

Habermas, Jurgen. 2001. *Moral Consciousness and Communicative Action.* Cambridge, MA: MIT Press.

Haidt, Jonathan. 2012. *The Righteous Mind: Why Good People Are Divided by Politics and Religion.* New York: Pantheon.

Hall, Robert, and Allen Deardroff. 2006. "Lobbying as Legislature Subsidy." *American Political Science Review* 100:69–84.

Hanson, Robin. 2013. "Should We Vote on Values, But Bet on Beliefs? *Journal of Political Philosophy* 21:151–178.

Hardin, Russell. 2009. *How Do You Know? The Economics of Ordinary Knowledge.* Princeton, NJ: Princeton University Press.

Harper, Ida Husted. 1898. *The Life and Work of Susan B. Anthony.* Vol. 2. New York: Bowen-Merrill Company.

Hayek, Friedrich A. 1945. "The Use of Knowledge in Society." *American Economic Review* 35:519–530.

Healy, Andrew, and Neil Malholtra. 2010. "Random Events, Economic Losses, and Retrospective Voting: Implications for Democratic Competence." *Quarterly Journal of Political Science* 5:193–208.

Hibbing, John R., and Elizabeth Theiss-Morse. 2002. *Stealth Democracy: Americans'Beliefs about How Government Should Work*. Cambridge: Cambridge University Press.

Hobbes, Thomas. 1994. *Leviathan* Edited by Edwin Curly. Indianapolis: Hackett.

Holbrook, Thomas, and James C. Garand. 1996. "Homo Economus? Economic Information and Economic Voting." *Political Research Quarterly* 49 (2): 351–375.

Hong, Lu, and Scott Page. 2004. "Groups of Diverse Problem Solvers Can Outperform Groups of High-Ability Problem Solvers,"*Proceedings of the National Academy of Sciences* 101 (46): 16385–16389.

Huddy, Leonie, Jeffrey Jones, and Richard Chard. 2001. "Compassion vs. Self-Interest: Support for Old-Age Programs among the Non-Elderly." *Political Psychology* 22:443–472.

Huddy, Leonie, David Sears, and Jack S. Levy. 2013. Introduction to *The Oxford Handbook of Political Psychology, 2nd Edition*, edited by Leonie Huddy, David Sears, and Jack S. Levy, 1–21. New York: Oxford University Press.

Huemer, Michael. 2013. *The Problem of Political Authority: An Examination of the Right to Coerce and the Duty to Obey*. New York: Palgrave MacMillan.

Humphrey, Stephen E., and Arnold S. Kahn. 2000. "Fraternities, Athletic Teams, and Rape: Importance of Identification with a Risky Group." *Journal of Interpersonal Violence* 15:1313–1322.

Iyengar, Shanto, Guarav Sood, and Yphtach Lelkes. 2012. "Affect, Not Ideology: A Social Identity Perspective on Polarization." *Public Opinion Quarterly*, doi: 10.1093/poq/nfs038.

Iyengar, Shanto, and Sean J. Westwood. 2015. "Fear and Loathing across Party Lines: New Evidence on Group Polarization." *American Journal of Political Science* 59 (3): 690–707.

Jakee, Keith, and Guang-Zhen Sun. 2006. "Is Compulsory Voting More Democratic?" *Public Choice* 129:61–75.

Jennings, M. Kent. 1992. "Ideological Thinking among Mass Publics and Political Elites. *Public Opinion Quarterly* 56 (4): 419–441.

Kahan, Dan, Ellen Peters, Erica Cantrell Dawson, and Paul Slovic. 2013. "Motivated Numeracy and Enlightened Self-Government." Unpublished manuscript, Yale Law School, Public Working Paper No. 307, http://papers.ssrn.com/sol3/papers.cfm?abstractid=2319992 (accessed January 2, 2016).

Kahneman, Daniel. 2003. "Maps of Bounded Rationality: Psychology for Behavioral Economics." *American Economic Review* 93:1449–1475.

Kavka, Gregory. 1995. "Why Even Morally Perfect People Would Need Government." *Social Philosophy and Policy* 12:1–18.

Keith, Bruce E., David B. Magleby, Candice J. Nelson, Elizabeth Orr, Mark C. Westlye, and Raymond E. Wolfinger. 1992. *The Myth of the Independent Voter*. Berkeley: University of California Press.

Kelly, James Terence. 2012. *Framing Democracy: A Behavioral Approach to Democratic Theory*. Princeton, NJ: Princeton University Press.

Kennings, M. Kent. 1992. "Ideological Thinking among Mass Publics and Political Elites,"*Public Opinion Quarterly* 56: 419–451.

Kerr, Norbett, Robert MacCoun, and Geoffrey Kramer. 1996. "Bias in Judgment: Comparing Individuals and Groups." *Psychological Review* 103:687–719.

Kinder, Donald. 2006. "Belief Systems Today." *Critical Review* 18:197–216.

Kinder, Donald, and Roderick Kiewiet. 1979. "Economic Discontent and Political Behavior: The Role of Personal Grievances and Collective Economic Judgments in Congressional Voting." *American Journal of Political Science* 23:495–527.

Knight, Jack, and James Johnson. 2011. *The Priority of Democracy: Political Consequences of Pragmatism*. Princeton, NJ: Princeton University Press.

Koss, Mary P., and John A. Gaines. 1993. "The Prediction of Sexual Aggression by Alcohol Use, Athletic Participation, and Fraternity Affiliation." *Journal of Interpersonal Violence* 8:94–108.

Krause, Sharon. 2013. *Civil Passion: Moral Sentiment and Democratic Deliberation*. Princeton, NJ: Princeton University Press.

Kremer, Michael, and Dan Levy. 2008. "Peer Effects and Alcohol Use among College Students." *Journal of Economic Perspectives* 22:189–206.

Kruger, Justin, and David Dunning. 1999. "Unskilled and Unaware of It: How Difficulties in Recognizing One's Own Incompetence Lead to Inflated Self-Assessments." *Journal of Personality and Social Psychology* 77:1121–1134.

———. 2002. "Unskilled and Unaware—But Why? A Reply to Krueger and Mueller." *Journal of Personality and Social Psychology* 82:189–192.

Krugman, Paul, and Wells, Robin. 2009. *Economics*. New York: Worth Publishers.

Landemore, Helene. 2012. *Democratic Reason: Politics, Collective Intelligence, and the Rule of the Many*. Princeton, NJ: Princeton University Press.

Landsburg, Steven E. 2004. "Don't Vote: It Makes More Sense to Play the Lottery." *Slate*.

http://www.slate.com/id/2107240/ (accessed January 1, 2016).

Leigh, Andrew. 2009. "Does the World Economy Swing National Elections?" *Oxford Bulletin of Economics and Statistics* 71:163–181.

Lenz, Gabriel, and Chappell Lawson. 2008. "Looking the Part: Television Leads Less Informed Citizens to Vote Based on Candidates'Appearance." Unpublished manuscript, Department of Political Science, Massachusetts Institute of Technology, Cambridge, MA.

Lever, Annabelle. 2008. "'A Liberal Defense of Compulsory Voting': Some Reasons for Skepticism." *Politics* 28:61–64.

———. 2010. "Compulsory Voting: A Critical Perspective." *British Journal of Political Science* 40:897–915.

Levy, Jacob. 2013. "There Is No Such Thing as Ideal Theory." Paper presented at the Association for Political Theory, October 13, Vanderbilt University, Nashville, TN.

List, Christian, and Robert Goodin. 2001. "Epistemic Democracy: Generalizing the Condorcet Jury Theorem." *Journal of Political Philosophy* 9:277–306.

Lodge, Milton R., and Charles S. Taber. 2013. *The Rationalizing Voter.* New York: Cambridge University Press.

Loewen, Peter John, Henry Milner, and Bruce M. Hicks. 2008. "Does Compulsory Voting Lead to More Informed and Engaged Citizens? An Experimental Test." *Canadian Journal of Political Science* 41:655–667.

Lopez-Guerra, Claudio. 2011. "The Enfranchisement Lottery." *Politics, Philosophy, and Economics* 10:211–233.

———. 2014. *Democracy and Disenfranchisement: The Morality of Election Exclusions.* New York: Oxford University Press.

Lord, Charles, Lee Ross, and Mark R. Lepper. 1979. "Biased Assimilation and Attitude Polarization: The Effects of Prior Theories on Subsequently Considered Evidence." *Journal of Personality and Social Psychology* 37:2098–2109.

Lovett, Frank. 2014. "Republicanism." *Stanford Encyclopedia of Philosophy.* Edited by Edward N. Zalta. http://plato.stanford.edu/entries/republicanism/ (accessed January 6, 2016).

Mackerras, Malcolm, and Ian McAllister. 1999. "Compulsory Voting, Party Stability, and Electoral Advantage in Australia." *Electoral Studies* 18:217–233.

Mackie, Gerry. 2009. "Why It's Rational to Vote." Unpublished manuscript, University of California at San Diego.

Manin, Bernard, Elly Stein, and Jane Mansbridge. 1987. "On Legitimacy and Political Deliberation." *Political Theory* 15:333–368.

Mansbridge, Jane. 1993. "Self-Interest and Political Transformation." In *Reconsidering the Democratic Public*, edited by George E. Marcus and Russell L. Hanson, 91–109. University Park: Pennsylvania State University Press.

Markus, Gregory. 1988. "The Impact of Personal and National Economic Conditions on the Presidential Vote: A Pooled Cross-Sectional Analysis." *American Journal of Political Science* 32:137–154.

Marsden, Nancy. 1987. "Note: Gender Dynamics and Jury Deliberations." *Yale Law Journal* 96:593–612.

McAllister, Ian. 1986. "Compulsory Voting, Turnout, and Party Advantage in Australia." *Politics* 21:89–93.

McCabe, Donald, and Linda Trevino. 1997. "Individual and Contextual Influences on Academic Dishonesty: A Multicampus Investigation." *Research in Higher Education* 38:379–396.

Mendelberg, Tali. 2002. "The Deliberative Citizen: Theory and Evidence." In *Research in Micropolitics, Volume 6: Political Decision Making, Deliberation, and Participation*, edited by Michael X. Delli Carpini, Leonie Huddy, and Robert Y. Shapiro, 151–193. Amsterdam: Elsevier.

Michelman, Frank I. 2002. "Rawls on Constitutionalism and Constitutional Law." In *The Cambridge Companion to Rawls*, edited by Samuel Freeman, 394–395. New York: Cambridge University Press.

Mill, John Stuart. 1975. *Three Essays: "On Liberty," "Representative Government," and "The Subjection of Women."* Edited by Richard Wollheim. New York: Oxford University Press.

Miller, Dale. 1999. "The Norm of Self-Interest." *American Psychologist* 54:1053–1060.

Milner, Henry, Peter John Loewen, and Bruce M. Hicks. 2007. "The Paradox of Compulsory Voting: Participation Does Not Equal Political Knowledge." *IRPP Policy Matters* 8:1–48.

Mueller, John, and Mark G. Stewart. 2011. *Terror, Security, and Money: Balancing the Risks, Benefits, and Costs of Homeland Security.* New York: Oxford University Press.

Murray, Charles. 2012. *Coming Apart: The State of White America, 1960–2010.* New York: Crown Forum.

Mutz, Diana. 1992. "Mass Media and the Depoliticization of Personal Experience." *American Journal of Political Science* 36:483–508.

————. 1993. "Direct and Indirect Routes to Politicizing Personal Experience: Does Knowledge Make a Difference?" *Public Opinion Quarterly* 57:483–502.

————. 2006. *Hearing the Other Side: Deliberative versus Participatory Democracy.* Cambridge: Cambridge University Press.

————. 2008. "Is Deliberative Democracy a Falsifiable Theory?" *Annual Review of Political Science* 11:521–538.

Mutz, Diana, and Jeffrey Mondak. 1997. "Dimensions of Sociotropic Behavior: Group-Based

Judgments of Fairness and Well-Being." *American Journal of Political Science* 41:284–308.

Nagel, Mato. 2010. "A Mathematical Model of Democratic Elections." *Current Research Journal of Social Sciences* 2 (4): 255–261.

Nathanson, Stephen. 2000. "Should We Execute Those Who Deserve to Die?" In *Philosophy of Law, Sixth Edition,* edited by Joel Feinberg and Jules L. Coleman, 841–850. Belmont, CA: Wadsworth.

Neuman, W. Russell. 1986. *The Paradox of Mass Politics: Knowledge and Opinion in the American Electorate.* Cambridge, MA: Harvard University Press.

Noel, Hans. 2010. "Ten Things Political Scientists Know That You Don't." *Forum* 8:1–19.

Nozick, Robert. 1990. *The Examined Life: Philosophical Meditations.* New York: Simon and Schuster.

Nyhan, Brendan, and Jason Reifler. 2010. "When Corrections Fail: The Persistence of Public Misperceptions." *Political Behavior* 32:303–330.

Oppenheimer, Danny, and Mike Edwards. 2012. *Democracy Despite Itself: Why a System That Shouldn't Work at All Works So Well.* Cambridge, MA: MIT Press.

Page, Benjamin I., and Robert Y. Shapiro. 1992. *The Rational Public: Fifty Years of Trends in Americans'Policy Preferences.* Chicago: University of Chicago Press.

Page, Scott. 2007. *The Difference: How the Power of Diversity Creates Better Groups, Firms, Schools, and Societies.* Princeton, NJ: Princeton University Press.

————. 2012. "Microfoundations of Collective Wisdom." Lecture delivered at College de France, Paris. http://www.canal-u.tv/video/collegedefrance/microfoundationsofcollectivewisdom.4046 (accessed January 11, 2016).

Page, Scott, and Lu Hong. 2001. "Problem Solving by Heterogeneous Agents." *Journal of Economic Theory* 97:123–163.

Page, Scott, and P. J. Lamberson. 2009. "Increasing Returns, Lock-Ins, and Early Mover

Advantage." Unpublished manuscript, University of Michigan at Ann Arbor.

Palfrey, Thomas, and Keith Poole. 1987. "The Relationship between Information, Ideology, and Voting Behavior." *American Journal of Political Science* 31:510–530.

Pettit, Philip. 1996. "Freedom as Antipower." *Ethics* 106 (3): 576–604.

———. 2012. *On the People's Terms: A Republican Theory and Model of Democracy.* New York: Cambridge University Press.

Pincock, Heather. 2012. "Does Deliberation Make Better Citizens." In *Democracy in Motion: Evaluating the Practice and Impact of Deliberative Civic Engagement*, edited by Tina Nabatchi, John Gastil, G. Michael Weiksner, and Matthew Leighninger, 135–162. New York: Oxford University Press.

Ponza, Michael, Greg Duncan, Mary Corcoran, and Fred Groskind. 1988. "The Guns of Autumn? Age Differences in Support for Income Transfers to the Young and Old." *Public Opinion Quarterly* 52:441–466.

Rawls, John. 1971. *A Theory of Justice.* Cambridge, MA: Harvard University Press.

———. 1996. *Political Liberalism.* New York: Columbia University Press.

———. 2001. *Justice as Fairness: A Restatement.* Cambridge, MA: Harvard University Press.

Read, Leonard E. 1958. "I Pencil." *Freeman*, May 1. http:// fee .org /the freeman /detail /i -pencil (accessed January 11, 2016).

Rhodebeck, Laurie. 1993. "The Politics of Greed? Political Preferences among the Elderly." *Journal of Politics* 55:342–364.

Riker, William H. 1982. "The Two-Party System and Duverger's Law: An Essay on the History of Political Science." *American Political Science Review* 76:753–766.

Rockoff, Hugh. 1984. *Drastic Measures: A History of Wage and Price Controls in the United States.* New York: Cambridge University Press.

Rosato, Sebastian. 2003. "The Flawed Logic of the Democratic Peace Theory." *American Political Science Review* 97:585–603.

Rousseau, Jean-Jacques. 1997. *The Social Contract and Other Later Political Writings.* Edited by Victor Gourevitch. New York: Cambridge University Press.

Ryfe, David. 2005. "Does Deliberative Democracy Work?" *Annual Review of Political Science* 8:49–71.

Saunders, Ben. 2010. "Increasing Turnout: A Compelling Case?" *Politics* 30:70–77.
Schmidtz, David. Forthcoming. "Idealism as Solipsism." In *Oxford Handbook of Distributive Justice*, edited by Serena Olsaretti. New York: Oxford University Press.

Schmidtz, David, and Jason Brennan. 2010. *A Brief History of Liberty*. Oxford: Wiley-Blackwell.

Schmidtz, David, and Christopher Freiman. 2012. "Nozick." *Oxford Handbook of Political Philosophy*, edited by David Estlund, 411–428. New York: Oxford University Press.

Schumpeter, Joseph. 1996. *Capitalism, Socialism, and Democracy*. New York: Routledge Press.

Schwarzenbach, Sibyl A. 1996. "On Civic Friendship." *Ethics* 107:97–128.

Sears, David O., and Carolyn L. Funk. 1990. "Self-Interest in Americans'Political Opinions." In *Beyond Self-Interest*, edited by Jane Mansbridge, 147–170. Chicago: University of Chicago Press.

Sears, David, Carl Hensler, and Leslie Speer. 1979. "Whites'Opposition to 'Busing': Self-Interest or Symbolic Politics?" *American Political Science Review* 73:369–384.

Sears, David, and Richard Lau. 1983. "Inducing Apparently Self-Interested Political Preferences." *American Journal of Political Science* 27:223–252.

Sears, David, Richard Lau, Tom Tyler, and Harris Allen. 1980. "Self-Interest vs. Symbolic Politics in Policy Attitudes and Presidential Voting." *American Political Science Review* 74:670–684.

Selb, Peter, and Romain Lachat. 2007. "The More the Better: Counterfactual Evidence on the Effect of Compulsory Voting on the Consistency of Party Choice." Paper presented at the European Consortium for Political Research's Joint Sessions of Workshops, Helsinki, May 11.

Sen, Amartya. 1999. *Development as Freedom.* Norwell, MA: Anchor Press.

Shapiro, Ian. 2003. *The State of Democratic Theory*. Princeton, NJ: Princeton University Press.

Somin, Ilya. 1998. "Voter Ignorance and the Democratic Ideal." *Critical Review* 12:413–458.

———. 2004. "When Ignorance Isn't Bliss: How Political Ignorance Threatens Democracy." *Policy Analysis*, September 22. http://www.cato.org/publications/policy-analysis/when-ignorance-isnt-bliss-how-political–ignorance-threatens-democracy (accessed December 31, 2015).

———. 2013. *Democracy and Political Ignorance*. Stanford, CA: Stanford University Press.

Stanton, Elizabeth Cady. 1894. "Ethics of Suffrage." In *The World's Congress of Representative Women, Volume 2*, edited by May Wright Sewall, 482–487. New York: Rand,

McNally, and Company.

Stokes, Susan C. 1988. "Pathologies of Deliberation." In *Deliberative Democracy*, edited by John Elster, 123–139. New York: Cambridge University Press.

Stratmann, Thomas. 2005. "Some Talk: Money in Politics. A (Partial) Review of the Literature." In *Policy Challenges and Political Responses*, edited by William F. Shughart II and Robert D. Tollison, 135–156. Berlin: Springer.

Sunstein, Cass R. 2002. "The Law of Group Polarization." *Journal of Political Philosophy* 10:175–195.

———. 2014. "'Partyism'Now Trumps Racism." *Bloomberg View*, September 22. http://www .bloombergview.com/articles/2014-09-22/partyism–now-trumps-racism (accessed January 21, 2016).

Taber, Charles S., and Milton R. Lodge. 2006. "Motivated Skepticism in the Evaluation of Political Beliefs." *American Journal of Political Science* 50:755–769.

Taber, Charles S., and Everett Young. 2013. "Political Information Processing." In *The Oxford Handbook of Political Psychology, 2nd Edition*, edited by Leonie Huddy, David Sears, and Jack S. Levy, 525–558. New York: Oxford University Press.

Tajfel, Henry. 1981. *Human Groups and Social Categories: Studies in Social Psychology*. New York: Cambridge University Press.

———. 1982. "Social Psychology of Intergroup Relations." *Annual Review of Psychology* 33:1–39.

Tajfel, Henry, and John Turner. 1979. "An Integrative Theory of Intergroup Conflict." In *The Social Psychology of Intergroup Relations*, edited by William G. Austin and Stephen Worchel, 33–47. Monterey, CA: Brooks-Cole.

Tetlock, Philip E. 2005. *Expert Political Judgment: How Good Is It? How Can We Know?* Princeton, NJ: Princeton University Press.

———. 2007. "Diversity Paradoxes." *Science* 316:984.

Thompson, Abigail. 2014. "Does Diversity Trump Ability? An Example of the Misuse of Mathematics in the Social Sciences." *Notices of the American Mathematical Society* 61:1024–1030.

Tocqueville, Alexis de. 1969. *Democracy in America*. New York: Anchor Books.

Todorov, Alexander, Anesu N. Mandisodza, Amir Goren, and Crystal C. Hall. 2005. "Inferences of Competence from Faces Predict Election Outcomes." *Science* 308:1623–1626.

Tomasi, John. 2012. *Free Market Fairness*. Princeton, NJ: Princeton University Press.

Tuck, Richard. 2008. *Free Riding.* Cambridge, MA: Harvard University Press.

Tversky, Andrew, and Daniel Kahneman. 1973. "Availability: A Heuristic for Judging Frequency and Probability." *Cognitive Psychology* 5:207–233.

Waldron, Jeremy. 2006. "The Core of the Case against Judicial Review." *Yale Law Journal* 115:1346–1406.

Wall, Stephen. 2006. "Rawls and the Status of Political Liberty." *Pacific Philosophical Quarterly* 87:245–270.

Walzer, Michael. 1988. "Interpretation and Social Criticism." In *Tanner Lectures on Human Values, VIII.* Salt Lake City: University of Utah Press.

Waytz, Adam, Liane L. Young, and Jeremy Ginges. 2014. "Motive Attribution Asymmetry for Love vs. Hate Drives Intractable Conflict." *Proceedings of the National Academy of Sciences,* November 4, doi: 10.1073/pnas.1414146111.

Weiner, Greg. 2012. *Madison's Metronome: The Constitution, Majority Rule, and the Tempo of American Politics.* Lawrence: University Press of Kansas.

Wellman, Christopher Heath. 2005. *A Theory of Secession.* New York: Cambridge University Press.

Wellman, Christopher Heath, and A. John Simmons. 2005. *Is There a Duty to Obey the Law? For and Against.* New York: Cambridge University Press.

Westen, Drew. 2008. *The Political Brain: The Role of Emotion in Deciding the Fate of the Nation.* New York: Perseus Books.

Westen, Drew, Pavel S. Blagov, Keith Harenski, Clint Kilts, and Stephan Hamann. 2006. "The Neural Basis of Motivated Reasoning: An fMRI Study of Emotional Constraints on Political Judgment during the U.S. Presidential Election of 2004. *Journal of Cognitive Neuroscience* 18:1947–1958.

Zaller, John. 1992. *The Nature and Origins of Mass Opinion.* New York: Cambridge University Press.

무능한 민주주의를 향한 도전적 비판

민주주의에 반대한다

초판 1쇄 인쇄   2023년 7월 3일
초판 1쇄 발행   2023년 7월 10일

지은이   제이슨 브레넌
옮긴이   홍권희

펴낸이   김연홍
펴낸곳   아라크네

출판등록   1999년 10월 12일 제2-2945호
주소   서울시 마포구 성미산로 187 아라크네빌딩 5층(연남동)
전화   02-334-3887   팩스   02-334-2068

ISBN 979-11-5774-740-5 03340